1884부터 1945까지

1면으로 보는 한국 근현대사 1

초판 1쇄 발행 2009년 1월 15일
초판 3쇄 발행 2012년 1월 20일

기 획 김흥식
해 설 김성희
책임편집 강영선
자료수집 김흥식 강영선 송재경 이명옥
번 역 이선형(국문학) 배종석(한문학) 문지현(역사학)
자문 및 감수 조재곤(역사학) 함동주(역사학) 이은영(국문학)

펴낸이 이영선
펴낸곳 서해문집
이 사 강영선
주 간 김선정
편집장 김문정
편 집 허 승 임경훈 김종훈 김경란 정지원
디자인 오성희 당승근 안희정
마케팅 김일신 이호석 이주리
관 리 박정래 손미경

출판등록 1989년 3월 16일 (제406-2005-000047호)
주 소 경기도 파주시 교하읍 문발리 파주출판도시 498-7
전 화 (031)955-7470 | **팩스** (031)955-7469
홈페이지 www.booksea.co.kr | **이메일** shmj21@hanmail.net

ISBN 978-89-7483-372-5 (세트)
978-89-7483-373-2 (04900)

값은 뒤표지에 있습니다.

〈매일신보〉와 〈조선일보〉를 제외한 모든 신문 파일은 국사편찬위원회 한국사데이터베이스 (db.history.go.kr)와 한국역사정보통합시스템(www.koreanhistory.or.kr)에서 제공받았습니다. 〈조선일보〉와 〈동아일보〉 기사 사용을 허락받았습니다.

이 도서의 국립중앙도서관 출판시도서목록(CIP)은 e-CIP 홈페이지(http://www.nl.go.kr/ecip)에서 이용하실 수 있습니다.(CIP제어번호: CIP2008003901)

신문을 펼쳐 역사의 흐름을 읽는다

1面으로 보는 근현대사 1884~1945

기획 김흥식 | 해설 김성희 | 편집 강영선

서해문집

신문은 역사다!

언관言官, 임금의 잘못을 간諫하고 백관의 비행을 규탄하던 벼슬아치다. 사관史官, 역사의 기록을 담당하여 역사의 초고草稿를 쓰던 관원이다. 모두 전제 왕권이 백성을 위해 제대로 행사되도록 설치, 운영하던 직책이다.

근대 이후 이와 비슷한 구실을 하는 이들을 들라면 단연 언론인을 꼽을 수 있겠다. 그들의 사회적 역할 중 큰 몫이 사회 부조리의 비판과 감시에 있기 때문이다. 오늘날 언론인이 제 구실을 하느냐에 대한 평가는 매체와 사례, 무엇보다 보는 이에 따라 각기 다르겠지만, 적어도 이론상으로는 그렇다.

따라서 그들의 목소리는, 당대엔 정의를 위한 외침이 되고 후세엔 사료史料가 된다. 우리나라에서도 1883년 최초의 근대 신문인 〈한성순보〉가 발행된 이후에 신문은 당시 사회현상을 파악하는 주요 자료가 되었다. 그 덕분에 국문학자나 아마추어라도 관심과 열의만 있다면 신문 기사를 분석해 광고나 철도 등 특정 분야를 파헤치는 것이 가능해졌다.

이 책은 신문 기사를 통해 우리 근대사의 주요 사건을 더듬어 본 것이다. 근대사를 다양한 시각과 방법으로 분석한 책은 많지만 신문 기사만으로 역사의 흐름을 엮어낸 것은 이 책이 처음인 것으로 안다. 따라서 자료로서의 가치도 있지만 기사 원문을 보면 당시 사회적 동향과 인식을 엿볼 수 있어 꽤 흥미롭게 읽힐 것으로 보인다. 더불어 참언론의 의미를 생각해 볼 기회가 되리라 믿는다.

출판사로부터 이 책에 관한 해설을 붙여달라는 제의를 받은 것은 2008년 여름이었다. 재미있겠다 싶었다. 평소 역사에 관심이 많아 이런저런 책을 꽤 열심히 읽던 터였고 직업상 당대의 언론 실상이 궁금하기도 했다. 쉽겠다는 생각도 작용했다. 당시 신문 자료는 어느 정도 구비된 상태였던 데다 짤막하니 관련 자료를 정리하면 되겠다는 판단에서였다. 무엇보다 신문을 통해 역사 흐름을 정리해보는 일이 의미 있는 일이라 여겨졌다.

승낙은 그 자리에서 했지만 막상 글쓰기는 만만치 않았다. 학자가 아닌 만큼 1차 사료를 다루는 것은 불가능했기에 다른 전문가들의 연구 성과를 정리해 소개해야 했는데 이 작업이 생각보다 더뎠다. 굳이 역사 교과서 논쟁을 의식한 것은 아니지만 보수 · 진보 진영의 관련서를 뒤적여 나름대로 균형을 취하려다 보니 자료 읽는 시간보다 생각하는 시간이 많았다. 정말 역사 연구란 무엇을 골라, 어떻게 읽어낼 것인지가 관건이란 사실을 실감했다. 같은 사건도 연구자에 따라 아예 빠뜨린 경우에서 몇 쪽을 할애한 경우까지 다양한 '대우'를 한 사례를 여럿 볼 수 있었다. 여기에 해설을 쓰다 보니 욕심이 생겨 당초 기획했던 사건 목록에 변화를 주기도 했다. 그렇게 해서 주요 사건의 전후 사정을, 가능한 한 중립적인 입장에서 설명하려 했다. 따라서 이 책을 읽으면 우리 근대사의 흐름을 어느 정도 파악할 수 있으리라 본다.

이 책은 말 그대로 합작품이다. 기획과 신문 기사 자료 수집, 현대어 번역, 해설과 감수에 여러 사람이 힘을 합쳤다. 필자는 앞선 연구자들의 성과를 바탕으로, 작은 힘을 보탠데 불과하다. 이 과정에서 사학을 전공한 강영선 편집주간은 자료 수집과 번역 등에 적극 참여해 단순한 조율 이상의 역할을 했다. 그의 노력이 없었다면 이 책은 빛을 보지 못했을 것이다.

2008년 12월

김성희

차
례

1910부터 1930까지

1931부터 1945까지

1. 〈한성순보〉(1883년)를 비롯해 1945년까지 국내외에서 발간되던 우리나라 신문에서 주요 역사적 사건과 관련된 신문 기사를 가려냈다. 단 1945년 8월의 신문 기사만 중국 신문인 〈대공보(충칭판)〉에서 인용했다.

2. 총 21종의 신문에서 찾아낸 기사 141건은 신문 영인본과 함께 원문을 따로 싣고, 해설을 덧붙여 각 사건의 전후 사정을 생생하게 이해할 수 있게 했다.

3. 시간의 흐름에 따라 기사를 배치하였으나, 몇 해에 걸친 사건이나 관련 사건이 여럿일 경우 함께 묶은 첫 기사의 시기에 맞추었다.

4. 역사적 사건이 일어난 시기와 신문 기사로 실린 시기가 일치하지 않은 경우가 있다. 따라서 각 장마다 속표지에 연표를 실어 본문에 나오는 역사적 사건을 시간별로 정리했다.

5. 신문 기사 원문 가운데 순한글체와 국한문 혼용체 문장은 되도록 원문을 그대로 살리되 조사나 부사는 현대어로 바꾸었다. 단 맞춤법과 띄어쓰기는 국립국어원의 《표준국어대사전》에 따랐다.

6. 순한문체와 일어체 문장은 우리말로 풀어썼다.

7. 신문 기사 원문에 나오는 인명과 지명 등의 한자어는 한자음 표기 그대로 싣고, 해설에 나오는 한자어는 중국어 또는 일본어 표기에 따랐다.

8. 신문 기사 원문에서 뜻풀이가 필요한 단어나 문장에는 편집자 주를 달았다.

9. 신문 기사 원문에서 한글로 표기한 숫자는 가독성을 위해 아라비아 숫자로 바꾸었다.

10. 신문 기사 원문에서 알아 볼 수 없는 글자는 ㅁ으로 표시했다. OO 나 ××는 신문 기사 원문에 실린 그대로다.

浚明堂

1884부터 1910까지

1884
1月 화병범죄華兵犯罪

1896
2月 아관파천
4月 독립신문 창간

1897
10月 대한제국 선포

1898
3月 최초의 만민공동회

1902
1月 영일동맹

1905
9月 러일조약
11月 을사늑약

1906
2月 통감부 설치

1907
1月 국채보상운동에 나서다
6月 헤이그밀사사건
7月 순종, 황제위 물려받다
8月 한일신협약
8月 군대, 해산시키다

1908
8月 동양척식주식회사 설립

1909
10月 안중근, 이토 암살하다
12月 이완용 피습

1910
6月 헌병경찰제 실시

화병범죄華兵犯罪

1884年 1月 30日
한성순보

중국 군인의 범죄

어젯밤 중국 병정이 평소 서로 면식이 있는 종로 광통교 옆 약포藥舖에 갔는데, 그는 전에 약재를 많이 사 갔으나 약값을 갚지 못한 것이 많았다. 주인이 약을 가지러 안으로 들어간 사이에, 주인의 아들이 앞서의 약값도 갚지 않고 또 와서 외상을 하려 한다고 다투다가 마침내 욕설까지 했다. 분을 참지 못한 병정은 갑자기 권총을 꺼내 주인의 아들을 쏘아 죽였다. 주인이 안에서 나오자 그 병정은 당황한 나머지 엉겁결에 또 한 발을 쏘아 주인을 쓰러뜨리고 도망했다. 이런 소란이 알려져 이웃 사람들이 모두 모였으나 두 사람의 시체를 어쩌지 못해 급히 관소館所에 알렸다. 날이 밝자 중국 대진大陣의 날쌘 기병이 왔다 갔다 하면서 현장을 친히 조사하는 한편, 각 진陣을 그날로 크게 수색하고 사방으로 조사하였다. 이튿날 주인은 소생하여 다행히 살아났으나 그 범인은 아직 찾지 못해서 각 진에 현상금을 걸고 찾는 중이다. 만약 찾으면 그날로 법에 의해 처단하리라 한다. 중국 병사는 대부분 각처에서 모집해 부대를 편성한 것이므로 사기가 드높을 뿐 아니라 군율도 매우 엄격한데 이런 의외의 변이 생겼다. 그러나 다행히 모든 진에서 엄격하게 병사를 다스림에 힘입어 성 안이 무사하여 군민이 평안하였다. 1884 0130

해설 이 무렵 한성(서울)에는 청병淸兵 1500명이 주둔했다. 1882년 임오군란 때 진주한 3000명 중 남은 병사들이었다. 당시 조선과 청나라는 1882년 조청상민수륙무역장정을 체결했는데 청나라의 북양대신이 조선 국왕과 동등한 지위를 가지며 청의 치외법권을 인정한다는 등 불평등조약이었다. 그랬으니 청군의 수장인 위안스카이袁世凱를 비롯한 이들의 행동은 거칠 것이 없었다. SOFA(한미행정협정)가 있어도 주한미군의 범죄를 다루는 데 미흡하다는 지적이 나오는 요즘 실정에 비추어 보면 당시 조선의 종주국 행세를 하던 청군의 횡포가 어떠했을지 짐작이 간다.

이 기사에는 뒷이야기가 있다. 사건 보도 후 두 달이 지난 뒤 청나라 북양대신 리훙장李鴻章이 조선 정부에 "청국에 무례를 범했다"고 항의 서한을 보냈다. 조선에 대한 우선권을 내세우던 청나라가, 조선 병탄의 야욕을 드러내던 일제를 견제하기 위한 것이었다. 때 맞춰 한성에 거주하던 청국인들이 신문발행처인 박문국을 습격했다.

그 결과 신문 창간에 주도적 역할을 했고 이 기사를 썼던 일본인 이노우에 가쿠고로井上角五郎는 일본으로 돌아가야 했다. 말하자면 한국 언론사 최초의 '필화 사건'으로 번진 것이다.

濟物浦港口各國商船出入數爻開錄于後錄由馳　啓

各國商船附錄　日本商船掛帆吉正丸一隻去十二月初四日入來中國商船二帆只寶興船一隻初六日出去中國商船二帆宋三興船一隻初七日出去日本商船掛帆加悅丸一隻初八日出去中國商船二帆趙福昌船一隻初九日出去中國商船火輪三帆富有船一隻同日入來日本商船火輪二帆瓊浦丸一隻同月初十日入來中國商船火輪富有船一隻十二日出去日本商船火輪二帆蓬萊丸一隻二十五日入來日本商船火輪二帆蓬萊丸一隻二十八日出去

市直探報

線塵　幃綃一尺八兩甲紗一尺七兩　綿布塵　上綿布一尺二錢五分中綿布一尺二錢下綿布一尺一錢五分洋綿布一尺六錢　綿紬塵　上紬一尺六錢中紬一尺五錢五分下紬一尺五錢紫紬一尺六錢　苧布塵　上苧布一尺四錢中苧布一尺三錢五分下苧布一尺三錢　麻布塵　上麻布一疋二十五兩中麻布一疋十八兩下麻布一疋十三兩　紙塵　厚紙一卷四兩上白紙一卷九錢五分中白紙一卷七錢下白紙一卷四錢　魚物塵　北魚一級一兩蠶一丹一兩五錢　米塵　上米一升七錢七分中米一升七錢二分下米一升六錢八分小豆一升五錢五分大豆一升四錢五分　鍮鐵塵　熟鐵一斤一兩四錢鍮鐵一斤四兩銅一斤一兩八錢　綿子塵　綿花一斤一兩八錢　散塵　柴一駄六兩炭一駄七兩鹽一石六兩　果子塵　棗一斗三兩五錢栗一斗三兩

國內私報

華兵犯罪　昨夜中國兵丁往鍾街廣通橋側藥舖其素相識也貿用藥料多有虧欠藥舖主人入內取藥之際主人之子以前債太滿又來纏繞責之間荅之際至發辱罵兵丁忿愧不勝遽發手銃主人之子死主人自內而出兵丁倉皇之際手勢熟滑又發一銃主人仆地兵丁逃走喧鬧相傳隣舍畢集二人伏尸而無處究詰火急報知官所天明自中國大陣飛騎絡繹幾審形止又自各陣當日大加查覈四發譏探翌日主人復甦幸得生活而該犯姑未懲辦諸陣懸賞購捕行當得獲不日將伸法矣中國兵勇多半是招募四處編成軍伍殺戚已久紀律申明而有此意外作變幸賴諸陣竊取有法防閑素嚴城郊晏若軍民坦安矣

商務近況　近有自仁川來者畧敍海關景況凡事草刱貨物亦只平等無奇我國商行只有牛皮大豆綿布帶油烟帒等種而已外國貨物最多發市者亦不過洋布燐木瑣瑣雜貨無補商利我城內現有華商局招牌相望貿易雲集而姑未有頭等貨物因此錢幣往來殊覺冷淡蓋緣於商務民情之姑未親切也然譬之前次開[illegible]一日推此想之不出十年

독립신문 창간

1896年 4月 7日
독립신문

뎨일호
문
일요금 일칠초

이니 신문 보고 스분이
는 속히 셩명을 보내기
ᄇᆞ라옴
무론 누구든지 무러볼
말이 잇든지 셰샹사ᄅᆞᆷ의
게 ᄒᆞ고스분말잇스면 이
신문샤로 간단ᄒᆞ게 귀졀
ᄯᅦ여셔 편지ᄒᆞ면 ᄃᆡ답ᄒᆞᆯ
만ᄒᆞᆫ말이든지 신문에 낼
만ᄒᆞᆫ 말이면 ᄃᆡ답ᄒᆞᆯ터이
요 내기도 ᄒᆞᆯ터이옴 한
문으로ᄒᆞᆫ 편지는 당초에
샹관아니홈
경향간에 무론 누구든지

ᄒᆞᆫ ᄆᆞ옴과 의심ᄒᆞᄂᆞᆫ ᄉᆡᆼ각이 업서질 터이
옴 우리가 이신문 츌판 ᄒᆞ기ᄂᆞᆫ 취리ᄒᆞ랴
ᄂᆞᆫ게 아닌고로 갑슬 헐허도록 ᄒᆞ엿고 모
도 언문 으로 쓰기ᄂᆞᆫ 남녀 샹하귀쳔이 모
도 보게홈이요 또 귀졀을 ᄯᅦ여 쓰기ᄂᆞᆫ 알
어 보기 쉽도록 홈이라 우리ᄂᆞᆫ 바른 ᄃᆡ로
만 신문을 ᄒᆞᆯ터인고로 졍부 관원이라도
잘못ᄒᆞᄂᆞᆫ이 잇스면 우리가 말ᄒᆞᆯ터이요 탐
관오리 들을 알면 셰샹에 그사ᄅᆞᆷ의 ᄒᆡᆼ젹
을 폐일터이요 ᄉᆞᄉᆞᄇᆡᆨ셩이라도 무법ᄒᆞᆫ일
ᄒᆞᄂᆞᆫ 사ᄅᆞᆷ은 우리가 차저 신문에 셜명
ᄒᆞᆯ터이옴 우리ᄂᆞᆫ 죠션
대군쥬폐하와 됴션졍부와 죠션인민을 위
ᄒᆞᄂᆞᆫ 사ᄅᆞᆷ드린고로 편당잇ᄂᆞᆫ 의논이든지

또 국문을 이러케 귀졀을 ᄯᅦ여 쓴즉 아모
라도 이신문 보기가 쉽고 신문속에 잇ᄂᆞᆫ말
을 자세이 알어 보게 홈이라 각국에셔ᄂᆞᆫ
사ᄅᆞᆷ들이 남녀 무론ᄒᆞ고 본국 국문을 몬저
ᄇᆡ화 능통ᄒᆞᆫ 후에야 외국 글을 ᄇᆡ오ᄂᆞᆫ 법
인ᄃᆡ 죠션셔ᄂᆞᆫ 죠션 국문은 아니 ᄇᆡ오드ᄅᆡ
도 한문만 공부 ᄒᆞᄂᆞᆫ 싸ᄃᆞᆰ에 국문을 잘
아ᄂᆞᆫ 사ᄅᆞᆷ이 드물미라 죠션 국문ᄒᆞ고 한문
ᄒᆞ고 비교ᄒᆞ여 보면 죠션국문이 한문 보
다 얼마가 나흔거시 무어신고ᄒᆞ니 쳣지ᄂᆞᆫ
ᄇᆡ호기가 쉬흔이 됴흔 글이요 둘지ᄂᆞᆫ 이
글이 죠션글이니 죠션 인민 들이 알어셔
ᄇᆡᆨᄉᆞ을 한문ᄃᆡ신 국문으로 써야 샹하 귀쳔
이 모도보고 알어보기가 쉬흘터이라 한문
만 늘써 버릇ᄒᆞ고 국문은 폐ᄒᆞᆫ 싸ᄃᆞᆰ에 국문

논설

우리가 독립신문을 오늘 처음으로 출판하는 데 조선 속에 있는 내외국 인민에게 우리 주의를 미리 말씀하여 아시게 하노라.

우리는 첫째 편벽[1]되지 아니한 고로 무슨 당에도 상관이 없고 상하 귀천을 달리 대접하지 않고, 모두 조선 사람으로만 알고 조선만 위하며, 공평히 인민에게 말할 터인데 우리가 서울 백성만 위할 게 아니라 조선 전국 인민을 위하여 무슨 일이든지 대신 말하여 주려 한다. 정부에서 하시는 일을 백성에게 전할 터이요, 백성의 정세를 정부에게 전할 터이니 만일 백성이 정부 일을 자세히 알고 정부에서 백성의 일을 자세히 아시면 피차에 유익한 일 많이 있을 터이요, 불평한 마음과 의심하는 생각이 없어질 터이오. 우리가 이 신문을 출판하여 이익을 얻으려는 게 아니기에 값을 헐하도록 하였고, 모두 언문으로 쓰기는 남녀 상하 귀천이 모두 보게 함이요, 또 구절을 떼어 쓰기는 알아보기 쉽도록 함이라. 우리는 바른대로만 신문을 할 터인 고로 정부 관원이라도 잘못하는 이 있으면 우리가 말할 터이요, 탐관오리들을 알면 세상에 그 사람의 행적을 펼칠 터이요, 사사로운 백성이라도 무법한 일을 하는 사람은 우리가 찾아 신문에 설명할 터이오. 우리는 조선 대군주 폐하와 조선 정부와 조선 인민을 위하는 사람들인 고로 편당[2] 있는 의논이든지 한 쪽만 생각하고 하는 말은 우리 신문상에 없을 터이오. 또 한쪽에 영문으로 기록하기는 외국 인민이 조선 사정을 자세히 모른즉 혹 편벽된 말만 듣고 조선을 잘못 생각할까 보아 실상 사정을 알게 하려고 영문으로 조금 기록함이오.

그리한즉 이 신문은 꼭 조선만 위함을 가히 알 터이요, 이 신문

을 인연하여 내외 남녀 상하 귀천이 모두 조선 일을 서로 알 터이오. 우리가 또 외국 사정도 조선 인민을 위하여 간간이 기록할 터이니 그걸 인연하여 외국은 가지 못하더라도 조선 인민이 외국 사정도 알 터이오. 오늘은 처음인 고로 대강 우리 주의만 세상에 고하고 우리 신문을 보면 조선 인민이 소견과 지혜가 진보함을 믿노라. 논설 마치기 전에 우리가 대군주 폐하께 송덕[3]하고 만세를 부르나이다. 1896 0407

[1]한쪽으로 치우쳐 공평하지 못함 | [2]한 당파에 치우침 | [3]공덕을 기림

해설 문체야 당연히 옛것이지만 거기 담긴 언론 정신은 21세기에도 그대로 통용될 정도로 반듯하다. 남녀 · 상하 · 귀천 · 지역을 가리지 않고 '대접'하는 것은 물론 불편부당을 내세운 점은 요즘 언론도 귀담아 들어야 하지 싶다.

1896년 4월 7일(이를 기념해 '신문의 날'이 정해졌다) 선보인 〈독립신문〉은 이 같은 창간 정신을 바탕으로 한국근대사에 큰 자취를 남겼다. 국민권익을 최우선으로, 초당파적 입장을 다짐한 내용도 그렇지만 모든 이가 읽을 수 있도록 순 한글 기사를 실은 점도 돋보인다. 여기에 띄어쓰기를 도입하는 등 우리말 발전과 보급에 지대한 공헌을 했다. 이는 국문판 편집과 제작을 담당했던 국어학자 주시경의 공이 컸던 것으로 짐작된다.

하지만 이 신문이 관민합작 신문이었다는 점은 덜 알려졌다. 정부는 갑신정변 실패로 망명길에 올랐다가 미국에서 귀국한 중추원 고문 서재필에게 신문 창간 자금 3000원, 생계비 및 건물 구입비 1400원 등 당시로선 상당한 자금을 제공했다. 그럴 뿐 아니라 창간 후에도 각 학교 생도들과 각 지방 관청에 구독을 지시하고 기자들에게 관청 출입증을 발급해주는 등 적극 지원했다. 1895년 창간된 일본 측 〈한성신보〉에 맞서 국민계몽사상을 보급하기 위한 목적이었다.

창간 부수 300부로 주 3회 발행되던 이 신문은 1898년 일간으로 바뀌었으며, 1899년 12월 776호로 폐간될 때는 3000부를 발행하는 등 사세를 과시했다.

고종 환궁, 아관파천 1년

1897年 3月 1日
독립신문

논설

O 대군주 폐하께서 1년 동안을 아라사[1] 공관에서 아라사 국기 밑에 아라사 병정의 호위를 받으시고 지내신 것은 조칙에서 말씀하셨거니와 사세에 부득이하여 그렇게 된 일이라. 조선 인민이 되어 대군주 폐하께서 남의 나라 국기 밑에서 남의 나라 병정의 호위를 받으시게 된 것은 마음에 민망하였거니와 민망한 중이라도 한 가지는 다행한 것이 대군주 폐하 성체에 위태로운 것이 없는 것은 신민들이 믿고 아는 일이라. 지금은 대군주 폐하께서 다시 조선 대궐로 환어하셔서 조선 국기가 다시 한 번 대군주 폐하 앞에 서게 되었으니 신민에게 경축한 일이나 (중략)

O 아라사와 일본이 조선 까닭에 비밀한 약조를 하였단 말을 작년부터 들었으나 그 사연은 자세히 모르더니 근일에 일본 하의원에서 일본 외부대신더러 그 약조를 의회원에 내어놓으라 하였더니 일본 외부대신이 대답하기를 아라사 정부에 먼저 물어본 후에 내놓겠다는 말은 일전 신문에 이미 게재하였거니와 어저께 온 전보를 보니 약조 사연이 다음과 같더라.

약조 하나는 아라사와 일본 공사가 서울서 작년 5월 열나흗날 한 약조인데 제1은 대군주 폐하 환어하시는 일은 대군주 폐하의 임의대로 하시게 하되 일로[2] 양 공사가 아무쪼록 속히 환어[3]하시도록 권할 일, 제2는 일로 양 공사가 대군주 폐하께 권하여 내각 대신들을 너그럽고 크고 신실한 사람들로 정하시게 하고 신민 다스리기를 인자한 법률을 가지고 하시게 하는 일, 제3은 조선 지금 정황이 이러한 고로 경부 간에 있는 전신을 일본서 아직 가지고 있게 하며 일본 상민을 보호할 양으로 조선에 일본 병정을 얼마큼 갖다 두게 하며 아라사에서도 공영사관을 보호할 양으로 병정을 얼마큼 갖다 둘 일이어라. 또 약조 하나는 아라사 마스고[4]에서 작년 6월 9일에 아라사 정부와 일본 대사 산현유붕 씨와 한 약조라. 제1은 아라사와 일본 정부가 조선 정부에 재정 곤란한 것을 구완하여 주되 아무쪼록 세출을 세입에서 지내지 않게 조선 정부에 권하며 만일 부득이하여 조선 정부에서 외채를 낼 지경이면 일본과 아라사 정부가 같이 도와줄 일, 제2는 일로 양국이 조선외채 내는 일을 구완하여 주는 일 외에는 내국 정치와 군대와 순검 배설[5]하는 일들은 간섭치 아니하고 모두 조선 정부에 맡기는 일, 제3은 조선 정부에서 경부 간에 있는 전선을 사기 전에는 일본 정부에서 그 전선을 차지하여 있고 또 아라사 정부에서도 서울서 아라사 지경까지 전선을 놓는 일을 허락하는 일, 제4는 이상 제조 중에 자세한 일은 양국에서 다시 위원을 명하여 협상하게 할 일이더라. 1897 0301

[1]러시아 | [2]일본과 러시아 | [3]대궐로 돌아옴 | [4]모스크바 | [5]배치

해설

명성황후가 일본 낭인들 손에 살해된 '을미사변' 이후 신변에 위협을 느끼던 고종은 1896년 2월 11일 세자와 함께 여장으로 변복을 하고 러시아 공사관으로 피신한다. 이른바 아관파천俄館播遷 사건이다. 청일전쟁에 승리한 일본을 견제하기 위해 극동의 신흥 강자로 떠오르던 러시아의 힘을 빌리려는 목적이 컸다. 고종은 이듬해 2월 25일까지 여기 머물며 김홍집 등 이른바 '을미사적'을 잡아 죽이라 하고 단발령을 철회하는 등 왕권을 행사했다. 그 사이 나라꼴은 엉망이 되었다. 한반도는 외국의 '이권 사냥터'가 되어 경인철도 부설권 · 운산금광 채굴권(이상 미국), 함경도 경원 등의 광산 채굴권 · 두만강 유역의 산림 채벌권(이상 러시아) 등이 넘어갔다. 민중은 '면허 받은 흡혈귀'인 탐관오리들에 시달려야 했다.

이 기사는 고종의 무사 환궁을 반겼지만 마냥 그럴 일도 아니었다. 러시아가 군사 교관을 파견하는 등 외세의 변화에 힘입은 바가 컸으니 말이다. 게다가 유사시 안전을 보호받기 쉽도록, 경복궁이 아닌 외국 공사관이 주변에 몰려 있는 경운궁(덕수궁)으로 돌아왔으니 온전한 의미의 환궁도 아니었다. 한편 기사 말미에 언급됐듯이 그새 러시아와 일본은 웨베르-고무라小村 각서(1896년 5월), 로마노프-야마가다山縣 협정(1896년 6월) 등을 통해 서로 견제하면서 한반도 쟁탈전을 벌였다. 우리 의사와 무관하게 조선의 분할론이 처음 거론된 것도 이때다. 그야말로 조선은 무주공산無主空山이었다.

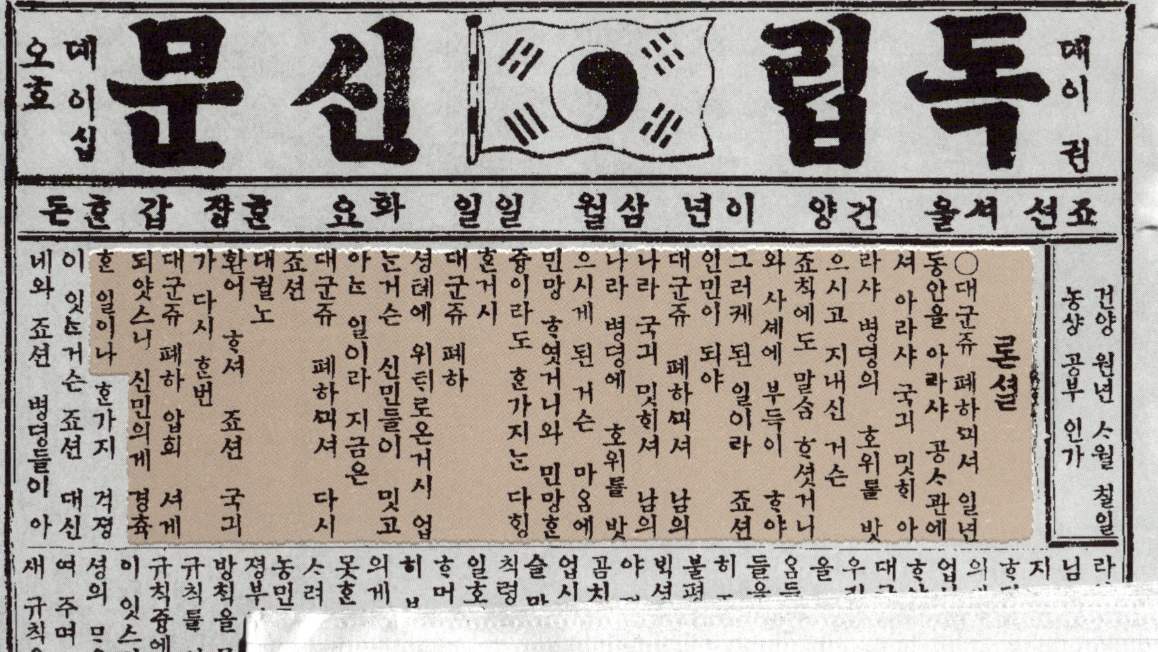

뎨이권 독립신문 뎨이십오호

죠션 셔울 건양 이년 삼월 일일 화요 ᄒᆞᆫ쟝 갑 ᄒᆞᆫ돈

건양 원년 ᄉᆞ월 칠일 농샹 공부 인가

론셜

○대군쥬 폐하ᄭᅴ셔 일년 동안을 아라샤 공ᄉᆞ관에셔 아라샤 국긔 밋헤 아라샤 병뎡의 호위를 밧으시고 지내신 거ᄉᆞᆫ 죠칙에도 말ᄉᆞᆷ ᄒᆞ셧거니와 사셰에 부득이 ᄒᆞ야 그러케 된 일이라 죠션 인민이 되야 대군쥬 폐하ᄭᅴ셔 남의 나라 국긔 밋헤셔 남의 나라 병뎡에 호위를 밧으시게 된 거ᄉᆞᆫ 마ᄋᆞᆷ에 민망 ᄒᆞ엿거니와 민망ᄒᆞᆫ 즁이라도 ᄒᆞᆫ가지는 다ᄒᆡᆼᄒᆞᆫ거시 대군쥬 폐하 셩톄에 위틱로온거시 업ᄂᆞᆫ거ᄉᆞᆫ 신민들이 밋고 아ᄂᆞᆫ 일이라 지금은 대군쥬 폐하ᄭᅴ셔 다시 죠션 대궐노 환어 ᄒᆞ셔 죠션 국긔가 다시 ᄒᆞᆫ번 대군쥬 폐하 압회 셔게 되얏스니 신민의게 경츅ᄒᆞᆫ 일이나 ᄒᆞᆫ가지 걱정 …

1897年 3月 1日 독립신문 2면

1897年 3月 1日 독립신문 1면

대한제국 선포

1897年 10月 16日
독립신문

논설

금월 13일에 내리신 조칙을 인연하여 조선 국명이 변하여 대한국이(大韓) 되었으니 지금부터는 조선 인민이 대한국 인민이 된 줄로들 아시오. 1897 1016

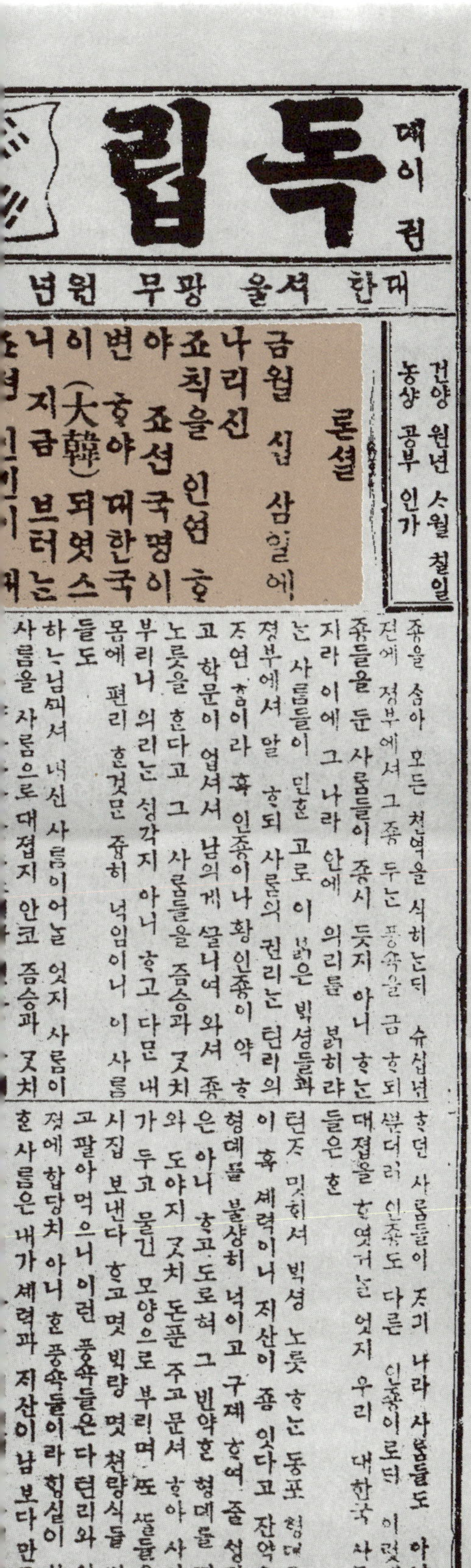

독립
뎨이권

대한 셔울 광무 원년

건양 원년 ᄉ월 칠일
농샹 공부 인가

론셜

금월 십 삼일에
나리신
죠칙을 인연ᄒᆞ
야 죠션 국명이
변ᄒᆞ야 대한국
이(大韓)되엿스
니 지금 브터는

죵을 솜아 모든 쳔역을 식히는ᄃᆡ 슈십년
젼에 졍부에셔 그 죵 두는 풍쇽을 금ᄒᆞ되
죵들을 둔 사ᄅᆞᆷ들이 죵시 듯지 아니ᄒᆞ는
지라 이에 그 나라 안에 의리를 ᄇᆞᆰ히랴
는 사ᄅᆞᆷ들이 만흔 고로 이 ᄇᆞᆰ은 ᄇᆡᆨ셩들과
졍부에셔 말ᄒᆞ되 사ᄅᆞᆷ의 권리는 텬리의
ᄌᆞ연ᄒᆞᆷ이라 흑 인죵이나 황인죵이 약ᄒᆞ
고 학문이 업셔셔 남의게 ᄉᆞᆯ니여 와셔 죵
노릇을 ᄒᆞᆫ다고 그 사ᄅᆞᆷ들을 즘승과 ᄀᆞᆺ치
부리나 의리는 ᄉᆡᆼ각지 아니ᄒᆞ고 다만 내
몸에 편리ᄒᆞᆫ것만 죠히 넉임이니 이 사ᄅᆞᆷ
들도
하ᄂᆞ님ᄭᅴ셔 내신 사ᄅᆞᆷ이어늘 엇지 사ᄅᆞᆷ이
사ᄅᆞᆷ을 사ᄅᆞᆷ으로 대졉지 안코 즘승과 ᄀᆞᆺ치

ᄒᆞ던 사ᄅᆞᆷ들이 ᄌᆞ긔 나라 사ᄅᆞᆷ들도 아닐
ᄲᅮᆫ더러 인죵도 다른 인죵이로ᄃᆡ 이럿케
대졉을 ᄒᆞ엿거늘 엇지 우리 대한국 사ᄅᆞᆷ
들은 ᄒᆞᆫ
텬ᄌᆞ 밋헤셔 ᄇᆡᆨ셩 노릇 ᄒᆞ는 동포 형뎨
이 흑 셰력이나 지산이 좀 잇다고 잔약ᄒᆞᆫ
형뎨ᄅᆞᆯ 불샹히 넉이고 구졔ᄒᆞ여 줄 ᄉᆡᆼ각
은 아니ᄒᆞ고 도로혀 그 빈약ᄒᆞᆫ 형뎨ᄅᆞᆯ 거
와 도야지 ᄀᆞᆺ치 돈푼 주고 문셔ᄒᆞ야 사다
가 두고 물건 모양으로 부리며 ᄯᅩ ᄯᆞᆯ들을
시집 보낸다 ᄒᆞ고 몃 ᄇᆡᆨ량 몃 쳔량식을 밧
고 팔아 먹으니 이런 풍쇽들은 다 텬리와 인
졍에 합당치 아니ᄒᆞᆫ 풍쇽들이라 힘실이 챠
ᄒᆞᆫ 사ᄅᆞᆷ은 내가 셰력과 지산이 남보다 만토

해설 집에 불이 붙었는데 문패 바꾸려 나선 격이었다 할까. 1897년 10월 12일 고종은 원구단에 나아가 하늘에 고하고 황제의 자리에 올랐다. 조야에서 9차례나 올린 상소를 받아들여 땅에 떨어진 조정의 위신을 되살리고자 취한 조치였다. 국호는 대한제국, 연호는 광무光武. 국호는 마한·진한·변한을 아우르는 뜻을, 연호는 '외세의 간섭에서 벗어나 힘을 기르고 나라를 빛내자'는 뜻을 담았다. 더불어 옛 제도를 본체로 하고 새로운 제도를 참작한다는 이른바 구본신참舊本新參의 정신으로 부국강병과 근대 주권국가를 지향한다며 점진적 개혁을 추진했다.

그러나 힘이 없는 마당에 황제를 자칭한다 해서 뾰족한 수가 있을 리 없었다. 오로지 청나라로부터 독립을 의미하는 정도였지만 이마저도 러시아와 일본의 상호견제로 한반도 주변정세가 미묘한 균형을 이룬 덕분이었다. 그런데도 '제국'은 자주독립이나 근대화를 위해 민족의 역량을 모으는 데 최선을 다하지 않았다. 민중에 대한 배려, 민의에 대한 고려는 보이지 않았다. 2년 후인 1899년 발표된 '대한국 국제大韓國 國制(헌법 격)'에는 "대한제국의 정치는…만세불변할 전제정치"요 "대황제께서는 무한하온 군권君權을 지닌다"고 규정해 전제군주정을 온존하느라 골몰한 형편이었다. 더구나 황위에 오른 지 한 달 만에 고작 한다는 짓이 2년 여 미뤄오던 명성황후의 장례를, 망국의 국장國葬답지 않게 성대하게 치르는 것이었으니 '위로부터의 개혁'에 민심이 제대로 호응할 리가 없었다.

만민공동회 열리다

1898年 3月 12日 독립신문
1898年 5月 3日 매일신문
1898年 11月 10日 제국신문

3월 10일 오후 2시에 종로에서 만민공동회가 되었는데 인민들이 미전[1] 시정 현덕호 씨를 회장으로 뽑아 백목전[2] 다락 위에서 연설들을 하고 아라사[3] 공사가 사관과 탁지부 고문관 일절로 조회한 것을 인연하여 말들 하되 대한 인민이 군부와 탁지 권리를 외국에 맡기는 것은 원하는 바이 아니라 이 계제[4]를 타서 대한 정부에서 사관들과 고문관을 해고케 하고 대한 정부에서 인민의 원을 좇아 병권과 재정을 자유로 하게 하여 달라는 답장을 외부대신께 하라고 총대위원 셋을 내어 편지를 외부대신에게로 하였는데 그 편지 사연은 아래에 재기[5]하노라.

경계자는 아라사 공사가 외부에 조회한 사건에 대하여 1만 백성이 공동회의를 하여 대한에서 아라사에 고빙[6]한 탁지부 고문관과 군부에 교련사관을 일병 해고하여 대한의 자주권을 튼튼케 할 일로 가하다는 의론을 결정하여 이에 앙포[7]하니 조량[8]하옵서 만민의 동심 옹망[9]하는 것을 맞추게 하심을 바란다고 하였는데, 총대위원은 이승만, 장붕, 현공렴 삼씨더라. 이 회에 잠시 모인 사람은 1만여 명인데 사람마다 대한이 자주독립하는 것을 원하는 것 같고, 정부에서 이 조회 답장을 민심을 따라 하기들을 바라는 모양이더라. 연설한 이는 현공렴, 홍정후, 이승만, 조한우, 문경호 제씨라더라. 연설 사의[10]는 차호에 기재하겠노라. 1898 0312

지나간 토요일 오후 2시에 만민이 남대문 밖에 모여 갈린 중추원 고문관 서재필씨가 미국으로 돌아간다는 사건에 대하여 공의[11]하고 서씨를 머무르게 하는 것으로 작정이 되어 외부에 편지하고 외부로 공찰[12]을 미국 공관에 보내 만민이 원하는 뜻을 해당 공사에게 알려 달라 하고 일변[13] 서씨에게 따로 편지하여 그 가려함이 불가한 뜻을 풀어 말하였는데 그 두 편지를 아래에 적노라.

O 외부에 한 편지라

경계자는 이번에 중추원 고문관 서재필 해고한 일에 대하여 정부에서 이미 타판[14]하신 바이니 다시 거론할 것이 없사오나 다만 해원이 우리나라에 있은 지 수년 동안에 인민에게 이익함이 됨은 말하지 않아도 알지라. 이제 만민이 공동히 모여 의논하고 가의를 취결[15]하여 이에 앙포하오니 만민의 공원[16]을 조량하오시며 미국 공사에게 공찰을 보내시되 중추원에 해고한 것은 물론하고 해원으로 하여금 우리나라에 머물러 인민을 교육하는 데 도움이 되게 하여 주심을 복망함[17].

광무 2년 4월 30일
만민공동회 총대위원 최정식 정항모 이승만

O 서씨에게 한 편지

경계자는 각하가 근본 우리나라 잠영세족[18]으로 일찍 과거하고 또 명을 받아 사관이 되어 이웃나라에 가 졸업하고 돌아와서 몇몇 뜻 같은 자와 더불어 우리나라 자주 독립 기초를 창립하려 하다가 일이 마음과 같지 못함에 몸이 외국에 도망하여 간이 썩고 피를 토하여 10여 년 풍상을 무한히 겪은 지라 전에 일 같이 하던 사람은 그동안 혹 가객의 암해[19]도 받고 혹 타국에 원혼도 되었으되 경경혈혈히[20] 남아 있는 자는 오직 각하와 두어 사람뿐이라. 다행히 국운이 돌아와 갑오년 경장[21]한 기회를 만나매 하늘같으신 성은이 옛일을 생각해서 외부 협판을 시키시니 이는 각하의 집안이 망하였다가 다시 회복하고 몸이 죽었다가 다시 사는 날이라. 이 같으신 성은을 갚을 충성이 마땅히 어떠하리오.(이하 생략) 1898 0503

[1]싸전, 쌀 가게 | [2]무명을 팔던 가게 | [3]러시아 | [4]사다리, 일이 되어 가는 순서나 절차를 비유적으로 이름 | [5]다시 기록함 | [6]예의를 갖추어 모셔 옴 | [7]우러러 알림 | [8]형편이나 사정을 살펴서 밝히 앎 | [9]한마음으로 크게 우러러 바람 | [10]일의 내용 | [11]함께 의논함 | [12]공사公事에 관련하여 왕래하는 문서나 편지 | [13]한편 | [14]사리에 맞게 잘 판별하여 밝힘 | [15]찬성하는 의견을 결정하고 | [16]모두 원하는 바 | [17]간절히 바람 | [18]지위 높은 양반 | [19]남몰래 해치거나 죽임 | [20]외롭게 | [21]정치적 · 사회적으로 묵은 제도를 개혁하여 새롭게 함

만민공동회 상소소본

복이[22] 신등이 회를 설시[23]하여 옴으로 구구한 적은 정성이 그윽이[24] 충애의 마음이 발이[25]함이 있는 줄은 이미 폐하께오서 거울같이 통량[26]하오신 바라. 그런 고로 신등이 감히 외람함을 무릅쓰옵고

대한광무이년오월삼일(一)

뎨일권 **미일신문** 이십일호

광무 이년 일월 이십륙일 농샹공부인가

지나간 토요일 오후 두시에 만민이 남대문 밧게 모혀 갈닌 즁츄원 고문관 셔지필씨가 미국으로 도라 간다는 ᄉᆞ건에 ᄃᆡᄒᆞ야 공의ᄒᆞ고 셔씨를 멈으르게 ᄒᆞᆯ슐노 작뎡이 되여 외부에 편지ᄒᆞ고 외부로 공찰을 미국 공관에 보ᄂᆡ여 만민의 원ᄒᆞ는 ᄯᅳᆺ슬 히공ᄉᆞ의게 알녀 달나ᄒᆞ고 일변 셔씨의게 ᄯᅩ로 편지ᄒᆞ여 그 가려ᄒᆞᆷ이 불가ᄒᆞᆫ ᄯᅳᆺ슬 풀어 말ᄒᆞ엿는ᄃᆡ 그두 편지는 아ᄅᆡ 긔지ᄒᆞ노라

○외부에 ᄒᆞᆫ 편지라

경계쟈는 이번에 즁츄원 고문관 셔지필 히고ᄒᆞᆫ 일에 ᄃᆡᄒᆞ야 졍부에셔 압의 타판ᄒᆞ신 배니 다시 거론ᄒᆞᆯ 거시 업ᄉᆞ오나 다만 히별이 우리 나라에 잇슨지 슈년 동안에 인민의게 리익 ᄒᆞᆷ이 됨은 말치 안어도 알지라 이재 만민이 공동히 모혀 외론ᄒᆞ고 가의를 ᄎᆔ결ᄒᆞ와 이에 앙포ᄒᆞ오니 만민의 공원을 죠량ᄒᆞ옵셔 미국 공ᄉᆞ의게 공찰을 보ᄂᆡ시되 즁츄원에 히고ᄒᆞᆫ 거슨 물론ᄒᆞ고 히원으로 ᄒᆞ여금 우리 나라에 머물너 인민을 교육ᄒᆞ는ᄃᆡ 도음이 되게 ᄒᆞ여 주심을 복망ᄒᆞᆷ

광무 이년 ᄉᆞ월 삼십일
만민 공동회 총ᄃᆡ위원
최졍식
졍항모
리승만

○ 셔씨의게 ᄒᆞᆫ 편지

경계쟈는 각하가 근본 우리 나라 잠영 셰족으로 일즉 과거ᄒᆞ고 ᄯᅩ 명을 밧아 ᄉᆞ관이 되여 이웃나라에 가 졸업ᄒᆞ고 도라 와셔 몃몃 ᄯᅳᆺ ᄀᆞᆺ흔 쟈로 더부러 우리 나라 ᄌᆞ쥬 독립 긔쵸를 창립 ᄒᆞ려 ᄒᆞ다가 일이 ... 과 ᄀᆞᆺ지못ᄒᆞ매 몸이 외국에 도망ᄒᆞ야 간을 써고 피를 토ᄒᆞ며 십여년 풍상을 무한히 격근지 ... 젼에 일 ᄀᆞᆺ치 ᄒᆞ던 사ᄅᆞᆷ은 그 동안에 혹자긔 ... 암해도 밧고 혹 타국에 ᄎᆔᄒᆞᆫ도 되엿스되 경 ... 혈혈히 남아 잇는 쟈는 오직 각하와 두어 사 ... ᄲᅮᆫ이라 다힝이 국운이 도라와 갑오년 경장ᄒᆞᆫ ... 회를 맛나미 하ᄂᆞᆯ ᄀᆞᆺᄒᆞ신 셩은이 옛 일을 싱각ᄒᆞ샤 외부 협판을 식히시 ... 이는 각하의 집안이 망ᄒᆞ엿다가 다시 회복ᄒᆞᆫ 몸이 죽엇다가 다시 사는 날이라 이ᄀᆞᆺᄒᆞ신 셩은을 갑흘 츙셩이 맛당히 엇더ᄒᆞ리오 각하 이에 수레를 멍에ᄒᆞ야 동으로 도라와 고국산 ...

매일신문 1898年 5月 3日

대한국 외부 대신은 ᄯᅡ라 속히 귀 대한국 대황뎨 폐하ᄭᅴ 알외여 본 공ᄉᆞ로 ᄒᆞ여곰 거공 폐현ᄒᆞ야 써 본히 본 공ᄉᆞ가 아라샤 황뎨의 칙의 밧든바를 쥬품케 ᄒᆞ는것이 가ᄒᆞ다고 ᄒᆞ엿다더라

○ 삼월 십일 오후 두시에 죵로에셔 만민 공동 회가 되엿는ᄃᆡ 인민들이 미젼 시졍 현덕호씨를 회장으로 ᄲᅡᆸ아 빅목젼 다락우회셔 연셜들을 ᄒᆞ고 아라샤 공ᄉᆞ가 ᄉᆞ관과 탁지부 고문관 일졀노 죠회 ᄒᆞᆫ것을 언연ᄒᆞ야 말들을 ᄒᆞ되 대한 인민이 군부와 탁지 권리를 외국에 맛기는것은 원ᄒᆞ는 바이 아니라 이 계뎨를 다셔 대한 졍부에셔 ᄉᆞ관들과 고문관을 해고케 ᄒᆞ고 대한 졍부에셔 인민의 원을 좃ᄎᆞ 병권과 지졍을 ᄌᆞ유로 ᄒᆞ게 ᄒᆞ여 달나는 답장을 외부 대신씨 ᄒᆞ라고 총ᄃᆡ 위원 셋을 내여 편지를 외부 대신의게로 ᄒᆞ엿는ᄃᆡ 그 편지 ᄉᆞ연은 좌에 긔ᄌᆡᄒᆞ노라

경계ᄌᆞ는 아라샤 공ᄉᆞ가 외부에 죠회 ᄒᆞᆫ ᄉᆞ건에 대ᄒᆞ야 일만 빅셩이 공동 회의ᄒᆞ와 대한에셔 아라사에 고빙ᄒᆞᆫ 탁지부 고문관과 군부에 교련 ᄉᆞ관을 일병 해고ᄒᆞ야 대한의 ᄌᆞ쥬 권를 튼튼케 ᄒᆞᆯ 일노 가 ᄒᆞ다는 의론을 결뎡 ᄒᆞ야 이에 앙포ᄒᆞ나 죠량 ᄒᆞ옵셔 만민의 동심 옹망 ᄒᆞ는 것을 못쇼케 ᄒᆞ심을 ᄇᆞ라다고 ᄒᆞ엿는ᄃᆡ 총ᄃᆡ 위원은 이승만 쟝붕 현공렴 삼씨더라 이 회에 잠시 모힌 사ᄅᆞᆷ은 만여명인ᄃᆡ 사ᄅᆞᆷ마다 대한이 ᄌᆞ쥬 독립 ᄒᆞ는것을 원ᄒᆞ는것 ᄀᆞᆺ고 졍부에셔 이 죠회 답쟝을 민심을 ᄯᅡ라 ᄒᆞ기들을 ᄇᆞ라는 모양이더라 연셜 ᄒᆞᆫ이는 현공렴 홍뎡후 이승만 죠한우 문경호 ᄌᆡ씨이라더라 연셜 ᄉᆞ의는 ᄎᆞ호에

독립신문 1898年 3月 12日

제국신문 1898年 11月 10日

大韓帝國光武二年十一月十日木曜日 (一)

第一卷

七十七号

○光武二年八月八日農商工部認可 (ᄆᆡ일츌판)

만민공동회 샹소소본

복이 신등이 회를 셜시ᄒᆞ여 옴으로 구구ᄒᆞᆫ 젹은 졍셩이 그욕히 츙의의 ᄆᆞᄋᆞᆷ이 발이ᄒᆞᆷ이 잇눈줄은 임의 폐하ᄭᅴ오셔 거울갓치 통량ᄒᆞ옵신바라 그런고로 신등이 감히 외람ᄒᆞᆫ을 무릅쓰옵고 나라에 폐단과 ᄇᆡᆨ셩에 고막을 베풀어 알외온즉 아람다이 밧ᄌᆞ와 킈여 쓰옵시니 신등이 감격ᄒᆞᆷ이 무궁ᄒᆞ와 긔약고 셩은을 만분지일이라도 갑기로 도모ᄒᆞ엿ᄉᆞᆸ더니 쳔만 ᄯᅳᆺ밧게 죠칙이 엄쥰ᄒᆞᄉᆞ 리상ᄌᆡ등 십칠인을 잡아 먼져 경무텽에 가두옵고 즉시 고등에 넘기오니 신등이 엇듸여 써ᄒᆞ오되 더긔 잡힌쟈 십칠인은 곳 신등으로 더부러 공이 ᄀᆞᆺᄒᆞᆫ 몸이오 죄가 ᄀᆞᆺᄒᆞᆫ 몸 이온지라 그럼으로 다 가두는ᄃᆡ 나아가고져 ᄒᆞ와 법ᄉᆞ문 압헤 잇ᄉᆞᆫ지 ᄉᆞ오일에 바람을 먹고 한둔ᄒᆞ옵는ᄃᆡ 다만 십칠인만 가두고 신등의게는 밋치지 아니ᄒᆞ오니 신등이 아혹이 자심ᄒᆞ와 망지소조 ᄒᆞ옵더니 경무ᄉᆞ 신 신ᄐᆡ휴가 신등을 효유ᄒᆞ올 져음에 소ᄆᆡ로셔 한조각 녀명셔를 보이옵고 ᄯᅩ 말ᄒᆞ되 도록이 잇다ᄒᆞ오니 이는 신등이 참아 보지 못ᄒᆞ고 참아 듯지 못ᄒᆞᆯ 일이온지라 신등이 비로소 간셰비가 ᄯᅢ를 니여 얼거 긔망ᄒᆞᆫ줄을 알미로소이다 신등이 놀납고 항송ᄒᆞᆷ을 익의지 못ᄒᆞ와 곳 ᄌᆞ진ᄒᆞ여 죽고져 ᄒᆞ오나 만일 이런 원억을 변ᄇᆡᆨᄒᆞ지 못ᄒᆞᆫ즉 죽어도 죄잇는 귀신을 면치못ᄒᆞ고 이런원억을 가히 판단ᄒᆞ온즉 죽어도 발은 귀신이 될터이온바 신등이 그욕히 죽어도 발은 귀신이 되고져 ᄒᆞ옵고 죄잇는 귀신이 되지안코져 ᄒᆞᆷ이로소이다 신등이 업ᄃᆡ여 싱각ᄒᆞ오니 그글이 어ᄂᆡ곳에셔 나왓는지 모로거니와 일만ᄇᆡᆨ셩이 다 보지도 못ᄒᆞ고 듯지도 못ᄒᆞ엿는ᄃᆡ 유독 ᄒᆞᆫ사름이 먼져보고 입갑 ᄒᆞ엿ᄉᆞ온즉 이는 일ᄒᆞᆷ을 숨겨시되 일ᄒᆞᆷ이 숨지아니ᄒᆞᆷ을 현연히 가히 알니로소니 졔가 무삼 ᄆᆞ옴으로 신등을 불측ᄒᆞᆫ 싸에 무ᄒᆞᆷᄒᆞ와 나라ᄇᆡᆨ셩을 분론ᄒᆞ게 ᄒᆞ느니잇가 그러ᄒᆞᆫ즉 신등이 무함을 분변ᄒᆞ고져 ᄒᆞ는밧ᄌᆞ는 그글을 먼져보고 알왼쟈에게 잇ᄉᆞ오니 업ᄃᆡ여 위컨ᄃᆡ 폐하는 특별히 그것 알왼쟈를 법부로 나리와 신등으로 더부러 쳐련 ᄇᆡᆨ일지하에 지판ᄒᆞ시와 만일 신등이 죄가 잇ᄉᆞ오면 죽어도 한이 업ᄉᆞ옵고 알왼쟈가 실상이 업ᄉᆞ오면 ᄉᆞᄉᆞ로 당ᄒᆞ는률이 잇ᄉᆞ오니 복유 폐하는 의궁이 녀기ᄉᆞ 지쳐ᄒᆞ시와 츙신과 역젹에 분간을 판단ᄒᆞ옵시기를 쳔

나라에 폐단과 백성에 고막[27]을 베풀어 아뢰온 즉 아름답게 받자와 골라 쓰옵시니 신등이 감격함이 무궁하와 기어코 성은을 만분지일이라도 갚기로 도모하였더니 천만뜻밖에 조칙이 엄준해서 이상재 등 17인을 잡아 먼저 경무청에 가두옵고 즉시 고등에 넘기오니 신등이 엎드려서 하오되 저기 잡힌 자 17인은 곧 신등과 더불어 공이 같은 한 몸이요 죄가 같은 한 몸이온지라. 그러므로 다 가두는 데 나아가고자 하여 법사문 앞에 있은 지 4, 5일에 바람을 먹고 한돈[28]하옵는데 다만 17인만 가두고 신등에게는 미치니 아니하오니 신등이 아혹[29]이 자심하여[30] 망지소조[31]하옵더니 경무사 신 신채휴가 신등을 효유[32]하올 즈음에 소매[33]로서 한 조각 익명서를 보이옵고 또 말하되 도록이 있다 하오니 이는 신등이 차마 보지 못하고 차마 듣지 못할 일이온지라. 신등이 비로소 간세배[34]가 꾀를 내어 얽어 기망[35]할 줄을 알므로소이다. 신등이 놀랍고 항송[36]함을 이기지 못하여 곧 자진하여 죽고자 하오나 만일 이런 원억을 변백[37]하지 못한즉 죽어도 죄 있는 귀신을 면치 못하고 이런 원억을 가히 판단하온즉 죽어도 바른 귀신이 될 터인데 신등이 그윽이 죽어도 바른 귀신이 되고자 하옵고 죄 있는 귀신이 되지 않고자 함이로소이다. 신등이 엎드려 생각하오니 그 글이 어느 곳에서 나왔는지 모르거니와 1만 백성이 다 보지도 못하고 듣지도 못하였는데 유독 한 사람이 먼저 보고 입감[38]하였사온즉 이는 이름을 숨기시되 이름이 숨지 아니함을 현연히[39] 가히 알기로소니 제가 무슨 마음으로 신등을 불측한 때에 무함[40]하여 나라 백성을 분란하게 하나이까. 그러한즉 신등이 무함을 분변[41]하고자 하는 이유는 그 글을 먼저 보고 아뢴 자에게 있사오니 엎드려 원컨대 폐하는 특별히 그것 아뢴 자를 법부로 나리와 신등과 더불어 청천 백일지하에 재판하시와 만일 신등이 죄가 있사오면 죽어도 한이 없사옵고 아뢴 자가 실상이 없사오면 스스로 당하는 율이 있사오니 복유[42] 폐하는 애긍히[43] 여기시어 재처[44]하시어 충신과 역적에 분간을 판단하옵시기를 천만축수하나이다. 1898 1110

(소수[45]는 전 승지 윤길병씨라더라)

[22]저희 | [23]시행할 일을 계획함 | [24]간절히 | [25]세력이나 기세가 갑자기 부쩍 성함 | [26]통랑, 속까지 비추어 환하다 | [27]오랫동안 굳어져서 바로잡기 어려운 폐단 | [28]추운 곳에서 조아림 | [29]괴이하고 의심스러움 | [30]더욱 심하여 | [31]너무 당황하거나 급하여 어찌할 줄 모르고 갈팡질팡함 | [32]깨달아 알아듣도록 타이름 | [33]비웃으며 꾸짖음 | [34]간사한 짓을 하는 나쁜 무리 | [35]그물로 몰아 넣다, '모함한다'는 뜻 | [36]황송 | [37]변명 | [38]웃어른께 보임 | [39]뚜렷하게 | [40]없는 사실을 그럴듯하게 꾸며서 남을 어려운 지경에 빠지게 함 | [41]분별 | [42]엎드려 원하옵건대 | [43]불쌍하고 가엾게 | [44]헤아려 처리함 | [45]연명하여 올린 상소문에서 맨 먼저 이름을 적은 사람

해설

2008년 여름 우리 사회를 달궜던 촛불집회를 둘러싸고 한때 '배후' 논쟁이 일었다. 결국 유야무야 됐지만 굳이 촛불집회의 배후를 들라면 네티즌에 큰 영향을 미친 인터넷 포털 사이트 '다음'의 토론 카페 '아고라'가 빠질 수 없다.

만민공동회는 19세기 조선의 오프라인 '아고라'였다. 서재필, 이완용, 윤치호 등 독립협회 간부들이 주도했는데 지식인은 물론 학생 · 부인 · 상인 심지어 백정까지 참여한 민중대회였다. 종로 네거리에서 1만여 명의 민중들이 참석한 가운데 토론을 거쳐 시국개혁책을 건의했고 정부는 이를 무시하지 못했다. 비록 선출 절차를 거치지 않았지만 개화에 눈 떠가는 이들이 모여 민의를 대변했다는 점에서 초보 형태의 의회라고도 할 만했다.

첫 집회는 1898년 3월 열렸으며 5월 기사는 서재필의 출국을 만류하기 위한 만민공동회의 결정을 보도한 것이다. 1864년 전남 보성에서 태어난 서재필은 일본 유학 후 1884년 갑신정변에 참여했다가 실패로 끝나자 일본을 거쳐 미국으로 망명했다. 컬럼비아 대학을 졸업한 후 한국인 최초의 양의洋醫가 되었고 1896년 귀국해 중추원 고문이 되었다. 이후 우리나라 최초의 민간신문인 〈독립신문〉을 창간하고 만민공동회를 주도하는 등 개화운동의 핵심 역할을 했다. 그러기에 만민공동회에 당황한 정부가 서재필을 해고하고 출국을 요청했을 때 민중의 아쉬움은 컸다.

두 번째 기사는 이와 관련해 1898년 4월 숭례문 안에서 열린 만민공동회가 조정과 본인에게 출국 조치의 재고를 당부하는 편지를 보내기로 한 사실을 다루었다. 서재필은 결국 1898년 5월 미국으로 떠났는데 환송 나온 이들의 눈물이 한강을 이루었다고 한다.

한편 만민공동회는 관민공동회로 발전하면서 그해 10월 시정개혁안을 담은 '헌의 6조'를 결의하는 등 기세를 올렸다. '광산 · 철도 · 석탄 · 산림의 개발 및 차관 · 차병借兵과 외국과의 조약은 각부 대신과 중추원 의장이 합동으로 서명하지 않으면 시행되지 못하게 할 것(제2조), 칙임관은 황제가 정부의 과반수 동의를 받아 임명할 것(제5조)' 등의 내용을 담은 헌의 6조는 고종의 재가를 받기도 했다. 하지만 수구파들이 독립협회가 군주제 폐지를 도모한다고 모함하는 바람에 협회가 강제 해산되면서 실시되지 못했다.

이에 11월 〈제국신문〉 기사에서 보듯 수천 명이 경무청 앞에서 만민공동회를 열고 투옥된 독립협회 간부 석방과 독립협회 부활 등을 강력히 요구하기도 했지만 보부상 단체인 황국협회의 폭력 행사로 시민운동의 싹은 꺾였다.

영일동맹

1902年 2月 19日
황성신문

일영협상 전문(역譯)

일본국 정부와 대불열전국大不列顚國[1] 정부는 극동에서 현상 및 전국全局의 평화유지를 희망하며 또 청제국과 한제국의 독립과 영토 보전을 유지함과 더불어 해당 두 나라에서 각국 상공업으로 하여금 균등한 기회를 얻는 데 관하여 이익 관계를 특별히 가지는 까닭에 이에 다음과 같이 약정함이라.

제1조 양 체약국은 서로 청국과 한국의 독립을 승인한 까닭에 해당 양국은 서로 분연히 침략적 추향趨向[2]에 제약되는 일이 없음을 성명하나 양 체약국의 특별한 이익에 비추어 즉 대영제국은 청국에, 또 일본국은 청국에 있을 이익에 더하여 한국정치상과 상업상에 탁월한 이익을 갖고 있으니 양 체약국은 만일 위와 같은 이익이 다른 나라의 침략적 행동으로 인하여 청국 또는 한국에서 양 체약국 중에 그 신민의 생명과 재산보호를 위하여 간섭을 필요할 만한 소요가 발생으로 인하여 침해를 당할 경우에는 양 체약국은 해당 이익을 확보하는 데 필요불가결한 조치를 집행함을 승인함이라.

제2조 만일 일본국과 대불열전국 중 어느 한 편이 앞서 말한 각자 이익의 방호防護를 위하여 다른 나라와 전쟁을 시작할 때에 이르러서는 다른 한 편의 체약국이 엄정 중립을 지키며 동시에 그 동맹국에 대하여 다른 나라가 교전에 가담하는 것을 방지하는 데 노력함이라.

제3조 앞서 말한 경우에 다른 나라 또는 여러 나라에서 해당 동맹국을 대하여 교전에 힘을 더할 때에는 다른 체약국의 한 쪽은 원조를 하며 협동하여 전투에 가담하되 강화함도 역시 해당 동맹국과 서로 협의한 후에 해야 함이라.

제4조 양 체약국은 서로 간에 다른 한 편과 협의를 거치지 않고는 다른 나라와 앞서 말한 이해를 해칠 만한 별약을 행하지 말것을 약정함이라.

제5조 일본국 혹은 대불열전국에서 앞서 말한 이익이 위태로워짐을 인정할 때는 양국 정부는 서로 충분하며 또 격의 없이 통고함이라.

제6조 본 조약은 조인한 날로부터 즉시 실시하되 해당 기일로부터 5개년간 효력이 있으며 만약 5개년이 종료에 이르기 12개월 전에 체약국 중 한 편에서 본 조약 폐지의 의사를 통고하지 아니한 때에는 본 체약국의 한 편이 폐지의 의사를 표시한 당일로부터 1개년 종료에 이르기까지 계속하여 효력이 있으나 종료 기일에 이르러서는 동맹국의 한 편이 현재 교전 중이면 본 동맹은 강화 결료結了[3]에 이르기까지 당연히 계속함이라.

이 증거로 아래 이름은 각기 정부에서 정당한 위임을 받아 이에 기록함이라.

1902년 1월 30일에 용동龍動에서 2건을 작성함.
대불열전국 주차駐箚 일본국 황제 폐하의 특명전권공사 임동林董
대불열전국 황제 폐하의 외무대신 난수타운蘭須陀運[4] 1902 0219

[1]대영제국 | [2]대세를 좇아감 | [3]종결 | [4]랜스 다운

해설 우리나라가 열강들간의 흥정거리가 된 사실을 얘기할 때 흔히 거론되는 것이 이른바 '가쓰라-태프트 밀약'이다. 1905년 일본의 가쓰라 타로桂 太郞 수상과 미국 대통령 특사 태프트W. H. Taft 육군장관 사이에 체결된 이 조약은 미국의 필리핀 지배를 일본이 인정하는 대가로, 미국은 일본의 한국 지배를 묵인한다는 내용을 담아 이후 일본이 한국 침략을 노골화하는 전기를 마련했다는 평가를 받는다.

그런데 실은 이보다 앞서 조선의 운명에 중대한 영향을 미친 국제조약이 있었다. 바로 1902년의 영일동맹이다.

러시아의 남진정책을 경계하던 영국은 극동에서 이를 견제할 우군이 필요했다. 또 청일전쟁의 승리에도 불구하고 삼국간섭으로 러시아의 만주 점령을 용인해야 했던 일본으로서는 대국 러시아와 맞서기 위해서 든든한 조력자가 절실했다.

양국의 이해가 맞아떨어졌던 만큼 이 협상에서는 직접 언급하지 않았지만 러시아를 겨냥해 손을 잡은 것이었다. 기사에서 보듯 "청국 또

는 한국에서 다른 나라의 침략을 받을 경우 '필요불가결한 조치'를 집행함을 승인"할 뿐 아니라 이로 인해 제3국과 교전할 때 지원할 수 있다는 내용이었다. 일본의 입장엣서 보면 인도와 중국에서 영국의 '특수권익'을 인정하는 대가로 한반도에서의 우선권을 인정받고 러시아와 일전을 벌일 때 영국의 도움을 기대할 수 있는 길이 트인 것이었다.

영국은 당시 세계 최강국이었으니 이 협상으로 일본이 얼마나 큰 자신감을 얻었는지 짐작하기 어렵지 않다. 이후 일본은 고종이 제안한 조선 중립화 제안을 국력이 모자라다는 이유로 거부하는가 하면 러시아에 38도 분할론을 제시하는 등 적극적인 '조선 경략經略'에 나서게 된다.

皇城新聞

別報

日英協商全文 (譯)

雜報

러일조약

1905年 7月 27日
황성신문

일본의 평화 조건

대판매일신문大阪每日新聞의 윤돈倫敦[1]통신에 의하면 영국 신문이 일본에서 제출할 평화 조건이라 함을 게재하였는데 떼리데레꾸랏후[2] 신문에는 상금 12억 5000만 원을 출급出給[3]할 것과 일본 보호 하에 만주를 환부還附[4]할 것(가장 중요한 조건)과 한국을 보호국으로 할 것과 여순旅順을 할양割讓[5]할 것과 만주철도를 일본에 이송할 것과 서백리아西伯利亞[6]철도의 통상을 위하여 개방할 것과 해삼위海蔘威[7]에 군사적 방어를 철회할 것과 살합연도薩哈連島[8]를 할양할 것과 중립국에 억류된 아국俄國[9] 군함을 이송할 것과 25년간 동양에 군함을 배치하지 말 것과 상금 출급을 담보로 해삼위와 흑룡강 해안을 점령할 것이라 하였고, 또 데이리메루[10] 신문에는 상금 20억 원을 출급할 것과 일본 보호 하에 만주를 환부할 것과 한국의 군사적 점령과 또 그 국정을 관할할 것과 여순과 살합연도를 할양할 것과 만주철도를 할양할 것(이 경우에는 해당 철도 대가에 상당한 금액을 상금 중에서 계제計除[11]할 것)과 중립국에 억류된 아함[12]을 이송할 것(이 경우에는 해당 군함 가치와 서로 같은 금액을 상금 중에서 계제할 것)과 동양에 있는 아국 군대의 총 액수에 제한을 정한 것과 상금 출급할 담보로 해삼위를 점령할 것이라 하였더라. 1905 0727

[1]런던 | [2]데일리 텔레그래프 | [3]내어줌 | [4]돌려줌 | [5]넘겨줌 | [6]시베리아 | [7]블라디보스토크 | [8]사할린 | [9]러시아 | [10]데일리 메일 | [11]셈에서 제함 | [12]러시아 함대

해설 1904년 2월 일본 해군의 뤼순旅順 항 공격으로 시작된 러일전쟁은 예상과는 달리 1905년 일본의 승리로 끝났다. 1895년 삼국간섭 이후 와신상담해 온 일본은 전쟁준비도 철저했지만, 승세를 업고 발 빠른 외교 전략을 펼쳐 단기전으로 마무리한 덕분이었다.

어쨌든 일본이 1905년 승전국으로서 러시아에 제시한 조건이 이 기사에 실렸다. "25년간 동양에 군함을 배치하지 말 것"과 "일본 보호 하에 만주를 돌려주고 한국의 군사적 점령과 그 국정을 관할할 것"이 눈에 띄는 대목이다. 전자는 부동항不凍港을 얻기 위한 러시아의 남진정책을 견제하려는 영국의 의사가 크게 작용한 것으로 보인다.

일본 측이 제시한 이 안을 토대로 9월 5일 미국 포츠머스에서 일본과 러시아 사이에 강화조약이 조인되었다. 이로써 일본은 한반도에서 독점적 권리를 인정받는 한편 만주에서 러시아 군사를 몰아내 조선 지배에 대한 위험성을 덜었다. 일본은 이어 2차 영일동맹으로 든든한 후견자를 얻어 조선 침략에 박차를 가하게 된다.

光武二年三月八日 農商工部認可

皇城新聞

第二千五號

每日發刊
日曜及慶節翌日休刊

檀君開國四千二百三十八年
箕子元年三千二十七年
大韓開國五百十四年
光武九年七月二十七日
舊曆乙巳六月二十五日
日本明治三十八年
淸國光緖三十一年
西曆一千九百五年

本紙定價
每一張代金二錢
一個月代金五十錢
三個月先金一元四十五錢
六個月先金二元八十錢
一個年先金五元五十錢

廣告料
二號活字每一行二十錢
四號活字每一行十錢
[illegible]

外方郵送先交代金如左
一個月代金郵費並七十六錢
六個月 同 四元三十六錢
一個年 同 八元五十二錢

[illegible]第二十統二戶
發行所 皇城新聞社
社長兼發行人 張志淵

官報

○法律 (前号續)

第八節 度量衡增減律

第三百七十五條 監臨主守가斛斗升秤尺을私自增減ᄒᆞ야官物의收支ᄒᆞᆷ을不平히ᄒᆞᆫ者ᄂᆞᆫ笞一百에處ᄒᆞ고增減ᄒᆞᆫ物을計ᄒᆞ야贓이重ᄒᆞᆫ者ᄂᆞᆫ第六百三十一條坐贓律에依ᄒᆞ되因ᄒᆞ야入己ᄒᆞᆫ者ᄂᆞᆫ第五百九十一條監守自盜律로論ᄒᆞᆷ이라△第三百七十六條 官許ᄒᆞᆫ斛斗升秤尺을不平히行使ᄒᆞ거나私自增減ᄒᆞᆫ者ᄂᆞᆫ笞六十에處ᄒᆞ고利를得ᄒᆞ야贓이重ᄒᆞᆫ者ᄂᆞᆫ第六百三十一條坐贓律에依ᄒᆞ야論ᄒᆞ고工匠은笞五十에處ᄒᆞᆷ이라△第三百七十七條 斛斗升秤尺을官司에셔較勘ᄒᆞ야印烙ᄒᆞᆷ을經치아니ᄒᆞ고行使ᄒᆞᆫ者ᄂᆞᆫ笞四十에處ᄒᆞᆷ이라△第三百七十八條 官司에셔斛斗升秤尺을定式에依치아니코烙許ᄒᆞᆫ者ᄂᆞᆫ笞七十에處ᄒᆞ되受財ᄒᆞ야贓이重ᄒᆞᆫ者ᄂᆞᆫ第六百三十一條坐贓律에依ᄒᆞ야論ᄒᆞᆷ이라

第九節 匿喪及詐喪律

第三百七十九條 父母나夫의喪을遭ᄒᆞ야隱匿ᄒᆞ고擧哀치아니ᄒᆞᆫ者ᄂᆞᆫ懲役一年이며非親尊長의喪을擧哀치아니ᄒᆞᆫ者ᄂᆞᆫ笞四十에處ᄒᆞᆷ이라△第三百八十條 喪事를詐稱ᄒᆞᆫ者ᄂᆞᆫ左開에依ᄒᆞ야處ᄒᆞᆷ이라 一父母의喪을祖父母나伯叔父母나姑나兄姊의喪이라詐稱ᄒᆞᆫ者ᄂᆞᆫ懲役二年 二父母가現在ᄒᆞᆫ되死亾으로나已葬ᄒᆞ얏ᄂᆞᆫ되新喪으로詐稱ᄒᆞᆫ者ᄂᆞᆫ懲役一年 三高曾祖父母나非親尊長의舊喪을新喪으로나喪이無ᄒᆞᆫ되有ᄒᆞᆷ으로詐稱ᄒᆞᆫ者ᄂᆞᆫ笞四十

第十節 僞造律

第三百八十一條 制書를僞造ᄒᆞᆫ者ᄂᆞᆫ絞에處ᄒᆞ되未施行ᄒᆞᆫ者ᄂᆞᆫ一等을減ᄒᆞᆷ이라△第三百八十二條 一 應禁軍器를私造ᄒᆞᆫ者ᄂᆞᆫ一件에禁獄二個月에處ᄒᆞ되每一件에一等을加ᄒᆞ야二十件以上은死刑에處ᄒᆞᆷ이라 但全成치못ᄒᆞᆫ者ᄂᆞᆫ二等을減ᄒᆞᆷ이라 (未完)

○議政府令第三號 (前号續)

第十條 各所管大臣又ᄂᆞᆫ其委任을受ᄒᆞᆫ官吏ᄂᆞᆫ其競爭入札에係ᄒᆞᆫ工事又ᄂᆞᆫ物件의價格을預定ᄒᆞ야其預定價格의錄紙를緊封ᄒᆞ야開札ᄒᆞᆯ時에此를開札處所에置ᄒᆞᆷ이可ᄒᆞᆷ이라△第十一條 開札은公告에示ᄒᆞᆫ處所期日時刻에入札人의面前에셔此를行ᄒᆞᆷ이可ᄒᆞᆷ이라 入札人又ᄂᆞᆫ其代理人이萬一開札處所에出席치아니ᄒᆞᆯ時ᄂᆞᆫ其入札은無效로認ᄒᆞᆷ이라△第十二條 開札ᄒᆞᆫ後에各人의入札中一札도第十條에依ᄒᆞ야預定ᄒᆞᆫ價額의制限에達치아니ᄒᆞᆯ時ᄂᆞᆫ卽時入札人으로ᄒᆞ야곰再次入札을行케ᄒᆞ되오히려預定價의制限에達치못ᄒᆞᆯ時ᄂᆞᆫ隨意契約을行ᄒᆞᆷ을得ᄒᆞᆷ但此를爲ᄒᆞ야最初競爭에付ᄒᆞᆯ時에定ᄒᆞᆫ價格及其他條件을變更ᄒᆞᆯ事를得치못ᄒᆞᆷ이라△第十三條 落札됨이可ᄒᆞᆫ同價의入札을爲ᄒᆞᆫ者數名이有ᄒᆞᆯ時ᄂᆞᆫ同價의入札者로ᄒᆞ야곰卽時再次入札을行케ᄒᆞᆷ이可ᄒᆞᆷ이라 再次入札을行ᄒᆞ야도오히려同價의入札이有ᄒᆞᆯ時ᄂᆞᆫ卽時抽籤으로써落札人을定ᄒᆞᆷ이라 (未完)

◎宮廷錄事 忠淸南道觀察使李道宰辭職疏 批旨省疏具悉有除輒辭不欲爲其所難此豈特畀之意哉必無聽許之理卽起登途△前議官尹始永等言事疏 批旨省疏具悉疏辭令禮式院頭處

以上七月二十四日

◎敍任及辭令 陞正三品 六品李錫均

七月十五日

任莊陵參奉敍判任官八等 九品李元榮△任禧陵參奉敍判任官八等 九品洪淳馨△任箕子陵參奉敍判任官八等 崇義殿參奉李[illegible]雨△任崇靈殿參奉敍判任官八等 九品趙駿奎 任江原道觀察府主事敍判任官六等 羅仁學△任外部主事敍判任官七級 權甲洙△依願免本官 齊陵參奉尹琮鉉△任齊陵參奉敍判任官八等 吳燮東△命兼任贊謀官 農商工部大臣陸軍副將朴齊純△解兼任贊謀官 度支部大臣陸軍副將閔泳綺

以上七月二十二日

齊陵參奉吳燮東 祕書監丞沈周澤 依願免本官△任齊陵參奉敍判任官八等 九品尹璨鉉△命弘文館學士敍勅任官三等 宮內府特進官趙秉式△命宮內府特進官敍勅任官四等 奉常司提調鄭寅學△命奉常司提調敍勅任官三等 從二品崔秉周△任祕書監丞敍奏任官六等 正三品李慶鎬

以上七月二十三日

依願免本官 咸鏡南道觀察府主事金勉弼△任咸鏡南道觀察府主事敍判任官六等 李種龜 以上七月二十四日

○官廳事項 度支部에셔請議ᄒᆞᆫ日本國各項制度視察費一萬六千五十圜과各港市解放巡檢視務給料四千四百八十元과各港市警務署經費二萬三千三百六十六元과警務顧問所屬補佐員古河松之助等十一人俸給與家貰一萬一千七百十八圜二十七錢三里와前江界隊參領洪貞吉送葬費八百七十二元을預備金中支出事로議政府會議를經ᄒᆞᆫ後上奏ᄒᆞ야 制曰可라ᄒᆞ심

七月二十二日

外報 (照譯)

◎日本의平和條件 大阪每日新聞의倫敦通信을據ᄒᆞᆫ則英國新聞이日本에셔提出ᄒᆞᆯ平和條件이라ᄒᆞᆷ을揭載ᄒᆞ얏ᄂᆞᆫ되때리데레가랍新聞에ᄂᆞᆫ償金十二億五千萬元을出給ᄒᆞᆯ事와日本保護下에滿洲를還附ᄒᆞᆯ事(最히重要ᄒᆞᆫ條件)와韓國을保護國으로成ᄒᆞᆯ事와旅順을割讓ᄒᆞᆯ事와滿洲鐵道를日本에移送ᄒᆞᆯ事와西伯利亞鐵道의通商을爲ᄒᆞ야開放ᄒᆞᆯ事와海蔘威에軍事的防禦를撤回ᄒᆞᆯ事와薩哈連島를割讓ᄒᆞᆯ事와中立國에抑留된俄國軍艦을移送ᄒᆞᆯ事와二十五年間東洋에軍艦을勿置ᄒᆞᆯ事와償金出給ᄒᆞᆯ擔保로海蔘威及黑龍江海岸을占領ᄒᆞᆯ事라ᄒᆞ얏고又데이리메루新聞에ᄂᆞᆫ償金二十億元을出給ᄒᆞᆯ事와日本保護下에滿洲를還附ᄒᆞᆯ事와韓國의軍事的占領과及其國政을管轄ᄒᆞᆯ事와旅順及薩哈連嶋를割讓ᄒᆞᆯ事와滿洲鐵道를割讓ᄒᆞᆯ事(此境遇에ᄂᆞᆫ該鐵道代價에相當ᄒᆞᆫ額을償金中에셔計除ᄒᆞᆯ事)와中立國에抑留된俄艦을移送ᄒᆞᆯ事(此境遇에ᄂᆞᆫ該軍艦價値와相等ᄒᆞᆫ額을償金中에計除ᄒᆞᆯ事)와東洋에在ᄒᆞᆫ俄國艦隊의總噸數에制限을定ᄒᆞᆯ事와償金出給ᄒᆞᆯ擔保로海蔘威를占領ᄒᆞᆯ事라ᄒᆞ얏더라

을사늑약_시일야방성대곡 지지

1905年 11月 21日
대한매일신보

황성 의무

어제 황성신문 기자가 일한신조약日韓新條約에 대하여 한황 폐하께서 이등대사伊藤大使의 강청强請을 정대하고 명확하게 척절斥絶[1]하신 칙어勅語[2]와 다수의 일본 병사가 궁궐에 난입하여 용탑龍榻[3]에 지척까지 다가와서 위협과 협박을 보인 행동과 이등대사가 한정대신韓廷大臣[4]에게 공갈도 하고, 유세誘說[5]도 하는 등의 여러 가지 강압 수단과 한참정韓參政이 그 조약에 날인을 하지 않은 일과 각 대신이 군부君父를 속이고 저버리면서 국권을 상실한 죄를 사실에 입각하여 곧게 썼다. 또 해당 조약이 황상 폐하께서 윤허允許[6]하지 않으신 일이고, 참정대신이 날인하지 않은 것이니 반드시 무효하다는 설도 게재하고 해당 신문사 기자는 이 신문을 발포하면, 반드시 닥칠 상황을 미리 예측하고서 일본의 검사檢査도 받지 않고, 아침 일찍 전파하고는 앉아서 변을 기다렸다. 과연 일본 수사들이 와서 사장 장지연張志淵을 잡아가고 해당 신문을 정간停刊시켰다. 오호라! 황성 기자는 단지 해당 신문사의 의무를 잃지 않았을 뿐만 아니라, 실로 대한 전국全國 사회 신민臣民의 대표가 되어 광명光明 정직한 의리를 세계에 발현發顯하리로다.

방성대곡放聲大哭이라는 논설 한 편에 이르러서는 모든 대한신민이 된 자가 통곡하지 않을 수 없거니와, 세계 각국의 모든 공평한 마음과 정의를 가진 자는 모두 마땅히 그를 위해 분개하고 애통해하리니 오호라, 황성 기자의 붓은 가히 일월日月과 그 빛을 다툴 것이로다. 1905 1121

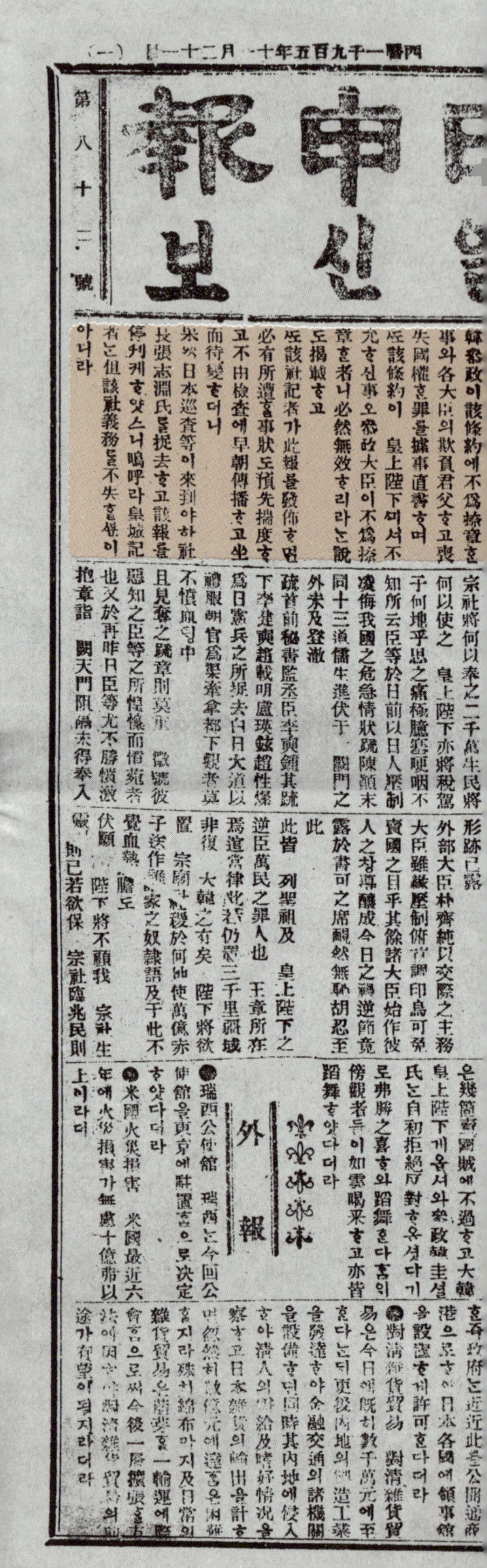

西曆一千九百五年十一月二十一日 (一)

第八十二號

...日申報
...일신보

韓參政이該條約에不爲捺章훈事와各大臣의欺負君父ᄒ고喪失國權훈罪를據事直書ᄒ며또該條約이 皇上陛下씌셔不允ᄒ신事오參政大臣이不爲捺章훈者니必然無效ᄒ리라ᄂ說도揭載ᄒ고
또該社記者가此報를發佈ᄒ면必有所遭훌事狀도預先揣度ᄒ고不由檢査에早朝傳播ᄒ고坐而待變ᄒ더니果然日本巡査等이來到야하社長張志淵氏를捉去ᄒ고該報를停刊케ᄒ얏스니嗚呼라皇城記者ᄂ但該社義務를不失훌뿐이아니라

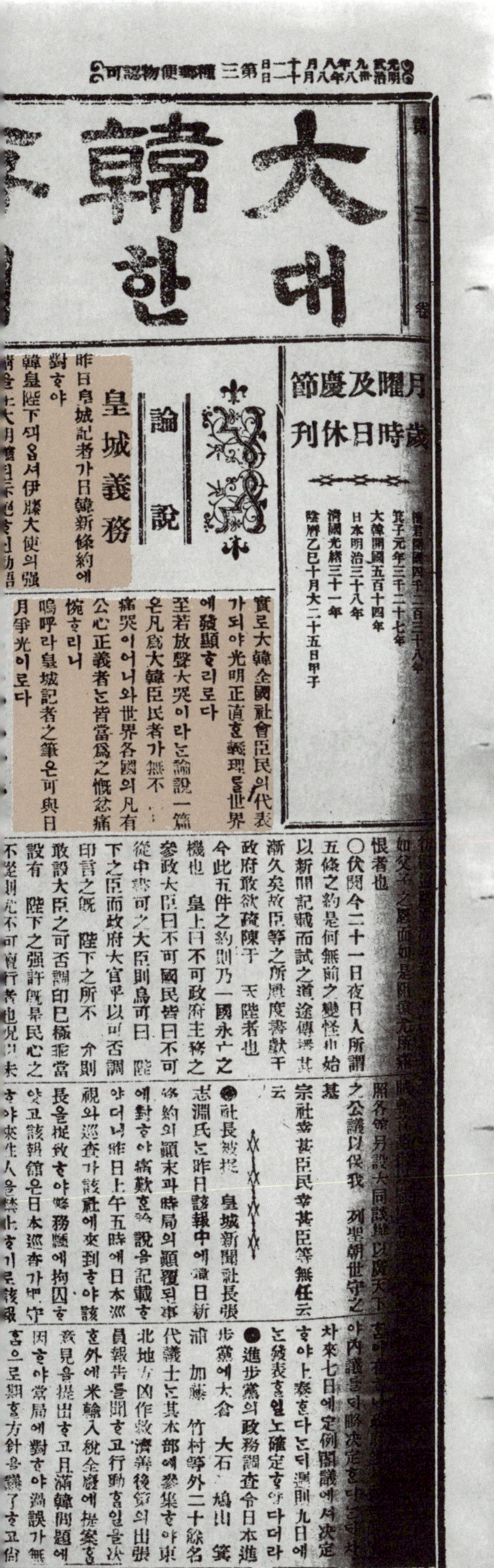

大韓 대한

月曜及慶節 歲時日休刊

論說 皇城義務

昨日皇城記者가日韓新條約에對ᄒᆞ야

嗚呼라皇城記者之筆은可與日月爭光이로다

¹배척하고 거절 | ²임금이 몸소 이름 또는 그런 말씀이나 그것을 적은 포고문 | ³임금이 앉고 눕는 평상이나 침상 | ⁴우리 조정의 대신 | ⁵유혹하는 말 | ⁶임금이 신하의 청을 허락함

해설

1905년 11월 17일 이른바 일본은 조선의 외교권을 박탈하는 이른바 '을사보호조약'을 강압적으로 체결했다. 한국 정부는 일본 정부를 거치지 않고는 국제 조약을 체결하지 못하며 일본은 통감 한 명을 두어 외교 사항을 관리한다는 내용이 골자였다. 11월 20일 〈황성신문〉의 장지연은 이를 비판하는 논설 '시일야방성대곡是日也放聲大哭'을 실었다. "아, 저 개돼지만도 못한 소위 우리 정부대신이란 자들이… 그저 편안히 살아남아서 세상에 나서고 있다.…아 원통하고도 분하도다. 우리 2천만 남의 노예가 된 동포여! 살았는가 죽었는가."라고 비분강개한 이 글은 장지연이 홧술로 끝마치지 못해 유근柳瑾이 후반부를 썼다는 이야기도 있다.

〈황성신문〉은 이날 자 신문을 평소 발행 부수 3000부보다 많은 1만 부를 찍어 일본의 검열을 받지 않고 배포했다. 그 결과 필자인 장지연 등 10여 명이 체포되고 신문은 무기 정간 조치를 당했다.

이 기사는 이 사건을 다룬 것이다. 런던 〈데일리뉴스〉의 특파원으로 한국에 왔던 영국인 E. T. 베셀(한국명 배설裵說)이 양기탁과 손잡고 1904년 7월 창간한 〈대한매일신보〉는 일제의 검열을 피할 수 있었기에 이 같은 글을 과감히 실을 수 있었다.

두 가지 뒷이야기가 있다. 장지연의 글 이후 '개돼지만도 못한 놈'이란 욕이 널리 쓰이게 되었다. 한편 일본인이 경영하던 〈대한일보〉는 이를 경거망동이라 했고, 〈제국신문〉은 "한 때의 분함을 참으면 백 년 화근을 면하리라"는 논설을 실었다. 언론도 언론 나름인 것은 예부터 그랬던 모양이다.

민영환 · 조병세 자결

1905年 12月 1日 | 12月 3日 제국신문

민씨閔氏 진충盡忠

시종무관장 민영환 씨 등이 평리원에 대죄하다가 분간방송[1]하라신 처분이 내리신지라 일반 진신사서[2]와 백목전도가[3]에 회동하여 대죄하기를 공의[4]할 사이 민영환 씨는 명동 이완식 씨 집에 사처[5]하였더니 본일 상오 6시 량에 칼을 들고 목을 찔러 세상을 이별하여 천하에 사죄하였다더라.

순절殉節 상보詳報

민보국 영환 씨가 그저께 별목전도가에서 밤에 잠깐 그 본집에 다녀서 집안사람을 다보고 또 교동 그 계씨[6]집에 가서 그 대부인[7]을 보았고 종로로 다시 나가는데 집사람들이 조용한 곳에 계시기를 청하여 이완식 씨 집 건넌방에 사처하였더니 모시고 있는 청식이더러 어서 소청[8]으로 나가야 하겠으니 나가 세숫물을 데우라 하여 내보낸 후에 조용한 틈을 타서 주머니의 양도[9]를 가지고 목을 좌우편으로 찔러 인후가 끊어졌다더라.

즉시 그 시신을 본집으로 모셔갔더니 장안 수많은 관민이며 각 학교 학원들이 구름같이 모여 통곡하고 조상하는 자 몇 천 명인지 알 수 없었다더라. 1905 1201

[1]죄지은 형편을 보아서 용서하고 풀어줌 | [2]모든 벼슬아치와 일반 백성 | [3]육의전 | [4]함께 의논함 | [5]거처를 옮김 | [6]남동생 | [7]어머니 | [8]조선시대에, 유생들이 모여서 건의 · 상소를 하던 집 | [9]주머니 칼

제국신문 1905年 12月 1日

제국신문 1905年 12月 3日

조공趙公 유서遺書

순절한 원로대신 조병세씨가 음약자처[10]하실 때에 유서를 써 두었는데 각 공사에게 공함[11]한 전문은 이와 같다.

병세가 향일[12]에 일본사신이 조약을 겁박한 일로써 첨위[13] 각하에게 공포하였으나 마침내 일차 회판함[14]을 얻지 못하매 우분한 마음이 탱중[15]하여 죽음으로써 나라에 갚나니 복원[16] 귀 공사는 이웃나라의 정의를 생각하고 약소한 나라를 긍측히[17] 여겨 공동협의한 후 우리 독립의 권리를 회복케 한즉 병세가 마땅히 결초보은할 터이라 정신이 현란하고 기운이 촉급하여[18] 이를 바를 알지 못하노라 하였고

또 전국 인민에게 영결로 고한 전문을 번역하건대

병세가 죽기에 임하여 국내 인민에게 경고하오니 오호라, 강한 이웃나라가 맹약을 바꾸고 적신들이 나라를 팔아 500년 종사의

위태함이 조석에 있고 2000만 생령[19]이 장차 노예를 면치 못하리. 나라가 망하여 오늘의 이 같은 수욕[20]을 어찌 참아보리오. 이는 진실로 지인열사의 피 흘리고 눈물 뿌릴 때라. 병세가 충분소격忠憤所激[21]에 힘을 헤아리지 않고 글장을 봉하여[22] 궐문에 부르짖으며 궐문 밖에 석고 대죄하여 장차 이미 옮겨간 국권을 회복하여 생명을 위태한 가운데 구원하고자 하나 일이 마음과 같지 아니하고 대세가 이미 간지라 오직 한 번 죽음으로써 위로 국가에 갚고 아래로 중인에게 사례하나 죽어도 여한이 있는 자는 나라의 형세를 회복치 못하고 인군[23]의 위태함을 풀지 못함이니 오직 우리 전국 동포는 나의 죽음으로써 슬프다 하지 말고 각자 스스로 분발하여 더욱 충의를 힘써 국가를 보전하며 우리 독립 기초를 굳게 하여서 회계의 부끄럼會稽之恥을 신설하면[24] 병세가 비록 구천지하에서라도 기쁘게 춤을 출 터이니 그 각각 힘쓰고 힘쓰라 하였다더라. 1905 1203

[10]약을 먹고 자결함 | [11]공사公事에 관하여 왕래하는 문서나 편지 | [12]지난번 | [13]여러분, 각 공사관을 지칭 | [14]모여 담판함 | [15]근심과 분함이 가득 참 | [16]엎드려 원하건대 | [17]불쌍하고 가엾게 | [18]호흡이 가빠서 | [19]생명, 백성 | [20]남에게 모욕을 당함 | [21]충의로 인해 생기는 분한 마음이 격분하여 | [22]상소를 올려 | [23]임금 | [24]마음에 새겨 잊지 못하는 치욕을 갚는다면. 즉 중국 춘추 시대에 월나라 구천이 오나라 부차에게 회계산에서 패한 후 그 치욕을 거울삼아 훗날 원수를 갚는다는 데서 유래한 표현

해설 1905년 11월 을사늑약이 체결된 뒤 시종무관장 민영환과 10여 년 전 좌의정까지 지내고 사임했던 원로 대신 조병세는 각각 소두疏頭(상소의 우두머리)가 되어 대궐에 들어가 수일간 연좌하면서 조약 무효를 주장했으나 일제에 의해 쫓겨났다.

계속 조약 무효 상소를 올리던 민영환은 11월 30일 자결했다. 그 때 나이 마흔네 살. 명성황후의 조카로 20대에 지금의 장관인 판서를 지낸 그는 특명전권공사로 미국과 러시아를 방문하는 등 '개명된 관료'였다. 외교권을 잃는다는 의미가 어떤 것인지 알고 "죽어도 죽지 않고 도울 것을 기약하노니 동포들은 천 배 만 배 더욱 분발하라."는 유서를 남기고 세상을 떴다.

하지만 국제정치의 냉혹함을 몰랐던 것은 지금 보면 안타까울 정도다. 유서 외에도 미국인 친지들에게 "…귀하가 거중조정(제3자가 국제분쟁을 일으킨 당사국 사이에 끼여 분쟁을 평화롭게 해결하는 일)을 행사하고, 우리의 독립을 지지하기 위해 귀하가 아량 있는 노력을 해주실 것을 간청합니다.…"란 편지를 남긴 점이 그렇다. 미국은 을사늑약 직후인 11월 24일 가장 먼저 조선과의 국교를 단절하고 '침몰하는 배에서 황급히 도망치는 쥐떼처럼'(미국 부영사 스트레이트) 공사관을 철수했으니 고종이나 민영환의 '미국 짝사랑'은 부질없는 기대였다. 역사를 오늘의 잣대로 재량해서는 안 된다면 할 말은 없지만.

한편 일본군에 끌려 나와 강제 추방되어 경기도 가평의 자택에 연금됐던 조병세가 이튿날 자결하는 등 민영환의 죽음은 큰 파문을 던졌다.

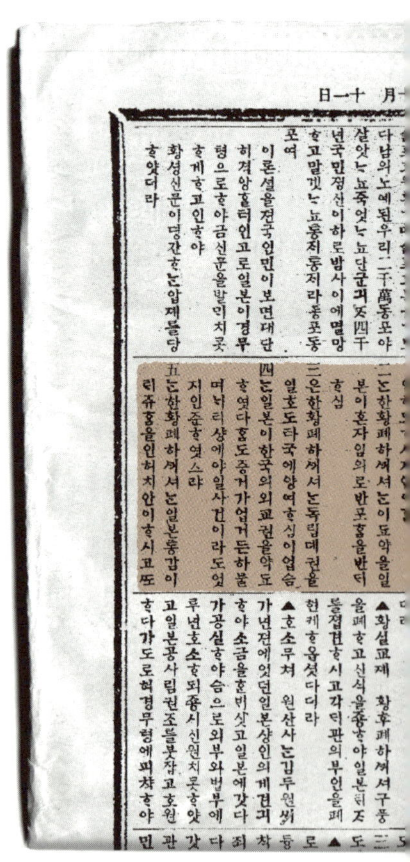
日一十 月

다남의노예된우리二千萬동포야 살앗느뇨죽엇느뇨단군긔ᄌᆞ四千 년국민정신이하로밤사이에멸망 ᄒᆞ고말깃느뇨통재통재라동포동 포여

이론설을전국인민이보면대단 히격앙홀터인고로일본이경무 령으로ᄒᆞ야금신문을발힝치못 ᄒᆞ게ᄒᆞ고인ᄒᆞ야 황셩신문이뎡간ᄒᆞᄂᆞᆫ압제를당 ᄒᆞ얏더라

二ᄂᆞᆫ한황폐하셔서ᄂᆞᆫ이됴약을일 본이혼자임의로반포홈을반ᄃᆡ ᄒᆞ심

三은한황폐하셔서ᄂᆞᆫ독립뎨권을 일호도타국에양여ᄒᆞ실이업슴

四ᄂᆞᆫ일본이한국의외교권을약도 ᄒᆞ엿다홈도증거가업거든하믈 며ᄂᆡ리샹에야일사건이라도엇 지인준ᄒᆞ엿스랴

五ᄂᆞᆫ한황폐하셔서ᄂᆞᆫ일본통감이 리쥬홈을인허치안이ᄒᆞ시고또

▲황실교제 황후폐하셔서구풍 을폐ᄒᆞ고신식을죵ᄒᆞ야일본귀죡 들접견ᄒᆞ시고각ᄃᆡ판의부인을폐 현케ᄒᆞ옵셧다더라

▲호소무처 원산사ᄂᆞᆫ김두원씨 가년젼에잇던일본샹인의계견긔 ᄒᆞ야소금을훈비삿고일본에갓다 가공실ᄒᆞ야승으로외부와법부에 루년호소ᄒᆞ되죵시신원치못ᄒᆞ얏 고일본공사림권조를붓잡고호원 ᄒᆞ다가도로혀경무령에피착ᄒᆞ야

고종 변명서

1907年 11月 15日 공립신보

대황제 폐하 변명서

대황제 폐하께서 영국 론돈[1] 신문 방사 스토리 씨에게 이 5조약을 인허치 아니하심을 변명하여 6조로 써서 주시와 론돈 츄리비윤[2] 신문에도 기재되고 또 금년 1월 16일에 대한매일신보에도 기재됨이 다음과 같으니

1은 1905년 11월 17일에 일본 공사 임권조와 박제순이 5조약을 체결했는데 한황 폐하께서는 친압[3]도 아니하실 뿐더러 허락도 하시지 아니함.

2는 한황 폐하께서는 이 조약을 일본이 혼자 임의로 반포함을 반대하심.

3은 한황 폐하께서는 모든 독립권을 일호도[4] 타국에 양여[5]하심이 없음.

4는 일본이 한국의 외교권을 약조하였다 함도 증거가 없거늘 하물며 내치상에야 한 사건이라도 어찌 인준하였으랴.

5는 한황 폐하께서는 일본 통감이 내주[6]함을 인허치 아니하시고 또 황실의 존권을 일호도 외인에게 전행[7]함을 허락하지 아니하심.

6은 한황 폐하께서는 각국이 연합하여 5년을 한정하고 한국 외교를 담임하여 보호하여 주기를 허락하심.

광무 10년 1월 29일 1907 1115

[1]런던 | [2]트리뷴 | [3]임금이 직접 도장을 찍음 | [4]조금도 | [5]넘겨줌 | [6]임금에게 은밀히 아룀 | [7]오로지 혼자서 결단하여 행함

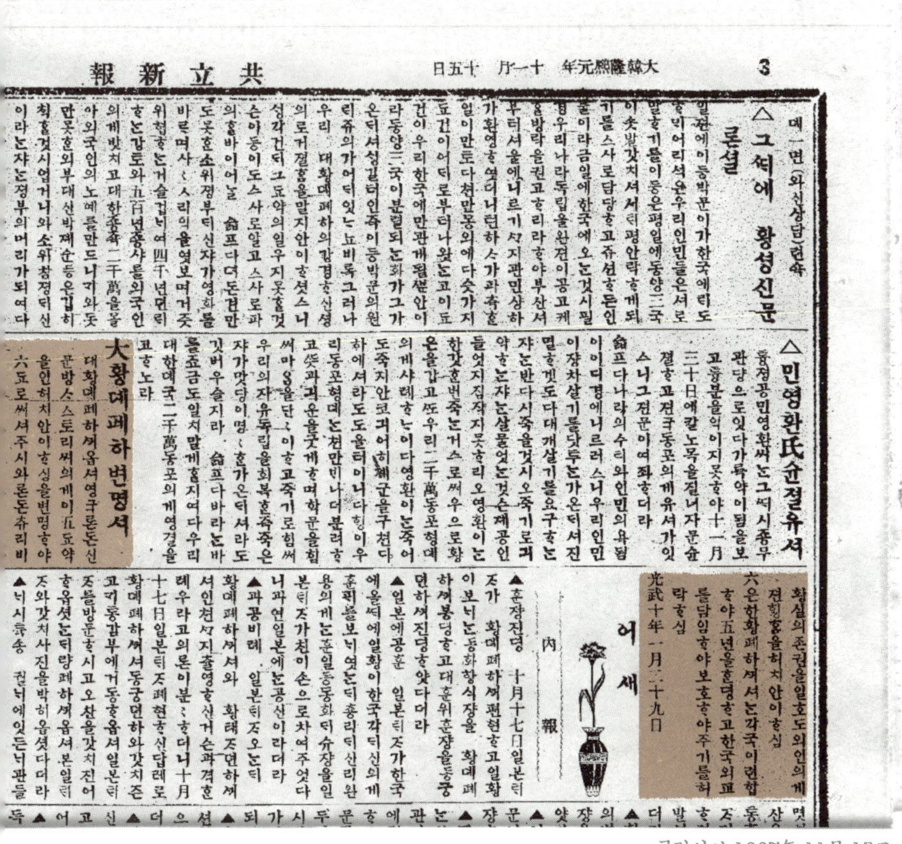

共立新報 大韓隆熙元年十一月十五日 3

△그셔에 황셩신문 (데一면 외신상보 련쇽)

론셜

△민영환氏순절유셔

大황뎨폐하변명셔

어세

內報

공립신보 1907年 11月 15日

외교권을 빼앗아간 이른바 '을사보호조약'에 대해 고종은 나름대로 저항했다. 조약 체결을 대신들에게 미뤘고 고종 자신은 서명도 하지 않았다. 또 조약 체결 후 "각 대신은 일본과 동복同腹이 되어 짐을 협박하여 조약을 조인하였으니 짐의 적자는 일제히 일어나 이 슬픔을 함께 하라"고 백성에게 호소하기도 했다.

고종이 지적한 조약 무효 사유는 타당하다. 비준도 받지 못하고 조약의 정식 명칭도 없으니 국제법적으로는 무효인 '조약 아닌 조약'이었다. 그러나 국제정치란 이성보다 힘, 정의보다 이익이 우선하는 난장판 아닌가. 미국에 머물던 황실 고문 헐버트를 통해 "짐은 총칼의 위협과 강요 아래 최근 (조일)양국 사이에 체결된 이른바 보호조약이 무효임을 선언한다."며 이를 미국 정부에 전달해달라고 하거나 더글러스 스토리에 밀서를 전해 런던 <트리뷴>지 1906년 2월 8일 자에 조약의 부당함을 알리는 기사를 싣도록 하는 것만으론 판세를 뒤집을 수 없었다.

이 기사는 을사늑약이 체결된 지 2년이 지난 후에, 게다가 기사라기보다 민영환의 유서와 고종의 해명서를 함께 실은 걸 보면 독립운동의 의지를 다지기 위한 관련 특집이었던 것으로 보인다.

통감부 설치

1906年 2月 13日
공립신보

통감부 관제

제1은 한국 경성에 통감부를 설치할 일이고, 제2는 통감부에 통감을 둘 일이고, 통감은 천왕 폐하가 바로 관할하고 외교 사무에 관한 일은 외무대신을 거쳐 내각 총리대신을 거치고 기타 사무를 관하여는 내각 총리대신을 거쳐 상주 재가함을 받을 일이고, 제3은 통감은 한국에서 일본 정부를 대표하여 일본 주차 외국 대표자를 거칠 일을 제하고 그 외에 한국에 있는 외국 영사 및 외국인에 관한 사무를 통할하고 아울러 한국 정사 베푸는 사무의 외국인에게는 일을 감독하며 통감은 약조를 의지하여 한국에서 일본 관원 및 관부에서 행하는 모든 사무를 감독하고 기타 일본 관원이 구관하던 일을 아울러 감독할 일이고, 제4는 통감은 한국에 안녕 질서를 유지하기 위하여 필요한 줄로 아는 때에는 한국의 수비 군대를 명령할 권리가 있는 일. 미완. 1906 0213

해설 을사늑약으로 대한제국의 외교권을 앗아간 일본은 한성 주재 외국 공관들이 철수한 후인 1906년 통감부를 설치하고 이토 히로부미伊藤博文를 초대 통감으로 임명했다. 3월 부임한 이토는 내각 총리대신의 상주를 받아 재가하는 권한과 함께 황제를 수시로 만날 권리까지 지녀 사실상 '상왕上王' 행세를 했다.

'보호조약'에 따르면 통감부는 외교권을 관리하도록 되어 있었으나 실제는 경무부·농상공부 등을 두고 내정 전체를 관장했다. 또한 기사 내용처럼 "통감은 필요하다고 판단할 때는 한국 군대를 명령할 권리"가 있었으니 대한제국은 일본의 '보호국'으로 전락한 셈이었다. 그럴 뿐 아니라 통감부는 개설 당시 부산·마산 등 12개 소에 이사청理事廳을, 11개 지방에 지청을 두는 한편 전국에 일본 경찰을 배치해 한반도 전역을 지배할 체제를 갖추었다. 이를 계기로 일본인들의 조선 이주가 급증해, 장지연의 글에 따르면 일본인이 한국 땅을 밟는 자가 하루 500여 명에 이를 정도였다. 그 결과 1000명 이상 사는 곳에 설치하는 일본인 거류민단이 1910년까지 열두 곳에 생겼다.

한편 송병준, 윤시병 등이 1904년 조직한 친일단체인 일진회는 이토가 부임할 때 남대문에 '환영' 현수막을 내걸기도 했다. 당시 회장은 이용구로, 일본인 모치즈키望月가 고문으로 있었다. 이후 일진회의 회원 100여 명이 관찰사, 군수 등에 '발탁'되기도 했으며, 고종 퇴위 강요, 의병 토벌 참여, 한일합병 촉구 성명 발표 등 파렴치한 친일행각을 이어갔다.

협ᄒᆞᆷ이오 녯젹ᄂᆞᆫ 외국을 가보아야 ᄇᆡ홈이 니아라사의 멸망ᄒᆞᆫ 곤난ᄒᆞᆫ 것을 보시오 구나라 혜롭던 광대ᄒᆞ던 과 불란셔와 부요ᄒᆞ던 과 변마의 경강ᄒᆞᆷ으로 구이며가 자긔 원인으로 ᄒᆞ더라와 인 망ᄒᆞ야 나라의 ᄉᆞ의 ᄂᆞᆷ에 멸망ᄒᆞ엿스니 다 대국 ᄒᆞᆫ 과 멸망됨 ᄒᆞᆫ 과 ᄒᆞᆫ 사ᄅᆞᆷ이 ᄉᆞᄉᆞ로 멸망케 ᄒᆞᆷ이오 아라사가 멸망케 ᄒᆞᆷ이 아니라 오ᄂᆞᆯ날 우리 한국도 한국이 ᄉᆞᄉᆞ로 망케 ᄒᆞᆷ이오 일본이 아니라 ᄒᆞᆯ 곳ᄒᆞ더 ᄒᆞᆫ 일들이여 우리 나라 망ᄒᆞᆯ 근원이어니 가지가 아 ᄒᆞ오 이제 다시 미국 독립 ᄉᆞ긔를 ᄎᆞᆷ 부세다 ᄒᆞ고 ᄃᆞ니 미국 사ᄅᆞᆷ이며 ᄌᆞ유의 ᄀᆞᆨ션 마음으로 독립의 ᄉᆞ상이 되여 영국 ᄇᆞ홈의 불법을 버서나 오ᄂᆞᆯ날이와 ᄀᆞᆺ흔 부강을 두 린ᄂᆞ 사ᄅᆞᆷ들 바이 아니라 오이려 면ᄃᆞᆼ ᄒᆞ고 가ᄆᆡ국 어눈 사ᄅᆞᆷ이 되고 무슨 ᄀᆞ강 샹아다 ᄉᆡ ᄒᆞ엿거일 러가 남을 지라도 무슨 관도 샹에 ᄃᆡᄒᆞᆫ 독립 ᄂᆡ 글ᄌᆞ가 엇지 서지 아니ᄒᆞ겟ᄂᆞᆫ가 ᄉᆞᆷ섭 ᄒᆞᆫ 것이ᄅᆞ 우ᄒᆞ며 부세다 완

△是何怨言哉 미국 어ᄂᆞ 신문에 그 졀ᄒᆞ기를 한국 황뎨 폐하ᄭᅴ셔 츅 일본 동경으로 옴기라 ᄒᆞ엿스니 우리 ᄀᆞ 만조 만이 놀ᄒᆞᆯ ᄉᆞᄉᆞ로 우리 황샹 폐하 폐샹을 보젼ᄒᆞ지 못ᄒᆞᆯ 것

죠흔 변복ᄒᆞ야 목ᄉᆞ로 세샹에 셔겟ᄂᆞ뇨

本國小聞보

△禁墨白衣 한국 정부에서 국민들의 ᄇᆡᆨ의 닙ᄂᆞᆫ 것을 금ᄒᆞ고 흑색 의복을 닙을 ᄒᆞᆯ 법을 압 외국 지ᄒᆞ엿거나 ... 보리라 셜시가 되ᄂᆞᆫ데 만일 ᄇᆡᆨ의를 닙고 ᄃᆞ니ᄂᆞᆫ 것 잇ᄉᆞ면 각방곡에 파송 슌검들이 붓잡아 잔등에 다 먹칠을 ᄒᆞ야 준다더라

△將有恩赦 十년 ᄉᆞ에 특별ᄒᆞᆫ ᄉᆞ면 김옥균 소리 총 외국 갑지 궁졔 세놀러 ᄒᆞᆯ 찰 경부 회의 결뎡ᄒᆞ고 장ᄎᆞ 샹ᄌᆞᄒᆞ야 ᄒᆞ방이 되리라 ᄒᆞ엿더라

△僧侶欲戰 일진회 인들이 쟉폐 가부 쌍슴을 ᄒᆞ면 미 부 거이 ᄂᆞᆷ을 ᄂᆞᆷ ᄒᆞ야 각 졀에 중 됨이 구ᄒᆞᆼ의 ᄂᆞᆷ을 가범례 ᄒᆞ야 압ᄒᆞ로 포 ᄎᆞᆯ면 ᄂᆞ라 각각 가지고 ᄒᆞ 환을 예방ᄒᆞᆫ다 ᄒᆞ더니 ... 진회에서 각쳐 중을 관할ᄒᆞ고 금광산과 통ᄃᆞ사에 발젼 회지회를 셜시ᄒᆞ고 중 별명 어ᄆᆡᆨ스 심젼시 벗겟다고 셩언ᄒᆞ엿다 ᄒᆞ엿스니 중들이 불의지ᄒᆞᆫ 일을 당ᄒᆞ엿더라

△皇城新聞禁刊 우리 나라 해 다 ᄒᆞᆫ 황셩신문과 대국신문들 상이더니 황셩신문을 신문샤에 ᄃᆡᄒᆞ야 ... ᄎᆞ의 지필을 ᄂᆞ발 근본 ᄇᆞ로 일본이 크게 ᄉᆞ랑ᄒᆞᆫ 바 ᄒᆞ나 ᄀᆞᆷ졍에 일본 헌병이 신문사 장 ᄎᆞ지ᄒᆞ여 썻ᄂᆞᆫ 졈 ᄋᆞ가 두고 신문 출판ᄒᆞ기를 금지ᄒᆞ엿다더라

△統監府新定 일본 정부가 톄 외국 열고 한국 경셩에 통감부를 두기로 결뎡ᄒᆞ고 관졔를 반포ᄒᆞ얏ᄂᆞᆫ데 통감은 이등박문 씨가 되고 국ᄎᆞ에 관원이 七十 명이라 ᄒᆞ더라

통감부관제

△뎨일은 한국 경셩에 통감부를 셜치ᄒᆞᆯ 사 뎨이ᄂᆞᆫ 통감부에 통감을 둘 ᄉᆞ 통감은 대황뎨 폐하가 바로 관할ᄒᆞ고 외교 ᄉᆞ무에 관ᄒᆞᆫ 사ᄂᆞᆫ 외부대신을 거쳐 ᄂᆡ각 총리대신을 거치고 그 다 ᄉᆞ무에 관ᄒᆞ야ᄂᆞᆫ ᄂᆡ각 총리대신을 거쳐 샹주ᄒᆞ가 ᄌᆡ가ᄒᆞᆷ을 밧을 사 뎨삼은 통감은 한국에서 일본 졍부를 ᄃᆡ표ᄒᆞ야 일본 쥬찰 외국 대표자를 것을 일을 졔ᄒᆞᆫ 외에 한국에 잇ᄂᆞᆫ 외국 령사와 밋 외국인의 관ᄒᆞᆫ ᄉᆞ무를 통할ᄒᆞ고 마ᄋᆞᆯ며 한국 졍사 ᄇᆡ무ᄂᆞᆫ ᄉᆞ무의 외국인의게 엇ᄂᆞᆫ 일을 감독ᄒᆞ며 통감은 약조문 외젹ᄒᆞ야 한국에서 일본 관리와 및 관부에 시ᄒᆞᆯ 바 졔반 사무를 감독ᄒᆞ고 그 다 ᄃᆡᄒᆞ야 관원이 구관ᄒᆞᆫ 일을 아올너 감독시ᄒᆞᆯ 사 뎨ᄉᆞᄂᆞᆫ 통감은 한국에 안녕 질셔를 유지ᄒᆞ기 위ᄒᆞ야 필요ᄒᆞᆫ 줄노 아ᄂᆞᆫ 때에ᄂᆞᆫ 한국에 쥬비ᄒᆞᆫ 군ᄃᆡ를 명령ᄒᆞᆯ 쳐 이 유ᄒᆞᆯ 사 미완

△各處賊熾 한국 경향 각쳐에 도적이 ᄆᆡ ᄒᆞ야 비적에 인민의 재산을 탈취ᄒᆞᆷ으로 인ᄒᆞ야 부지ᄒᆞᆯ 수 업다더라

外외報보

△日人煽動 청국에서 미국 물화를 ᄇᆡ쳑ᄒᆞᆫ 것은 일본에셔 ᄉᆞ주ᄒᆞᆫ 일본 사ᄅᆞᆷ들이 ᄀᆞ울ᄒᆞ야 청인을 션동ᄒᆞᆫ다ᄂᆞᆫ 말이 분명ᄒᆞ다고 샹해로셔 온 미국 사ᄅᆞᆷ이 공언ᄒᆞ엿더라

△俄享民權 아라사 정부가 헌법을 반포ᄒᆞ고 샹의원을 조직ᄒᆞ야 젼국 인민으로 의원을 투표 션거ᄒᆞ라 ᄒᆞ엿스나 각ᄃᆡ방 인민들이 피란ᄒᆞᄂᆞᆫ 고로 ᄂᆡ하 ᄒᆞᆫ 거ᄉᆞᆫ 투표권을 찻지 ᄒᆞᆷ이러니 이제 규슈 원을 션우 ᄒᆞ엿다 ᄒᆞ엿더라

△法委不和 법국과 베네쥬엘나 냥국 ᄉᆞ이에 불화가 된 원인은 법국 셔군 ᄒᆞᆫ 일을 파송ᄒᆞ야 ... 운동ᄒᆞᄂᆞᆫ 고로 베네쥬엘나 대통령이 ... ᄒᆞᆫ 군ᄃᆡᄅᆞᆯ 졍돈ᄒᆞ야 대뎍ᄒᆞ고져 ᄒᆞᄂᆞ니 반ᄃᆞ시 젼쟝이

국채보상운동에 나서다

1907年 2月 25日 황성신문
1907年 4月 26日 공립신보

국채보상기성회 취지서

무릇 '차채借債[1]'라고 하는 것은 무엇이오. 대사업과 대식산大殖産[2]이 있어서 백성을 이롭게 하고 나라를 부흥하게 하는 것이 눈앞에 있는데, 만약 도끼를 다룰 만한 마땅한 사람이 없다면 반드시 남에게 빌려서 그 일을 해나가니 이 법이 진실로 마땅하긴 하나, 그러나 만약 이것을 가지고 바른 길로 삼아서, 한 번 빌리고, 두 번 빌리며 그칠 줄 모른다면 그 나라의 형세가 어찌 끝까지 보전할 수 있으리오. 지난날 영법英法[3]이 애급埃及[4]에 돈을 빌려줌에 애초부터 어찌 반드시 애급에 화를 주려고 했겠는가마는 다만 빌린 자의 일 처리가 좋지 못해 남의 영토가 되었으니, 무릇 국민이 된 자가 만약 남은 자본을 내어 위로는 국가의 수용에 부응하고, 아래로는 인민의 부강을 이루게 한다면, 또한 어찌 즐거이 우리의 고유한 바를 버리고 남에게 자본을 빌리리오. 지난날 우리 정부가 진보에 다급하여 빌린 빚이 1300만 원이라, 그 마음에 어찌 여기[5]에 힘입어 자본을 이루어서 국가의 대사업을 일으키겠다고 말하지 않으리오. 그러나 지금 우리는 2000만 민중으로서 가령 사람마다 1원씩 내면 2000만 원이 되고, 만약 50전이면 1000만 원이 될 것이니, 이와 같다면 남의 부채를 갚지 못할 수 있겠으리오. 또 연수捐輸[6]의 법이 지원하는 바의 많고 적음에 맡겨서 일시에 보내오는 것은 실로 편리하고 빠르니 굳이 논할 겨를도 없고, 그 나머지는 혹 달을 감안하고, 혹 기로 나누어 매번 5전, 10전 차이를 두게 하여 결국 우리의 역량에서 나오게 하면 어찌 오묘하고 또 쉽지 않으리오. 본인들이 품은 뜻이 아직 이루어지지 않았으나 진실로 날을 헤아릴 수 있으리. 지금 다행히 영남의 동래·

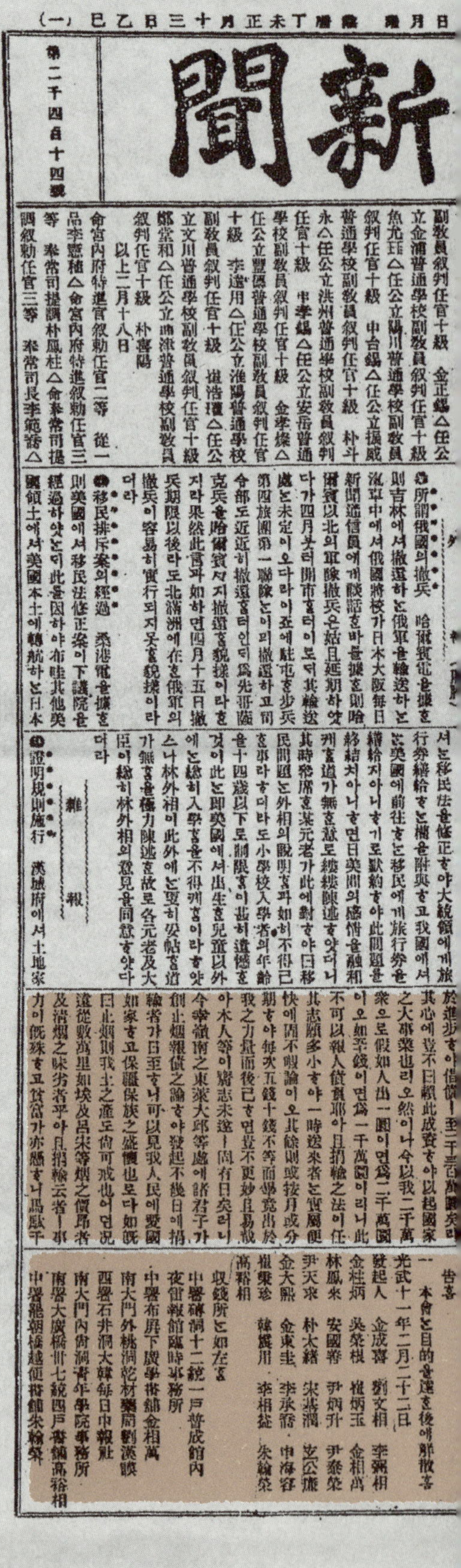
新聞
第二千四百十四號

於進步ᄒᆞ야借債ㅣ至一千三百萬圜矣라
其心에豈不曰賴此成資ᄒᆞ야以起國家
之大事業也리오然이나今以我二千萬
衆으로假如人出一圜이면爲二千萬圜
이오如至錢이면爲一千萬圜이리니此
不可以報人債負耶아且捐輸之法이任
其志願多小ᄒᆞ야一時送來者ᄂᆞᆫ實屬便
快에固不暇論이오其餘則或按月或分
期ᄒᆞ야每次五錢十錢不等而畢竟出於
我之力量而後已ᄒᆞ면豈不更妙且易哉
아本人等이竊志未遂ㅣ固有日矣러니
今幸嶺南之東萊大邱等處에諸君子가
創止烟報償之論ᄒᆞ야發起不幾日에捐
輸者가日至ᄒᆞ니可以見我人民에愛國
如家ᄒᆞ고保疆保族之盛懷也로다如旣
曰止烟則我土之產도尙可戒也어든況
遠從數萬里如埃及呂宋等烟之價昂者
及淸烟之味劣者乎아且捐輸云者ㅣ非
力이旣殊ᄒᆞ고貧富가亦懸ᄒᆞ니爲歇干

告白
一 本會ᄂᆞᆫ目的을達ᄒᆞᆫ後에解散홈
光武十一年二月二十二日
發起人 金成喜 劉文相 李鍾相
金桂炳 吳榮根 崔炳玉 金相尙
林鳳來 安國善 尹炳升 尹泰榮
尹天來 朴大緖 宋甚濶 李公雄
金大熙 金東圭 李承喬 申海容
崔乘珍 韓鎭用 李相益 朱翰榮
高裕相
收錢所ᄂᆞᆫ如左홈
中署磚洞十二統一戶普成館內
夜雷報館臨時事務所
中署布屛下廣學書舖金相萬
南大門外桃洞乾材藥局劉漢瞚
西署石井洞大韓每日申報社
南大門內尙洞靑年學院事務所
南署大廣橋卅七統四戶書舖高裕相
中署罷朝橋越便書舖朱翰榮

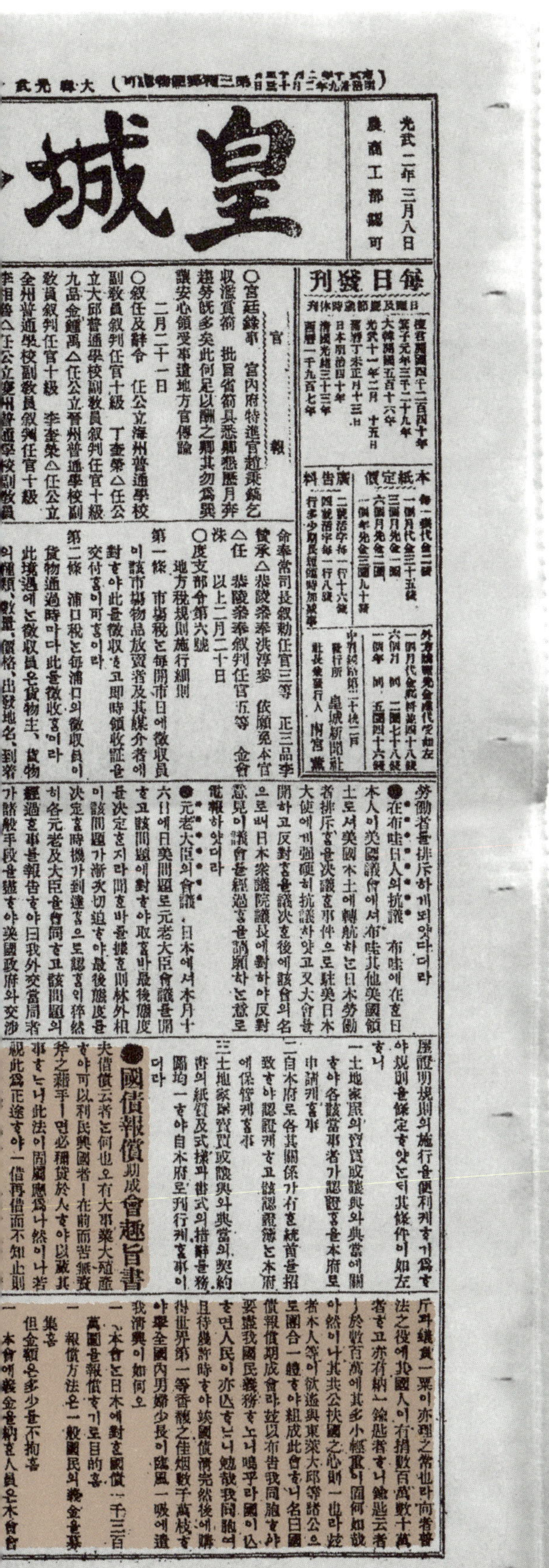
皇城

國債報償期成會趣旨書

황성신문 1907年 2月 25日

대구 등지에서 여러 군자가 담배를 끊고 국채를 보상하자고 논의하여 발기함에 며칠 되지도 않았는데, 기부자가 날마다 이르니 우리 인민들이 나라 사랑을 자기집 일같이 하고, 국토를 보호하고 종족을 보호하는 성대한 마음을 여기에서 볼 수 있도다. 만약 이미 말한 담배를 끊는다고 한다면 우리 땅의 산물도 오히려 경계할 수 있으니, 하물며 저 멀리 수만 리 떨어진 애급과 여송呂宋[7] 등의 값비싼 담배와 맛없는 청나라 담배를 따르겠는가? 또 연수라고 말하는 것은 일하는 힘이 이미 다르고 빈부가 또한 그 차이가 크니, 말에 천 근을 싣는 것과 개미가 좁쌀 하나를 이는 것은 또한 당연한 이치오. 지난번 보법普法의 일[8]에 있어서 그 나라 사람 중에 수백만 · 수십만을 기부한 사람도 있고, 또한 유시鍮匙[9] 하나를 바친 자도 있으니, 유시라고 한 것은 수백만에 비하면 그 양과 무게가 진실로 어떠하리오. 그러나 그들이 함께 나라를 도우려는 마음은 매한가지오. 이것이 본인 등이 멀리 동래 · 대구 등의 제공들과 단합 · 일체하여 이 모임을 조성하려고 하는 것이니 이것을 '국채보상기성회國債報償期成會'라 하니 이에 우리 동포에게 포고하여 우리 국민의 의무를 다하기를 요구하노라. 오호라! 나라가 망하면 인민이 또한 망하나니, 힘쓸지어다! 우리 동포여. 또 얼마의 시간을 기다려 국채를 깨끗이 갚은 뒤에 세계 제일의 향기 좋은 담배 수만 갑을 구매하여 전 국내 남녀노소 할 것 없이, 바람을 맞으며 한 번 빨아들이면서 우리의 맑은 흥취를 뿜어냄이 어떠하리오.

1. 본회는 일본에 대한 국채 1300만 원을 보상하기로 목적함.
1. 보상 방법은 일반국민의 의금義金을 모집함. 단, 금액의 다소에 얽매이지 않음.
1. 본회에 의금을 기부한 인원은 본회 회원으로 인정하고 성명과 금액을 신문에 공포함.
1. 본회와 목적이 동일한 각 단체는 상호 연합하여 목적 달성을 힘써 도모함.
1. 의금은 수합하여 위의 금액에 도달될 때까지 신용이 있는 본국은행에 맡겨둠. 단, 수합 금액은 매월 말에 신문으로 포고함.
1. 본회는 목적을 달성한 후에 해산함.

광무11년 2월 22일

발기인

김성희, 유문상, 이필상, 김주병, 오영근, 최병옥, 김상만, 임봉래, 안국선, 윤병승, 윤태영, 윤천구, 박태서, 송기윤, 현공렴, 김

大韓光武十一年四月二十六日 공립신보 禮拜五 第二卷第一號

州	數
민네쏘타	三千三百四十三兆
미치곤	三千二百八十二兆
뇌우쪄쓰	三千二百三十五兆
인듸야나	三千一百〇〇五兆
와 콘신	二千三百三十八兆
쪄지야	二千八百三十六兆
베진니야	一千二百八十七兆
콜노라도	一千二百〇〇七兆
쏘자야	一千一百六十七兆
떤네쓰	一千一百〇〇四兆
와승돈	一千五百〇〇一兆
쏘지컨렴비야	一千五百〇〇一兆
로비신안야	一千三百〇〇一兆
칸세쓰	二千二百五十三兆
칸저지	一千五百二十七兆
마릴린	一千五百一十一兆
컷넉티컷	一千三百八十七兆

일로써보건된 킬리포니야가여숫재에잇는뒤또각고을에는호와회계ᄒᆞ미 알남메다가十二분지一차지ᄒᆞ얏더라

▲美戶口調査 十七일와승돈면보를거ᄒᆞᆫ즉호구됴ᄉᆞᄂᆞᆫ에서보단을상고ᄒᆞ미미국인구가一千九百〇六년에八十三兆九十四萬一千二百十인구ᄅᆞ각합ᄒᆞ면九十三兆一十八萬二千二百四十인구인뒤一千九百년에비ᄒᆞ면七百九十四萬六千九百三十九인구가더만앗고다만미국ᄂᆞ디에ᄂᆞᆫ一千九百五六년간에一百三十六萬七千九百一十五인구가더만앗다ᄒᆞ엿더라

別報

▲硝酸大發 남미발파뢰이소면를거ᄒᆞᆫ즉칠니국에서초산밧들차잣ᄂᆞᆫ뒤三百년키날것이넉넉ᄒᆞ다더라

▲墨西大震 믝쓰코국쥬라스면을거ᄒᆞᆫ즉본월十四일에믝시코셩에서 디진에큰집이만히문어젓고ᄉᆞ람은一千여명이상히ᄉᆞ며또남쪽으로ᄂᆞᆫ화산이만이터져나왓다ᄒᆞ엿더라

▲歐洲大震 이달七일에○아라사령디와○셔반아와○토이기셔울셔디진이되단ᄒᆞ엿다더라

▲大화티던 이달十九일에미국령디만일나면을거ᄒᆞᆫ즉알노일노라ᄒᆞᄂᆞᆫ섬에오날아참불이시작되야집이ᄒᆞᆫ나도남지못ᄒᆞ엿ᄂᆞᆫ뒤二만명인구가거졀ᄒᆞᆯ곳이업다ᄒᆞ엿고○여송섬에셔도디진이되단ᄒᆞ여집이만이문어젓다더라

▲饑荒日甚 이달十九일상히면을거ᄒᆞᆫ즉ᄉᆞ쳔등디에기황이날로심ᄒᆞ야주려죽ᄂᆞᆫ자만타더라

▲美撤古巴방兵쇼식 거월큐바ᄒᆞᆼ만라면보를거ᄒᆞᆫ즉미국군부터신라보씨가니라되미국이슈비병을것우고졍ᄉᆞ를큐바에돌리고져ᄒᆞ미각ᄉᆞ름이다됴케너기되오직영국ᄉᆞ람은자긔의상권이손히될가불만ᄒᆞᆫ뜻시잇고셔반아ᄉᆞ람은말ᄒᆞ되미국이비록군ᄉᆞ를것우나죵니큐바의화평을도으리라ᄒᆞ다ᄒᆞ엿다더라

國債報償義捐發起書

○쇽담에말ᄒᆞ엿시되빗진죵이라ᄒᆞ니그말이과연이로다오날우리의국채가 **一千三百萬원** 에달ᄒᆞ엿ᄂᆞᆫ뒤이국채을만일부픽ᄒᆞᆫ졍부에맙맛게두고우리국민이보상할방책을강구치아니ᄒᆞ면맛참니빗에죵을면치못ᄒᆞᆯ지라이럼으로ᄂᆡ디에셔 **유지인사** 들이국채보상ᄒᆞᆯ기를발긔ᄒᆞ미전국인민의일층격상ᄒᆞ야물이아ᄅᆡ로흐르ᄂᆞᆫ것갓치닷토와의연금을모집ᄒᆞ나엇지향복이안니리오우리히외에잇ᄂᆞᆫ동포도만분지일이라도도음이당연ᄒᆞᆫ고로본원등이이에발긔ᄒᆞ오니미쥬에잇ᄂᆞᆫ쳠동포ᄂᆞᆫ각각힘을다ᄒᆞ야보죠ᄒᆞ심을바라옵고▲또슈전ᄒᆞᄂᆞᆫ곳은공립신보샤로뎡ᄒᆞ엿ᄉᆞ오니이ᄎᆞ량ᄒᆞ심쳔만복망

광무十一년三월二十五일

상항공립협회회원 김셩무

림리뎡 리교담 근게

○국채보상의연금제씨렬명

션아도 공립협회회원

김리슈	二환	최득곤	一환
리봉운	一환	리동오	一환
함병현	三환	최봉삼	三환
차경셔	一환	리삼동	一환
김원셔	一환	엄셩철	一환
홍지형	一환	셔학빈	五十젼
리창빈	一환	림셩호	五十젼
쥬영삼	五十젼		

이상합금이十七원五十젼은 옥굴닌드, 옥굴린드은힝에입리ᄒᆞ다

石泉河國債報償義捐金諸氏列名

황국일	三환	차경슌	一환
김규셩	二환	강관셔	二환
김창렬	二환	리웅쥬	三환
리용순	一환	리휘관	一환
쥬영휘	一환	리경구	五환
한규현	五환	빈만수	二환
김형근	二환	최웅익	十환
박히수	二환	리 셩	二환
유셩온	一환	고금자	五환
류홍셔	二환	당동호	二환

國債報償趣旨書

▲ᄂᆡ디신문에 국채금 **일천삼빅만원** 을보급ᄒᆞᆯ츠로 셔상돈 김광제량씨의 발긔ᄒᆞᆫ 티지에

대희, 김동규, 이승교, 신해용, 최병진, 한진용, 이상익, 주한영, 고유상

의금을 받는 곳은 아래와 같음.
중서中署 전동 12통 1호, 보성관 내 야전보관 임시사무소
중서中署 포병하 광학서관 김상만
남대문외 도동 건재약국 유한모
서서西署 석정동 대한매일신보사
남대문내 상동 청년학원사무소
남서南署 대광교 37통 4호 서관 고유상
중서中署 파조교罷朝橋 월편서관 주한영 1907 0225

국채보상의연 발기문

속담에 말하기를 빚진 종이라 하니 그 말이 과연이로다. 오늘 우리의 국채가 1300만 원에 달하였는데, 이 국채를 만일 부패한 정부에만 맡겨 두고 우리 국민이 보상할 방책을 강구하지 않으면, 마침내 빚의 종을 면치 못할지라. 이러므로 내지에서 유지 인사들이 국채보상하기를 발기하니 전국 인민이 한층 격앙하여 물이 아래로 흐르는 것 같이 다투어 의연금을 모집하니 어찌 복을 누리는 것이 아니겠는가. 우리 해외에 있는 동포도 만분의 일이라도 도움이 당연하기에 본원 등이 이에 발기하오니 미주에 있는 모든 동포는 각각 힘을 다하여 보조하기를 바라옵고 또 수전[10]하는 곳은 공립신보사로 정하였사오니 이차 하량하심 천만복망[11].

광무 11년 3월 25일
상항[12] 공립협회 회원 김성무, 임지영, 이교담 근계[13] 1907 0426

[1]돈을 꾸어옴 | [2]재산을 불리거나 늘림 | [3]영국과 프랑스 | [4]이집트 | [5]빌린 돈 | [6]국가가 곤란을 당했을 때 재물을 기부하는 것 | [7]필리핀 제도의 섬 | [8]보불전쟁 | [9]놋수저 | [10]여러 사람에게서 돈을 거두어들임 | [11]이를 헤아리시기를 크고 간절히 바람 | [12]샌프란시스코 | [13]삼가 아룀

1997년 환란 사태 때 화제를 모았던 '금 모으기 운동'의 전신이라 할 수 있다. 1907년 2월 대구 출신 기업인 서상돈이 1906년 말 현재 1300만 원(현재 통화가치 3900억 원 상당)에 달한 대일채무를 갚아 국권을 회복하자는 취지로 발의했다. 2000만 겨레가 매달 20전 저축하면 3개월 만에 이를 상환할 수 있다는 계산이었다.

〈대한매일신보〉 등 신문사들의 적극 지원에 힘입어 3개월 만에 231만여 원을 모금했을 정도로 열기가 뜨거웠다. 남자는 담뱃값을, 여자는 비녀나 가락지를 냈는데 고종도 동참을 위해 금연의 뜻을 밝혔다. 1907년 4월 22일자 〈대한매일신보〉는 "대저 2000만 중 여자가 1000만이요, 1000만 중에 지환指環 있는 이가 반은 넘을 터이오니 지환 매 쌍에 2000원씩만 셈하고 보면 1000만 원이 여인 수중에 있다 할 수 있습니다.… 이렇듯 국채를 갚고 보면 국권만 회복할 뿐 아니라 우리 여자의 힘이 세상에 전파하여 남녀동등권을 찾을 터이니…"라는 국채보상탈환회 취지서를 싣고 동참을 호소했다.

'나라 빚을 갚아 국권회복을 도모하자'는 국채보상운동엔 해외동포들도 적극 참여했다. 미국 샌프란시스코의 교민단체인 공립협회의 기관지인 〈공립신보〉에 실린 '국채보상의연 발기문' 기사를 보면 이를 알 수 있다. 대구에서 시작된 지 2개월 후인 1907년 4월 "만분의 일이라도 도움이 되는 것이 당연하다"고 참여를 호소했다.

이에 통감부는 멋대로 차관을 더 끌어들이고 〈대한매일신보〉 대표 양기탁을 성금 유용 명목으로 구속(재판 결과 무죄 석방)하는 등 방해 공작을 펼쳤다.

이 운동은 이미 일제가 조선의 재정권을 행사하는 상태였던 데다 합법 운동을 지향해 당초부터 성과를 내기 어려운 상태였다. 단지 지역과 신분을 초월해 민족적 각성을 보여주었다는 점에서 의의를 찾을 수 있다.

헤이그밀사사건

1907年 7月 18日 대한매일신보 호외
1907年 7月 21日 대한매일신보

의사가 자결

전 평리원검사 이준 씨가 지금 만국평화회의에 한국 파견원으로 갔던 일은 세상 사람이 다 알거니와 작일[1]에 보내온 동경 전보에 의하면 그가 충분한[2] 마음을 이기지 못하여 이에 자결하여 만국 사신 앞에 피를 뿌려서 만국을 경동케[3] 하였다더라. 1907 0718

해아[4] 국제협회에 대한 청년

위태롭고 위태롭다, 오늘날 한국이여. 전정[5]을 장차 바랄 것이 아주 없을까, 바랄 것이 있을까. 옛사람이 가로대 집이 장차 창성하려면 어진 자손이 나고 나라가 장차 흥하려면 어진 인재가 난다 하였으니 나라 운수가 비록 불행하여 위태한 지경에 이르렀으나 인재만 나게 되면 반드시 흥복[6]할 기회가 있는 것은 고금의 변치 못할 일이니라. 이제 한국의 현상으로 보건대 과연 일 점 생기가 없도다. 삼천리금수강산은 다 외국인이 밟아 없앰을 당하고 2000만 생령[7]은 다 외국인의 수중에 들었는지라. (중략)

무엇인고 한국의 다수한 청년들의 생각이 높은 것과 기상이 활발한 것이 장차 나라를 회복할 사업을 세울 자가 종종 나타나는데 외국에 있는 학생들이 더욱 아름다운지라. 요새 일로 볼지라도 해아 전보에 의하면 각국 사람 국제협회에 한국사람 이위종 씨가 단에 올라 연설하는데 한일조약이 무효한 이유와 일본의 잔학한 정사를 들어 수만 마디 말을 법국[8] 말로 세 시간 동안이나 하였다하니 이위종 씨는 어떠한 사람인고. 그 전 대장 이경하 씨의 손자요, 아국[9] 공사 갔던 이범진 씨의 큰자제라. 어려서 그 부친을 따라 아국에 들어갔다가 구미 각국에 유람하여 아라사 말과 미국 말을 아는지라. 이번 해아 국제협회의 각국 사신들과 변사들과 신문기자들이 구름같이 모여 연설하는 사람의 기상이 어떠하며 말이 어떠한 것을 주의하여 보는데 이위종 씨가 일개 소년으로 단에 올라 더운 피를 한 번 쏟아 수만 말의 연설을 하였으니 이는 참 애국하는 지사며 혈성남자며 출중한 인물이로다. 오늘날 한국이 이러한 청년이 몇 천백 사람인지 각각 어깨 위에 대한강토를 걸머지고 있으면 한국이 장차 회복할 것을 가히 알리로다. 1907 0721

[1]어제 | [2]충의로 인하여 일어나는 분한 | [3]깜짝 놀라게 | [4]헤이그 | [5]앞길에 | [6]부흥 | [7]생명, 백성 | [8]프랑스 | [9]러시아

해설 1907년 6월 네덜란드 헤이그에서 열린 제2차 만국평화회의는 영국, 독일 등 당시 세계 열강 간의 군비 경쟁을 제한해 전쟁을 방지하자는 목적에서 열렸다. 식민지나 약소국의 입장은 전혀 고려하지 않은 그들만의 잔치였기에 '도둑들의 만찬'이라고도 불렸다. 이 같은 자리에서 독립을 위한 국제적 지원을 구하려 한 것은 처음부터 이루어질 수 없는 한민족만의 꿈이요, 짝사랑이었다.

어쨌든 당시 대한제국의 주러 공사 이범진의 아들인 이위종은 러시아 페테르부르크에 머물다 밀사단에 합류했다. 약관 스무 살의 이 청년은 영어, 불어, 러시아어에 능통해 밀사단의 대변인 역할을 했다. 회의에도 참석 못하는 등 밀사단이 강대국의 푸대접을 받던 중에도 이위종은 7월 8일 영국 언론인 윌리엄 스티드의 도움으로 각국 기자단이 참석한 기자클럽에 참석했다. 그는 이 자리에서 한 시간 가량 프랑스어로 '한국의 호소(A Plea of Korea)'란 연설을 했다. 을사늑약의 부당함을 지적하고 조선 독립을 위한 국제적 도움을 호소하는 내용이었다. "…한국 황제와 대신들은 (을사늑약을) 완강히 거절했다. 황제는 차라리 죽을지언정 그 조약에 동의할 수 없다고 했다. 한국민들은 경악하여 봉기했으나 일본인들이 총칼로 제압했다."고 절규한 그의 연설은 각국 신문에 기사화되어 한국 실정을 알리는 데 적지 않게 기여했다.

한편 〈대한매일신보〉는 외신을 인용해 밀사단의 이준이 분을 못 참아 자결하면서 각국 대표 앞에 피를 뿌렸다고 보도했지만 〈만국평화회의보〉에 따르면 이는 사실이 아니라고 한다. 사실 할복 여부가 중요한 것은 아니다. 오히려 영웅을 만들기 위한 그런 '연출'은 그의 순국충절을 흐리는 딱한 '영웅 만들기'가 아닐까.

光武十一年明治四十年五月二十日(第三種郵便物認可) 日曜日 西曆一千九百七年七月二十一日 (一)

大韓每日申報
대한미일신보

第一卷 第四百四十六號

◉론셜

◉헤아국졔협회에대한청년

위티롭고 위티롭다 오ᄂᆞᆯ날 한국이여 젼졍은 쟝찻 브를거시 아조 입슬가 브를거시 잇슬가 넷사름이 골ᄋᆞ티 집이 쟝찻 챵셩 ᄒᆞ려면 어진ᄌᆞ손이 나고 나라히 쟝찻 흥ᄒᆞ려면 어진 인재가 난다 ᄒᆞ엿스니 나라 운수가 비록 불힝ᄒᆞ야 위티ᄒᆞᆫ 디경에 니르럿스나 인지만 나게되면 반ᄃᆞ시 흥복ᄒᆞᆯ 긔회가 잇ᄂᆞᆫ거슨 고금의 변치못ᄒᆞᆯ 일이니라 이제 한국의 현샹으로 보건된 과연 일뎜 싱긔가 업도다 삼쳔리 금슈강산은 다 외국인의 붊아 업심을 당ᄒᆞ고 이쳔만 싱령ᄂᆞᆫ 다 외국인의 슈즁에 드럿ᄂᆞᆫ지라 원통ᄒᆞᆫ 긔운이 하ᄂᆞᆯ에 ᄲᅥ치고 익원지셩은 ᄯᅡ히움작이니 고금 텬하에 노례의 욕됨과 회싱의 참혹홈이 오ᄂᆞᆯ날 한국 사ᄅᆞᆷ 처럼 심ᄒᆞᆫ거슨 보지 못ᄒᆞ엿노라 그러ᄒᆞ나 우리가 이 한국을 ᄯᅥᄒᆞ야 젼졍의 ᄇᆞ들거시 잇ᄂᆞᆫ거슬 밀우어 혜아리노니 무어신고 한국에 다수ᄒᆞᆫ 쳥년들의 싱각이 놉흔것과 긔상의 활발 ᄒᆞᆫ거시 쟝찻 나라를 회복ᄒᆞᆯ ᄉᆞ업을 세울 쟈가 죵죵 낫타나ᄂᆞᆫ티 외국에잇ᄂᆞᆫ 학싱들이 더욱 아름다운지라 요셔 일노 볼지라도 ᄒᆡ아 면보를 거ᄒᆞᆫ슈 각국사름 국제협회에 한국 사름 리위죵씨가 단에올나 연셜 ᄒᆞᆫ대 한일 됴약의 무효ᄒᆞᆫ 리유와 일본의 잔학ᄒᆞᆫ 졍ᄉᆞ를 드러 수만마디 말ᄂᆞᆯ 법국 말노 세시동안ᄭᆞ지 ᄒᆞ엿다ᄒᆞ니 리위죵씨ᄂᆞᆫ엇더ᄒᆞᆫ사름인고 그젼 대쟝 리경하씨의 손ᄌᆞ요 아국공ᄉᆞ갓던 리범진씨의 맛ᄌᆞ뎨라 어려셔 그부친을 ᄯᆞ라 아국에 드러갓다가 구미각국에 류람ᄒᆞ야 아라사 말과 미국말을 아ᄂᆞᆫ지라 이번 헤아 국졔 협회의 각국 ᄉᆞ신들과 변ᄉᆞ들과 신문긔지들이구름ᄀᆞᆺ치모혀 연셜ᄒᆞᄂᆞᆫ 사름의 긔상이 엇더ᄒᆞ며 말이엇더ᄒᆞᆫ거슬 쥬의ᄒᆞ야 보ᄂᆞᆫᄃᆡ 리위죵씨가 일개쇼년으로 단에 올나 더운피를 ᄒᆞᆫ번 ᄲᅮᆷ어 수만말의 연셜을 ᄒᆞ엿ᄉᆞ니 이ᄂᆞᆫ 참 익국ᄒᆞᄂᆞᆫ 지ᄉᆞ며 혈셩남ᄌᆞ며 츌등ᄒᆞᆫ 인물이로다 오ᄂᆞᆯ날 한국이 이러ᄒᆞᆫ 쳥년이 몃쳔빅 사름인지 각각 엇지우헤 대한강토를 걸머지고 잇스면 한국이 쟝찻 회복ᄒᆞᆯ거슬 가히알니로다

대한매일신보 1907年 7月 21日

大韓每日申報

號外

(七月十八日木曜日)

◉閣議上奏件

內閣大臣八員이會同하야昨夜七時半부터十時ᄭᆞ지皇上陛下ᄭᅴ謁見ᄒᆞ고奏達ᄒᆞᆫ기ᄂᆞᆫ今番海牙平和會議에韓國委員을派送ᄒᆞᆷ으로因ᄒᆞᆫ困難을免ᄒᆞ실方策은左와如ᄒᆞ오니

一은光武九年十一月十七日의新條約에御璽를押ᄒᆞᆯ事

二ᄂᆞᆫ皇帝陛下에攝政을推薦ᄒᆞᆯ事

三은皇帝陛下ᄭᅴ서東京에親幸ᄒᆞ사日本皇帝陛下ᄭᅴ謝過ᄒᆞᆯ事

이올시다ᄒᆞ얏ᄂᆞᆫ대 皇上陛下ᄭᅴ서ᄂᆞᆫ右三件을允許치아니ᄒᆞ셧다더라

●宮相新任 錦陵尉朴泳孝氏가昨夜에宮內府大臣을任命ᄒᆞ엿더라

●義士自殺 前平理院檢事李儁氏가現今萬國平和會議에韓國派遣員으로前往ᄒᆞᆫ事ᄂᆞᆫ一般世人이共知하ᄂᆞᆫ바어니와昨日東京電報를據ᄒᆞᆫ즉該氏가忠憤ᄒᆞᆫ志氣를不勝ᄒᆞ야因以自決ᄒᆞ야萬國使臣之前에熱血을一灑ᄒᆞ야萬國을驚動ᄒᆞ엿다더라

大韓每日申報

◉호외 (목요일)

광무십일년칠월십팔일

●각의의샹주ᄒᆞᆫ ᄉᆞ건

니각대신 여ᄃᆞᆲ분이 회동ᄒᆞ야작일 하오칠시반부터 십이시ᄭᆞ지 황샹폐하ᄭᅴ 폐현ᄒᆞ고 주달ᄒᆞᆫ기ᄂᆞᆫ 이번 헤아에 위원을 파송홈으로 당ᄒᆞ시ᄂᆞᆫ 곤난을 면ᄒᆞ옵실 방칙은 이와 ᄀᆞᆺᄉᆞ오니

뎨일은 광무구년 십일월 십칠일에 데결ᄒᆞᆫ 신됴약에 어보를 치실일이오

뎨이ᄂᆞᆫ 황뎨폐하의 셥졍ᄒᆞᆯ이를 츄쳔ᄒᆞᆯ 일이오

뎨삼은 황뎨폐하ᄭᅴ서 친히 동경에 가서서 일황폐하ᄭᅴ 사과ᄒᆞ실일이올시다ᄒᆞ엿ᄂᆞᆫ티

황샹폐하ᄭᅴ압셔ᄂᆞᆫ 이 세가지를 다 윤허치아니ᄒᆞ옵셧다더라

●궁대신입 작야에 금릉위박영효씨ᄂᆞᆫ 궁니부대신을 임명ᄒᆞ엿더라

●의ᄉᆞ자결 젼 평리원검ᄉᆞ 리쥰씨가 현금 만국평화회의에 한국 파견원으로 갓던일은 세샹사ᄅᆞᆷ이 다 알거니와 작일에 발ᄒᆞᆫ 동경뎐보를 거ᄒᆞᆫ즉 히씨가 츙분ᄒᆞᆫ ᄆᆞᄋᆞᆷ을 이긔지못ᄒᆞ야 이에 ᄌᆞ결ᄒᆞ야 만국ᄉᆞ신압헤 피를ᄲᅮ려서 만국을 경동케ᄒᆞ엿다더라

발힝겸편즙인 영국인 빅셜

●발 힝 소

남셔셔졍동호외디삼층양옥졉

대한미일신보사

대한매일신보 호외 1907年 7月 18日

순종, 황제위 물려받다

1907年 7月 19日
경향신문 호외　대한매일신보 호외

대황제 폐하께옵서 오늘 새벽 3시에 곧 전위하실 뜻을 결단하옵셨더라
황태자 전하께서 금일 황제위에 나아가신다더라

작야[1] 7시 반에 황제 폐하께 내각대신이 나아가 여러 차례를 아뢰되 폐하께서 굳이 잡고 허락지 아니하시고 오후 11시가 지나매 황상께서 원로대신들을 불러 물어보려 하신즉 내각대신들도 뜻이 같아 급히 원로대신에 신기선, 민병석, 서세순, 이도재, 성기운, 이용직, 박제순, 남정철, 이중가, 민영소, 민영휘를 부르시니 그 대신 중에 셋만 빠지고 다 이르러 두어 시 동안이나 의논하실새 나라가 지금 위태함을 당하여 내각대신이 아뢴 바 외에 할 수 없는 줄로 아뢰어 황제께서 황태자 전하께 전위하실 뜻을 말씀하시니 19일 오전 3시더라.

어젯밤 10시 즈음에 경성 형세가 점점 안온치 못하여 사방에 많은 사람이 모여 혹 연설하며 혹 경무소에 충돌도 하나 큰 변란은 없었느니라. 경향 0719

조칙과 대리

본일 상오 4시에 황제 폐하께옵서 황태자 전하께 대리를 명하시고 조칙을 반포하였으니

조서하여[2] 가라사대[3] 슬프다 짐이

열성조의 큰 기업을 이어 지킨 지가 우금[4] 44년이라 자주 환란을 지내매 다스리는 것이 뜻과 같지 못하여 혹 사람을 잘못 써서

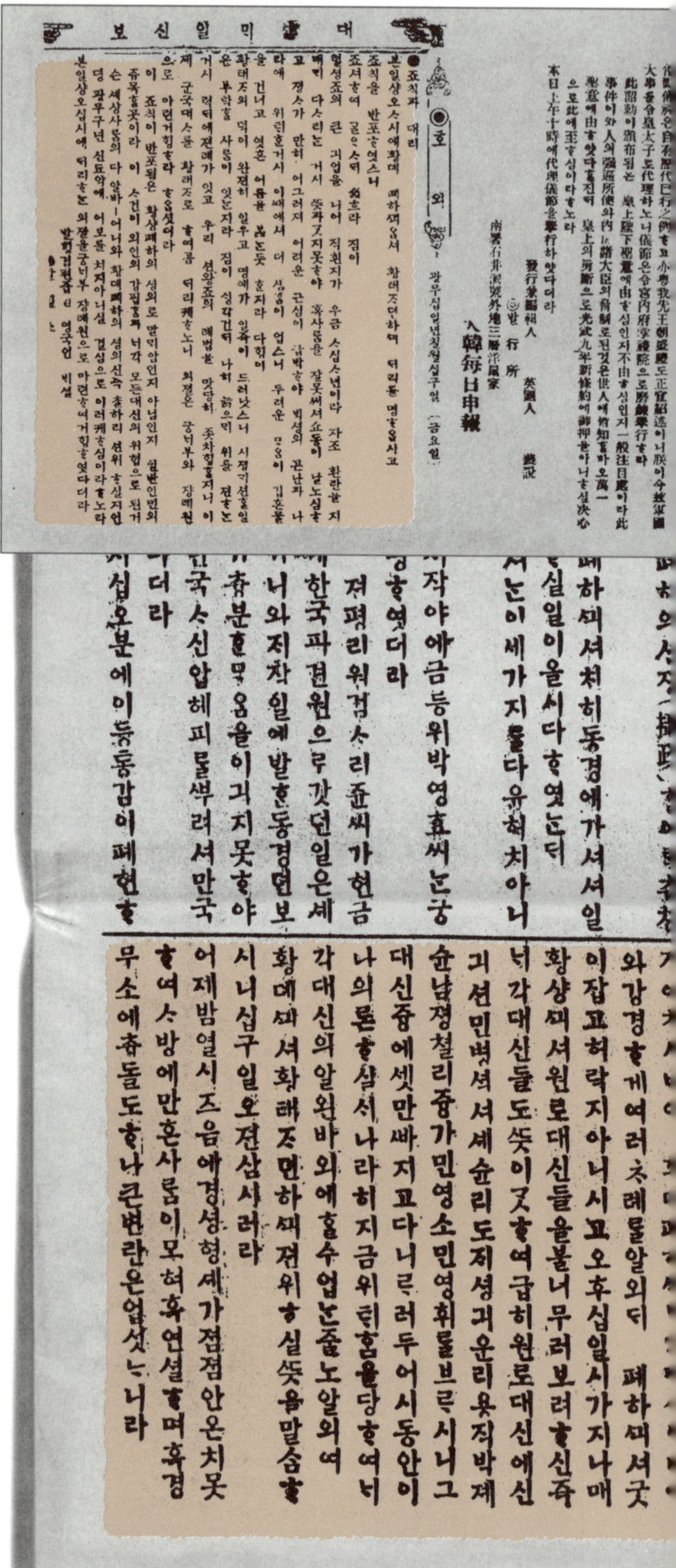
대한매일신보 호외

와감경ᄒᆞ게여러ᄎᆞ례ᄅᆞᆯ알외되 폐하ᄭᅴ셔굿
이잡고허락지아니시고오후십일시가지나매
황샹ᄭᅴ셔원로대신들을불너무러보려ᄒᆞ신즉
너각대신들도ᄯᅳᆺ이ᄀᆞᆺᄒᆞ여급히원로대신에신
긔션민병셕셔셰슌리도재셩긔운리용직박졔
슌남졍쳘리즁가민영소민영휘ᄅᆞᆯ브ᄅᆞ시니그
대신즁에셋만ᄲᅡ지고다니ᄅᆞ러두어시동안이
나의론ᄒᆞ샤셔나라히지금위ᄐᆡ홈을당ᄒᆞ여너
각대신의알왼바외에ᄒᆞᆯ수업ᄂᆞᆫ줄노알외여
황뎨ᄭᅴ셔황태ᄌᆞ뎐하ᄭᅴ젼위ᄒᆞ실ᄯᅳᆺ을말ᄉᆞᆷᄒᆞ
시니십구일오젼삼시러라
어제밤열시즈음에경셩형세가졈졈안온치못
ᄒᆞ여ᄉᆞ방에만흔사ᄅᆞᆷ이모혀혹연셜ᄒᆞ며혹경
무소에츙돌도ᄒᆞ나큰변란은업섯ᄂᆞ니라

소동이 날로 심하고 정사가 많이 어그러져 어려운 근심이 급박하여 백성의 곤란과 나라에 위태한 것이 이때에 더 심함이 없으니 두려운 마음이 깊은 물을 건너고 옅은 얼음을 밟는 듯한지라. 다행히 황태자의 덕이 완전히 이루어지고 명예가 일찍이 드러났으니 시정개선할 일은 부탁할 사람이 있는지라. 짐이 생각건대 나이 늙으매 위[5]를 전하는 것이 역대에 전례가 있고 우리 선왕조의 예법을 마땅히 좇아 행할지니 이제 군국대사를 황태자로 하여금 대리케 하노니 의절[6]은 궁내부와 장례원으로 마련 거행하라 하옵셨더라.

대한매일신보 호외 1907年 7月 19日

이 조칙이 반포됨은 황상 폐하의 생각으로 말미암은 것인지 아닌지 일반 인민이 주목할 곳이라. 이 사건이 외인의 강핍함과 내각 모든 대신의 위협으로 된 것은 세상 사람이 다 알바이거니와 황제 폐하의 성의신즉 차라리 선위[7]하실지언정 광무 9년 신조약에 어보[8]를 치지 아니실 결심으로 이렇게 하심이라 하노라.

본일 상오 10시에 대리하는 의절을 궁내부 장례원으로 마련하여 거행하였다더라.

발행 겸 편집인 영국인 배설 대한매 0719

경향신문 호외 1907年 7月 19日

[1]어젯밤 | [2]조서를 내려 | [3]말씀하시되 | [4]지금까지 | [5]임금의 자리 | [6]예절 | [7]임금의 자리를 물려줌 | [8]국새

해설 서력 1907년 7월 19일, 고종은 황태자에게 황위를 넘겼다. 말인즉 선양禪讓이었지만 내막을 들여다보면 강제 퇴위였다. 헤이그밀사사건으로 국제적 망신을 당한 일본이 남산에 대포를 설치해 경운궁(현 덕수궁)을 겨냥하는 등 군사적 압력을 가한 탓이었다.

일본의 야욕이야 그렇다 쳐도 여기 앞장선 이완용, 송병준 등 친일파의 행동은 눈뜨고 못 볼 지경이었다. 송병준은 경운궁 어전회의에서 "(밀사사건에 대해) 동경에 가 사죄하든지 하세가와長谷川 조선주둔군 사령관을 대한문 앞에서 맞아 면박面縛의 예를 하라"고 고종을 윽박지르기까지 했다. '면박의 예'란 죄인임을 자처하는 자가 스스로 뒷짐결박을 하고 무릎걸음으로 상전 앞에 기어나가 죄를 청하는 것이니 송병준의 무도함은 하늘을 찔렀다 하겠다.

결국 고종은 19일 양위 뜻을 밝혔고 양위식은 다음날인 20일 경운궁 중화전에서 거행됐으나 고종 부자가 모두 불참해 내시 2명이 대행했다. 꼭두각시로 전락한 조선 왕조의 모습을 그대로 보여준 행사였다.

조선 천주교회의 기관지였던 주간 〈경향신문〉은 호외를 발행했을 정도로 이 사건을 비중 있게 다뤘으나 가장 중요한 양위 이유는 밝히지 않았다. 요즘 기준으로 치면 기본 요건도 갖추지 못한 기사 아닌 기사 자체가 당시 분위기를 상징적으로 보여준다 하겠다.

한일신협약 체결

1907年 8月 2日
경향신문

한일새협약

(7월 25일 관보)

한국 정부와 일본 정부가 속히 한국의 부강을 도모하며 한국 백성의 복됨에 더욱 나아가고자 아래 조건을 정함.

1. 한국 정부는 시정 개선에 대하여 통감의 지휘를 받고
2. 한국 정부의 법령과 요긴하고 중한 정사 처리할 때는 미리 통감의 승인을 받고
3. 한국의 사법사무와 보통행정 사무를 구별하고
4. 한국 고등관리의 면관[1]과 서임[2]은 통감의 뜻으로 시행하고
5. 한국 정부는 통감이 천거하는 일인을 한국 관리로 임명하고
6. 한국 정부는 통감에 말없이 외국인을 고빙[3]치 못하고
7. 명치 37년 8월 22일에 조인한 일한협약 제1항에 대한 정부는 대일본 정부가 천거한 바 일본인 1명을 재정고문으로 대한 정부에 빙용聘用[4]하여 재무에 관한 사건은 일절 폐지하고

앞의 조건을 증거함으로 본국에서 상당한 소임을 받아 이 협약에 이름을 기록하고 조인함이라.

광무 11년 7월 24일 내각 총리대신 이완용
명치 40년 7월 24일 통감후작 이등박문 1907 0802

[1]관리의 직책에서 물러나게 함 | [2]벼슬자리를 내림 | [3]어떤 일을 맡기려고 예의를 갖추어 모셔 옴 | [4]예를 갖추어서 사람을 맞아 씀

해설

고종 퇴위 5일 후 내각 총리대신 이완용과 조선통감 이토 히로부미伊藤博文는 비밀리에 대한제국의 행정권을 일본에 넘겨주는 '정미丁未 7조약'을 맺었다. 일주일 뒤 알려진 조약 내용을 보면 "시정 개선은 통감의 지휘를 받고, 한국 고등관리의 임면을 통감의 뜻으로 시행"하도록 하는 등 외교권뿐 아니라 행정권에 대한 일본의 간섭을 제도화했다. 이로써 한국인 대신은 형식적 결재만 하고 일본인 차관이 실권을 행사하는 이른바 '차관 정치'가 실시됐다.

하지만 조선 병탄의 수순을 착착 밟아가는 이런 조치에 대해 당시 나리들 중엔 이에 반대하거나 책임자 처벌을 주장하는 상소 한 장 올린 이가 없었다. 복지부동伏地不動을 넘어 누가 권력을 쥐든 봉록만 받으면 된다는 심사였을까. "검은 고양이든 흰 고양이든 고양이는 쥐만 잘 잡으면 된다"는 덩샤오핑鄧小平의 '흑묘백묘론黑猫白猫論'을 일찍이 체현했던 한국의 관리들이었다.

이를 두고 〈대한매일신보〉는 "세계 각국 사람들이여, 매국노를 수입하려거든 대한으로 오시오.…황족 귀인과 정부 대관 가운데 매국노 아닌 자가 없다."고 통탄했다. 하지만 과연 이를 보고 부끄러워한 고등관리가 몇이나 됐을는지.

明治三十九年十月十九日 第三種郵便物認可
양력一千九百七年八月二日
음력광무십일년뎡미륙월이십ᄉᆞ일
第四十二號

京鄕新聞
경향신문

시문가
일년八十젼 여ᄉᆞᆺ돌四十젼 ᄒᆞᆫ장一젼五리 디방곳칠디젼十젼

광고료
언문 ᄒᆞᆫ줄 ᄒᆞᆫ번二十젼 ᄒᆞᆫ돌六十젼 일년六환
한문 ᄒᆞᆫ줄 ᄒᆞᆫ번四十젼 ᄒᆞᆫ돌一환二十젼 일년十환

한일새협약
(七月二十五日관보)

한국정부와일본정부가속히한국의부강을도모ᄒᆞ며한국빅셩의복됨에더옥나아가고져ᄒᆞ야이아래됴건을뎡홈

一 한국정부ᄂᆞᆫ시졍개션에ᄃᆡᄒᆞ야통감의지휘를밧고

二 한국정부의법령과요긴ᄒᆞ고즁ᄒᆞᆫ졍ᄉᆞ쳐리홀ᄯᅢᄂᆞᆫ미리통감의승인을밧고

三 한국의ᄉᆞ법ᄉᆞ무와보통힝졍ᄉᆞ무를구별ᄒᆞ고

四 한국고등관리의면관과셔임은통감의뜻으로시힝ᄒᆞ고

五 한국정부ᄂᆞᆫ통감의천거ᄒᆞᄂᆞᆫ일인을한국관리로임명ᄒᆞ고

六 한국졍부ᄂᆞᆫ통감의말업시외국인을고빙치못ᄒᆞ고

七 명치삼십칠년팔월이십이일에됴인ᄒᆞᆫ일한협약뎨일항에대한졍부ᄂᆞᆫ대일본졍부가쳔거ᄒᆞᆫ바일본인일명을재졍고문으로대한졍부에빙용ᄒᆞ야직무에관ᄒᆞᆫᄉᆞ건은일졀폐지ᄒᆞ고

이우됴건을증거홈으로본국에셔상당ᄒᆞᆫ소임을밧아이협약에일홈을긔록ᄒᆞ고됴인홈이라

광무십일년칠월이십ᄉᆞ일닉각총리대신 리완용
명치ᄉᆞ십년칠월이십ᄉᆞ일통감후쟉 이등박문

론설

한일협약에ᄃᆡᄒᆞ야무어술홀고

칠월이십ᄉᆞ일에한일신협약반포ᄒᆞᆫ거술보니잇히젼신약됴보다우리독립을더져어지게ᄒᆞᄂᆞᆫ모양이니여러됴목즁에특별히무셔운거손이제브터ᄂᆞᆫ통감부가ᄆᆞᄋᆞᆷ대로일본인을우리나라헤관리로세우겟슴이라일본권셰커질ᄉᆞ록우리나라독립은점점져어지ᄂᆞᆫ도다이협약됴인ᄒᆞᄂᆞᆫᄃᆡ대한편에ᄂᆞᆫ총리대신리완용씨ᄒᆞ나히오일본편에ᄂᆞᆫ통감ᄒᆞ나힌ᄃᆡ리완용씨ᄂᆞᆫ이등통감이세운사ᄅᆞᆷ이니이약됴밋헤잇ᄂᆞᆫ두일홈이이등통감의일홈뿐쓴것ᄀᆞᆺ고대한원대로ᄒᆞᆫ거손아니나그러나ᄒᆞᆫᄃᆞᆯ젼에졍부가칙임닉각된후로브터닉각대신들이나라회온권셰를맛핫ᄉᆞ니 대황뎨ᄭᅴ옵셔비록친히아니ᄒᆞ셧ᄉᆞ나타국이보기에ᄂᆞᆫ든든히힘잇ᄂᆞᆫ약됴ᄀᆞᆺᄒᆞᆫ지라만일우리나라사ᄅᆞᆷ이힘업ᄂᆞᆫ약됴라ᄒᆞ면일본이병뎡을만히보내여힘잇ᄂᆞᆫ줄노싱각ᄒᆞ게ᄒᆞ리니이런원통ᄒᆞᆫ경우에ᄂᆞᆫ엇더케홀고이약됴업시ᄒᆞ기위ᄒᆞ야빅셩이니러나싸호면올켓ᄂᆞ냐싸호려고ᄒᆞᄂᆞᆫ사ᄅᆞᆷ은나라헤유익ᄒᆞᆫ일을ᄒᆞᄂᆞᆫ줄노참알거시나그싸홈이진실노이일을곳칠ᄂᆞᆫ지못곳칠ᄂᆞᆫ지불가불싱각홀지어다

나라독립을위ᄒᆞ야싸호다가죽ᄂᆞᆫ거시참올흔일이거니와만일그싸홈에일도곳치지못ᄒᆞ고도로혀일이더망ᄒᆞ여지면그싸호ᄂᆞᆫ거시쓸ᄃᆡ업시피만흘니ᄂᆞᆫ거시라우리가싸홈에두가지모양만유익ᄒᆞ여혹일인ᄯᅮᆫ이긔거나혹다른나라회도아줌을엇음이유익이라우리나라ᄂᆞᆫ병뎡도업고군긔도업고싸호ᄂᆞᆫ법도모로니일본의만흔병뎡을필경당키어려울거시오싸호ᄂᆞᆫ셔돍으로다른나라들이우리원통홈을보고우리를위ᄒᆞ야일본과싸홈ᄒᆞ겟다ᄒᆞ겟ᄂᆞ냐 이젼에ᄂᆞᆫ혹이런싱각을ᄒᆞ엿더라도즉금은그런싱각이어리셕은싱각만될뿐이라이ᄉᆞ이싀골여러디방에셔젼ᄒᆞᄂᆞᆫ말이미국병션이만히와셔우리를도아주리라ᄒᆞ나이런말은혹말ᄒᆞᄂᆞᆫ사ᄅᆞᆷ이제게무슴유익이잇ᄂᆞᆫ거시오또거즛말이니우리의게헛된ᄇᆞ람만나게ᄒᆞᄂᆞᆫ거신즉진실노우리의게크

군대, 해산시키다

1907年 8月 2日 대한매일신보
1907年 8月 9日 경향신문

군대해산 조칙

총리대신 군무대신 이하 각 대신이 연일 밀의密議[1]한 결과로 작야昨夜[2]에 발표한 군대해산 조칙의 전문이 아래와 같다.

짐이 오직 국사에 어려움이 많은 때를 만나 극히 용비冗費[3]를 절약하고 이용후생의 업을 응용함은 금일의 급무急務라. 절유竊惟[4]컨대 현재 군대는 용병으로 조직된 까닭에 상하가 일치하여 국가가 완전한 방위를 하기에는 만족스럽지 못하니 짐은 이제부터 군제 쇄신을 꾀하기 위해 사관 양성에 전력하여 다른 날에 징병법을 발포하여 공고한 병력을 구비하려고 하며 짐이 이에 담당관에게 명하여 황실 시위에 필요한 자를 뽑아 배치하고 나머지는 일시에 해산하게 하며 짐은 너희 장졸이 이제껏 쌓은 공을 고념顧念[5]하여 특히 그 계급에 따라 하사금을 주노니 너희 장교 이하 사졸은 능히 따르라. 짐의 뜻이야 각각 취업하게 하여 허물이 없게 하도록 할지다 하셨더라. 1907 0802

[1]몰래 의논함 | [2]지난밤 | [3]꼭 필요하지 아니한 잡비. 또는 가외의 비용 | [4]혼자 가만히 여러모로 생각함 | [5]남의 사정이나 일을 돌보아 줌

서울 특보 8월 1일

ㅇ**재작일**[6] **오전에** 군부대신 이병무씨와 장곡천 대장이 통감부에 모여 군대 헤치기를 비밀히 의논하여 결단하고 그날부터 일병이 떼를 지어 각 방곡을 엄밀히 파수함은 군대 헤칠 때 무슨 변이 있을까 예비함이오.

ㅇ**그날 밤에** 군대 헤치는 조칙을 반포하고 어제 일은 아침에 각 대 병정이 가진 칼과 총을 일시에 몰수하여 거두었고,

ㅇ**오늘 상오 아홉 시에** 각대 장졸을 유인하여 훈련원으로 모으고 군대 헤치는 조칙을 읽어 듣게 하고 곧 우리나라 장졸은 가운데 세우고 일본장졸은 사면으로 에워 세우고 서로 경례를 하게 하고,

ㅇ**황제 폐하께옵서 특별히 내리신** 은혜의 돈을 차례로 나눠주는데 하사는 80원이요, 1년 이상 근무한 병정은 50원이요, 1년 이하 근무한 병정은 25원이고,

ㅇ분급[7]을 다한 후에 대대장 이하 장교에게는 며칠 동안이면 다시 무슨 처분이 계시겠다 하고

ㅇ**각 병졸들이** 칙령을 듣자고 대장의 말을 들은 후에 돈을 받아 가지고 각기 무사히 헤어져 갔고,

ㅇ**서소문 안 제2연대 제1대대장 박성환 씨는** 일본 대장들이 그 영문[8]에 와서 군기를 거두고자 하니 박씨가 가라사대 내가 대대장이 되어 병정에게 군기를 내어놓으라고는 차마 하지 못하겠다 하고 차고 있던 군도를 빼서 자기 배를 찔러 즉사하였고

ㅇ**그 대장 박 씨**가 자결한 후에 병정들의 마음이 분격[9]하여 불온한 모양이 있더니 별안간 일본 대장을 향하여 총을 놓으니 일본 병정 제3대가 진정시키기 위하여 그 영문을 향하여 나아가니 영문에서 총놓기를 시작하여 두 나라 군사가 여러 시간을 싸웠고

ㅇ**오전 10시에 남대문에 걸었던** 기관포를 그 영문에 대고 연이어 쏘았고

ㅇ**일병 일대는** 그 영문을 급히 치니 우리 병정도 방속에서 마주 쳐 대단히 싸우기를 20분 동안을 하다가 일병 1중대가 또 와서 도와 그 영문을 빼앗으니 우리 병정이 사면으로 헤어졌고

ㅇ**그 영문 건너편에 있는** 제2연대 제1대대도 일병과 서로 싸울 때 다른 문으로 일병이 또 들어오며 끼고 쳐서 11시 40분에 전혀 일병에게 잡히니 두 나라 병정이 죽고 상한 것이 많은지라, 우선 조사한 것이 일병은 장교 이하가 23명이라 하고 우리 병정은 장교 이하 100여 명이요, 잡힌 장교가 아홉이요, 하사가

대한매일신보 1907年 8月 2日

니ᄅᆞ키ᄂᆞᆫ연고ᄂᆞᆫ세계각국ᄉᆞ긔ᄅᆞᆯ보건대군긔의힘이나라희츅힘이아니오군긔힘만잇ᄂᆞᆫ나라ᄂᆞᆫᄒᆞᆫ참동안에유명ᄒᆞᆫ모양이잇서도오래ᄂᆞᆫ견ᄃᆡ지못ᄒᆞ엿ᄉᆞ니나라회참힘이ᄇᆡᆨ셩의ᄆᆞ오속에잇ᄂᆞᆫ힘이오그힘은우리ᄆᆞ옴에ᄎᆞᆷ잇ᄂᆞᆫ힘이니ᄉᆞ랑ᄒᆞᆫ온동포들은이런어려운경우에ᄇᆞ람을일치말고그힘을보존ᄒᆞ고그힘을커지게ᄒᆞ고그힘을드러낼지어다

서울특보

八月一日

◉지작일오젼에 군부대신리병무씨와쟝곡쳔대쟝이통감부에모혀군ᄃᆡ헤치기ᄅᆞᆯ비밀히의론ᄒᆞ여결단ᄒᆞ고그날브터일병이ᄯᅦᄅᆞᆯ지어각방곡을엄밀히파슈ᄒᆞᆷ은군ᄃᆡ헤칠ᄯᅢ무ᄉᆞᆷ변이잇슬가예비ᄒᆞᆷ이오

◉그날밤에 군ᄃᆡ헤치ᄂᆞᆫ죠칙을반포ᄒᆞ고어제일우아츰에각ᄃᆡ병뎡의가진바칼과총을일시에몰수히거두엇고

◉오날샹오아홉시에 각ᄃᆡ쟝졸을유인ᄒᆞ야훈련원으로모호고군ᄃᆡ헤치ᄂᆞᆫ죠칙을닑어듯게ᄒᆞ고곳우리나라쟝졸은가온대세우고일본쟝졸은ᄉᆞ면으로에워세우고서로경례ᄅᆞᆯ힝ᄒᆞ게ᄒᆞ고

◉황뎨폐하ᄭᅴ옵셔특별히ᄂᆞ리신 은혜의돈을ᄎᆞ례로논화주ᄂᆞᆫᄃᆡ하ᄉᆞᄂᆞᆫ팔십원이오일년이샹을군무ᄒᆞᆫ병뎡은오십원이오일년이하근무ᄒᆞᆫ병뎡은이십오원이고

◉분급을다ᄒᆞᆫ후에대ᄃᆡ쟝이하쟝교의게ᄂᆞᆫ몃칠동안이면다시무ᄉᆞᆷ 쳐분이계시겟다ᄒᆞ고

◉각병졸들이 칙령을듯ᄌᆞᆸ고ᄃᆡ쟝의말을드른후에돈을밧아가지고각기무ᄉᆞ히헤여져갓고

◉서소문안뎨이련ᄃᆡ뎨일대ᄃᆡ쟝박셩환씨ᄂᆞᆫ일본ᄃᆡ쟝들이그영문에와서군긔ᄅᆞᆯ거두고자ᄒᆞᆫ매박씨가골ᄋᆞᄃᆡ내가대ᄃᆡ쟝이되여병뎡의게군긔ᄅᆞᆯ내여노라고ᄂᆞᆫ참아못ᄒᆞ겟다ᄒᆞ고ᄎᆞᆺ던바군도ᄅᆞᆯᄲᆡ여ᄌᆞ긔비ᄅᆞᆯ찔너쥭ᄉᆞᄒᆞ엿고

◉그대ᄃᆡ쟝박씨가ᄌᆞ결ᄒᆞᆫ후에병뎡들의ᄆᆞᄋᆞᆷ이분격ᄒᆞ야불온ᄒᆞᆫ모양이잇더니별안간일본ᄃᆡ쟝을향ᄒᆞ야총을노흐니일본병뎡대삼ᄃᆡ가진뎡ᄒᆞ기위ᄒᆞ야그영문을향ᄒᆞ야나아가니영문에서총노키ᄅᆞᆯ시작ᄒᆞ야두나라군ᄉᆞ가여러시ᄅᆞᆯ싸홧고

◉오젼열시에남대문에걸엇던긔관포(機關鉋)ᄅᆞᆯ그영문에ᄃᆡ고련ᄒᆞ야쏘앗고

◉일병일ᄃᆡᄂᆞᆫ그영문을급히치매우리병뎡도밧속에서마조쳐대단히싸호기ᄅᆞᆯ이십분동안을ᄒᆞ다가일병일즁ᄃᆡ가또와서도아그영문을ᄲᅢ아ᄉᆞ매우리병뎡이ᄉᆞ면으로헤여졋고

◉그영문건너편에잇ᄂᆞᆫ 뎨이련ᄃᆡ뎨일대ᄃᆡ도일병과서로싸홀제다른분으로일병이ᄯᅩ드러오며세고쳐셔열ᄒᆞᆫ시ᄉᆞ십분에젼혀일병의게잡히니두나라병뎡쥭고샹ᄒᆞᆫ거시만흔지라위션됴사ᄒᆞᆫ거시일병은쟝교이하가이십삼명이라ᄒᆞ고우리병뎡은쟝교이하ᄇᆡᆨ여명이오잡힌쟝교가아홉이오하ᄉᆞ가팔십명이라더라

◉시위뎨일련ᄃᆡ뎨이대ᄃᆡ만남거두고다른포ᄃᆡ 마ᄃᆡ 공ᄃᆡ 교셩ᄃᆡ ᄂᆞᆫ다헷쳣더라

◉오후여ᄃᆞᆲ시에우리나라쥭은병뎡ᄂᆞᆫ마챠닐곱으로시러슈구문밧그로내여갓더라

◉서쇼문과남대문에서시작ᄒᆞᆫ싸홈이남문밧약현에ᄭᆞ지미쳣ᄂᆞᆫᄃᆡ대한병뎡여러명이약현셩당근처로올나가ᄂᆞᆫ거ᄉᆞᆯ보고일본병뎡이남대문뎡거쟝과다른곳에서총을노타가여러탄환이셩당안헤드러갓고ᄒᆞᆫ개ᄂᆞᆫ뎡신부잇ᄂᆞᆫ방에ᄭᆞ지드러갓ᄉᆞ며셩당압헤서대한병뎡세명이쥭고다른병뎡몃명은잡혓더라

◉이런놈도세샹에잇나 일본병뎡이대한병뎡을ᄎᆞ자잡을ᄯᅢ에대한인즁에엇던놈은일본의게무ᄉᆞᆷ긴ᄒᆞᆫ리익을밧ᄂᆞᆫ놈인지대한병뎡숨어잇ᄂᆞᆫ곳ᄲᅮᆫ일병의게ᄀᆞᄅᆞ치고병뎡의복식을벗고평복닙은병뎡을병뎡이라고닐ᄋᆞ니일련일이셰샹인간에엇지잇ᄂᆞᆫ고

◉참혹ᄒᆞᆫ쥭엄이너무만하 도망ᄒᆞᆫ병뎡을ᄎᆞ자잡으려고일본역군들을만히발ᄒᆞ야셔쇼문안각려염집을뒤여피ᄒᆞ야숨은병뎡ᄲᅮᆫ만히잡은즁윤쥬ᄉᆞ집에ᄂᆞᆫ드러가병뎡열명을잡아쥭디에ᄯᅡ려쥭엿다더라

관보 대개 (七月二十九日)

○칙령뎨일호 경무령관제ᄅᆞᆯ졍ᄒᆞᄂᆞᆫ네됴목을반포ᄒᆞ엿ᄂᆞᆫᄃᆡ경무령ᄋᆞᆫ경시령이라ᄒᆞ

경향신문 1907年 8月 9日

80명이라더라.

ㅇ**시위 제1연대 제2대대만** 남겨두고 다른 포대, 마대, 공대, 교성대는 다 헤쳤더라.

ㅇ**오후 8시에** 우리나라 죽은 병정은 마차 일곱으로 실어 수구문 밖으로 내어갔더라.

ㅇ**서소문과 남대문에서** 시작한 싸움이 남문 밖 약현에까지 미쳤는데 대한 병정 여러 명이 약현성당 근처로 올라가는 것을 보고 일본 병정이 남대문 정거장과 다른 곳에서 총을 놓다가 여러 탄환이 성당 안에 들어갔고 한 개는 정신부가 있는 방에까지 들어갔으며 성당 앞에서 대한 병정 3명이 죽고 다른 병정 몇 명은 잡혔더라.

ㅇ**이런 놈도 세상에 있나.** 일본 병정이 대한 병정을 찾아 잡을 때에 대한인 중에 어떤 놈은 일본에게 무슨 큰 이익을 얻은 놈인지 대한 병정이 숨어 있는 곳을 일병에게 가르쳐 주고 병정 옷을 벗고 평복 입은 병정을 병정이라고 일러바치니 이런 일이 세상 인간에 어찌 있는고.

ㅇ**참혹한 죽음이 너무 많아** 도망한 병정을 찾아 잡으려고 일본 역군들을 많이 풀어 서소문안 각 여염집을 뒤져 숨은 병정을 많이 잡은 중 윤주사집에는 들어가 병정 10명을 잡아 즉시 때려죽였다더라. 1907 0809

[6]그저께 | [7]나눔 | [8]병영의 문 | [9]몹시 분하고 노여운 감정이 북받쳐 오름

해설 "극히 필요치 않은 잡비를 절약하여 이용후생의 업에 쓰기 위해" 나라의 군대를 없애는 것이 제정신으로 할 일인가. 그것도 국가 지도자가 제 손으로.

이 조칙이 그랬다. "짐이 명하여…"란 형식을 취해 고종 황제의 뜻인 양 위장했지만 실은 하세가와長谷川好道와 이완용 등의 농간이었다. 이들은 정미7조약 부속 각서에 따라 한국군을 해산하기로 하고 일본에서 증원부대가 오기를 기다려 7월 31일 이 같은 군대해산 조칙을 발표했다. 1905년 2만 명이던 한국군은 점차 줄어 당시 8800명에 불과했으니 사실 나라를 지킬 무력 수준이 아니긴 했다. 하지만 이 조치로 국가 방위를 위한 최소한의 상징성도 사라지게 되었다.

이 사태에 항의해 시위대 제1연대 대대장 박승환(39세)은 "군인으로서 나라를 지키지 못하고 신하로서 충성을 다하지 못하였으니 만 번 죽어도 아까울 것 없다軍不能守國 臣不能盡忠 萬死無惜"는 유서를 남기고 권총 자살했다. 이를 계기로 대한제국군은 8월 1일 일본군과 전투를 벌였다. 남대문을 중심으로 오전 8시 반부터 두 시간 가량 벌어진 전투는 일본 측이 기관포를 동원하는 등 제법 치열했다. 조선군은 200여 명의 사상자를 내고 진압됐는데, 이 와중에서 "대한 병정이 숨어 있는 곳을 알려주거나 평복 입은 병정을 일러바치는" 조선인들이 있었던 모양이다. 비록 극소수였겠지만 정말 망조가 든 나라였다.

한편 이 조치는 의병운동이 전국으로 확산되는 계기가 됐다. 해산된 한국군이 참여하면서 전국 340여 개 군郡 중 몇 군데만 빼고는 의병이 일어났다.

의병의 활약

1907年 9月 20日 공립신보
1907年 12月 20日 경향신문

한국창의병대기
일본 정탐대 몰사

9월 18일발 동경전을 거한즉[1] 일본이 한국을 합병코자 하는 기맥[2]을 보고 한인들이 다시 크게 요동되는지라. 그런 고로 이등박문이가 말하기를 지금 전국 백성들이 그같이 일본과 돈목[3]하는 뜻이 없으니 일본의 정책을 좀 고치는 것이 긴요하거니와 만일 한인이 그같이 반대하면 그들의 끝날이라고 한다 하며 동경신문사에 탐보[4]가 들어오기를 서울 근처 각 지방에 지금 백성이 많이 모여서 서울을 치고자 하는 모양인데 수효는 얼마나 되는지 알 수 없으나 한 곳에는 800명 가량이 된다 하며 그 전 한국 병정들이 선봉이 되어 기동하는데 곳곳에 전선과 철로를 끊고 일본 순검이나 일본 철로와 전보국 사무원을 만나는 대로 죽인다 하며 단곡천 대장이 일본 군대에게 명령하여 일본 반대하는 사람 있는 곳은 도륙[5]을 시키는데 벌써 여러 동네가 도륙을 당한지라. 그런 고로 좌우편이 서로 잔인하게 살육을 행하며 녹도 땅에 의병을 치러 갔던 일본 원정대는 몰살을 당하였는데 구원병이 가서 본즉 일본 병정과 한국 인도자의 신체를 짓이겨 죽인 것이 많이 있다 하더라.

O 동경 13일 발 서울 통신을 거한즉 한국 의병이 동남 지방에서 소요[6]하더니 근래에는 일인과 직접 관계 있는 서남 지방에서 창궐하는 고로 일본사령관 당곡천이는 진압하기에 진력하는 중인데 쉽게 진정치 못하는 때는 다시 일병 45연대를 파송할 터이라 하였더라. 1907 0920

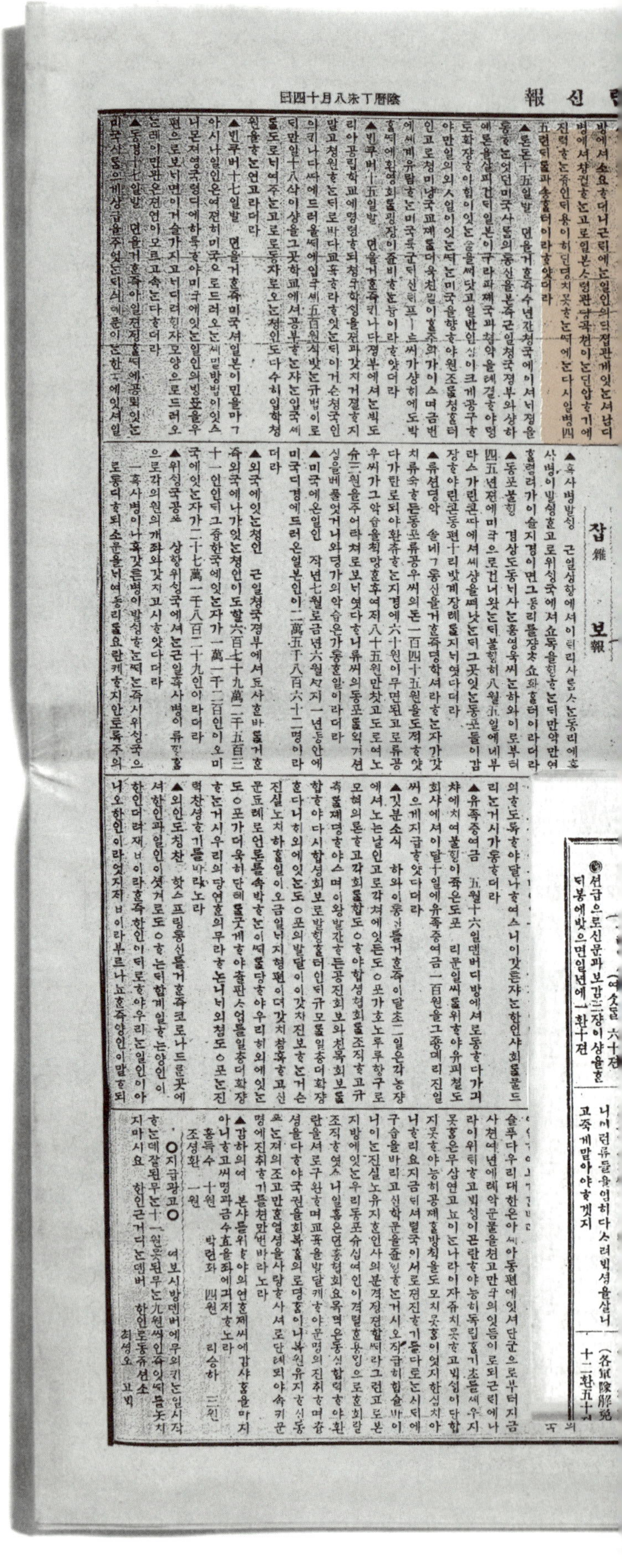

공립신보 1907年 9月 20日

경향신문 1907年 12月 20日

의병과 일병에게 해를 받아

본국인 죽은 것과 가옥 불탄 곳을 각 지방관들이 조사하여 내부에 보고하였는데 청풍군에는 불탄 집은 관가집이 셋이요, 백성의 집이 열다섯이요, 죽은 사람이 셋이며, 안협군에는 불탄 집은 관가집이 13칸이요 백성집이 67호요, 재산 불탄 것이 1만 2356원 90전이오. 상주군에는 화서면 상성리 불탄 집은 또 백성의 집이 20호요, 그 면 청계사에 불탄 것이 50칸이라 하였으니 동절을 당하여 이미 죽은 이는 참혹한 중 할 일 없거니와 생명이 붙어 있고 집과 가산을 불태운 사람은 어찌할꼬. 1907 1220

[1]~에 의하면 | [2]연락 | [3]정이 두텁고 화목함 | [4]알려지지 않은 사실 따위를 찾아내 알림 | [5]참혹하게 마구 죽임 | [6]여럿이 떠들썩하게 들고일어남.

해설

1895년 명성황후 시해 직후와 1905년 을사늑약 때 활기를 띠었던 항일의병운동은 1907년 군대해산 이후 해산 군인들의 참여로 새로운 전기를 맞는다. 근대 무기를 갖추게 되면서 화력도 강화됐고, 매복 기습 등 전술도 발전했다. 더구나 민중의 참여와 지지도 늘어 의병운동이 전국적으로 확대되었다. 군대해산 뒤 활동한 의병장 가운데 양반유생 출신은 25퍼센트에 그쳤고, 평민 출신은 물론 머슴·관노·헌병 보조원 출신 의병장도 출현했다는 사실도 이를 보여준다.

이같은 군사력을 바탕으로 1907년에만 일본군과 300여 회나 전투를 벌일 정도로 세가 확대되자 의병장 허위는 통감부에 태황제(고종) 복위·외교권 환귀還歸·통감부 철거 등을 골자로 하는 30개 조항을 요구하기도 했다.

나아가 12월에는 이인영을 총대장으로 하는 '13도 창의군倡義軍'을 만들어 이듬해 1월 서울 탈환을 위해 동대문 밖 30리 지점까지 진공했으나 결국 실패했다. 이에 대해선 화력과 기동력이 뒤떨어지는데도 유격전이 아닌 정면공격을 고집했다든지, '13도 연합'이란 이름과 달리 경기·강원도 의병들이 주축이었다는 한계가 있었다는 등의 분석이 나온다. 하지만 이 계획에 참여한 의병장들이 양반유생 출신이어서 민중의 힘을 제대로 결집하기 어려웠던 탓이란 설명이 설득력 있다. 특히 총대장 이인영이 서울 진공을 앞두고 부친상을 당하자 고향으로 돌아간 어처구니없는 사실은 이런 분석을 뒷받침한다.

한때 기세를 올리던 의병운동은 일제의 무력 진압이 강화되면서 점차 퇴조하다가 합병 후 두만강과 압록강을 건너 만주로 옮겨가 항일독립투쟁을 벌였다.

동양척식주식회사 설립

1908年 10月 28日
공립신보

척식위원 귀국

일본척식회사 한국위원 이건혁, 이근배 등 33명은 9월 24일에 귀국하여 고본금[1] 모집에 종사한다더라.

병영 이설[2]

일본군사령부는 새로 건축한 영사로 이전하고 그 자리에는 동양척식회사를 설립한다더라.

정액[3]하기를 청원

척식회사 위원들은 회사 자본금을 정액하기로 한일정부에·청원하였으며 고본금 모집처소는 모두 110곳인데 일본에 70곳이요, 한국에 40곳의 사무 관리소를 둔다더라. 1908 1028

[1]공동 투자자가 각각 내는 자본금 | [2]다른 곳으로 옮기어 설치함 | [3]증액

해설

1908년 12월 설립된 동양척식회사는 일제의 대표적인 식민지 수탈 기구의 하나였다. 말인즉 황무지를 개간해 식량을 증산하기 위한다는 명분이었으나 실제는 일본 농민의 조선 이민을 돕기 위한 조직이었다. 한 꺼풀 더 벗겨보면 일본의 퇴역 군인들을 조선으로 이주시켜 본국의 인구 문제를 해결하는 동시에 조선의 민족운동을 감시 억압하고 경제를 착취하려는 목적이었다.

설립과 동시에 대한제국 정부로부터 토지를 인계 받고 매수에도 힘써 1910년 무렵엔 서울 여의도의 100배 가까운 토지를 소유했다. 그 대부분을 일본인 농업이민에 대여했고, 조선인 소작인에게는 50퍼센트가 넘는 고율 소작료를 징수했다.

그런데 이게 한일합작회사였단다. 일본 고위 관리와 통감부 직원은 물론 경성 거주 조선인 실업인 · 귀족들이 합작해 자본금 1000만 원으로 설립했다. 기사는 이 회사의 자본금 모집에 나선 한국 측 인사들의 동정을 다뤘다. 나라야 흥하든 말든 민중이야 어찌 살든 제 잇속만 챙길 수 있다면 무슨 짓이라도 하는 이들이 예나 지금이나 꽤 있었던 모양이다.

동양척식회사가 어찌나 성공적이었는지 일제는 1921년 만주로 이민 가는 조선인들을 지원한다는 명목으로 만선滿鮮척식주식회사를 세우는 등 다른 식민지로 확장했다. 이에 따라 1917년 본점을 경성에서 도쿄로 옮기고 정관을 고쳐 한국인 부총재의 임명을 사실상 봉쇄하는 등 본색을 드러냈다.

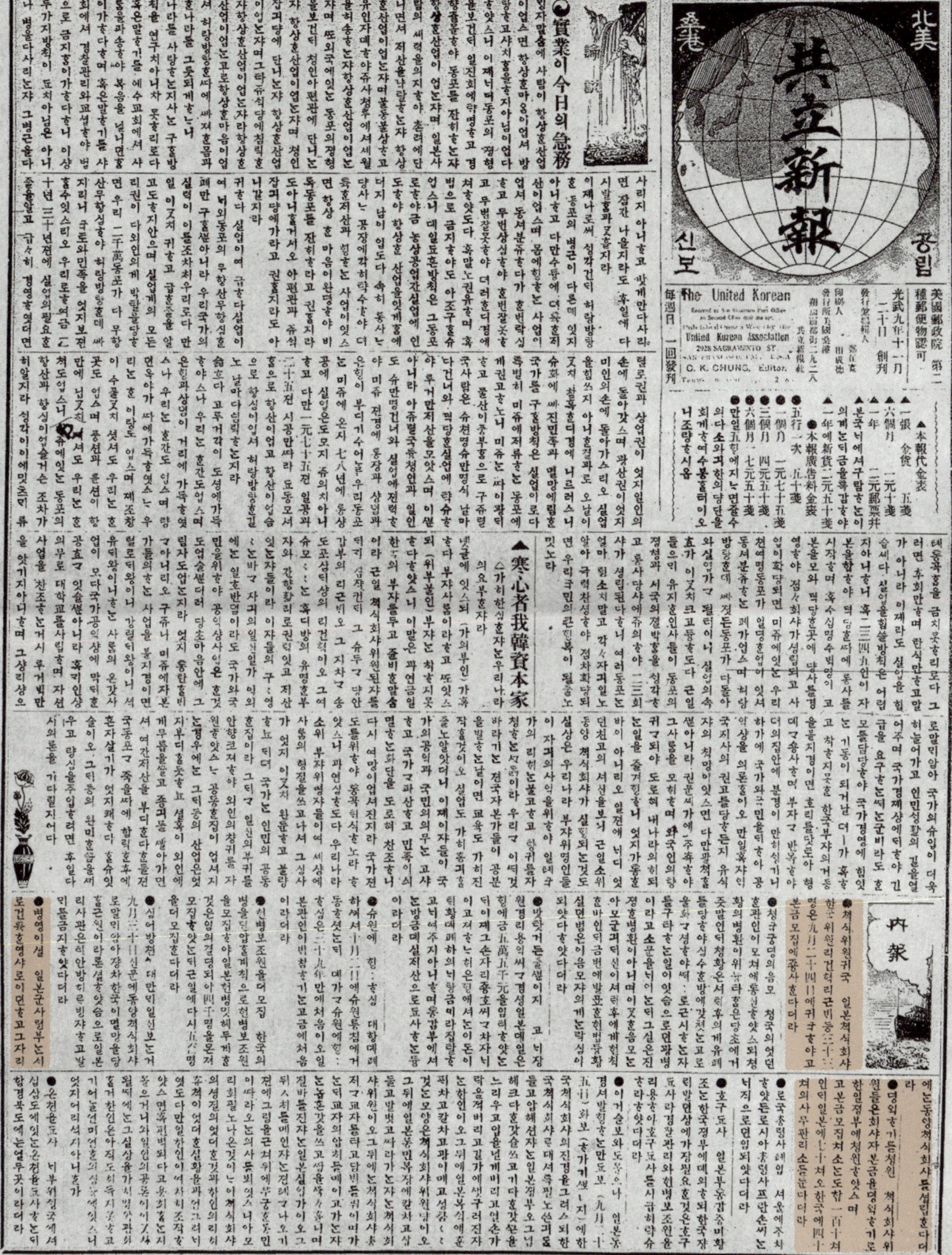

San Francisco Cal, October 28, 1908 NO.105 THE UNITED KOREAN 新聞紙第一百五號 木曜 大韓隆熙二年十月二十八日

北美 共立新報 桑港
공립 신보

美國郵政院 第二種郵便物認可

光武九年十一月二十日 創刊

發行兼編輯人 / 印刷人 / 發行所 美國桑港 翰屈西街二九二八 共立新報社

The United Korean
United Korean Association
2928 SACRAMENTO ST.
SAN FRANCISCO, CAL., U.S.A.
C. K. CHUNG, Editor.

每週日 一回發刊

▲本報代金表
▲一張 金貨 五錢
▲六個月 一元
▲一年 二元
▲본국내에서구람ᄒᆞ는이의게는더금을특감ᄒᆞ야
▲一年에新貨二元

●本報廣告料金
●五行一次 五十錢
●一個月 一元七十五錢
●三個月 四元五十錢
●六個月 七元五十錢
●만일五행에지나는것은 ... 의다소와긔한의 ... 회계ᄒᆞ여수봉ᄒᆞ려니와 ... 니조량ᄒᆞ시옵

實業이今日의急務

寒心者我韓資本家

內報

안중근, 이토 암살하다

1909年 10月 29日 경향신문
1909年 11月 9日 | 11月 20日 대한매일신보
1910年 4月 1日 경향신문

통감부에 온 전보를 보니

만주 여행 중에 있는 이등 공은 작일[1] 오전 9시에 하루빈[2] 정거장에서 한인에게 육혈포 세 방을 맞았다는데 그 한인은 당장에 잡혔더라.

나중에 온 전보를 보니 이등 공을 암살한 대한 사람은 평양인 윤지안尹知安이라. 이틀 전에 원산에서 하루빈에 왔는데 양복을 입어 일인과 다름없고 나이 20세 가량 되었는데 단총을 가지고 정거장에 있다가 여섯 방을 노렸는데 이등 공의 가슴과 배 사이에 세 방을 맞혔고 그 다음에는 청상 씨와 삼 비서관과 전중 이사관이 맞았더라. 반 시간 후에 이등 공은 장서[3]하여 그 시체를 대련으로 가져갔고 총 놓은 한인과 이전에 기차가 서하구를 지날 때에 단총을 가진 한인 2명을 잡았다는데 다 아라사[4] 관헌에서 심문한 후 일본으로 보내리라 하고 우리 황제 폐하께옵서는 이 전보를 보시고 일본 황제께 조전弔電을 보냈옵셨더라. 1909 1029

[1]어제 | [2]하얼빈 | [3]죽음 | [4]러시아

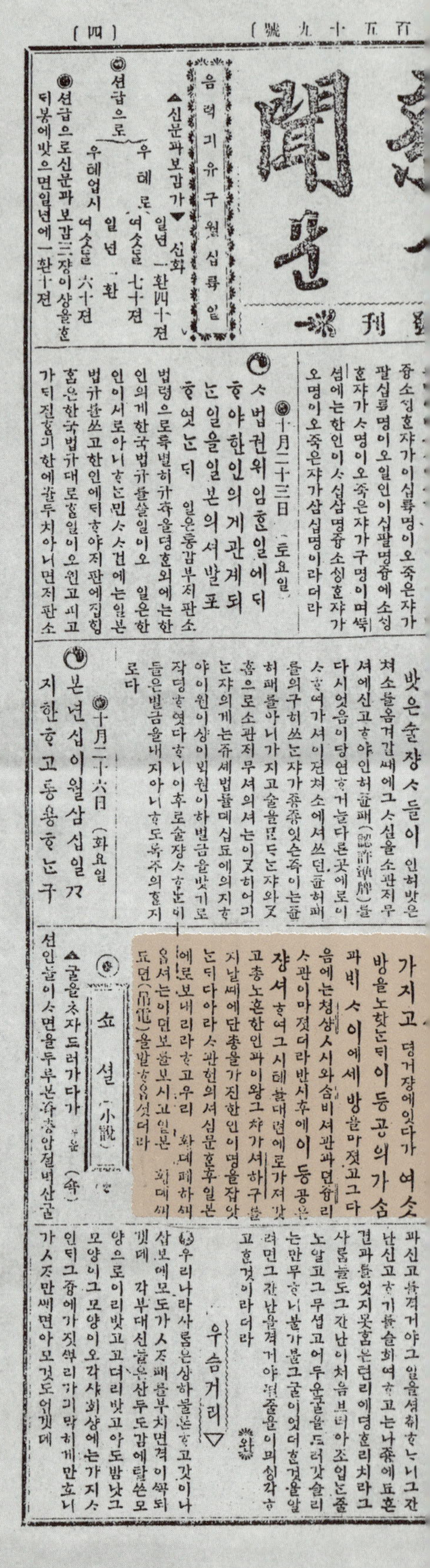
百五十九號 （四）

聞 刊

음력 긔유 구월 십륙일

▲신문파보감가▼ 신화 일년 一환四十젼 우톄로 여숫둘 七十젼 일년 一환 션급으로 우톄업시 여숫둘 六十젼

◉션급으로신문파보감三쟝이상을ᄒᆞᆫ디봉에밧으면일년에一환十젼

죵소싱ᄒᆞᆫ쟈가이십륙명이오죽은쟈가팔십륙명이오일인이십팔명즁에소싱ᄒᆞᆫ쟈가ᄉᆞ명이오죽은쟈가구명이며ᄯᅩᄒᆞᆫ셤에는한인이ᄉᆞ십삼명즁소싱ᄒᆞᆫ쟈가오명이오죽은쟈가삼십명이라더라

◉十月二十三日（토요일）

◉ᄉᆞ법권위임ᄒᆞᆫ일에ᄃᆡᄒᆞ야한인의게관계되ᄂᆞᆫ일을일본의셔발표ᄒᆞ엿ᄂᆞᆫᄃᆡ 일은통감부지판소법령으로특별히규졍을뎡ᄒᆞᆫ외에ᄂᆞᆫ한인의게한국법규를쓸일이오 일은한인이서로아니ᄒᆞᆫ민ᄉᆞᄉᆞ건에ᄂᆞᆫ일본법규를쓰고한인에ᄃᆡᄒᆞ야지판에집힝ᄒᆞᆷ은한국법규대로ᄒᆞᆯ일이오원고피고가ᄃᆡ진ᄒᆞᆫ긔한에ᄎᆞᆯ두치아니면지판소

밧은술쟝ᄉᆞ들이 인허밧은쳐소를옴겨갈ᄯᅢ에그ᄉᆞ실을소관지무셔에신고ᄒᆞ야인허증패（認許證牌）를다시엇음이당연ᄒᆞᆫ거늘다른곳에로이ᄉᆞᄒᆞ여가셔이젼쳐소에셔쓰던증허패를의구히쓰ᄂᆞᆫ쟈가죵죵잇ᄉᆞᆫ즉이ᄂᆞᆫ증허패를아니가지고술을모드ᄂᆞᆫ쟈와ᄀᆞᆺᄒᆞᆷ으로소관지무셔의셔ᄂᆞᆫ이ᄀᆞᆺ히어긔ᄂᆞᆫ쟈의게ᄂᆞᆫ쥬셰법률뎨십됴에의지ᄒᆞ야이원이상이십원이하벌금을밧기로작뎡ᄒᆞ엿다ᄒᆞ니이후로술쟝ᄉᆞᄒᆞᄂᆞᆫ이들은벌금을내지아니ᄒᆞ도록주의ᄒᆞᆯ지로다

◉十月二十六日（화요일）

◉본년십이월삼십일ᄭᆞ지한ᄒᆞ고통용ᄒᆞᄂᆞᆫ구

가지고 뎡거장에잇다가 여ᄉᆞᆺ방을노핫ᄂᆞᆫᄃᆡ이등공의가슴파빗ᄉᆞ이에세방을마젓고그다음에ᄂᆞᆫ청샹ᄉᆞ시와솜비셔관과뎐즁리ᄉᆞ관이마젓더라반시후에이등공은쟝셔ᄒᆞ여그시톄를대련에로가져갓고총노흔한인과이왕그챠가셔하구를지날ᄯᅢ에단총을가진한인이명을잡앗ᄂᆞᆫᄃᆡ다아라ᄉᆞ관헌의셔심문ᄒᆞᆫ후일본에로보내리라ᄒᆞ고우리 황뎨폐하셔옵셔ᄂᆞᆫ이뎐보를보시고일본 황뎨ᄭᅴ됴뎐（弔電）을발ᄒᆞ옵셧더라

◉ 쇼셜（小說）

▲굴을ᄎᆞ자드러가다가 （속）

션인들이ᄉᆞ면을두루본즉ᄎᆞᆼ암절벽산굴

파신고를격거야그일을셩취ᄒᆞᄂᆞ니그잔난신고ᄒᆞᆫ긔졀을회여ᄒᆞ고ᄂᆞᆫ나죵에됴흔견과를엇지못ᄒᆞᆷ은뎡리에뎡ᄒᆞᆫ리치라그사ᄅᆞᆷ들도그잔난이처음브터아조업ᄂᆞᆫ줄노알고그무셥고어두운굴을드러갓슬리ᄂᆞᆫ만무ᄒᆞ니불가불그굴이엇더ᄒᆞᆫ것을알려면그잔난을격거야될줄을미리싱각ᄒᆞ고ᄒᆞᆫ것이라더라 （완）

▽우슴거리▽

◉우리나라사ᄅᆞᆷ은샹하물론ᄒᆞ고갓이나삼보에모도가ᄉᆞ즈패를부치면격이ᄯᅩ되겟데 각부대신들은산두도감에탈쓴모양으로이리밧고고더리밧고아도밤낫그모양이그모양이오각샤회샹에ᄂᆞᆫ가지ᄉᆞ인ᄃᆡ그즁에가직ᄉᆡᆨ리가긔막히게만호니가ᄉᆞ즈만ᄲᅦ면아모것도업겟데

범인의 진명眞名

이등 공을 저격한 한국인은 취조한 결과 안응칠安應七은 거짓 이름이요, 본명은 안중근安重根인데 4년 전 간도에 가서 몇 개의 거짓 이름을 사용하다가 지금은 간도에 사는 안다묵安多默이라 칭하였다고 하며 작년에 한국인 모씨와 함께 이등 공 암살을 서약하기 위하여 왼손 새끼손가락을 절단하였다더라.

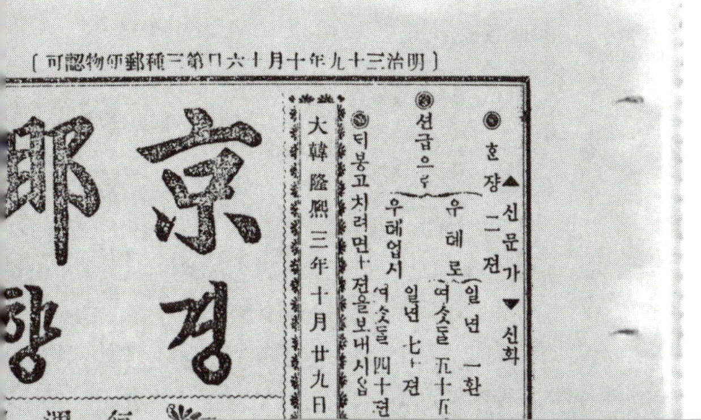

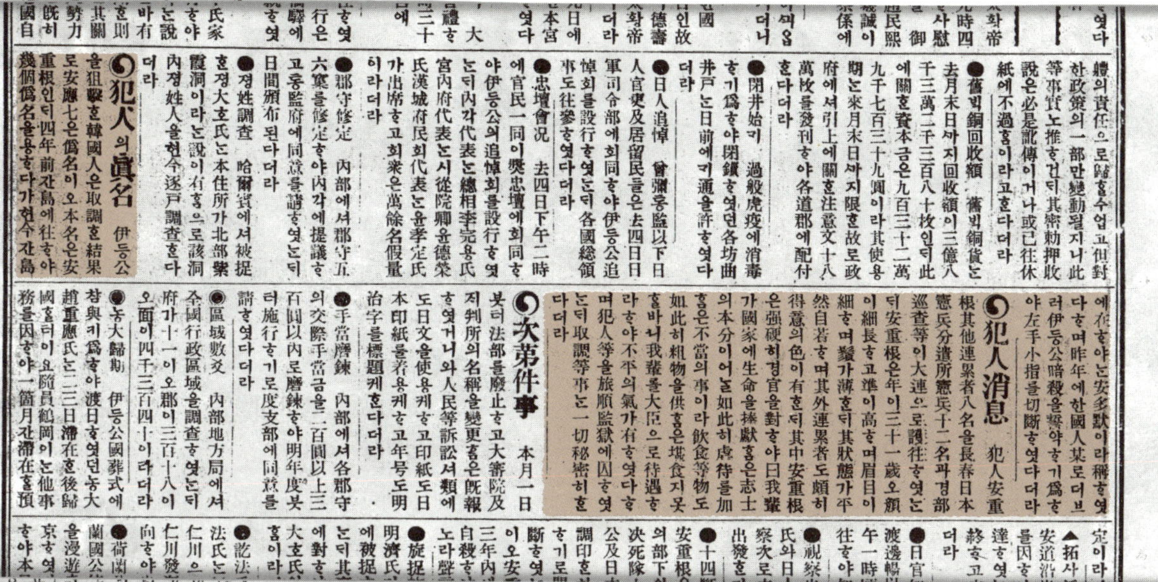

대한매일신보 1909年 11月 9日

범인 소식

범인 안중근 기타 연루자 8명을 장춘 일본헌병 분유소分遺所 헌병 12명과 경부 순사 등이 대련大連으로 호왕護往[5]하는데 안중근은 나이가 31세요, 얼굴이 가늘고 길며, 콧날이 높고, 눈썹과 눈이 가늘고, 머리숱이 적고, 그 모습이 평범하고 침착하며, 그외 연루자들도 자못 일이 뜻대로 이루어져 만족해하였는데 그 중 안중근은 강경하게 경관을 대하여 말하기를 나의 무리가 국가에 생명을 봉헌奉獻함은 지사의 본분이거늘 이렇게 학대를 가하는 것은 부당한 일이라 음식 같은 것도 이렇게 거친 것을 주는 것은 먹지 못할 바니 내 무리를 대신大臣으로 대우하라 하여 불평의 기가 있었다 하며 범인 등을 여순旅順 감옥에 가두었는데 취조 등의 일은 일절 비밀히 한다더라. 1909 1109

경향신문 1909年 10月 29日

이등 공 살해한 이유

대판조일신문을 거한즉[6] 여순구 지방법원에서 안중근의 1차 심문은 마치고 중죄 재판으로 넘길 터인데 공판할 때에는 방청을 금할 터이오. 안중근은 이등 공 암살한 이유 15조를 말하였는데 아래와 같다더라.

1. 명성황후를 살해한 일
2. 광무 9년 11월에 보호조약을 체결한 일
3. 융희 원년 7월에 7협약을 체결한 일
4. 태황제 폐하를 폐립한 일
5. 육군을 해산한 일
6. 양민을 살해한 일
7. 이익의 권리를 빼앗은 일
8. 교과서를 불사른 일
9. 신문의 구람[7]을 금지한 일
10. 은행권을 발행한 일
11. 국채를 쓰게 한 일
12. 동양에 평화를 요란케 한 일
13. 보호정책이 말과 같지 않은 일
14. 일본 전황제를 살해한 일
15. 일본과 세계를 속인 일이라 하고,

또 연루된 사람은 조도원, 만연준, 탁공투, 김여수, 김성옥, 류강료, 정대호, 김형재라 하더라. 1909 1120

안중근의 사형 집행은

거[8] 26일 상오 10시 15분에 하였는데 안중근은 간수의 인도로 형장에 들어가 본국에서 새로 지어간 흰 면주[9] 두루마기와 검은 양복바지를 입고 우리나라 신을 신고 조용히 형이 집행되기를 기다리는데, 검찰관과 전옥[10]과 통역이 형장에 와서 전옥이 사형 집행문을 읽은 후에 유언이 있고 없는 것을 물은즉(나아가 이에 이름이 본시 동양평화를 위함인즉 다시 한할 바 없으나 다만 여기 모여선 일본 관헌은 이후 한일 친선과 동양 평화에 진력하기를 바라노라)한 후 3분 간이나 기도를 하고 즉시 잠잠히 형대刑臺에 올라 동양평화 만세를 부르고 엄연히 집형을 당하니 곧 10시 4분이라. 11분을 지낸 후 절명되었는데 의사가 시체를 검사한 후 관에 넣고 우덕순, 조도선, 류동하에게 작별케 하니 3인이 다 창연히[11] 절을 하여 조상하는 뜻을 표하는 중 우덕순은 슬픔을 이기지 못하였고 오후 1시에 감옥 묘지에 묻었는데 그 두 아우는 전옥에게 시체를 달라고 한즉 주지 아니하므로 통곡함을 이기지 못하다가 오후 5시에 떠나 귀국하였다더라. 1910 0401

[5]보호하여 데리고 가다 | [6]~에 의하면 | [7]구독 | [8]지난 | [9]명주 | [10]교도소의 수장 | [11]몹시 서운하고 섭섭하게

한국 의용병 참모중장 안중근(31세)은 1909년 10월 26일 하얼빈 역에서 초대 조선통감을 지낸 이토 히로부미를 사살했다. 이토의 일본 내 정치적 비중을 감안하면 이는 1920년 김좌진의 청산리 전투 승리, 1932년 윤봉길의 훙커우虹口 공원 폭탄 투척과 더불어 일제 침략에 맞서 한국인의 기개를 떨친 '3대 쾌거'였다.

〈대한매일신보〉에 따르면 황위를 물려주고 태황제로 불리던 고종이 이 소식을 듣고 수저를 떨어뜨렸다니 얼마나 시원했을까. 안중근 사진이 불티나듯 팔리고 '충신 안중근'이라 쓴 그림엽서까지 판매됐을 만큼 한국 민중의 환호는 컸다.

안중근은 재판과정에서 이토 암살 이유로 명성황후 살해 등 15가지를 들고, 자신은 전쟁포로이므로 국제공법에 따른 처우를 해달라고 당당히 요구하기도 했다. 재판 결과 이듬해인 1910년 3월 26일 뤼순旅順 감옥에서 사형당했다.

안중근의 어머니 조마리아는 사형이 확정된 후 아들에게 보낸 편지에서 "네가 이번에 한 일은 우리 동포 모두의 분노를 세계만방에 보여준 것이다. 이 분노의 불길을 계속 타오르게 하려면…구차히 상고를 하여 살려고 몸부림치는 모습을 남기지 않기 바란다."고 의연한 죽음을 당부했다.

이 와중에 '진정한 친일파'도 등장했다. 이들은 13도 대표가 일본에 가서 '이토 서거'를 대죄하자며 각 지방에 통지서를 돌리기도 했다.

대한매일신보 1909年 11月 20日

●이등공살해ᄒᆞᆫ리유。

대판조일신문을 거ᄒᆞᆫ즉 려슌구ᄯᅵ방법원에셔 안즁근의 초ᄎᆞ심판은 마치고 죵죠지판으로 넘길터인ᄃᆡ 공판홀ᄯᅢ에ᄂᆞᆫ 방텽을 금ᄒᆞᆯ터이오 안즁근은 이등공 암살ᄒᆞᆫ 리유십오됴를 말ᄒᆞ엿ᄂᆞᆫᄃᆡ 좌와 곳다더라

일 명셩황후를 살해ᄒᆞᆫ일
이 광무구년십일월에 보호됴약을 톄결ᄒᆞᆫᄉᆞ
삼 륭희원년칠월에 칠협약을 톄결ᄒᆞᆫᄉᆞ
ᄉᆞ 태황뎨폐하를 폐립ᄒᆞᆫ일
오 륙군을 히산ᄒᆞᆫ일
륙 량민을 살해ᄒᆞᆫ일
칠 리익에 권리를 ᄲᅢ아슨일
팔 교과셔를 불살운일
구 신문의 구람을 금지ᄒᆞᆫ일
십 은힝권을 발힝ᄒᆞᆫ일
십일 국채를 쓰게ᄒᆞᆫ일
십이 동양에 평화를 요란케ᄒᆞᆫ일
십삼 보호졍칙이 말과ᄀᆞ지 아니ᄒᆞᆫ일
십ᄉᆞ 일본젼황뎨를 살해ᄒᆞᆫ일
십오 일본과 셰계를 속인일이라ᄒᆞ고 조도원 만ᄯᅩ련루된사ᄅᆞᆷ은 김셩련쥰 탁공투 김려슈 김형옥 류강료 졍ᄃᆡ호 김형지라ᄒᆞ더라

◉안즁근의ᄉᆞ형집힝은 ◉三月二十八日 (월요일)

거이십륙일샹오십시십오분에ᄒᆞ엿ᄂᆞᆫᄃᆡ 안즁근은감슈의인도로형쟝(刑場)에드러가본국에서새로지어잔흰면쥬두루막이와검은양목바지를닙고우리나라신을신고죵용히집형ᄒᆞ기를기ᄃᆞ리ᄂᆞᆫᄃᆡ검찰관과뎐옥과통역이형쟝에와서뎐옥이ᄉᆞ형집형문을닑운후에유언이잇고업ᄂᆞᆫ것을무른즉(나ㅣ가이에니름이본시동양평화를위ᄒᆞᆷ인즉다시ᄒᆞᆯ바ㅣ업ᄉᆞ나다만여긔모혀선일본관헌은이후한일친선과동양평화에진력ᄒᆞ기를ᄇᆞ라노라)ᄒᆞᆫ후삼분간이나긔도를ᄒᆞ고즉시죵죵히형뎨(刑臺)에올나동양평화만세를부르고엄연히집형을당ᄒᆞ니곳열시ᄉᆞ분이라십일분을지낸후절명되엿ᄂᆞᆫᄃᆡ의ᄉᆞ가시톄를검사ᄒᆞᆫ후관에너코우덕슌、죠도션、류동하의게작별케ᄒᆞ니삼인이다챵연히

경향신문 1910年 4月 1日

이완용 피습

1909年 12月 23日
대한매일신보

대답하는데 말소리가 명백하고 조금도 두려워하는 빛이 없는데 육혈포도 가졌다더라.

오 씨 심사

이재명의 부인은 오인성이라 하는데 지금 나이 21세요, 서부 양심학교 학도라. 이 씨가 잡힌 후에 즉시 동현경찰분서로 불려가서 심사하는 중이라더라.

차부 즉사

이 총리의 차부 박원문은 칼을 맞아 당장 즉사하였다더라. 1909 1223

[1]어제 | [2]베풀어진 | [3]벨기에 | [4]참여 | [5]억울하고 원통한 마음 | [6]범죄 사실을 진술함 | [7]칼로 찔러 죽임 | [8]밖으로 내놓음

이 총리가 칼 맞아

총리대신 이완용 씨는 작일[1] 오전 11시에 종현 천주교당에서 설행設行[2]한 비국[3] 황제 폐하 추도식에 참예[4]하였다가 돌아오는 길에 전후좌우로 엄밀히 보호하고, 교당문 밖에서 7, 8간 동안 되는데 이르러서는 단발한 사람 한 명이 돌출하여 여덟 치 남짓한 한국 칼로 인력거를 끄는 차부부터 찔러 거꾸러뜨리고, 몸을 솟구쳐 차 위에 앉은 이완용 씨의 허리를 찌르니 이씨가 달아나려 하거늘 이씨의 등을 찔러서 세 군데가 중상하였는데 그 자객은 평양사람 이재명이라 즉시 포박되었다고 하더라.

이 총리 위독

이 총리가 부상한 곳은 왼쪽 어깨 한 곳과 등에 두 군데인데 등에 맞은 칼이 허리까지 범하여 생명이 대단히 위태하다더라.

평양인 이재명

자객 이재명은 평양성내 사람이오. 지금 나이는 21세인데 6년 전에 미국에 가서 유학하다가 귀국하여 나라 형편을 보고 분심[5]이 크게 발동하여 이번 일을 행함이라더라.

자객 초사

자객 이재명은 심문하는 데 대하여 공초[6]하기를 당초 일진회의 성명서를 보고 그 회장 이용구를 자살[7]하려 하여 그 틈을 기다리는 중에 내각에서 5조건을 대출[8]하였다는 말을 듣고 이 총리를 자살하기로 결심하여 이번 이 사건을 행하였다 하더라.

자객 심문

자객 이재명이 포박될 때에 호위하던 순사들이 칼을 빼어 등을 찔러서 유혈이 낭자하여 심문하는 처소에 누워서 심문하는 대로

현실은 동화와 다르다. 착한 사람이 오래오래 행복하게 사는 동화와 달리 손가락질 받는 사람이 부귀영화를 누리는 게 현실이다.

이완용이 그랬다. 한반도를 들어 일본에 바친 주역인 그는 합병 후에 일본 후작까지 오르며 천수를 다했다. 그런 이완용에게 조금이라도 상처를 준 이가 평양 태생 스물세 살 청년 이재명이다. 1904년 이민을 가 하와이에서 농부 노릇을 하던 그는 공립협회 가입 후 협회가 매국적賣國賊 숙청을 결의하자 자원해 귀국했다. 1906년 10월의 일이다. 이용구 등을 노리던 그는 안중근 의사가 이토 히로부미를 암살한 지 두 달 후 종현 천주교당(지금의 명동성당)에서 열린 벨기에 황제 레오폴드 2세의 추도식에 참석했던 이완용을 습격했다. 그러나 애꿎은 인력거꾼만 살해하고 이완용에겐 중상을 입히는 데 그쳤다.

이재명은 재판정에서 방청객들에게 "몸을 바쳐 나라를 구하라"고 일장연설을 하는가 하면 일본인 재판장이 "피고의 일에 찬성한 사람이 몇이나 되는가"고 묻자 "2000만 민족"이라 답하는 등 당당한 태도를 보였다. 이에 방청객들이 "옳다"고 소리치며 재판정 유리창을 깨는 등 소란을 벌였다니 군사정권 시절 시국사건 재판과 비슷한 정경이었던 모양이다.

이재명은 인력거꾼 살인죄로 사형됐으나 이완용은 두 달여간 치료를 받고 퇴원한 후 부귀영화를 누렸다. 그러니 사필귀정事必歸正, 권선징악勸善懲惡이 모두 지어낸 이야기랄 수밖에.

◉ 뎐보

◉렬량씨피임셜 동경뎐 쳥국 동삼셩 총독의 후임은 렬량씨가 피임될뜻ᄒᆞ다더라

◉대동령츄션 즁앙 아미리카 대통령은 마로렷스씨가 츄션되엿ᄂᆞᆫᄃᆡ 혁명당원들은 응락지아니ᄒᆞᆫ다더라 이십이일챡

◉이국총리연셜 빅림뎐 신임 이태리 총리대신 손니빅씨ᄂᆞᆫ 의회에셔 연셜ᄒᆞ기를 삼국동맹은 다만 평화만 보존ᄒᆞᆯ뿐아니라 이태리의 리익을 확실케ᄒᆞᄂᆞᆫ쟈ㅣ라ᄒᆞ엿다더라 이십일일챡

◉ 잡보

◉빅환하ᄉᆞ 재작일 의친왕비뎐하 셩신에 대황뎨폐하씌옵셔 돈빅환을 하ᄉᆞᄒᆞ옵시고 황후폐하씌옵셔ᄂᆞᆫ 녀관이인을 보내옵셧다더라

◉칙력하ᄉᆞ 작일은 음력동지인고로 대황뎨폐하씌옵셔 칙임관과 칙임관에게 세칙력 열벌식을 하ᄉᆞᄒᆞ옵셧다더라

◉왕군폐현 작일오젼십이시에 의친왕뎐하와 완흥군 리지면 영션군 리쥰용량씨가 덕슈궁에 드러가 폐현ᄒᆞ엿다더라

◉。、。。。。리총리가칼마져。 총리대신 리완용씨ᄂᆞᆫ 작일 오젼십일시에 종현 텬쥬교당에셔 셜힝ᄒᆞᆫ 비국황뎨폐하 츄도식에 참례ᄒᆞ엿다가 도라오ᄂᆞᆫ길에 젼후좌우로 엄밀히 보호ᄒᆞ고 교당문밧게셔 칠팔간동안되ᄂᆞᆫᄃᆡ 너르러셔ᄂᆞᆫ 단발ᄒᆞᆫ사ᄅᆞᆷ 일명이 돌츌ᄒᆞ야 여ᄅᆞᆷ치놈짓ᄒᆞᆫ 한국칼노 인력거ᄭᅳ으ᄂᆞᆫ 챠부브터질너 것구러드리고 몸을소스쳐 챠우에 안즌 리완용씨의 허리를질으매 리씨가 다러나려ᄒᆞ거ᄂᆞᆯ 리씨의 등을질너셔 세군ᄃᆡ가 즁샹ᄒᆞ엿ᄂᆞᆫᄃᆡ 그쟈은 평양사ᄅᆞᆷ 리지명이라 즉시 포박되엿다더라

◉리총리위독 리총리의 부샹ᄒᆞᆫ곳은 원편여ᄀᆡ에 ᄒᆞᆫ곤ᄃᆡ와 등에 두곤ᄃᆡ인ᄃᆡ 등에마즌칼이 허리에ᄭᆞ지 범ᄒᆞ야 싱명이 대단히 위ᄐᆡᄒᆞ다더라

◉평양인리지명 ᄌᆞᄀᆡᆨ 리지명은 평양셩니사ᄅᆞᆷ이오 지금나히 이십일세인ᄃᆡ 륙년젼에 미국에가셔 류학ᄒᆞ다가 귀국ᄒᆞ야 시국형편을보고 분심이대발ᄒᆞ야 이번일을 힝ᄒᆞᆷ이라더라

◉ᄌᆞᄀᆡᆨ초ᄉᆞ ᄌᆞᄀᆡᆨ 리지명은 심문ᄒᆞᄂᆞᆫᄃᆡ ᄃᆡᄒᆞ야 공초ᄒᆞ기를 당초 일진회의 셩명셔를보고 그회쟝 리용구를 ᄌᆞ살ᄒᆞ려ᄒᆞ야 그틈을 기ᄃᆞ리ᄂᆞᆫ즁에 ᄂᆡ각에셔 오됴건을 대츌ᄒᆞ엿다ᄂᆞᆫ말을 듯고 리총리를 ᄌᆞ살ᄒᆞ기로 결심ᄒᆞ야 이번 이ᄉᆞ건을 힝ᄒᆞ엿다ᄒᆞ더라

◉。。。ᄌᆞᄀᆡᆨ심문 ᄌᆞᄀᆡᆨ 리지명이 포박될ᄯᆡ에 호위ᄒᆞ든순사들이 칼을ᄲᆡ여 등을 질너셔 류혈이 랑쟈ᄒᆞ야 심문ᄒᆞᄂᆞᆫ쳐소에 누어셔 심문ᄒᆞᄂᆞᆫᄃᆡ로 ᄃᆡ답ᄒᆞᄂᆞᆫᄃᆡ 말소리가 명빅ᄒᆞ고 조곰도 두려워ᄒᆞᄂᆞᆫ빗이 업ᄂᆞᆫᄃᆡ 륙혈포도 가졋셧다더라

◉오씨심사 리지명의부인은 오인셩이라ᄒᆞᄂᆞᆫᄃᆡ 지금나히 이십일세요 셔부 양신학교학도ㅣ라 리씨가 잡힌후에 즉시 동현경찰분셔로 불녀가셔 심사ᄒᆞᄂᆞᆫ즁이라더라

◉챠부즉ᄉᆞ 리총리의 챠부 박원문은 칼을마져 당장즉ᄉᆞᄒᆞ엿다더라

◉부조런ᄒᆞᆫ군 농샹공부산림국에셔ᄂᆞᆫ 인민의 디적보고에ᄃᆡᄒᆞ야 면젹을 됴사ᄒᆞ기위ᄒᆞ야 재작일브터 밤에도 시무ᄒᆞᆫ다더라

◉즁츄원관졔ᄀᆡ졍 즁츄원관졔를 ᄀᆡ졍ᄒᆞᆯᄎᆞ로 ᄂᆡ각에셔 지금 협의즁이라더라

◉츅하회셜힝 명년일월일일오젼십시에 즁미동감이 그관뎌에셔 츅하회를 셜힝ᄒᆞᆯᄎᆞ로 각부에 통텹ᄒᆞ엿다더라

◉명텹교환회 하부에셔ᄂᆞᆫ 명년일월일일 샹오십시에 대신이하 ᄂᆡ외국관리들이 명텹교환회를ᄒᆞᆫ다더라

◉웨지체ᄒᆞ노 영덕군거ᄒᆞᄂᆞᆫ 츅량죵업ᄉᆡᆼ 김영도씨ᄂᆞᆫ 츅량도본을 소관군슈의게 뎨졍ᄒᆞ고 인가를 쳥원ᄒᆞ면 군슈들이 ᄒᆞᆨ 이삼삭식 연긔홈으로 김씨가 농샹공부에 뎨ᄒᆞ야 인가규측을 질문ᄒᆞ엿ᄂᆞᆫᄃᆡ 농샹공부에셔 각군슈에게 훈령ᄒᆞ고 츅량쳥원에ᄃᆡᄒᆞ야 죵속히 인허ᄒᆞ라ᄒᆞ엿다더라

◉풀기ᄂᆞᆫ일슈야 리총리의셤쳔 리호즁씨가 대구관찰노 잇슬ᄯᆡ에 그디방 인민들이 송덕비를 세우고 비각ᄭᆞ지 건츅ᄒᆞ엿ᄂᆞᆫᄃᆡ 거번에 셜시ᄒᆞᆫ ᄌᆞ혜의원을 그비각긔지에 셜립ᄒᆞᆯᄎᆞ로 리총리와 교셥ᄒᆞ야 그긔지를 삼빅원에 풀엇ᄂᆞᆫ지라 그디방인민들이 분히녀여왈 이긔지가 우리여러사ᄅᆞᆷ이 협력ᄒᆞ야 산ᄲᅡᆼ인즉 리총리가 간셥ᄒᆞᆷ이 불가ᄒᆞ다ᄒᆞ야 쟝ᄎᆞ ᄌᆡ판ᄒᆞᆫ다더라

◉치료비츌급 총리대신 리완용씨가 마챠에 라샹ᄒᆞᆯᄯᆡ에 샹ᄒᆞᆫ사ᄅᆞᆷ칠명은 지금 병원ᄂᆡ셔 치료ᄒᆞᄂᆞᆫ즁인ᄃᆡ 재작일에 리총리가 각사ᄅᆞᆷ의게 돈십오환과 의복ᄒᆞᆫ벌식을 주엇다더라

◉하쳔하박 쳔위부에셔ᄂᆞᆫ 괴질류힝ᄒᆞᆯᄯᆡ에 방역에 종ᄉᆞᄒᆞ든 ᄂᆡ외국쟝교와 하ᄉᆞ에게 샹여금을 지급ᄒᆞ기위ᄒᆞ야 재작일에 ᄉᆞ령셔를 교부ᄒᆞ엿ᄂᆞᆫᄃᆡ 일본쟝교와 하ᄉᆞ에게ᄂᆞᆫ 샹에 빅환으로 하에 삼십환ᄭᆞ지요 한국쟝교와 하ᄉᆞ에게ᄂᆞᆫ 샹에 이십팔환으로 하에 삼환ᄭᆞ지라더라

◉보신샤원쳥원 최졍규ᄂᆞᆫ 보신샤회계 빅죵두를 쇼개ᄒᆞ야 보신샤 인쟝파 셜립ᄒᆞᆯᄯᆡ에 인허ᄒᆞᆫ셔류를 도적ᄒᆞ야간고로 재작일 보신샤샤원들이 한셩부에 쳥원ᄒᆞ고 인쟝파 셔적을 ᄎᆞ져달나ᄒᆞ엿다더라

◉한탄ᄒᆞ더라고 일진회쟝리용구ᄂᆞᆫ 재작일 쳥화뎡에셔 ᄌᆞ긔의친구 수삼인을 ᄃᆡᄒᆞ야 말ᄒᆞ기를 내가 ᄉᆞ리에 몽미ᄒᆞᆫ고로 송병쥰의 지휘를밧어 덕당치못ᄒᆞᆫ 셩명셔를 발표ᄒᆞ엿다가 본회의 졔덕이 업셔질ᄲᅮᆫ만 아니라 젼도의 화복을 난측이라ᄒᆞ며 ᄒᆞᆫ탄ᄒᆞ더라더라

◉홍씨샹경 젼판셔 홍슌형씨ᄂᆞᆫ 긔션언민의 호소를 인ᄒᆞ야 일젼에 샹경ᄒᆞ엿다더라

◉일진회의공명 양쥬군 고안리에ᄂᆞᆫ 길ᄉᆞ가에 매국젹일진회라고 크게써셔 목비를 ᄒᆞ여 세웟다더라

◉윤씨예심 공젼츌포ᄉᆞ건으로 감옥셔에 체슈ᄒᆞᆫ 젼군슈 윤녀구씨ᄂᆞᆫ 재작일 경셩디방재판소에셔 예심ᄒᆞ엿다더라

◉씨밧을놈 젼보신샤쟝 최졍규ᄂᆞᆫ 보신샤에셔 츅츌을당ᄒᆞᆫ후로 협잡비 몃명을모화 보신사를 ᄯᅡ로 셜립ᄒᆞ고 다쇼암원을 션뎡ᄒᆞ엿다더라

◉강도쳐교 디방재판소에셔 강도 김영쥰 츄삼만 이인을 교형에 쳐ᄒᆞ기로 션고ᄒᆞ엿다더라

◉최씨의집화재 재작일오후일시에 북부연희방 최운하씨집에셔 실화ᄒᆞ야 초가ᄉᆞ간이 몰수히 쇼화ᄒᆞ엿ᄂᆞᆫᄃᆡ 손해금은 오륙십환에 달ᄒᆞ엿다더라

◉빅씨호소 슈원군 어연동에사ᄂᆞᆫ 빅남[illegible]씨의 션산이 그고을 슈북면에잇셔 루ᄃᆡ슈호ᄒᆞ던바인ᄃᆡ 셔울에사ᄂᆞᆫ 셔샹훈씨가 그션조를 빅씨외산 국ᄂᆡ에 입장ᄒᆞ고 산록을 광뎜코져ᄒᆞ나 빅씨의 문권이 쇼연홈으로 무옴ᄃᆡ로못ᄒᆞ더니 셔씨가 이번 측량ᄒᆞᆯᄯᆡ에 빅씨의산을 침입ᄒᆞᄂᆞᆫ고로 빅씨가 억울ᄒᆞᆷ을 니긔지못ᄒᆞ야 쟝ᄎᆞ 경셩디방재판소에 호소ᄒᆞᆫ다더라

◉ 감하의연

황히도셔흥신막 신흥학교에셔 본샤경비를 보조ᄒᆞ기 위ᄒᆞ야 돈이환오십젼을 긔부ᄒᆞ엿기 감샤ᄒᆞᆫ뜻을 표ᄒᆞ노라

이완용 암살단 음모 사건

1920年 9月 3日 동아일보

이완용 암살단 음모 사건 예심 결정

작년 3월 이태왕의 국장 당시 이완용을 암살하려던 사건

경성지방법원에서

평안남도 성천군 읍내 우 주소 부정 이 탁(35) / 지나 봉천성 유하현 제2구 2원포 거주 평안남도 순천군생 농업 안경식(34) / 지나 봉천성 유하현 제2구 3원포 거주 평안남도 강서군생 농업 차병제(22) / 지나 봉천성 유하현 삼도구 대사수 거주 강원도 울진생 손창준(22) / 지나 봉천성 유하현 제2구 5도구 거주 강원도 울진군생 주병웅(38) / 지나 봉천성 유하현 성수하자 거주 경상도 동래군생 농업 박진태(45) / 주소 부정 평안북도 창성군 무직 박기한(35) / 경성부 낙원동 289번지 인쇄소 점원 이기원(39) / 지나 안동현 3번통 6정목 거주 경기도 고양군생 피용인 김용우(36) / 충청남도 대전군 기성면 평촌리 농업 이종욱(45) / 경성부 필운동 275번지 무직 양종환(33) / 학생 박기제(25) / 평안북도 박천군 ㅁ동면 덕달동 학생 송동호(24) / 경기도 이천군 모현면 서동원 면장 조규수(36) / 경성부 충신동 무직 노윤선(31) / 경성부 수송동 22번지 광업 이우영(53)

이탁, 안경식, 김용우에 대한 살인예비 강도예비, 피고 이종욱에 대한 살인예비, 피고 차병제, 손창준, 주병웅, 박진태에 대한 살인예비 강도예비와 강도, 피고 박기한, 이기원, 양종환, 박기제, 송동호, 조규수, 노윤선에 대한 강도, 피고 이우영에 대한 문서위조 행사 사기 취재 살인예비 또 강도사건에 대하여 병합 예심을 끝내고 종결 결정을 했는데 대개 좌측과 같다더라.

이유

(중략)

이태왕의 훙거에 대하여 대정 8년 3월 3일 국장을 행함을 들으매 피고 차승제, 손창준, 안경식, 박진태 그 외 수 명의 동지와 공모하고 국장의 기회를 틈타 미리 공고한 조선인 등을 5적 7적이라 부르고 마땅히 매국자로 지목하여 원차[1]의 과녁인 명치 38년 11월과 명치 40년 7월의 일한협약에 서명한 당시 구한국 정부의 대신인 이완용, 그 외 수 명을 암살할 일을 결의하고 서로 함께해 동년 3월 3일 지나 만주 지방으로부터 경성에 도착한 암살에 쓰일 권총의 준비가 정돈치 아니하기 때문에 동일 국장을 맞아

실행의 기회를 잃었는데 그후 동월 10일경 이탁은 권총 6정, 탄환 수백 말, 단도 1본本을 입수하고 또 동월 5일경 사정을 알지 못하는 피고 이종욱의 손을 거쳐 봉천에 있는 신태희로부터 권총 2정을 입수하여 각 피고들에게 나눠주어 암살의 준비를 마치고 그 실행의 기회를 구하던 자이다.(중략) 1920 0903

[1] 원망하고 탄식함

해설 매국노의 대명사로 불리는 이완용은 꽤 흥미로운 인물이다. 1858년 경기도 광주에서 태어난 그는 1888년 주미대리공사를 맡기도 했고 1896년 친러파로 변신한 후에도 독립협회 결성에 참여했던 조야의 신임을 받는 '인물'이자 지사였다. 이듬해엔 독립협회장에 선출되기도 했을 정도였다.

그런 그가 을사늑약에 이어 한일합병조약 체결에 적극 나섰던 것은 시대의 비극일 수도 있겠다. 어쨌든 3·1운동이란 거사에 묻혔지만 1919년 고종의 국장을 이용해 이완용과 몇몇 친일파 대신을 암살하려던 계획이 있었던 모양이다. 기사는 그에 관한 재판 결과를 다룬 것인데 만주에 살던 이들이 다수 참여한 점이 눈길을 끈다. 그런데 이국 땅에서 고투하던 이들이 민족정기를 되살리고자 이완용 암살을 노렸건만 결국은 '살인예비', '강도예비', '문서위조' 등 잡범으로 몰려 처형됐으니 얼마나 원통했을까.

단 이완용을 위한 변명을 첨언해 두자. 3·1운동을 주도했던 손병희 선생은 민족 대표를 섭외하는 과정에서 이완용과도 접촉했다고 한다. 이완용은 가담은 거절했지만 "이번 운동이 성공해서 내가 맞아죽게 된다면 그것은 차라리 다행한 일입니다."라고 했단다. 그러고는 끝내 일제에 거사 계획을 알리지 않았다니 이는 어떻게 봐야 할까.

(三) 號四十五百一第 보일아동 《甲子》 日一十二月七小申庚曆陰 《可認物便郵種三第日五月四年九正大》

◇朝鮮人士에게—米國議員團長의書簡

편지 「우리의동정을드립니다」

米國議員의東京到着에際하야 一大運動計劃의發覺

상해에서건너간왕연동리장련량인은 사오십명의동지로더부러미국의원이 동경도착할세에독립운동을하랴다가

米國議員의觀察

米國議員暗殺說과

청년회사실도미국신문에 임의게재하야보도되얏다고

◇京城을通過한米國政界의巨星

平安南道地方의大韓國民會檢擧(未頭)

박승명외팔십오명은 평양에서모조리데포

獨立新聞事件의尹益善氏出獄

씨는원긔가매우왕성하야 사회교육에헌신을쓰겟다고

◇작일출옥한윤익선씨 오랫만에학교에서

李完用暗殺團陰謀事件豫審決定

작년삼월이래외국장당시 리완용을암살하랴든사건

=京城地方法院에서=

主文

理由

昨日은九月二日!

남대문의폭탄사건도어언간 일주년이되얏는대그사건의 주인공강우규는 서대문감옥에

中國留學生 미국의원에

一學校全部檢擧

厚昌郡守銃殺됨

刑事의獨立資金

大阪大火

天氣豫報

新浦에도怪疾

헌병경찰제 실시

1910年 7月 1日
경향신문

통감부는

한국경찰사무를 처리하기 위하여 경무총감부를 설시[1]하고 명석 사령관으로 총감을 임명할 터인데 총감부는 집행, 행정 두 기관에는 호아[2] 조직하고 지금 있는 헌병과 경찰의 배치를 변경하여 경찰서, 분서, 파출소를 설치하고 경시청, 경부, 순사, 순사보(한인)를 두되 헌병장교 이하 사졸은 경시, 경부, 순사 자격을 겸할 터이오. 그 경비는 금년에는 우리나라 예산 250만 원의 나머지로 지발[3]하고 명년[4]부터는 탁지부에서 경찰 보조비로 지출한다더라. 1910 0701

[1]설치 | [2]아울러 | [3]지불 | [4]다음 해

1910년 5월 제3대 조선통감으로 부임한 데라우치 마사다케寺內正毅는 한국 강점을 위한 조치를 착착 진행해 갔으니 경찰권 확보도 그 하나였다. 주목할 것은 두 가지.

하나는 "헌병장교 이하 사졸은 경시, 공부, 순사 자격을 겸할 터"라는 구절에서 보듯 조선 주둔 헌병이 치안 유지 등 경찰 업무를 맡도록 한 점이다. 이른바 헌병경찰제도로서 이는 1910년대 일제 무단 통치의 핵심이었다. 한반도는 이때부터 사실상 계엄 상태에 들어가 합방이 되고도 우리 민족이 제대로 저항다운 저항을 하지 못하는 큰 이유가 됐다.

다른 하나는 "내년부터는 탁지부에서 경찰 보조비를 지출"하도록 해 무단 정치의 비용을 조선이 부담하도록 한 점이다. 이는 결국 합방으로 이뤄지진 않았지만 침략 비용까지 부담시키려는 일본의 철저한 수탈 속셈을 보여주는 조치였다.

京鄕新聞 경향신문

大韓隆熙四年七月一日

每週日一次發刊

▲신문가▼ 신화
호쟝 二젼
선급으로 우톄로 년일 一환 여ᄉᆞᆺᄃᆞᆯ 五十五젼
우톄업시 일년 七十젼 여ᄉᆞᆺᄃᆞᆯ 四十젼
●뎌봉고쳐려면十젼을보내시옵

음력경슐오월이십오일

▲신문파보갑가▼ 신화
선급으로 우톄로 일년 一환三十젼 여ᄉᆞᆺᄃᆞᆯ 七十젼
우톄업시 일년 一환 여ᄉᆞᆺᄃᆞᆯ 六十젼
●선급으로신문파보갑二장이상을ᄒᆞᆫ뎌봉에밧으면일년에一환十젼

◉일일특보 日日特報

◎히풍부원군윤틱영ᄉᆞ시는 ●六月二十三日(목요일) 각인쳐에빗진돈이합이일빅칠만원인ᄃᆡ빗밧을사ᄅᆞᆷ의독촉을못견ᄃᆡ여윤ᄉᆞ시가궁ᄂᆡ부의쳥원ᄒᆞᆫ기를십년간을한ᄒᆞ고월봉을션ᄒᆞ야달나ᄒᆞ엿더니궁ᄂᆡ부ᄉᆞ무관임문ᄃᆡ랑ᄉᆞ시가그빗밧을사ᄅᆞᆷ십이명을불너셔십이만원에모다쳥쟝ᄒᆞ기로말ᄒᆞᆫ즉다허락지아니ᄒᆞᄂᆞᆫ고로방금샹지즁이라ᄒᆞ니빗도만히졋지

◎젼국안에ᄉᆞ립학교가 ●六月二十四日(금요일) 거의이쳔곳이나되ᄂᆞᆫᄃᆡ일어교ᄉᆞᄂᆞᆫ일인으로고빙ᄒᆞᆫ학교가만흔지라그일인은흔히여러ᄒᆡ를디방에로ᄃᆞᆫ니며쟝ᄉᆞ나ᄒᆞ던쟈인고로한국말은대강아나학식이업서셔죵죵방애가잇다ᄒᆞᆷ으로학부의셔각도에훈칙ᄒᆞ되각ᄉᆞ립학교의셔일인교ᄉᆞ를고빙ᄒᆞᄂᆞᆫ경우에ᄂᆞᆫ소관관찰도에신쳥ᄒᆞ야일인교ᄉᆞ를시취케ᄒᆞ고이왕고빙ᄒᆞᆫ학교에셔ᄂᆞᆫ그일인의신분을됴사ᄒᆞ야인가케ᄒᆞ라ᄒᆞᆷ으로각도에셔일인교ᄉᆞ를됴사ᄒᆞ야학부의보고ᄒᆞᆫ것이이빅여명이라ᄒᆞ니미우됴흔일이로다

◎작일우리나라졍부의셔 ●六月二十五日(토요일) 경찰ᄉᆞ무를일본졍부의위탁ᄒᆞᄂᆞᆫ일에관ᄒᆞ야각셔(覺書)를서로밧고앗ᄂᆞᆫᄃᆡ그젼문이여좌ᄒᆞ더라

한국졍부와일본졍부ᄂᆞᆫ한국경찰졔도를완젼히기션(改善)ᄒᆞ고한국지졍의긔초를공고(鞏固)케ᄒᆞᆯ목뎍으로써좌긔됴약을뎡ᄒᆞᆷ

뎨일됴ᄂᆞᆫ한국경찰졔도가완비ᄒᆞᆷ줄노알ᄯᆡᄭᆞ지한국졍부ᄂᆞᆫ경찰ᄉᆞ무를일본졍부에위탁ᄒᆞᆷ

뎨이됴ᄂᆞᆫ한국황궁경찰ᄉᆞ무에관ᄒᆞ야ᄂᆞᆫ필요ᄒᆞᆫ대로궁ᄂᆡ대신이그쥬무관의게림시협의ᄒᆞ야쳐리케ᄒᆞᆷᄉᆞ

우ᄂᆞᆫ각기본졍부의위임을밧아각셔를한문과일문으로각두벌식문들하여서로밧고고후일에증거ᄒᆞ기위ᄒᆞ야됴인ᄒᆞᆷ

륭희ᄉᆞ년륙월이십ᄉᆞ일 총리대신셔리ᄂᆡ부대신박졔슌 (관쟝)

명치ᄉᆞ십삼년륙월이십ᄉᆞ일 통감ᄌᆞ작ᄉᆞᄂᆡ졍의 (관인)

◎대황뎨폐하ᄭᅴ옵셔 ●六月二十六日(일요일) 비원에셔일인의쓰름을어람ᄒᆞ신다ᄒᆞᆷ은젼보에긔ᄌᆡᄒᆞ엿거니와작일오후시에 대황뎨폐하ᄭᅴ옵셔륙별셕에친림ᄒᆞ옵셧ᄂᆞᆫᄃᆡ원편에ᄂᆞᆫ각황족파대신들이뫼시고셧고올흔편에ᄂᆞᆫ각국령ᄉᆞ와신ᄉᆞ들이뫼시고셧고그아래ᄂᆞᆫ각관리와신문긔쟈들이비관ᄒᆞ엿ᄂᆞᆫᄃᆡ인원수효ᄂᆞᆫ쳔여명에니르럿고쓰름쟝ᄂᆞᆫ영화당압들에베플엇ᄂᆞᆫᄃᆡ그경비ᄂᆞᆫ삼쳔원이라ᄒᆞ며파회ᄂᆞᆫ하오륙시삼십분에ᄒᆞ엿다더라

◎경찰ᄉᆞ무위임에관ᄒᆞ야 ●六月二十七日(월요일) 거이십일일에ᄉᆞᄂᆡ통감이셕총ᄉᆞ시의게이에관ᄒᆞᆫ교섭을시작ᄒᆞ라고면보ᄒᆞ엿ᄂᆞᆫ고로셕총ᄉᆞ시가그날밤에박ᄂᆡ샹의게통긔ᄒᆞ고잇흔날에관뎌로쳥ᄒᆞ여면보를ᄂᆡ여뵈며말ᄒᆞ매박ᄂᆡ샹은급히각대신의게로가각대신을모화림시회의를열고그문뎨를뎨츌ᄒᆞ엿ᄂᆞᆫᄃᆡ각대신은서로얼굴만보고가부를발론ᄒᆞᄂᆞᆫ쟈업다가유유히결의ᄒᆞᆫ후、황샹ᄭᅴ샹주ᄒᆞ고되결ᄒᆞ여리항구ᄉᆞ시를급히온쳔에로보내여리총샹의게통긔ᄒᆞ엿더니리항구ᄉᆞ시가이십삼일에도로왓ᄂᆞᆫᄃᆡ리총리의의견은경찰긔관통일은급ᄒᆞᆫ일인즉이의가업슬터이나다만보통경무와ᄉᆞ졍이ᄀᆞᆺ지아니ᄒᆞᆫ황실보호ᄭᆞ지도일본헌병으로ᄒᆞᆫ다ᄒᆞ면ᄒᆞᆫ번ᄉᆡᆼ각ᄒᆞᆯ일이니ᄌᆞ세ᄒᆞᆫᄉᆞ졍을다시보이라ᄒᆞᆫ매셕총쟝관은그ᄯᅳᆺ으로ᄉᆞᄂᆡ통감의게면보ᄒᆞᆫ후답변이왓ᄂᆞᆫᄃᆡ셕총ᄉᆞ시가박ᄂᆡ샹의게보이고황궁경호에샹당히주의ᄒᆞᆷ을언약ᄒᆞ니량편의의견이일치ᄒᆞᆷ으로작일밤여ᄃᆞᆲ시반에셕총ᄉᆞ시관뎌에모혀각셔를됴인ᄒᆞ엿다더라

◎남산역고산역분견소의헌병이명과보조원팔명은 ●六月二十八日(화요일) 거이십이일오후륙시에이쳔군동편산즁에셔감두필、채웅온외거ᄂᆞ린팔십여명파서로맛나대략이십분간을격렬히싸호며점점산즁에로ᄯᅩ차드러가다가미복계(埋伏計)에ᄲᆞ져압뒤로습격을당ᄒᆞ매더당치못ᄒᆞ여헌병은피ᄒᆞ고보조원은여젼히싸호다가이명은죽고삼명은부지거쳐라ᄒᆞ니엇더케되엿나

◎통감부ᄂᆞᆫ ●六月二十九日(슈요일) 한국경찰ᄉᆞ무를쳐리ᄒᆞ기위ᄒᆞ야경무총감부를설시ᄒᆞ고명셕ᄉᆞ령관으로총감을임명ᄒᆞᆯ터인ᄃᆡ총감부ᄂᆞᆫ집ᄒᆡᆼ、ᄒᆡᆼ졍 두긔관에ᄂᆞᆫ호아조직ᄒᆞ고지금잇ᄂᆞᆫ헌병파경찰의비치를변경ᄒᆞ여경찰셔、분셔、파츌소를셜ᄒᆞ고경시텽、경부、슌사、슌사보(한인)을두되헌병쟝교이하ᄉᆞ졸은 경시、경부、슌사 ᄌᆞ격을겸ᄒᆞᆯ터이오그경비ᄂᆞᆫ금년에ᄂᆞᆫ우리나라예산이빅오십만원의놈의지로지발ᄒᆞ고명년브터ᄂᆞᆫ탁지부의셔경찰보조비로지츌ᄒᆞᆫ다더라

◉쇼셜(小說)◉

△히외고학 海外苦學 (속) 15

관영이그잇흔날며잔불일을급히보고시잔을보아뎡ᄒᆞᆫ시잔에ᄎᆞ자가보니그합쟝이슈군몃명파문밧긔서셔리약이를ᄒᆞ다가관영을보고반겨영졉ᄒᆞ여문안에로인도ᄒᆞᄂᆞᆫ지라관영이드러가ᄅᆞ자리에안조매합쟝이ᄊᆡ이를불너됴ᄐᆡ를드리라ᄒᆞ고리약이를셔어내ᄂᆞᆫᄃᆡ합쟝이관영을쳥ᄒᆞᆫᄯᅳᆺ은다름이아니라이젼에비에셔볼ᄯᆡ에ᄂᆞᆫ언어를서로통치못ᄒᆞ여ᄌᆞ세ᄒᆞᆫ말을ᄯᅳᆺ지못ᄒᆞ엿더니이제ᄂᆞᆫ말을다ᄒᆞᄂᆞᆫ더인즉ᄌᆞ셰ᄒᆞᆫ리약이모드러보고ᄯᅩᄒᆞᆫ동경ᄭᆞ지와셔놈의집에와부치여잇서공부를ᄒᆞᆫ다ᄒᆞᆫ즉싱각에공부가셩실치못ᄒᆞ겟ᄂᆞᆫ고로관영을ᄌᆞ긔친구의게부탁ᄒᆞ여편히잇서공부를ᄒᆞ게ᄒᆞᆷ이라

함쟝) 그간에ᄂᆞᆫ어ᄃᆡ셔엇더케공부를ᄒᆞ고잇섯스며엇더케ᄒᆞ여긔ᄭᆞ지왓스며샹야의집에ᄂᆞᆫ엇더케와잇ᄂᆞ뇨

관영) 그ᄯᆡ에온혜를닙어문ᄉᆞ에하륙ᄒᆞ여싱각다못ᄒᆞ여불문곡직ᄒᆞ고ᄒᆞᆫ집에·로드러갓ᄂᆞᆫᄃᆡ곳우다려관이라마참ᄌᆞ비심이만흔쥬인을맛나근일년동안을우다의게신세를지우고잇서야학을ᄒᆞ니다가졸업ᄒᆞᆫ후에ᄂᆞᆫ동경에공부ᄒᆞᆯ마옴이군졀ᄒᆞ고로쳔ᄒᆞᆫ벗의쇼개ᄉᆞ쟝을얻어샹야게와ᄯᅩ신세를ᄭᅵ치ᄂᆞ이다

함쟝) 그러면거긔서낫이면쥬인의일을보고밤이면야학을ᄃᆞᆫ닌다ᄒᆞ니일신량역ᄒᆞ기가심히어렵지아니ᄒᆞ뇨

관영) 어려운말이야감히엇지ᄒᆞ오릿가마ᄂᆞᆫ지금와서ᄂᆞᆫ근일년반동안이나그러케ᄒᆞ엿슴으로힘습이되여그러케고로온줄을모로ᄂᆞ이다

함쟝) 그러나그러케잇ᄂᆞᆫ것은공부ᄒᆞᆯ목뎍으로인ᄒᆞ야고싱을ᄒᆞᄂᆞᆫ것이아니뇨

관영) 파연그러ᄒᆞ외다

함쟝) 그러면그러케잇서공부ᄒᆞᄂᆞᆫ것보다좀편ᄒᆞᆫ도리가잇스면편히잇서공부를젼보다ᄆᆞᄋᆞᆷ대로더잘ᄒᆞᄂᆞᆫ것이엇더ᄒᆞ겟ᄂᆞᆫ가 (미완)

▲우슴거리▼

●훈션ᄉᆡᆼ이심히우둔ᄒᆞᆫ뎨ᄌᆞ의게죵일토록ᄉᆡᆼ츅(必)법측(則)두글ᄌᆞ를ᄀᆞ르치고잇흔날아참에와오라ᄒᆞ즉그ᄋᆞᄒᆡ가니져ᄇᆞ려서고개를숙이고잇더니울치알앗습니다ᄉᆡᆼᄉᆡᆼ법고체ᄒᆞᄂᆞᆫ지라션싱이긔가막혀웃더라

1910부터 1930까지

1910
8月 한일합병

1911
11月 105인 사건

1913
5月 흥사단 창립

1919
1月 고종 승하
3月 3·1운동
4月 대한민국임시정부 구성
7月 연통제 실시
11月 의열단 결성

1920
4月 서상한 폭탄 불발 사건
6月 봉오동 전투

1922
1月 산미증식계획 수립

1923
5月 김상옥, 종로 경찰서에 폭탄 던지다
8月 암태도 소작쟁의 사건
9月 간토대지진

1925
7月 을축년 대홍수

1926
1月 수양동우회 결성
4月 순종 승하
6月 6·10만세운동
12月 대정 사망, 소화 원년
12月 나석주, 동척東拓에 폭탄 던지다

1927
2月 신간회 창립

1929
1月 원산 총파업
11月 광주학생항일운동

1930
8月 평양 고무공장 파업

한일합병韓日合併

1910年 8月 29日
황성신문 호외

일한합병 공표

일한 양국의 합병은 본일에 정식으로 일한 양국에서 발표함.

대황제 폐하 조칙

짐이 동양평화를 공고하게 하기 위하여 한일 양국의 친밀한 관계로 서로 상합[1]하여 한 집이 됨은 서로 만세의 행복을 도모하는 까닭을 생각한즉 이에 한국 통치에 의거하여 이를 짐이 극히 신뢰하는 대일본국 황제 폐하께 양여함[2]으로 결정하고 그로 인하여 필요한 조장條章[3]을 규정하여 내각 총리대신 이완용에게 전권위원을 임명하고 대일본제국 통감 사내정의寺內正毅와 회동하여 상의商議 협정하게 함이니 모든 대신은 또한 짐이 확단確斷[4]한 바를 본받아 봉행奉行[5]하라.

어명어새御名御璽
융희 4년 8월 22일

일한합병 조약

일한합병의 조약 전문은 다음과 같다.

조약 제4호

일본국 황제 폐하와 한국 황제 폐하는 양국 간의 특수하고 친밀한 관계를 돌아보아 서로 행복을 증진하고 동양평화를 영구히 확보하고자 하는 목적을 달성함에는 한국을 일본 제국에 병합하는 것만함이 없음을 확신하고 이에 양국 간에 병합 조건을 체결하기로 결정한 후 일본국 황제 폐하는 통감 자작 사내정의寺內正毅로, 한국 황제 폐하는 내각 총리대신 이완용으로 각기 전권위원을 임명함으로 인하여 그 전권위원은 함께 모여 협의한 후 다음과 같은 모든 조약을 협정하였다.

제1조 한국 황제 폐하는 한국 전부에 관한 일절 통치권을 완전하고도 영구히 일본 황제 폐하께 양여함.

제2조 일본 황제 폐하는 앞의 조에 게재한 양여를 수락하고 또 한국을 일본 제국에 합병함을 승낙함.

제3조 일본 황제 폐하는 한국 황제 폐하, 태황제 폐하, 황태자 전하와 그 후비와 기타 후예로 하여금 각기 직위에 따라 존칭 · 위엄 · 명예를 향유케 하고 또 이를 보육함에 충분한 세비歲費를 제공할 것을 약속함.

제4조 일본국 황제 폐하는 앞의 조 이외에 한국 황족과 그 후예에 대하여 각 상당한 명예와 대우를 향유케 하고 또 이를 유지하는 데 필요한 자금을 공급할 것을 약속함.

제5조 일본국 황제 폐하는 훈공이 있는 한인으로 특히 표창함이 적당하다고 인정하는 자에 대하여 영예로운 작위를 수여하고 또 은사금을 줌.

제6조 일본국 정부는 앞에 기재한 병합의 결과로 한국의 시정을 담당하고 그때에 시행할 법규를 준수하는 한인의 신체 재산에 대하여 십분 보호하여 주고 또 그 복리 증진을 도모함.

제7조 일본국 정부는 성의 충실히 신제도를 존중하는 한인으로 상당한 자격이 있는 자를 사정이 허락하는 한에서 한국에 있는 제국 관리로 등용함.

제8조 본 조약은 일본 황제 폐하와 한국 황제 폐하의 재가를 받은 것으로 공포일로부터 시행함. 이 증거로 양국 전권위원은 본 조약에 기명 날인함이라.

융희 4년 8월 22일 총리대신 이완용 인
명치 43년 8월 22일 통감자작 사내정의 인

국호 개칭 조선

한국의 국호는 오늘부터 조선으로 바꿈. 1910 0829

[1]서로 만나 결합함 | [2]넘겨줌 | [3]낱낱의 조나 장 | [4]확정하여 결단 | [5]받들어 행함

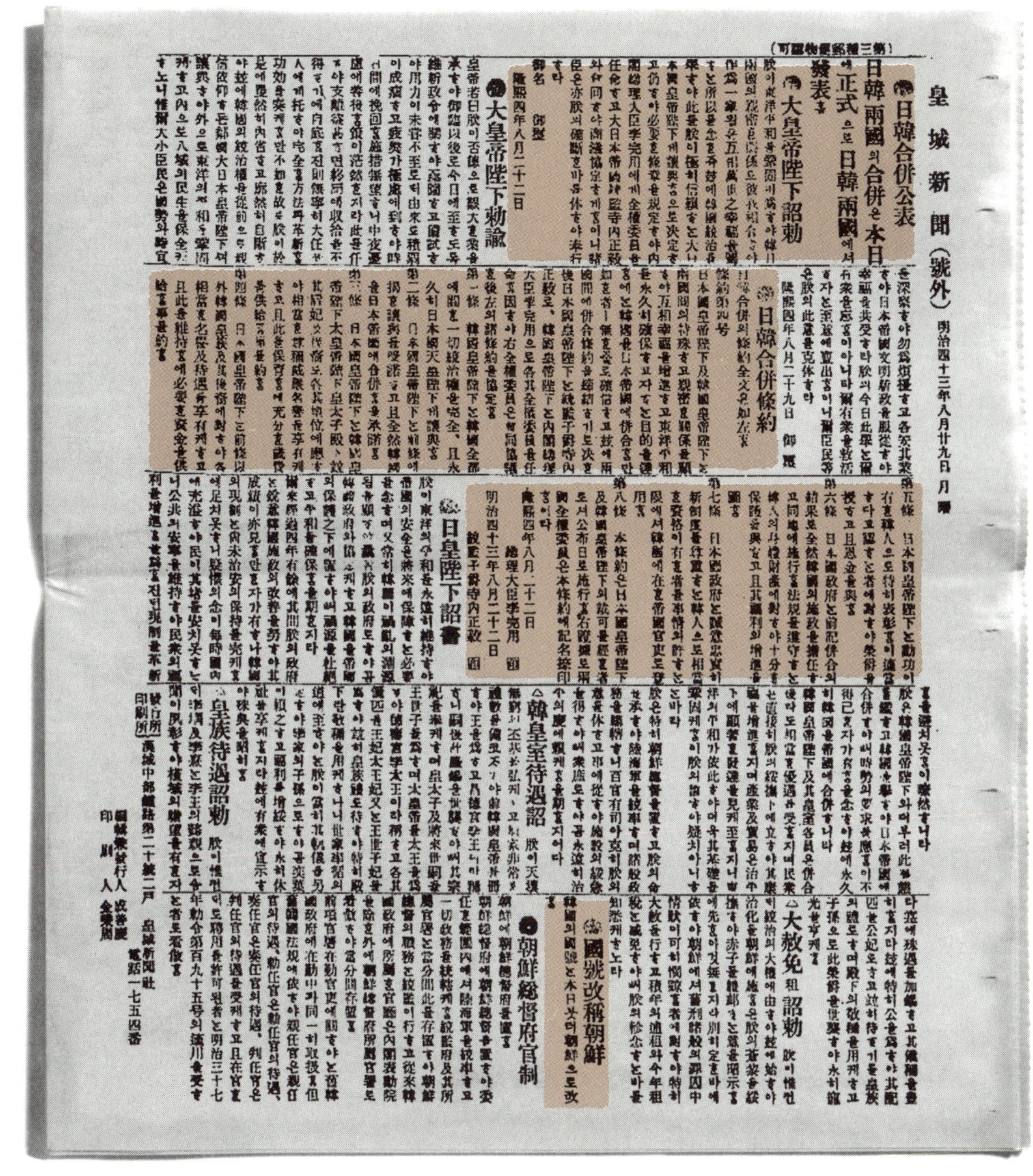
皇城新聞(號外)

明治四十三年八月卄九日 月曜

日韓合倂公表

日韓兩國의 合倂은 本日에 正式으로 日韓兩國에서 發表홈

大皇帝陛下詔勅

日韓合倂條約

大皇帝陛下勅諭

日皇陛下詔書

韓皇室待遇詔

皇族待遇詔勅

大赦免租詔勅

國號改稱朝鮮

朝鮮總督府官制

해설 이런 어처구니없는 일이 세계사상 또 있을까? 어엿하게 통치권을 행사하던 한 나라가 운명을 건 싸움 한 번 없이 이토록 맥없이 이민족에 넘어간 사례는 찾기 힘들다. 조선, 아니 대한제국의 조정은 "일체의 통치권을 완전하고도 영구히 일본국 황제 폐하에게 양여"하는 데 순순히 도장을 찍어주었다. 그래도 마음에 걸리는 대목이 있었는지 조선통감 데라우치寺内와 내각 총리대신 이완용은 8월 22일 합병조약을 조인하고도 쉬쉬하던 끝에 29일 발표했다.

그런데 조선 백성들의 반응은 어땠을까. 예상과 달리 경성의 조선인들은 당일 먹고 마시는 일상을 유지했지 격렬한 민중 시위나 저항 운동을 벌이지는 않았다고 한다. 금산군수 홍범식, 황현 등이 슬퍼서 혹은 분을 못 참아 자결하기도 했지만 적어도 일반의 정서는 그랬던 모양이다.

여러 가지 이유를 들 수 있겠다. 20여 년에 걸쳐 조금씩 주권을 빼앗겨 명목만 독립국인 상태였기에 체념했을 수도 있고, 일제가 교묘하게 훼방을 놓았을 수도 있다. 그런데 상상하긴 싫지만 혹 "어느 놈이 상전이 되든 살기 어려운 건 마찬가지"라는 민중의 무관심 혹은 권력에 대한 불신이 작용했던 것은 아닐까. 설사 그랬다 한들 누가 그런 민초들을 탓할 수 있으랴. 합병조약에서 왕족의 안녕만 약속받고, 합병에 '훈공이 있는 한인' 68명이 일본의 귀족으로 탄생하는 등 나리들은 제 살길 찾기에 분주했으니.

105인 사건 판결

1912年 10月 13日
권업신문

애국당 공판 사건의 판결 선고가 이와 같이 되었도다

애국당 공판 전말은 본보에 축소 게재하는 중이어니와 이제 내의 소식을 전한즉 양력 9월 28일에 경성지방법원에서 판결 선고가 되었는데 이와 같이 잔인, 참혹, 불법, 무도하게 되었더라.

윤치호, 유동열, 양기탁, 안태국, 임치정, 이승훈 6인은 징역 10년. (이하 인명 생략) 18인은 징역 7년, 39인은 징역 6년, 42인은 징역 5년, 17인은 무죄

이는 애국당 122인을 총독 암살 음모가 있었다고 일인 검사 경장삼이 무소[1]하여 모든 악형을 쓰며, 각종 서류를 위조하여, 그 간악한 계교를 베풀며, 피고의 변명하는 증거물은 거짓이라 하며, 불러달라고 한 증인은 부르지 않아 그 무도한 위력을 행하며, 일반 인심의 불평이 어떠하든지 세계 신문의 공론이 어떠하든지 다 불구하고 그 잔악한 수단을 다하여 아직 나이 어리고 생각이 굳지 못한 학생들 17인에 도합 105인은 모두 한 그물에 걷어서 10년, 7년, 5년 등의 지리한 세월에 인간의 행동과 이별한 사람을 짓게 하였도다.

대저[2] 일인의 한국에 대한 정책이 참혹에 참혹을 더하며, 잔학에 잔학을 더하여, 한국이란 생각을 가진 자는 그 종자를 없애려고 함은 우리들이 다 아는 바이나, 그러나 사람의 마음이란 것은 그 속에 항상 어리석은 것 한 조각이 있는 고로 우리들은 생각하기를 일인이 아무리 악하다 한들 어찌 터무니없는 일로 사람을 형벌하리오 하여 매양 내지 신문이 올 때마다 공판 전말이 어떻게 되었는가하고 어서 바삐 펴보았도다.

그러나 일인이 악하다 잔악하다 하는 말도 쓸데없는 말이오. 다만 우리의 부끄러운 바는 한 가지가 있도다. 우리나라 역사를 돌아보면 남보다 연조가 몇백 배나 높은 4200년 역사이며, 우리나라 강토를 돌아보면 편편금옥 한 조각도 버릴 데 없는 8만 2000방리[3]의 강토이며, 그 외에 인구로든지 물산으로든지 어디로든지 다 넉넉히 대국의 자격을 가진 나라인데 이제 하루아침에 그 수천 년 대적되며 원수되던 일본에게 합병되어 망하였는데 급기야 망한 경우에 와서도 애국적 사업을 하려다가 원수의 손에 걸려 이 형벌을 당한 이가 넓고 너른 13도 관안에 겨우 105인뿐이로다. 혹 이와 같이도 생각할 수 있도다. 격렬히 행동하다가 윤치호, 양기탁 등 제씨같이 징역 10년을 당하는 이도 없을 수 없지마는 조용조용히 행동하여 남모르게 사업함이 가하다 하고 숨어서 일하는 이가 많은 고로 이번의 피고 애국당이 이같이 소수에 그쳤다고 생각할 수도 있도다. 그러면 내지는 그렇다 하고 외지에 있는 한인의 사회를 보면 어찌 또 한심하지 않은가. 외지 각 처에 지사도 적지 않고 돈 가진 이도 적지 않건만 학교는 새벽 별이요, 사회는 가을 풀이라. 유년 아동은 가갸거겨의 반 절도 배울 곳이 없으며, 청년 신진은 단군 불후의 역사도 물을 곳이 없나니 잘 배우면 통사하기나 배우며, 치부하기나 배우고, 못 배우면 아바위하기나 배우며, 약담배 먹기나 배울 것 밖에 없게 되었도다. 오호라, 죽는 사람은 죽고 갇히는 사람은 갇히고 노는 사람은 놀고 내지는 저와 같고 외지는 이와 같고 물은 흐르고 세월은 가고 그와 같을 뿐인가.

일반 동포에게 고하노니 깊이 생각하여 애국 제공을 저버리지 말도록 할지어다. 1912 1013

[1]없는 일을 꾸며서 관청에 고소함 | [2]대체로 보아 | [3]사방으로 1리里가 되는 넓이

해설

안중근 의사의 사촌동생인 안명근이 합병 직후인 1910년 12월 평북 선천에서 데라우치寺內正毅 조선총독을 암살하려다 실패했다. 일제는 항일비밀결사인 신민회新民會가 배후조종한 듯이 조작해 1911년 600여 명을 검거했다. 이를 빌미로 서북 지방의 민족운동가들을 뿌리 뽑으려는 의도였다. 식민지배 초기 일종의 '군기 잡기'였다고도 볼 수 있다.

조작을 하려니 얼마나 쥐어짰을까. 흔히 일제하면 고문을 연상하는데 실제 조사 과정에서 여럿이 죽거나 정신이상 증세를 보였다. 그런데도 체포된 이들이 한결같이 혐의를 부인하는 바람에 대표적 인물 105

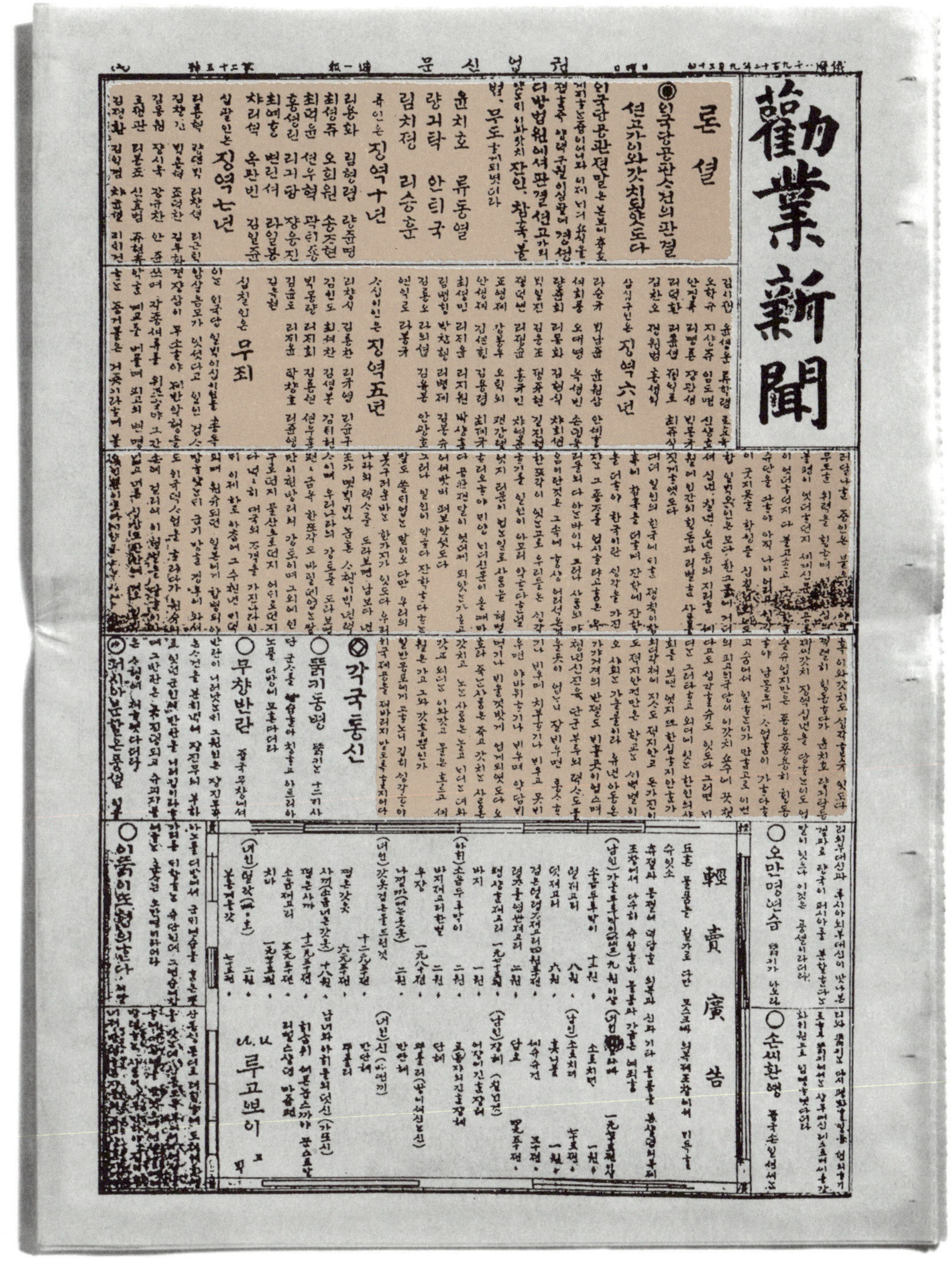

勸業新聞

권업신문

론설

◉외국단공판소건의판결 선고가이와갓치되얏도다

윤치호 류동열

량긔탁 안틔국

림치졍 리승훈

징역十년

징역七년

징역六년

징역五년

무죄

각국통신

輕賣廣告

인만 기소돼 1심에서 징역 5~10년이 선고되었다. 이로 인해 이 사건이 '105인 사건'으로 불리게 됐다. 하지만 관련자들이 모두 불복해 상고한 결과 2심에서 99명이 무죄 석방되고 주모자로 몰린 6명만 징역 4년을 선고 받았다.

생각해 보면 이 사건은 묘하다. 일제의 악독한 조작 의도는 괘씸하긴 하지만 그런 시도가 없었다는 사실은 한편으로 섭섭하기 때문이다. 이 기사가 지적하듯 "애국적 사업을 하려다 원수의 손에 걸려 형벌을 당한 이가 넓고 너른 13도에 겨우 105인뿐이었는가"라고 볼 수도 있어서다. 합방 직후였던 만큼 민족의 기개를 보이기 위해서라도 줄지어 조선 총독 암살에 나설 만하지 않았을까.

참고로 덧붙이자면 〈권업신문〉은 블라디보스토크의 항일독립운동단체인 권업회에서 발행하던 터라 이처럼 당찬 소리를 할 수 있었다.

고종승하

1919年 1月 23日 매일신보
1919年 1月 30日 신한민보

이태왕 전하 훙거薨去

21일 아침에 이왕직李王職에서 발표한 바 덕수궁의 이태왕李太王 전하께서 위중한 병환에 빠지신 소식은 궐역闕域[1]의 눈과 귀를 경악하게 했는데, 그 다음날 22일 오전 6시에 마침내 훙거의 비보를 전하게 되어서 실로 통석痛惜[2]과 애도哀悼를 이기지 못하겠도다. 생각건대 전하께서는 사실상 이조 최후의 군주이시며, 그 군주의 일신은 인생의 창상滄桑[3]을 구열具閱[4]하셨도다. 갑자세甲子歲[5]에 12세의 어린 나이로 선왕 철종의 뒤를 이어 왕위에 등극하셨으나 실권은 섭정한 대원군의 손에 있었으며, 대원군의 호매豪邁한[6] 자질로 여러 정사를 통섭統攝[7]하기 10여 년에 위엄과 권위가 혁혁하여 사람들이 이를 바라보며 외구畏惧[8]하였고, 전하께서 장성하심에 원비元妃 민씨께서도 또한 한견罕見[9]의 막힘없는 지혜를 갖추시어 내조의 공이 매우 크셨으며 드디어 섭정이 퇴은退隱[10]하고, 내외 정권이 모두 궁중으로 모였으나 당시 외교 관계가 점차 많이 어려워지며 지나支那[11]의 억압을 받는 것이 매우 커서 마침내 일청전역日清戰役[12]이 발발함을 보시기에 이르렀도다. 일청전역 후 중국의 세력은 반도에서 절영絕影[13]되어, 전하께서는 광무 원년 10월에 황제의 자리에 나가시어 국호를 '대한大韓'이라 고치시고, 수백 년 동안 계속되던 중국의 기반羈絆[14]을 벗었더니 앞문으로 호랑이를 대적하게 하고는 뒷문으로는 이리를 용납하게 되자, 노국露國[15]의 압박이 점차 심해져 조선 국토의 반을 들어서 그 세력권에 들이라는 제의가 공공연하게 토의되기에 이르렀으니 이것이 실로 일러전쟁의 동기가 되었더라. 이 대전 중에 전하께서는 조선의 장래는 일본 제국의 엄호에 의지할 것을 확신하시고, 공수동맹攻守同盟[16]의 조약을 결성하시며 또 대전이 종료하자 내치內治와 외교를 전적으로 일본의 지도보호를 받기로 하여 소위 일한신협약의 체결을 보인 바 이와 같은 과도기를 맞아 압사狎邪[17]의 소인이 번번이 활동하면서 군주의 총명을 차폐遮蔽[18]함은 역사상 그 실례가 많은 바이라 소위 해아밀사사건海牙密使事件[19]이라는 것으로 평지파란을 야기하였더라. 전하의 굉량宏量[20]으로 이에 나라의 형세가 나아갈 길을 살피시어 자리를 태자에게 양위하시고, 노후를 덕수궁에서 보내시다가 병합 후에 특별히 황족의 대우를 받으시고, 봄바람이 화창한 가운데 평화로운 일월을 보내시는 것을 사람들이 모두 우러러 알고 있었던 바이더니 홀연히 금일의 흉보를 전하여 전하께서 살아계신 68년 동안 지극한 우여곡절을 당하시더니 이제 경력經歷의 최후의 장을 닫기에 이르시니 이에 삼가 이상을 간략히 서술하여 통도痛悼[21]의 미침微忱[22]을 표하노라. 1919 0123

사진
훙거하오신 이태왕 전하

[1]대궐내 | [2]몹시 애석하고 아까움 | [3]상전벽해, 세상일의 변천이 심함을 비유 | [4]온전히 봄 | [5]1864년 | [6]성격이 호탕하고 인품이 뛰어난 | [7]전체를 도맡아 다스림 | [8]무서워하고 두려워함 | [9]드물게 봄 | [10]은퇴 | [11]중국 | [12]청일전쟁 | [13]발길을 끊음 | [14]굴레 | [15]러시아 | [16]공동의 병력으로 제삼국을 공격하거나 상대편의 공격에 대하여 공동으로 방어하기 위하여 서로 간에 맺은 동맹 조약 | [17]버릇이 없이 가까이하며 간사하게 굶 | [18]가려 막고 덮음 | [19]헤이그밀사사건 | [20]넓으신 헤아림 | [21]마음이 몹시 아프고 슬픔 | [22]작은 정성

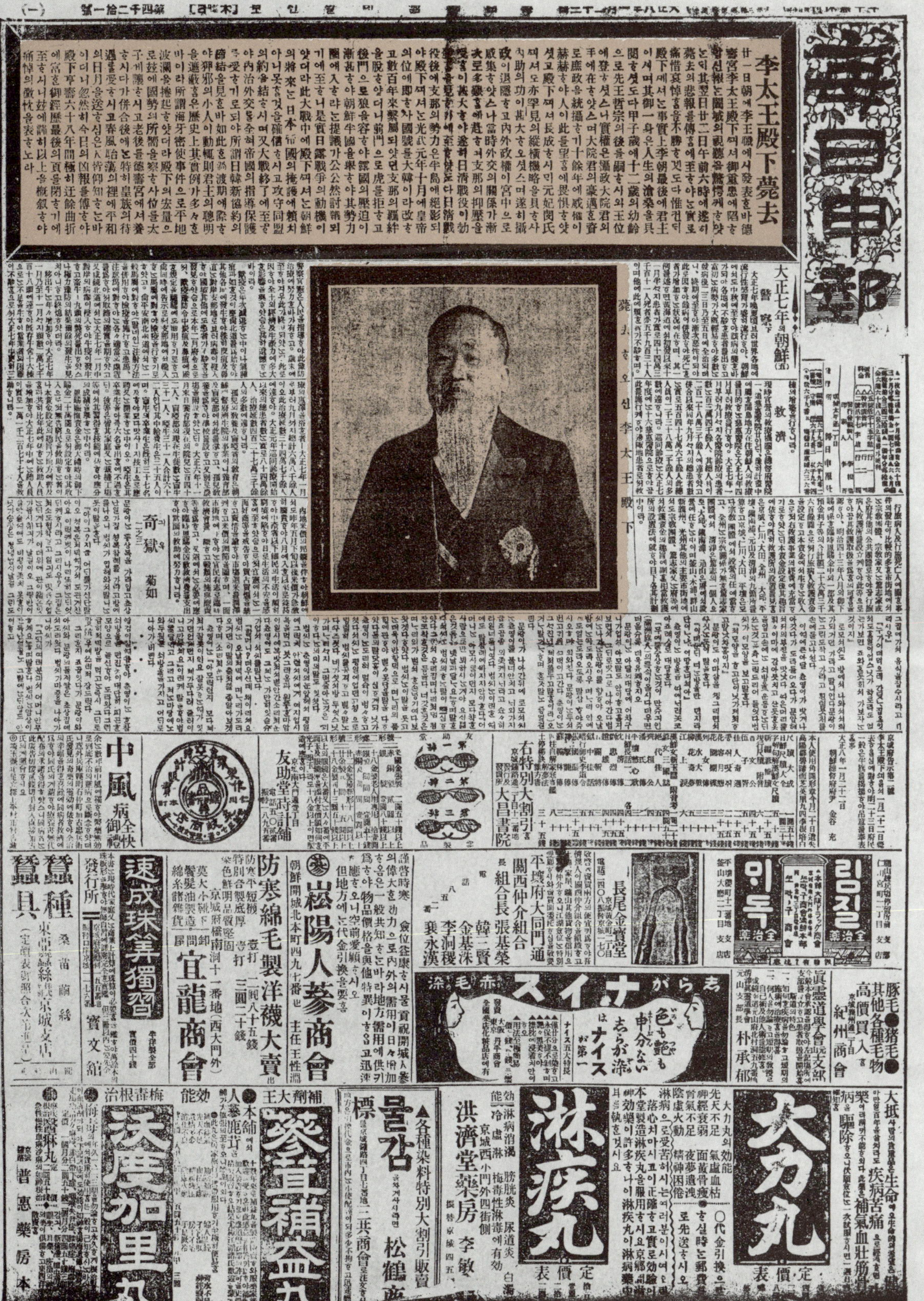

每日申報

李太王殿下薨去

廿一日朝에李王職에서發表ᄒᆞᆫ바德壽宮李太王殿下께서御重患에陷ᄒᆞ샤신報ᄂᆞᆫ闔城의視聽을驚愕케ᄒᆞ얏ᄂᆞᆫ듸其翌日廿二日午前六時에遂히薨去의悲報를傳홈에至ᄒᆞ야ᄂᆞᆫ實로痛惜哀悼홈을不勝ᄒᆞ겟도다惟컨듸殿下께서ᄂᆞᆫ事實上李朝最後에君主이시며其御一身은人生의滄桑을具閱ᄒᆞ셧도다甲子歲에十二歲의幼齡으로先王哲宗의後를嗣ᄒᆞ시와王位에登ᄒᆞ셧스나實權은攝政大院君의手에在ᄒᆞ얏스며大院君의豪邁ᄒᆞᆫ資로庶政을統攝ᄒᆞ기十餘年에威權이赫赫ᄒᆞ야人이此를望홈에畏懼ᄒᆞ얏셧고殿下께서長成ᄒᆞ시ᄆᆡ元妃閔氏께셔도亦卓見의縱橫機略을具ᄒᆞ사내助의功이甚大ᄒᆞ오셧스며遂히攝政이退隱ᄒᆞ고內外政權이宮中으로歸集ᄒᆞ얏스나當時外交의關係가漸次로多難홈에趨ᄒᆞ며支那의抑壓을受홈이甚大ᄒᆞ야遂히日淸戰役이勃發홈을見ᄒᆞ기에至ᄒᆞ얏도다日淸戰役後에支那의勢力은半島에絶影되야殿下께서ᄂᆞᆫ光武元年十月에皇帝의位에卽ᄒᆞ샤國號를大韓이라改ᄒᆞ고數百年來繫屬되얏던支那의羈絆을脫ᄒᆞ얏더니前門으로虎를拒ᄒᆞ고後門으로狼을容ᄒᆞ야露國의壓迫이漸甚ᄒᆞ야朝鮮半國을擧ᄒᆞ야其勢力圈에入ᄒᆞ랴ᄂᆞᆫ提議가公公然討議되기에至ᄒᆞ니是實日露戰爭의動機이얏더라此大戰中에殿下께서ᄂᆞᆫ朝鮮의將來ᄂᆞᆫ日本帝國의掩護에賴치아니못ᄒᆞᆯ것을確信ᄒᆞ시고攻守同盟의約을結ᄒᆞ셧스며又大戰終了에至ᄒᆞ야內治外交를全혀帝國의指導保護를受ᄒᆞ기로되야所謂日韓新協約의締結을見ᄒᆞᆫ바如此ᄒᆞᆫ過渡期에際ᄒᆞ야狎邪의小人이動輒則君主의聽明을遮蔽홈은歷史上其實例가多々ᄒᆞᆫ바이라所謂海牙密使事件으로平地波瀾을捲起ᄒᆞ얏더라殿下의宏量으로玆에國勢의所歸를察ᄒᆞ사位를太子께讓ᄒᆞ시고老後를德壽宮에셔養ᄒᆞ시다가倂合後에ᄂᆞᆫ特히皇族의待遇를受ᄒᆞ시고春風駘蕩의裡에平和의日月을送ᄒᆞ심은人皆仰知ᄒᆞᄂᆞᆫ바이더니忽然히今日의凶報를傳ᄒᆞ야殿下享壽六十八年間極히迂餘曲折에富ᄒᆞᆫ御經歷最後의頁를閉ᄒᆞ기에至ᄒᆞ시니玆에謹히以上을槪敍ᄒᆞ야痛悼의微忱을表ᄒᆞ노라

薨去ᄒᆞ오신李太王殿下

大正七年의朝鮮(五)

警察

매일신보 1919年 1月 23日

新韓民報

The New Korea

신한민보 1919年 1月 30日

전 광무황제는 1월 20일에 붕어

전 대한민국 광무황제께서는 나라 망한 후에 덕수궁 중에 구류되어[23] 옥수 후정[24]의 깊은 한으로 세월을 보낸 가운데 울울히[25] 병이 되어 점점 침독[26]하더니 이달 20일에 승하하셨다더라.(동경 전보)

폐하께서는 건국기원 4185년 7월 25일(1852년 8월 31일)에 흥선군 사재에서 탄생하셨더니 이 해는 곧 이씨조 개국 460년이요 철종대왕 3년인지라. 4197년에 철종께서 붕어하신 후에 즉위하시니 어년이 12세더라. 친정할 수 없으므로 대원군이 섭정하여 경복궁을 건설하며 외국 통상을 거절하고 서양 문명을 거절하였으므로 일본과 같이 문명되었을 것을 뒤에 떨어져 마침내 일본의 병탄을 당하였도다.

갑오년(4226년) 유신 후에 대군 즉위에 오르시어 연호를 건양이라 하였고 그 이듬해에 황제위에 나아가서 연호를 광무라 하였고 그 후 11년 후에 해아밀사사건으로 일본 세력 하에 폐위를 당하였으니 과연 500년 이씨조의 영광도 수치도 다 광무시대의 일이더라.

(사평) 광무제께서는 유년에 등극하여 민간의 질서를 알지 못할 뿐이라 세계의 대세와 정리의 현상을 알지 못하므로 권세를 황족과 외척에게 맡겨 혹은 일본의 병력을 빌며 혹은 청국의 세력을 청하며 혹은 우루시아[27] 간섭을 요구하다가 마침내 명성황후로 하여금 일본 군인의 손에 사살당하고 5조약 7조약을 체결하고 마침내 폐위를 당하였으니 광무제는 실로 우리 신성한 역사를 더럽혔으며 준수한 2000만 우리 족속으로 하여금 일인의 노예를 만들었으니 슬프다! 1919 0130

[23]갇혀 | [24]'망국'을 의미함. 중국 진秦의 후주後主가 손님을 청해 즐겨 부르던 노래 '옥수후정화玉樹後庭花'에서 유래되었다. 음탕하게 놀다가 나라가 망하자 이 노래는 '망국의 소리'로 일컬어졌다. | [25]마음이 매우 답답해 | [26]독이 들다 | [27]러시아

해설 한국사에서 가장 많이 등장하는 임금은 누굴까. 광개토대왕도, 세종도 아니다. 영·정조도 비교가 안 된다. 바로 고종이다. 40여 년이란 긴 재위 기간 때문이기도 하지만 나라 안팎이 그야말로 다사다난했기 때문이다. 임오군란·갑신정변·동학농민운동 등 나라 안은 시끄러웠고, 신미양요·운요호 사건 등 외세의 도도한 물결이 한반도를 덮쳤다. 외적의 손에 아내를 잃고 1년간 남의 집살이(아관파천)도 했다. 그렇다고 주위에 믿고 의지할 만한 사람이 있었던 것도 아니다. 흥선대원군, 명성황후, 위안스카이, 이토 히로부미 등 상대하는 이들도 만만치 않았다. 심지어 대신들마저 저 살기 바빠 고종의 뜻을 거스르기 일쑤였다.

그런 난세를 헤쳐 나가기란 어느 누구라도 쉽지 않았으리라. 선왕 철종의 적자도, 그렇다고 준비된 왕재王才도 아니었으니 고종 개인의 불행이고 우리 민족의 재앙이었다. 결국 아비의 손에 끌려 왕위에 올랐던 고종은 일제에 등 떠밀려 황위에서 내려왔다. 헤이그밀사사건의 여파였다.

그렇게 왕좌에서 떨려나 그 뒤를 이은 순종이 국권을 일본에 넘겨준 후에도 고종은 10년 가까이 덕수궁에서 목숨을 이어갔다. 그런 고종은 세상을 떠난 후에도 우리 역사의 동인動因으로 등장한다. 독살설이 돌던 고종에 대한 애도 분위기를 활용하기 위해 거족적 독립운동이 그의 인산因山일을 앞두고 일어난 덕분이다. 바로 3·1운동이었다.

그나저나 같은 고종의 죽음을 다룬 기사가 이리 다르다. "병합 후에 특별히 황족의 대우를 받으시고 봄바람이 화창한 가운데 평화로운 일월을 보냈다"고도 하고 "덕수궁 중에 구류되어 깊은 한으로 세월을 보낸 가운데 울울히 병이 되어 점점 독이 들어 승하했다"니 말이다. 과연 역사의 진실은 무엇이고 참언론이란 어떤 것일까.

고종 독살설

1919年 3月 16日 매일신보

무근無根의 허설虛說

이태왕 전하의 환후 경과

환후 전부터 홍거하실 때까지

전후의 경과를 이왕직에서 발표해

독살설은 실로 무근허설

이태왕 전하의 홍거에 관하여 세상에서 무근의 억설을 전한다 함은 이미 본보에 게재한 바이어니와 이태왕 전하 홍거하신 후 이왕직에서 발표한 환후 경과를 아래에 기록한 바 이것을 보아도 그러한 사실이 전혀 없는 것을 가히 알 것이더라.

전하의 건강에 대하여는 평시에 전의와 촉탁의가 항상 주의하여 매일 조석 두 차례로 아침에는 전의 한 명과 촉탁의 한 명이 배진[1]하고 저녁에는 전의 두 명과 촉탁의 세 명이 배진하였으며

O **작년 8월에** 치질로 미령[2]하옵신 이래 원기는 약간 쇠침[3]하신 듯하였으나 건강에는 별로 다른 일이 없이 지내셨으며 홍거하시기 4, 5일 전부터는 구갈[4]의 기미가 계시며 취침하시는 범절도 평상과 장지[5] 아니하신즉 배찰[6]하였으나 이도 또한 병환이라고 말씀한 것은 없었으며 병환이 나시던 저녁에는 9시 10분경부터 평시 기거하시는 함녕전 서온돌에 내인 '김옥기', '최현식', '이상규', '김정완' 등을 부르시어 윷을 놀게 하시와

O **승부를 하람**[7]하시어 매우 재미있게 여기셨으며 11시경에는 전하의 곁에 뫼시고 앉았던 아기시를 돌아보시고 "벌써 11시가 되었으니 일찍 처소로 가서 자거라" 하시자, 아기시가 "안녕히 침소에 드십시사"고 인사 여쭙는 것을 유쾌하신 기색으로 받으신 후에 식혜를 가져오라는 분부가 계심으로 내인 '신희선'이가 은 그릇에 담아서 궁중의 선례로 먼저 맛을 보고 그 뒤에 올렸더니

O **전하께서는** 조금 진어[8]하시고 12시경에는 매일의 전례로 전의가 바치는 한약을 진어하시고 잠시 후에 실내운동을 시험하시와 동온돌까지 드셨다가 서온돌에 돌아오시와 내인을 돌아보시고 "동온돌에 광화당(내인 이완덕)이 혼자 있으니 누구든지 가서 있거라." 하시는데 성음과 동작이 평시와 조금도 다르지 않으셨다더라. 자정 40분경에 졸음이 오신다고 서온돌 구석에 놓인

O **안락의자에** 기대시어 가매[9]를 하옵셨는데 한 시간쯤 지났을 오전 1시 15분경에 돌연히 "어~"하는 소리를 내시며 오른손을 높이 드시고 왼다리를 의자 아래로 던지시어 의자에 허리만 걸치셨으므로 가깝게 뫼시던 내인 최현식, 신희선의 두 명은 크게 놀라서 창황히 일어나 전하의 머리를 들어 뫼시려 하였으나 힘이 부족하므로 곁방에 들어 있던 내인 김옥기를 부르고

O **동온돌에서** 광화당도 달려와서 네 사람이 힘을 합하여 허리를 들어 뫼시려 하였으나 또한 힘이 미치지 않아 부득이 금침을 가져다가 자리에 뫼시고 한편으로는 전의와 숙직 사무실에 급히 기별을 하였더라. 이때에 전하께서는 정신을 수습하시어 오른손을 떠시며 "어째서 이러하냐. 감기로 생긴 악한[10]인가 혹시 신경통인가 별로 걱정은 되지 아니한가" 하는 말씀에

O **심려하시는** 기색을 배찰하고 내인들은 "아무 일도 없으시외다. 약만 드시면 즉시 쾌복되심이다." 하고 돌아가며 위로를 하여 드리며 광화당은 "창덕궁과 이강공 저에 전화를 하오리까?" 하고 여쭌즉 "속히 전화하여라." 하셨더라. 이때 숙직 사무관 한상학이 문안을 하매 전하께서는 한 사무관에게 대하사 "내가 아까 크게 소리를 질렀다는데 혹시 급한 체증이 아니냐?" 고 물으시매 한 사무관은 "그러실 듯하외이다." 여쭙고 또 이때에

O **전의 김형배가** 사후[11]하여 배진하매 김 전의에게 대하여 "이 병은 동풍이 아니냐?" 물으시므로 김 전의는 동풍으로 진단을 하였으나 전하께서 놀라실까 하여 그렇지 않다고 여쭙고 한약 청심환을 드리매 전하께서는 청심환이 동풍에 쓰이는 약인 줄 익히 아시는 고로 "동풍이로구나. 얼른 안상호를 불러라." 하시는 분부를 내리셨더라. 한 사무관은 즉시 안 촉탁에게 전화를 걸고 신강 촉탁에게

O **급히 하인을** 보냈는데 오전 2시 30분에 안상호가 사후하매 전하께서는 안 촉탁을 보시고 "얼른 맥을 보아라" 하시며 안 촉탁이 배진을 한즉 어맥박이 일반열을 세우고[12] 어체온이 36도5분에 이르자 아직 큰일이라 하기에는 이르지 않았으나 분명히 뇌일(동풍)의 증세인 고로 속히 전의보 지부의응을 내전에 참입[13]하여 치료를 하여 드리는 중 계속하여

O **풍증이 발작**되시며 한 차례마다 점점 격심하시와 창덕궁에서 보내신 전의 서병효가 한약을 드렸으나 목에 넘기지 못하셨더라. 오전 4시 53분에 신강 촉탁의가 와서 배진하였을 때에는 "누

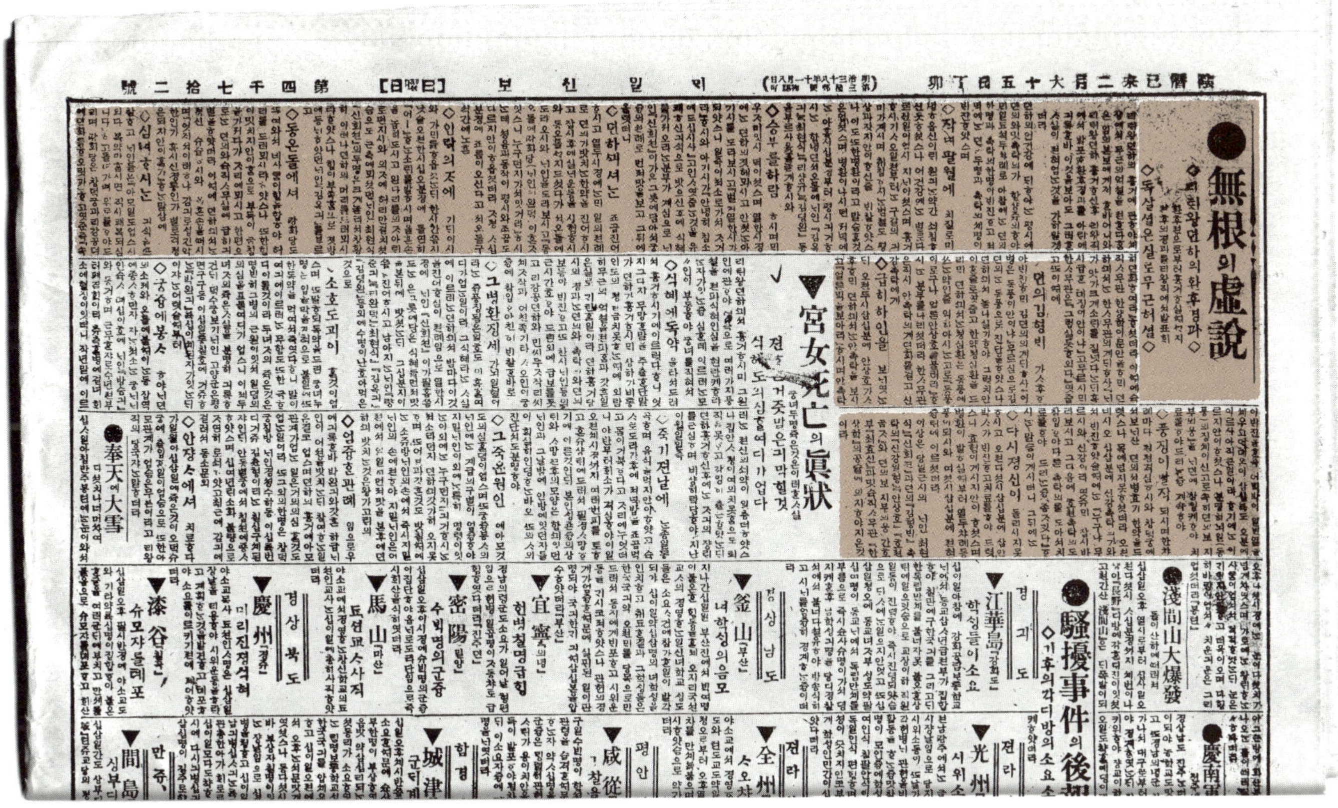

매일신보 第四千七十二號

無根의 虛說

◇독살설은 필경 무근이엿다◇

宮女死亡의 眞狀

騷擾事件의 後報

淺間山大爆發

奉天의 大雪

구나?" 물으셔서 신강이라 여쭈매 잠시 바라보시고 그 다음에 호천 촉탁의도 참입하여 다른 촉탁의를 도와서 치료를 하여 드리는 중 "좀 자겠다" 하시는 말씀이 계시더니 그 뒤에는

O 다시 정신이 들리시지 못하시고 오전 5시 30분에 삼안 박사가 배진하고 치료를 하여 드렸으나 효험이 계시지 아니하였으며 병환이 발하실 때부터 12차례 동풍이 계셔 6시 30분에 중태에 이르셨더라.

이상은 당일 근시의 내인 최현식, 신희전과 전의 김형배 촉탁의 신강일형, 안상호, 호천금자와 전의보 지부의응 간호부 최효신과 숙직사무관 한상학의 공술[14]에 의지하여 지은 것이라. 1919 0316

[1]공손히 진찰함 | [2]병으로 인해 편하지 못함 | [3]쇠하여 가라앉음 | [4]목이 마름 | [5]갈지 | [6]공손히 살핌 | [7]굽어 살핌 | [8]임금의 드심 | [9]잠자리를 제대로 보지 않고 잠을 잠 | [10]오한 | [11]문안을 드림 | [12]일반적이고 | [13]궁중에 들어감 | [14]진술

해설

왕후 민씨가 일본 낭인들에 의해 살해된 1895년 을미사변 이후 고종은 신변의 위협을 느꼈다. 이듬해 러시아 공관으로 피신한 것도, 1년 후 경복궁이 아닌 경운궁으로 돌아온 것도 모두 러시아나 열강의 힘을 빌려 안전을 확보하고자 한 고심의 결과였다. 이 무렵 고종이 독살이 겁나 한동안 깡통 연유와 날달걀만 먹고 지냈다는 기록도 보인다. 한일합병 후에는 그런 두려움이 더 커졌을 수도 있다.

고종 자신도 위협을 느꼈다지만 '독살설'은 일반 민중에게도 상당히 신빙성 있게 받아들여졌던 듯하다. 이례적으로 길게 고종 독살설이 사실무근임을 밝힌 이 기사가 그런 상황을 보여준다. 오죽 민심이 술렁였으면 이런 기사를 실었을까.

여기에는 까닭이 있다. 일제는 고종의 사망을 이틀 뒤인 1919년 1월 23일에야 공식 발표했다. 또한 사망 시각도 조작하는 등 석연치 않은 태도를 보였기에 의심이 증폭되었다. 그리고 이는 3·1운동이 전국적으로 확산된 큰 계기가 됐다.

하지만 지금 생각해 보면 고종 독살설은 개연성이 낮아 보인다. 합병된 지 10년이 가까워 일제의 식민 통치는 나름대로 자리 잡아 가던 터였다. 게다가 한민족의 저항도 '이왕가 복위'보다는 '독립'에 무게를 두던 형편에선 고종이 민족 저항의 구심점 혹은 상징으로서의 의미가 있었다 하기 어렵다. 일제가 굳이 고종 암살이란 평지풍파를 자초해 얻을 수 있는 실익이 크지 않았으리라는 얘기다. 독살설이 정사正史에서 '설'로 그친 것도 이 때문이 아닐까.

3·1운동

1919年 3月 7日 | 4月 1日
매일신보

각지 소요騷擾[1] 사건
경성을 위시하여 각 지방 소동
황평양서에는 폭행이 심하다

지난 3월 1일 오후부터 경성을 위시하여 서북 각 지방의 도회에서 조선 독립의 선언서를 발포하고 시위운동을 개시한 소요 사건에 대하여 당국에 도달한 정보가 대개 아래와 같은데 그 선언서에 이름을 기록한 자는 33명으로, 그 중 천도교주 손병희 이외 28명은 1일 오후부터 체포되어 방금 경무총감부에서 취조 중인데 선언서에 서명한 자의 성명은 아래와 같더라.

원포 천도교주 손병희/미원 평양목사 길선주/원포 청년회직원 이필주/동 승려 백용성/천도교도 김완규/미원포 □주북장로 목사 김병조/원포 중앙 예배당 목사 김창준/동 천도교도사 권동진/동 동 권병덕/동 동 나용환/동 동교 지방도사 나인협 /동 부천북장로 목사 양전백/동 천도교도사 양한묵/미원포 유여대/원포 세브란스 병원 이갑성/원포 정주북장로 목사 이명룡/동 사리원 이승훈/동 천도교도사 장자 이종훈/동 천도교월보 과장 이종일/동 동교 지방도사 임예환/동 동 박준승/동 청년회위원 박희도/동 동 박동완/동 평양남감 목사 신홍식/동 남감 수표교예배당 목사 신석구/동 천도교도사 오세창/청년회위원 오화영/미원포 남감 목사 정춘수/원포 황주야소 전도사 최성모/천도교 보성학교장 최린/승려 한용운/천도교장자 홍병기/동교 지방도사 홍기조

경기도
경성
덕수궁에 돌입

3월 1일 오후 2시 반에 학생 3, 4000명은 경성 종로통에 모여 군중이 부화[2]하여 여러 대로 나누어 일단은 덕수궁 대한문 앞에 이르러 한국 독립만세를 부르면서 일시 대한문 안으로 침입하였다가 다시 대한문 앞 넓은 마당에서 독립 연설을 하였고 일단은 경성 우편국 앞에서 독립만세를 부르고 다시 남대문 정거장 앞에서 의주통으로 나가 불란서 영사관에 이르고 일단은 창덕궁 문 앞으로도 가서 독립만세를 부르고 일단은 조선 보병대 앞으로 가서 그 영문 안으로 들어가려 하다가 못하고 또 대한문 앞의 단체에서 나뉜 일단은 미국 총영사관으로 가서 만세를 부르고 다른 단체 약 3000명은 총독부로 향하려 함으로써 본정통에서 이것을 막아 운동은 일시 표면으로는 진정되었고 군중 중에 괴수로 인정할 만한 자 130명을 체포하였으며

O 처음의 소요가 진정된 후 1일 오후 8시경에 마포 전차 종점 부근에 약 1000명이 모였고 또 11시쯤에 야소교 부속 연희전문학교 부근에 학생 약 200명이 집합하였으나 얼마 아니하여 헤어졌고 2일 정시 20분에 종로 네거리에서부터 약 400명이 만세를 높이 부르면서 종로 경찰서 앞으로 지나가매 경찰서에서는 이것을 제지하고

O 괴수로 인정할 만한 자 20명을 체포하였는데 나머지 군중은 모두 헤어졌더라. 그러한데 이 군중의 다수는 노동자이요, 학생도 더러 섞여 있었고 3일의 경성은 전일부터 매우 고요하여 훈련원장 제장 의장식은 성대하고 무사히 마쳤고 3월 4일에는 각 관공사립학교에 결석생도가 많고 혹은 한 명도 출석하지 않은 학교가 있었는데 그 원인은 불량학생들이

O 이번 시위운동에 참가하지 않으면 죽이겠다고 위협을 하거나 또는 부형이 위험하다고 염려하여 출입을 금하고 혹은 3월 1일 소요 후에 고향으로 돌아간 자가 많은 까닭이더라. 1919 0307

사진
선언서에서 비두[3]로 기명한 천도교주 손병희

[1]술렁거림과 소란 | [2]주관이 없이 경솔하게 남의 의견에 따름 | [3]문서의 첫머리

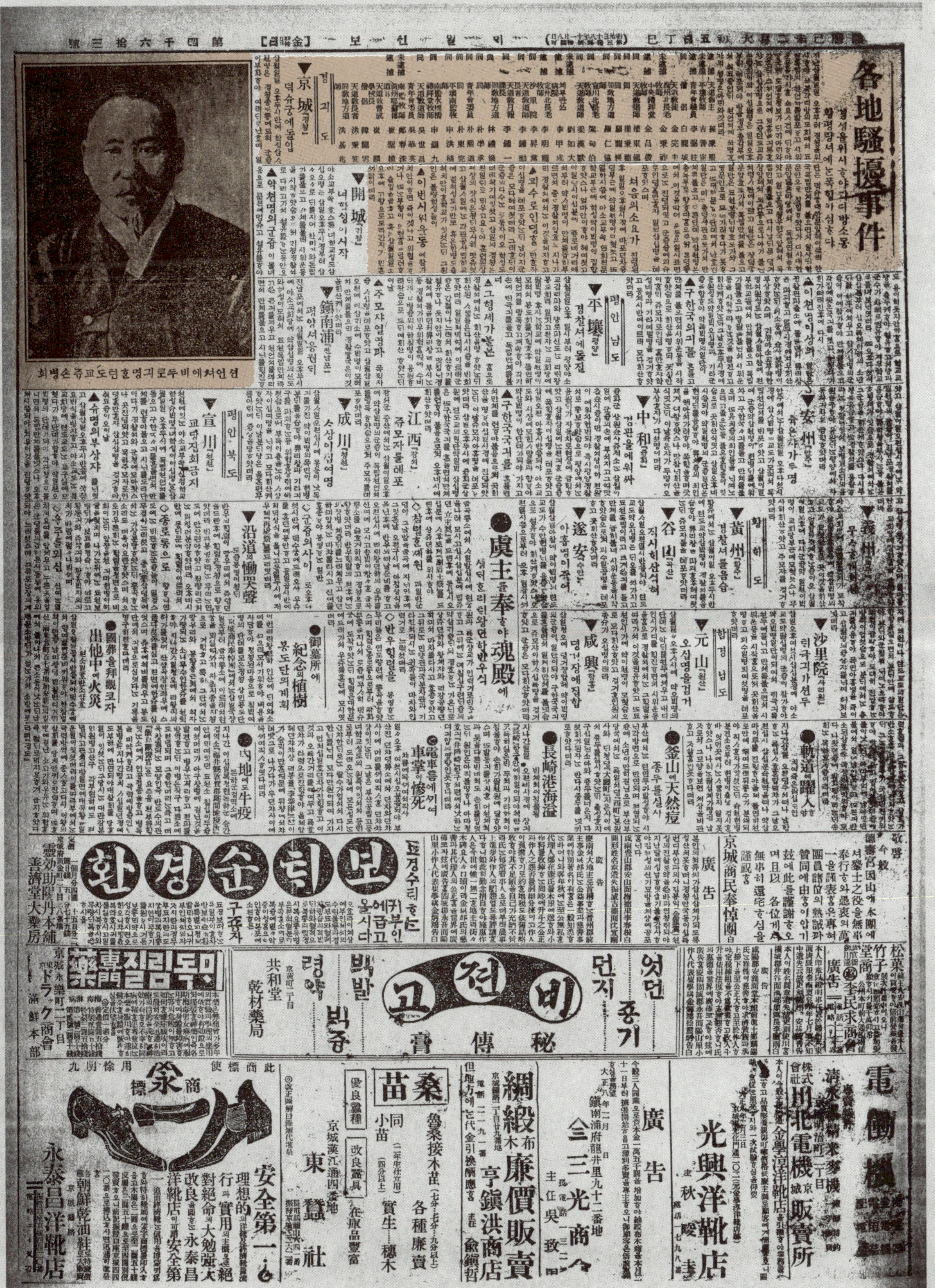

第四千六拾三號 [金曜日] 매일신보

各地騷擾事件

경긔도

▼京城 덕슈궁에돌입

▲약천명의군즁

▼開城 녀학싱이시작

셔음의소요가

▲괴수로인뎡홈

▲이번시위운동

평안남도

▼平壤 경찰서에돌집

▲그형세가불온

▲주모쟈열명파

▼鎭南浦 평양셔응원뎌

▲구한국의긔를

▲이천명이상의

▼安州

▼中和

▼江西

▼成川

평안북도

▼宣川

▼黃州

▼谷山

▼遂安

▼咸興

▼元山

▼沙里院

虞主를奉ᄒᆞ야魂殿에

沿道의慟哭聲

長崎港海溢

釜山의天然痘

軌道에躍入

선언서에비두로괴명혼텬도교쥬손병희

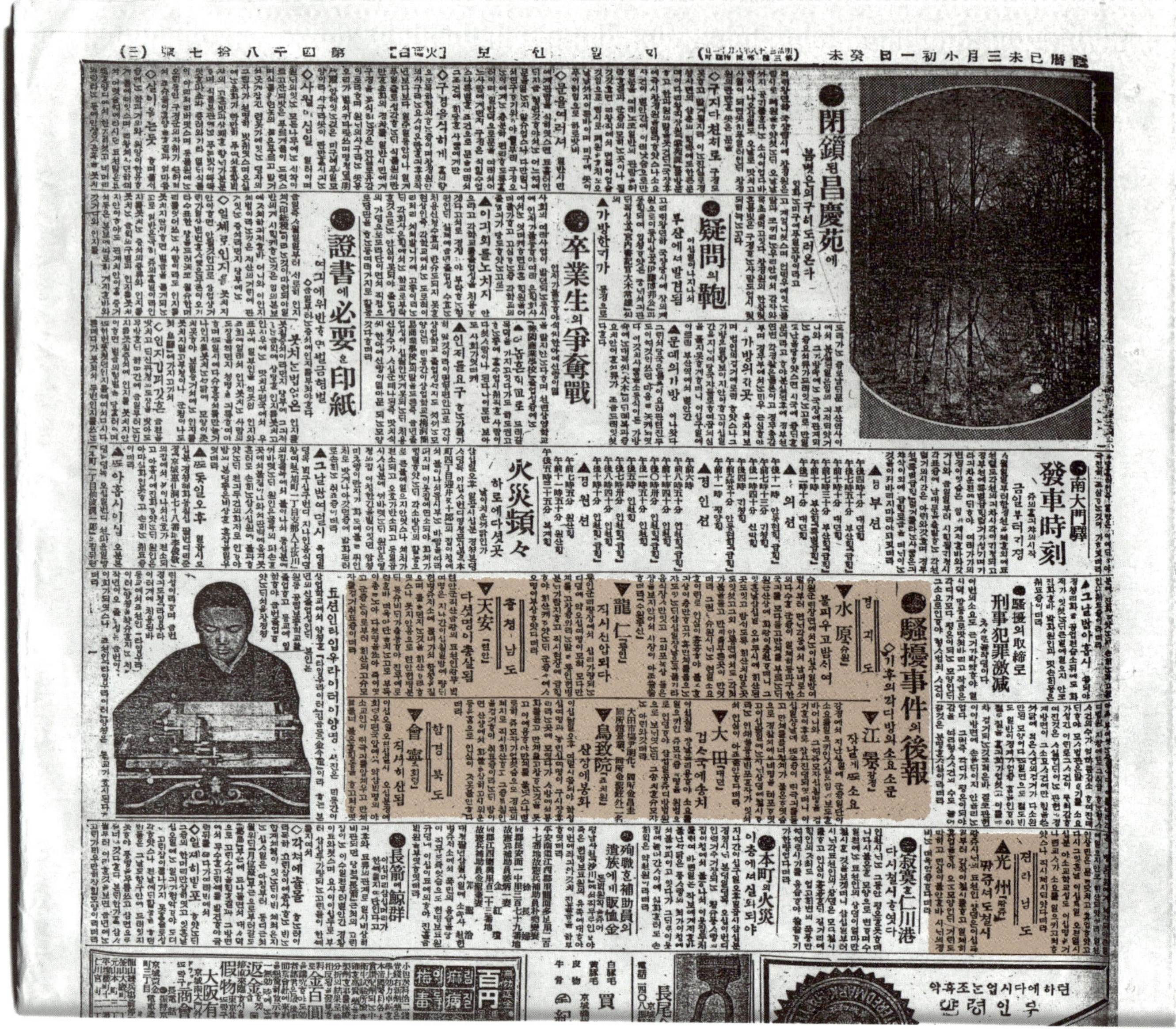

매일신보 1919年 4月 1日

소요 사건의 후보後報

기후의 각 지방의 소요 소문

수원

기생들이 만세

29일 오전 11시 30분경에 수원조합 기생원들이 자혜의원으로 검사를 받기 위하여 들어가다가 경찰서 앞에서 만세를 부르며 몰려 병원 안으로 들어가 뜰 앞에서 만세를 연이어 부르다가 병원으로서 내다꽂히다가 경찰서 앞으로 나왔다가 인하여 해산되었는데 조합 취체 김향화를 경찰서로 강제로 끌고 와 취조하는 중이더라. 1919 0331

경기도

수원, 불 피우고 밤새워

수원군 태장면에서는 29일 밤 8시부터 면내 각동에서 남녀노소의 다수한 군중이 일제히 등과 구한국기를 들고 만세를 부르는데 원근 산상에서 화광이 충천[3]하더니 그 이튿날 30일 오전 2시에 해산된 곳도 있고 밤새도록 해산하지 않은 곳도 있고 그외 안룡면에서도 곳곳에 불을 들고 만세를 부른 곳이 많았더라. 그런데 수원 시내는 연일 소요한 이래로 인심이 흉흉하여 불온한 기상이 충만하고 간혹 만세를 부르는 자도 있는데 30일 장날은 곡물 기타 음식 장사만 있고 그외 포목상들은 장을 보지 않아서 시장이 아주 쓸쓸하더라.(수원 통신)

용인, 즉시 진압되다

용인군 이양장에서 10리 가량 되는 지점에 약 50여 명이 모여 모두 만세를 고창[4] 중이라는 말을 용인 헌병분대가 탐지하고 즉시 현장에 급행하여 해산하게 하였는데 군중 중에서 4, 5명이 부상하였다더라.

충청남도

천안, 5명이 총살됨

천안군 직산 금광의 조선인 광부 100여 명은 지나간 27일 밤에 양대 헌병주재소에 몰려가서 함성을 지르며 돌을 던지는 것을 해산하라 하였으나 듣지 않으므로 천안 헌병분대 동 수비대가 출동하여 진무[5]에 노력한 바 더욱 야단을 치는 고로 부득이 총을 놓아 5명을 쏘아 죽이었고 군중은 이로부터 해산되고 수모자를 검거 취조 중이더라.

강경, 장날에 또 소요

강경에서 지난 10일에 군중 일단이 소요를 일으킨 사실을 이미 보도한 바이니와 그때 주모자 17명을 검거한 이후로 잠시 진정되었더니 20일 장날에 또 군중이 태극기를 들고 만세를 불러 형세가 불온하였음으로 경찰서에서 4명을 체포하였고 28일에는 시내 상점에 철시하라는 인쇄물 등을 배포한 자가 있어서 인심이 아주 불안하다더라.

대전, 검사국에 송치

27일 장날을 이용하여 소요를 일으킨 주모자 중 ㅁ명을 원범으로 인정하여 30일 공주 지방법원으로 보냈는데 그 송치한 주모자는 아래와 같더라. 대전 시장 윤명화, 동 소 김창규, 동 소 조경ㅁ, 동 소 김성현 외 2명

조치원, 산상에 봉화

28일 오후 8시쯤 되어 학생 10여 명과 농민 10여 명이 구시장 후리라는 곳에 모였다가 사방에서 봉화를 들고 만세를 고창하는 것을 듣고 이에 응하여 만세를 불렀으나 별로 주모자가 없었으므로 경관의 제지로 즉시 해산하고 그중 6, 7인을 검거하여 취조 중이라는데 밤이면 산상에서 횃불을 잡히고 시위운동을 하므로 인심이 자못 불안하다더라.

함경북도

회령, 즉시 해산됨

25일 오전 11시 50분경에 회령 우편국 앞에서 약 300명의 야소교인이 태극기를 앞세우고 만세를 불러 불온한 행동을 하고자 하였으나 한 헌병분대원에게 제지되어 큰일에 이르지 않고 해산되었다더라. 일선 상민은 문을 닫고 휴업을 하였고 다시 그 이튿날 26일 오전 10시 10분 야소교 학교 생도 20명을 거느린 교사가 소요를 일으키려 하였으나 즉시 제지되었다더라.

전라남도

광주, 광주서도 철시

광주 시내의 조선인 상점은 26일부터 갑자기 철시를 하고 일제히 휴업을 하여 오는 모양인데 거래도 막히고 민심이 불안한 바 시내의 경비는 더욱 엄중하다더라. 1919 0401

[3]불빛이 높이 솟아오름 | [4]소리 높여 외침 | [5]안정시키고 어루만져 달램

3·1운동은 우리 민족사에 길이 남을 독립운동이다. 남녀노소 신분을 가리지 않고 그토록 일치단결해, 한꺼번에 외세의 압제에 저항한 사례는 세계사에서도 유례를 찾기 힘들다.

공식 기록만 봐도 독립을 요구하는 만세 시위가 2개월간 1500여 회나 일어났고 여기에 200만 명이 참가했다. 7500여 명이 일제의 손에 의해 피살됐고, 1만 6000명이 부상당했으며 4만 6000명이 검거됐다. 규모만 컸던 게 아니다. 시위 범위도 전국적이었다. 시위와 관련해 체포된 사람이 없는 데가 5개 군과 1개 섬에 그쳤을 정도였다.

3·1운동에 놀란 일제는 그간 식민지 조선에 폈던 무단통치를 '문화정치'로 바꿨고, 중국 상하이에선 임시정부가 발족하는 등 국내외적으로 파급효과가 컸다. 중국의 5·4운동도 3·1운동에 영향을 받았다는 것이 정설이다.

이처럼 3·1운동은 우리 민족의 독립 의지와 역량을 보여주었다는 점만으로도 역사적인 의의가 충분하다. 하지만 냉정하게 평가하자면 절반의 성공이라 하겠다. 결과적으로 요구했던 독립을 이루지 못했기 때문이다.

이렇게 된 데는 이 운동이 두 가지 '환상'에 기초해서 이뤄진 탓이 크다. 우선 일을 꾸민 민족 대표들은 윌슨 미국 대통령이 파리강화회의에서 주창한 민족자결주의에 고무됐다. 하지만 민족자결주의 자체가 '립서비스'에 지나지 않았다. 식민지가 별로 없는 미국이 제창한 데다가 독일 등 제1차 세계대전 패전국의 식민지 처리에만 적용됐기 때문이다.

또 하나의 환상은 민족 대표 33인이 '무저항 비폭력 운동'을 지향했다는 사실이다. 제국주의가 판치던 시대에 목청 높여 요구한다고 해서 독립이 부여될 리 있었을까. 시작부터 한계를 지닌 독립운동이었다.

그런데 여기서 드는 의문. '비폭력'을 내세웠다 해서 민족의 시위는 적법했을까. 아니, 당시 실정법을 지켰다면 3·1운동이 가능했을까.

3·1운동 대공판

1920年 7月 12日 | 7月 13日 | 9月 25日

동아일보

금일의 대공판

만인의 시선이 모이는 곳에

당국의 처치는 어떠할지

작년 3월 1일에 탑골공원에서 '만세' 소리가 일어나며 명월관 지점 제1호실에서는 조선 민족 대표자 33인이 모여서 '조선독립만세!'를 부르고 독립을 선언을 한 후로 손병희 외 47인은 서대문 감옥 돌벽 늘구들에서 답답한 더위와 아픈 추위를 겪은 지 열여섯 달과 열이틀 만에 오늘 오전 8시에 감옥에 매인 그네의 운명을 결단하는 제1막이 열리게 되었다. 이에 세상 사람의 시선은 모두 이네의 재판이 어찌될까 하는 대로 모였고 또한 조선이 생긴 후로 처음 열리는 공판이요, 더욱이 사건의 중대함으로 당국자의 주의도 크려니와 장차 하회[1]가 어찌될지 우리는 매우 주목하지 않을 수 없겠으며 오늘 정동 철도부 아래층의 법정에서는 다음 표와 같은 순서로 48인을 앉게 한다더라. (명단 생략)

대공판과 엄중한 경계

금일 48인 공판의 취체[2]를 맡은 서대문 경찰서는 작일[3]부터 준비에 분망[4]한데 용산 경찰서에서 경부 이하 20여 명과 종로 본정량 경찰서에서 각각 경관이 20여 명과 제3부 순사가 다수 응원할 터이며 서대문 경찰서는 서원 전부가 출동하여 금일 아침 6시 새벽 전부터 두 대로 나누어 한 대는 서대문 경찰서로 모이고 한 대는 서대문 파출소에 모여 제반 정리를 할 터이며 당일 길거리에 늘어설 경관은 네 경찰서를 합하여 100여 명의 경관이 출동할 터인즉 법정계로는 전무후무한 대경계를 할 터이라. 대한문에서 정동으로 들어가는 골목과 서대문통에서 정동으로 들어가는 골목에서는 기마 순사가 늘어서서 경계할 터이요, 정동 골목에서는 거리거리 붉은 모자와 칼자루를 번쩍이는 경관이 늘어섰으며 법정 내외도 수십 명의 경관이 늘어서서 경계하더라.

同情美談

京城公會堂의 落成式

今日이大公判

大公判과

漢江의減水

瓦斯도復舊

十日만에晴天

동아일보 1920年 7月 12日

금일 공판 시작되는 독립당 수령 48인
사진 놓인 순서대로

손병희, 최린, 권동진, 오세창, 임예환, 권병덕, 이종일, 나인협, 홍기조, 김완규, 나용환, 이종훈, 홍병기, 박준승, 이승훈, 박희도, 최성모, 신홍식, 양전백, 이명룡, 길선주, 이갑성, 김창준, 이필주, 오화영, 박동완, 정춘수, 신석구, 한용운, 백용성, 안세환, 임규, 김지환, 최남선, 함태영, 송진우, 정노식, 현상윤, 이경섭, 한병익, 김홍규, 김도태, 박인호, 노헌용, 김세환, 강기덕, 김원벽, 유여대 1920 0712

[1]어떤 일이 있은 다음에 벌어지는 일의 형태나 결과 | [2]통제 | [3]어제 | [4]매우 바쁨

조선독립운동의 일대 사극史劇

만인이 주목할 제1막이 열리다
경신庚申 7월 12일 오전 9시 10분부터
경성 정동 철도부 하층 특별법정에서
피고는 조선민족 대표자 48인
손병희는 신병으로 인하여 결석으로
개정 벽두에 문제가 된 공소公訴 불수리不受理[5]
거리거리 칼자루를 번쩍이는 수백 명의 경관
큰 재판의 광경을 보려는 150명의 방청객
그 중에는 가족을 걱정하는 13인의 부인도

표면으로는 고요한 듯하던 바다에 독립선언이라는 큰 돌을 던져 독립운동의 큰 물결을 일으킨 조선 국민 대표 33인과 그 중에 그 계획에 참예[6]하였던 사람을 총 합하여 독립당 수령 48인의 운명을 결정하려고 일찍이 보지 못하던 대공판은 7월 12일 오전부터 경성부 정동 조선총독부 철도부 아래층 특별법정에서 열리게 되었다. 세상의 이목이 모두 이 공판으로 모이고 개었던 하늘이 비를 다시 내리시도다! 이번의

대공판은 무엇을 의미함인가. 이 공판의 결과는 조선민족에게 어떠한 느낌을 줄 것인가. 생각할수록 중요한 일이라 하겠도다. 공판 당일 이른 아침 어제 하루 개었던 일기는 무슨 뜻으로 다시 흐리고 가는 비조차 오락가락하는데 지방법원 앞에서 전쟁을 하다시피 하여 간신히 방청권 1장을 얻은 사람들은 7시경부터 공판정을 향하여 들어온다. 순사 간수가 호위한 중에 방청권의 검사는 서너 번씩 받고

법정 입구에서 엄중한 신체 수색을 당하여 조그만 바늘 끝이라도 쇠붙이만 있으면 모두 다 쪽지를 달아 보관하는 등 경찰의 경계는 소위 엄중을 지나서 도리어 우스울 만큼 주밀[7]하더라. 오전 7시 반쯤 되어 150명의 정원인 방청석은 한 자리도 빈 구석이 없이 가득 찼는데

열세 명의 부인 방청객 중에 함태영咸台永 부인의 얼굴에 눈물 흔적이 오히려 새로움은 무정한 사람도 느끼게 하며 자기의 친족 되는 사람인가 하고 참혹한 밀짚 용수[8]에 알고 싶은 얼굴을 감추고 들어올 때마다 방청석으로부터 고개를 길게 빼고 법정을 바라보는 그 근경…, 그네가 되어 보지 않고서는 그네의 마음을 뉘가 알겠는가. 1920 0713

사진
대공판 화보
위는 법정의 심문 광경
(돌아앉은 사람들이 피고)
아래는 일반 방청석(12일에)

[5]서류 따위를 받아서 처리하지 아니함 | [6]참여 | [7]허술한 구석이 없고 세밀하다 | [8]죄수의 얼굴을 보지 못하도록 머리에 씌우는 둥근 통 같은 기구

독립선언 사건의 공소 공판

한용운의 맹렬한 독립론
'국가의 흥망은 전혀 그 민족의 책임'
"조선 독립운동은 일본의 압박을 피함이 아니오
조선 민족 자신이 스스로 살고 스스로 높힘이라"
제4일 오전의 기록
'우로雨露가 개시루皆是淚'
"초목에 맺힌 이슬까지도 망국민족의 눈물인가!"

"독립은 민족의 자존심"
'독립은 남을 배척함이 아니라'고
엄격한 한용운의 독립 의견

한용운韓龍雲

그 다음에 불교 대표 한용운을 심리하기 시작하였다.

서울은 어찌하여 왔던가.

유심唯心잡지를 발간하기 위하여 왔소.

최린과는 언제부터 알았는가.

동경 있을 때부터 알았소.

조선 독립에 대한 감상은 어떠한가.

고금동서를 물론하고 국가의 흥망은 일조일석에 되는 것이 아니오. 어떠한 나라든지 제가 스스로 망하는 것이지 남의 나라가 남의 나라를 망할 수 없는 것이오. 우리나라가 수백 년 동안 부패한 정치와 조선 민중이 현대 문명에 뒤떨어진 것이 합하여 망국의 원인이 된 것이오. 원래 이 세상의 개인과 국가를 물론하고 개인은 개인의 자존심 있고 국가는 국가의 자존심이 있나니 자존심이 있는 민족은 남의 나라의 간섭을 절대로 받지 아니하오. 금번의 독립운동이 총독정치의 압박으로 생긴 것인 줄 알지 마라! 자존심이 있는 민족은 남의 압박만 받지 아니하고자 할 뿐 아니라 행복의 증진도 받지 아니하고자 하니 이는 역사가 증명하는 바이라. 4000년이나 장구한 역사를 가진 민족이 언제까지든지 남의 노예가 될 것은 아니라 그 말을 다하자면 심히 장황함으로 이곳에서 다 말할 수 없으나 그것을 자세히 알려면 내가 지방법원 검

朝鮮獨立運動의 一大史劇

萬人의 注目할 第二幕이 開하다

被告는 朝鮮民族代表者四十八人

孫秉熙는 身病으로 因하야 缺席으로

開廷劈頭에 問題된 公訴不受理

第一場은 宴會와 恰似

孫秉熙公判은 分離

大久保, 崔兩辯護士의 公訴不受理主張

동아일보 1920年 7月 13日

獨立宣言事件의 控訴公判

韓龍雲의 猛烈한 獨立論

「國家의 興亡은 全히 民族의 責任」

第四日午前의 記錄

「雨露가 皆是淚」

獨立은 民族의 自尊心

元山義州의 連絡

事實審問은 終了

孫도 審問

前字問題解決

海蔘威에 重大犯人

동아일보 1920年 9月 25日

사정의 부탁으로 〈조선독립에 대한 감상〉이라는 것을 감옥에서 지은 것이 있으니 그것을 가져다보면 다 알 듯하오.

작년 1월에 최린과 함께 독립운동에 대하여 상의한 일이 있고 천도교, 예수교의 합동을 의논하였는가.

그렇소.

1월 27일에 피고가 최린과 의논하여 2월 20일경에 결국 동의가 된 것 아닌가.

그렇소. 최린의 말에 야소교와는 합동하게 된다는 말을 듣고 나는 불교의 동지를 모으려다가 다시 생각한즉 유교의 동지를 모을 필요가 있을 줄 알고 경상도 거창군 박정석의 집에 갔다가 24일에 상경하였는데 갈 적에 정탐이 뒤를 쫓기 때문에 목적을 달성하지 못하고 올라와본즉 서류가 일본 정부에 제출할 서면 외에는 다 작성이 되었으며 현순이를 상해로 보내게 되었다는 말도 들었소.

그 서류를 보고 독립에 찬성하였나.

그것을 보고 찬성한 것이 아니라 다소 나의 의견과 다른 점이 있어서 내가 개정한 일까지 있소.

그 다음에는 선언서 3000매를 이송일에게서 받아 중앙학교 학생을 시켜 경성 시내에 배포한 일과 3월 1일에 선언서를 낭독할 때에 피고가 일어서서 독립선언식은 기쁘기 한량없는 말과 금후에 더욱 노력하라는 인사와 2월 26일 백상규를 찾아보고 동의를 얻은 후 말이 너무 간단하기 때문에 백상규더러 또 한 번 오라는 말을 하였더니 그날 저녁에 백상규는 오기는 왔었는데 그날 나는 최린이를 보아야 하겠기로 최린의 집으로 가면서 백상규가 오면 기다리게 하여 달라고 일러둔 후에 최린의 집에 갔더니 최린의 집에는 그때 안세환과 임규가 와서 예수교와 합동할 의논이 있기 때문에 여러 가지 의논을 하고 늦게 돌아왔더니 백상규가 벌써 가고 있지 아니하므로 보지 못하고 그 후 명월관 지점에서 만났다는 말을 대답한 후 재판장은 휴게를 선언하였는데 그때는 12시 20분이더라.(제4일 오전 기록의 끝) 1920 0925

해설

3·1운동하면 '민족 대표 33인'을 떠올리게 마련이다. 하지만 이들의 역할은 제한적으로 이해해야 마땅하다. 만세 시위의 불을 지핀 사실은 높이 평가해야 하지만 전국적인 시위를 '배후 조종'할 역량도 없었고 그럴 만한 상태도 아니었다. 이들은 당일 오후 2시(정오가 아니다) 탑골 공원에서 최초의 만세 함성이 터졌을 때 현장에 있지 않았다. 종로통 태화관에 모여 독립선언서를 낭독한 다음 일경에 스스로 체포됐다. 그러나 그 후에도 앞 장의 '소요 사건의 후보後報' 기사에서 보듯 1919년 5월까지 만세 시위는 전국에서 끊임없이 일어났다. 3월 29일에는 신체 검사를 받으러 가던 기생 33명이 경찰서 앞에서 김향화의 주도로 "대한독립만세"를 외쳤을 정도였다. 민초들의 자발적 움직임이었다.

또한 일제의 혹독한 고문에 시달린 탓도 있겠지만 이들 중에는 재판 과정에서 "민중의 폭력 시위는 우리의 취지를 잘못 이해한 것"이라거나 심지어 "조선 정치는 지독한 악정이어서 도저히 조선의 안녕과 행복을 유지 증진하기 불가능한 상태였기 때문에 병합에 찬성하지는 않았지만 피치 못할 일이라고 생각했다"는 진술을 하기도 했다. 심지어 일부는 그 후 훼절하여 친일·부일에 나서기도 했다.

그런 면에서 만해 한용운은 돋보인다. 기사에서 보듯 재판 중 3·1운동이 총독정치의 압박으로 생긴 것이 아니라 민족적 자존심에 바탕을 둔 것임을 지적하며 언제든 이민족의 지배에 들고 일어나 독립을 추구할 것이라 주장했으니 말이다.

민족 대표들을 마냥 영웅시하는 것만이 3·1운동을 제대로 평가하는 것은 아니다. 그럴 경우 훼절한 사례는 어찌 볼 것인가. 마냥 돌을 던지기만 할 것인가. 오히려 3·1운동이 그 후 조직적 배후세력 없이 전국으로 퍼져 나갔다는 점에서, 웹 2.0시대에 자주 이야기되는 '조직 없는 조직력'이 제대로 발휘된 선구적 사례로 이해하는 것이 옳지 않을까.

대한민국임시정부 구성

1919年 11月 15日 독립신문
1925年 4月 9日 매일신보

대한민국임시정부 성립 축하문

금번 시위운동할 때에 반포된 것이라. 10년의 노예생활을 벗어나 금일에 다시 독립대한의 국민이 되었도다. 지금 이승만 박사 대통령으로 선거되고 국무총리 이동휘씨 이하 평소 국민이 숭앙[1]하던 지도자로 통일내각이 성립되도다. 우리 국민은 다시 이민족의 노예가 아니요, 또한 다시 부패한 전제정부의 노예도 아니요, 독립한 민주국의 자유민이라. 우리 환희를 무엇으로 표하랴. 3천 리 대한강산에 태극기를 날리고 2천만 민중의 함성을 합하여 만세를 부르리라. 오직 신성한 국토—아직 적의 점령하에 있나니 2천만 자유민아 일어나 자유의 전쟁을 벌일지어다.

축하가

자유민아 소리쳐서 만세 불러라

(1) 대한민국임시정부 만세 불러라 대통령 국무총리 각부 총장과 국제연맹 여러 특사 만세 불러라

후렴 대한민국임시정부 만세 우리 이미 이민족의 노예 아니오

(2) 또한 전제정치하의 백성 아니라 독립국 민주정치 자유민이니 동포여 소리쳐서 만세 불러라 자유민아 일어나라 마지막까지

(3) 삼천리 신성국토 광복하도록 개선식 독립연의 날이 가깝다 동포여 용감하게 일어나거라 1919 1115

가정부假政府의 내홍內訌

이대통령을 면직
후임으로 박은식을 선정
면직 사유는 정무에 불충실

목하[2] 개회 중인 상해가정부上海假政府 의정원議政院에서는 지난달 18일 밤 회의에서 대통령 이승만에 대한 탄핵안을 통과한 후 심판위원으로 나창현, 곽현, 채원개, 김현구, 최석순 등 5명을 선정하여 심의한 결과 면직으로 결정한 후 후임 대통령을 선거한 결과 만장일치로 박은식을 신임 대통령으로 결정하였는 바 이승만의 면직 이유는 소위 정세政勢에 충실치 못한 까닭이라는데 지난 14일에는 가정부의 간부를 선정하였는 바 군무총장 노백린은 국무총리로서 군무총장을 겸임하게 되었다 하며 기타 소위 각원閣員은 유임하기로 결정하였다더라. 1925 0409

[1]공경하여 우러러봄 | [2]바로 지금

義塚 (二) 春夢

一萬以上의今衆은市內를向하려할재二十餘名의中兵에게道를遮한바되야한참동안그領率者孟團長으로더브러是非를하엿다이재忽然銃소래가써ㅇ하고난다누구던지據放인줄알고尋常히녁엿다銃소래는써박써박난다仆倒하는이가잇다排踏으로因함이라모다生覺하엿다아야意外、아ㅣ沒人情한彼銃은實彈인줄을誰가知하엿스랴이에羣衆은얼마즘退却을하엿섯다다시모혀들어孟團長이단米에게留團을始作하엿다一方으로는負傷者를英人의經營하는濟昌病院(耶穌救病院)으로運搬하엿다(少許後死者도搬去)이날의바람은罕有이엇다飛沙走石에天地가晦憺하다萬歲一聲이그何罪인지生命을捐함에至하엿든말이다어긔저긔에屍體가橫倒하고鮮血이淋漓하다余는放聲하야哭하엿다痛哭하는이가만엇다狂風은如前히눈을ᄯᅳ지못하게咆哮한다田中에列立한明東學校學生의嚶叫소래는一種悽凉의音을吐하야人의心을悲動케하더라中國이어倭夷는그대의人民을奴隸視하고그대의國土를孟奪하려는대倭夷를쫏하야韓人을慘殺하니그도獨立國의體面인가人類의正道인가不可解의主義로處世하려하는도다

余는歸館하야嗚咽涕泣하엿다그리하야病院을訪하엿다院內에는幾刻後에殞命할傷者들이苦를叫한다이야말로참아못보지못할너라宣敎師들은부슨準備를하기에汲汲하며西洋夫人及看護婦들은衣服에피뭇음을不拘하고看護하기에不息한다院內나院外에雜踏하는人은누구나다顔上에悲悵과怒憤의色을띄엇더라五六十里乃至百餘里外에서萬歲를불으려고父子相携하고母女相携하야不遠千里而來함을누가敬仰치아니할이가업섯지나와今日大慘劇을演出함에當하야는果然有志者에決心을가지게하고鼓動을니르켓다是日前後死者는十三名이오重輕傷者가三十餘名이며또幾日後에合하야死亡者는十七名이라그中에倭病院에收容된者는一人도업섯다야倭奴야韓人의心內를知耶否乎

大韓民國臨時政府成立祝賀文

今番示威運動時에頒布된者라

十年의奴隸生活을脫하야今日에다시獨立大韓의國民이되엇도다今에李承晩博士大統領으로選擧되고國務總理李東暉氏以下諸國民의崇仰하던指導者로統一內閣이成立되도다我國民은다시異民族의奴隸가아니오또한다시腐敗한專制政府의奴隸도아니오獨立한民主國의自由民이라우리歡喜를무엇으로表하랴三千里大韓江山에太極旗를날리고二千萬衆의聲을合하야萬歲를부르리라오직神聖한國土ㅣ아직敵의占領下에在하니二千萬自由民아起하야自由의戰을戰할지어다

祝賀歌

自由民아소래처서萬歲불러라

(一)大韓民國臨時政府萬歲불러라
大統領國務總理各部總長과
國際聯盟에特使萬歲불러라

후렴 大韓民國臨時政府萬歲

우리이미異民族의奴隸아니오
(二)또한專制政治下의百姓아니라
獨立國民主政治自由民이니
同胞여소래처서萬歲불러라

自由民아닐어나라마즈막서지
(三)三千里神聖國土光復하도록
凱旋式獨立宴의날이갓갑다
同胞여勇敢하게날어나거라

倭總督의愚策

物價騰貴와本年稀有의凶作에依하야地方人民의生活이不安함을乘하야獨立黨은益益奮勵함으로農民들도其擧에參加하는狀態를成할것이라恐하야倭總督이所謂不逞鮮人들을滿洲에大擧移住할方針을立하엿는데先히倭奴가關係한蒙古開放地로一團을送한다고(上海日報)

朝鮮大學?

倭總督은鮮人으로하야금文化的向上을식힐이時勢에適應한政策이라하는體面上宣明에依하야着任以來此方面에對하야宗教課의創設公立普通學校의增設鮮人校長採用等으로自稱改革을圖하는中이라眞僞는疑問이나更進하야高等教育方面에發展을劃策하야現在京城醫學專門學校、同工業專門學校及水原農林專門學校를各昇格綜合하야朝鮮大學을設立할作定으로調査進行中이라고(京城日報)

興國銀行創立

中韓兩國의親善을圖함에는爲先實業提攜에在하다는主義下에서우리側에金俊金貿奎金商獻李裕弼中國人側에王正廷謝遠涵陳炯明等諸氏가興國實業銀行(株式會社)을發起하엿는데贊成人으로는金一江孫逸仙張謇尤廷芳李烈鈞胡漢民高一涵等中韓兩國에有力한名士들이後援하며同銀行의目的은中國黑龍江吉林奉天等處의農墾事業을振興케하기로하야資本金總額을銀幣二百元으로하고第一回收納金은總額의四分之一로하야目下株式을公募中이라는데此가我邦獨立宣言後中韓合辦事業의嚆矢라고

美上院議錄中의韓國事情報告書 (十七)

十四章(略)

十五章東昌示威運動

東昌은三百餘戶를有한一村이라三月二十九日市日을當하야耶穌敎의先動으로示威運動이起하다結果는多數가被捕된中女子五人이잇다慣例의女子裸體審問의消聞이傳播되매五百餘名의羣衆이會集하야警察署를부시자하엿스나該地耶穌敎會助事의勸告로羣衆에는不出하고代表二人을選擧하야女의衣服을剝脫식힘의不法함을抗議하니警察署長이答曰「君等이誤解로다日本法律은此를許諾하노라」그러면男子와老女의衣는不脫하고靑年女子의게만此行을行함은何故오詰問할에署長은所答을不知하더라代表의抗議는漸漸强硬해지고羣衆의形勢는益益危險해짐에署長은必竟四人만留하고其外는다放釋하기로同意하다그러나羣衆의忿怒는未熄하야險境에欲入할새助事와外數人의忠告로잔신이散歸케하다

未久에示威運動이再起하야數人이被殺되고多數가被傷되다

第十六章 日本의警察方法

此章은平壤宣敎師家宅披索과모ㅣ리牧師의被捕된顚末이라吾人의詳知하는바임으로略함

第十七章 濟衆院長

애비슨博士의報告

四月十日午前에井上이라고하는憲兵部長이來院하야在院한病者中審問할者數人이有한즉該人等은大和町憲兵隊로卽送하라하다此는外科醫류를로博士의許諾이有하여야하겟다하고該博士의게問한즉答曰「此等移轉은病者의게有害한즉院內에서審問하는것이옷타」함에井上은同意하고審問을秘密히하겟고每人에一時間式을要求하겟다하다

其日午后에長瀨憲兵部長이九名의憲兵을帶來하야審問할七人의名簿를提出하다류를로博士가同伴하야移床치못할病者를指摘하야病床에在한대로審問하게하다審問은預想外로速하게五時半頃에終完되다同部長은七人中五人은再審問을要求함으로揩去하겟고餘二人은退院前二十四時間에警察署로通告하라하다 류를로博士를呼하야該病者等의移院與否를問하니該博士曰「此病者等은治療를더要求한즉移院함이不可하다」함에部長은憲兵隊에도醫士가有한즉相當한治療를行하겟다하다류를로博士는其中特別히三人의移院은絶對로反對하다竟은二人을留하고下記三人은擴去하다

康明석 腹과臂에銃彈傷
宋영鶴 面部에銃傷、彈丸取出
李明지 腰와股에銃彈傷

外四人은病院監督에스[illegible]委託하야退院前二十四時間에警察署로通告케하다其名은

李개동 右腰와左膝에銃彈傷
康容이 腰에銃彈傷、部가[illegible]
金실남 腰와頰에銃彈傷
柳金明 兩腰에銃彈傷

千紫萬紅 (寄稿歡迎)

三大希望 竹林

今此獨立運動의前부터余는某處에在하야于今十介月間에經過를回想하고未來를豫觀하니光復事業의成功도多大하지만은從來의遺感도亦不無하도다吾人은過去의成功을가지고萬韓의祿을누리고一生의圖樂이足할가안이라우리當局者가獨二에犧牲이繼하면倭奴가나를亡케함이안이요내가나를亡케함이로다

余의三大希望하는바는

一、光復事業最初運動諸位에對하야諸位가身을犧牲에밧처誓心決死하고祖國을爲하야于今갓冒險猛進하십은一般民族이感泣不已하는바어니와生命財産을一併擧先하여盡金死巳의日에난我二千萬의義務爭捐은不計其數일지요爭先犧牲될것은明若觀火일지니某某何何方策보담도某人의交涉何擧의승利보담도내財産다쓰난날내몸죽난것이우리光復事業에第一成功策인줄압니다諸位가일이설에先導가되셧슨즉우리죽음에도先導가되길바라노라

二、內地同胞諸君의게對하야이獨立獨立을喊渴望함은國一致이나一邊으로난倭奴을恐하며一邊으로난自我의生産을守하야當當한獨立國民의植民으로自處하니一個生命하면子孫萬代의救主가될지權地를棄하면幾千萬倍의三得하리로다凶惡한倭奴의手何나神聖한我政府의命令을從하야聖子神孫의堂堂한韓國義務를盡하십을바라노라

三、各團體에對하야三月一로內外地를勿論하고大小團時成立된光復事業에弄緊된지라誰가讚美치안으리요然會某團을勿論하고同一한에其目的과事業이亦同一한의觀念이何有하리오各分各가有한지언정利난別無하리二年數十數百이一時統一되면彼倭奴를撲滅하며我國土함이其易가如反掌이리니速地團體統一되짐을바라노라

독립신문 1919年 11月 15日

해설

3·1운동을 전후해 여러 곳에서 '임시정부'가 생겨났다. 대표적인 것이 연해주 블라디보스토크의 대한국민의회, 중국 상하이의 임시정부 그리고 한성(서울) 정부였다. 자연히 임정을 통일하자는 논의가 일어 수 개월간 협의 끝에 1919년 9월 통합 임시정부가 상하이의 프랑스 조계(치외법권지역)에 자리 잡았다. 일본군의 침입으로부터 안전하고 교통이 편리하며 중국 혁명의 핵심 지역이란 점을 고려한 선택이었다.

명칭은 '대한민국임시정부'로 한민족 최초의 민주공화제 정부였는데 굳이 따지자면 대통령제와 의원내각제의 절충 형태였다. 입법기관인 임시의정원과 행정기관인 국무원, 사법기관인 법원을 두어 삼권분립을 꾀했는데 초기 임시정부는 대통령 이승만, 국무총리 이동휘, 노동국총판 안창호가 이끄는 3두체제였다(이 소식을 보도한 〈독립신문〉은 임시정부의 기관지).

이와 함께 프랑스와 미국에 파리위원부와 구미위원부를 두고 대한민국의 독립을 인정받기 위한 외교 활동을 폈다. 그러나 이것이 별 성과를 얻지 못하면서 만주 등지에서 활동하던 무장 세력이 외교제일주의 노선에 대신할 독립전쟁 노선을 주장해 갈등이 생겼다.

1923년 합의 도출을 위한 국민대표회의가 열렸으나 임시정부의 개조를 주장하는 '개조파'와 새로운 기관을 세우자는 '창조파'가 맞서 결렬되었다. 여기에 '가정부假政府의 내홍' 기사에서 보듯 1925년 대통령 이승만이 의정원의 탄핵을 받아 면직되는 등 임시정부는 내분 양상을 보였다. 이승만의 면직은 1919년 파리강화회의에 참석 중이던 미국 대통령 윌슨에게 국제연맹이나 미국이 조선을 위임통치해 줄 것을 요청하는 청원서를 보낸 것이 뒤늦게 문제가 된 탓이었다. 이처럼 임시정부의 내부 사정은 지역색과 반상의 차별, 이념 대립과 주도권 다툼이 어지럽게 얽혀 제대로 기능하지 못했다.

태초의 혼돈을 빚었다는 의미에서, 정치인이 인류 최고最古의 직업이라는 농담이 있다. 정치인이 모이면 으레 그러려니 할 수 있지만 지금 생각하면 안타깝기 짝이 없다.

그러니 임시정부에 대한 평가는 '정사正史'와는 조금 다를 수밖에 없다. 일제 말기엔 백범 김구의 영도 하에 독립투쟁의 명맥을 이어가긴 했지만 전체적으로는 '정부'라는 이름에 걸맞은 조직적 역량을 보이거나 민족적 대표성을 확보했다고 보기 힘들다고 봐야 하지 않을까.

매일신보 1925年 4月 9日

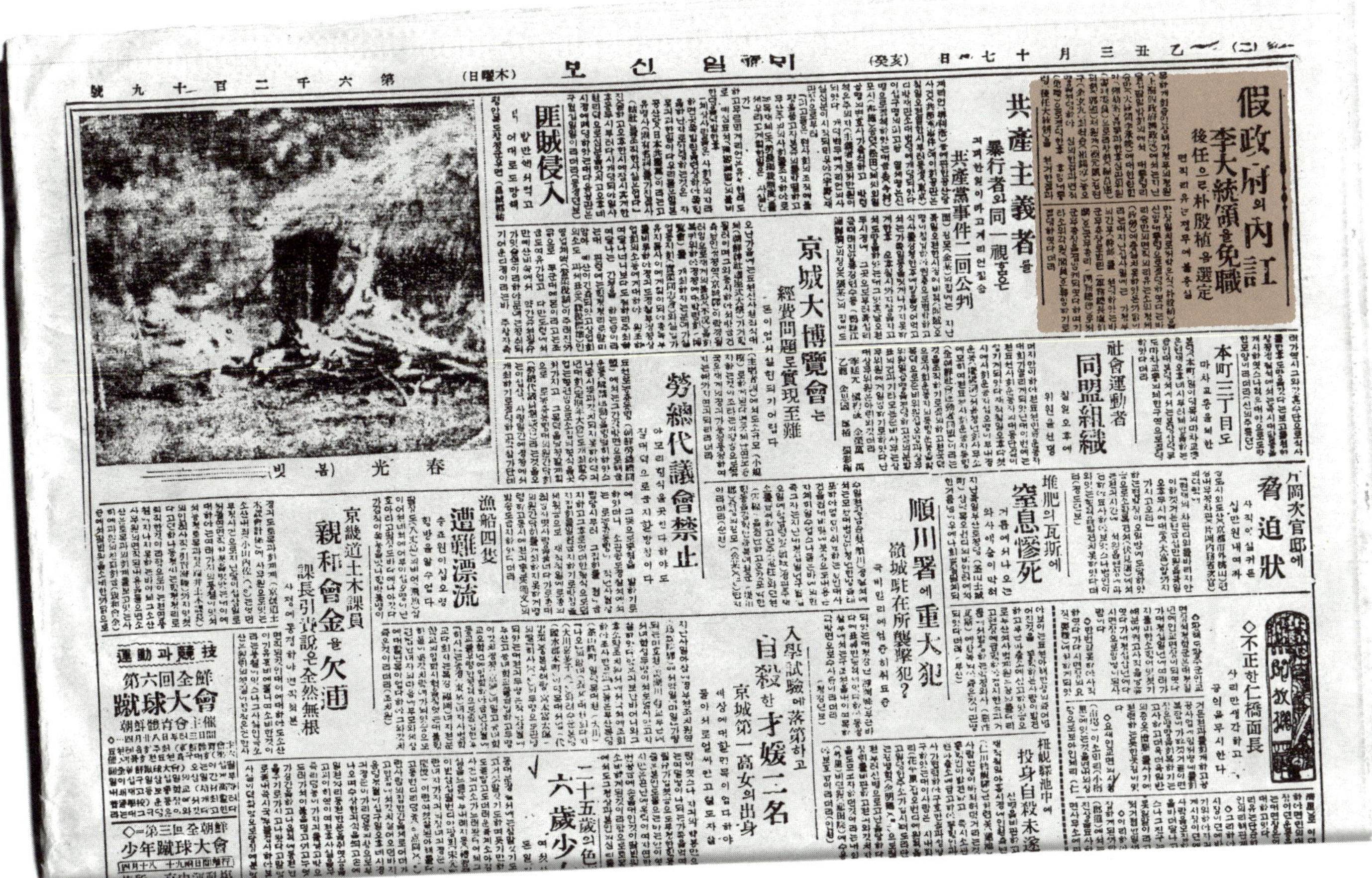

每日申報

假政府의 內訌
李大統領을 免職
後任으로 朴殷植을 選定

共產主義者를 暴行者와 同一視

京城大博覽會는 經費問題로 實現至難

匪賊侵入

社會運動者 同盟組織

勞總代議會禁止

脅迫狀

窒息慘死

順川署에 重大犯

遭難漂流

親和會金을 欠逋

春光(봄빛)

入學試驗에 落第하고 自殺한 才媛二名
京城第一高女의 出身

第六回全鮮蹴球大會

서상한 폭탄 불발 사건

1920年 6月 10日 | 6月 12日
동아일보

동경의 조선인 폭탄 사건

왕세자 전하의 가례는 조선 독립에 방해라 하여 20세 된 인삼장사가 폭발탄을 비밀 제조하여 가례 당일에 양 전하의 마차에 폭탄을 던지고 재등 총독과 세관청도 습격하려던 폭발탄 사건 예심을 비밀히 마치고 세 명을 공판에 붙였다.

범인은 삼상蔘商 서상한
예심이 종결되어 기사 금지 해제

조선인 인삼 장사 서상한徐相漢 20세 된 자는 이왕세자 전하가 이본궁 방자여왕 전하와 가례를 행하심은 조선 독립의 기세를 손상하게 하는 것이라 하여, 가례 당일에 양 전하가 타신 마차와 재등 총독과 내무성과 외무성과 경시청에 폭발탄을 던지고자 폭탄을 제조하는 중에 발각 체포되어 비밀리에 예심을 마치고 동경지방 재판소에 공판을 붙인 후에 사건의 내용을 발표하고 신문 게재 금지의 명령도 해제되었더라.(동경 전보)

다수한 폭탄을 제조
두 명의 일본 소년과 폭탄을 제조
조선 유학생 편에서 변호사 위탁

동경 본향구 탕도천 신정 1번지의 8 김기수의 집에서 유숙[1]하는 인삼 장사 서상한 20세 된 자는 이전부터 조선 독립을 갈망하던 터이더니 4월 29일에 이왕세자 전하와 이본궁 방자여왕 전하의 **가례가 거행**되시는 줄 알고 가례가 무사히 지내게 되면 조선의 독립에 큰 장해가 될 것이라 하여 가례 당일에 그 예식장 되는 마포구의 왕세자 저 또는 양 전하가 궁중에 들어가시는 중로[2]에서 타신 마차에 폭탄을 던지고 조선총독에게도 폭발탄을 던져서 폭발을 시키고 또 이와 전후하여 내무성과 외무성과 경시청에도 폭발탄을 던져서 일본 국내의 치안을 방해하고

조선 독립의 기세를 돋우고자 계획을 세우고 지난 2월부터 4월 10일까지 경교구 삼십간구의 1번지 2에 있는 금정의 집에서 와 본향구 탕도천 신정 김기수의 집에서 주인에게 사정을 알리지 아니하고 앞에 기록한 금정의 집에 동거하는 금정생랑今井生郎 16세 된 자와 경교구 만정 6번지의 4 상촌안오랑上村安五郎의 집에 있는 학생 상촌흔작上村欣作 16세 된 자의

두 명을 시켜 초산칼륨과 기타 약품을 적당히 조합하여 화약을 만들어 가지고 이것을 종이상자와 양철통에 담고 던져 떨어지면 폭발될 장치까지 하여 폭발탄을 제조하여 가지고 이것을 던질 기회를 기다리던 중에 일이 발각되어 세 명이 함께 체포되어 옥중에서는 일체의 접견을 금지하고 비밀리에 예심을 진행하던 중, 지난 달 심리를 마쳐 서상한은 폭발물 취체[3] 규칙 위반으로

금정과 상촌의 두 명은 관청의 허가를 얻지 않고 제 마음대로 화약을 만든 까닭에 총포 화약류 취체 규칙 위반으로 각기 유죄의 결정을 받아 공판에 부치게 되었는데 이 사건에 관하여 동경에 있는 조선 유학생단의 부탁으로 변호사 총기직의塚岐直義와 하내안고河內安橋 양 씨가 변호를 하게 되었고 동경지방 재판소 형사 제2부 전산田山 재판장의 담임으로 공판이 개정될 터이더라.(동경 전보) 1920 0612

폭탄 범인 서성한

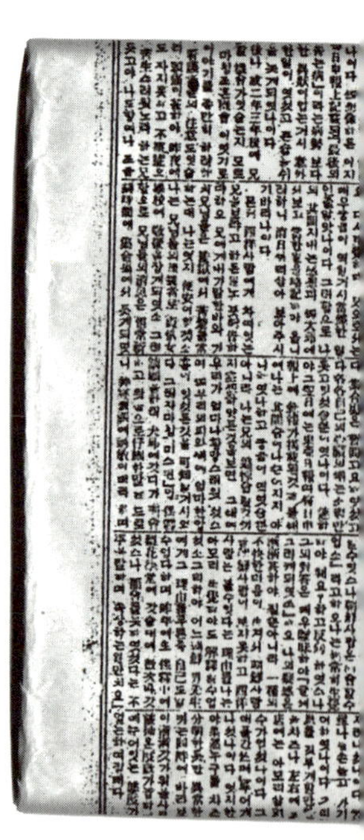

우편배달부로 변복한 사진 1920 0610

[1]남의 집에서 묵음 | [2]오가는 길의 중간 | [3]단속

해설

서상한은 대구 사람으로 1901년에 태어났다. 1918년 일본으로 건너가 한때 메이지明治대학에 적을 두었으나 형편이 어려워 세이소쿠正則영어학교에 다녔다. 신문 배달 등 고학을 하면서도 일제의 동화정책에 반대해 "만약 대사를 일으킨다면 내 목숨을 아끼지 않겠다."고 할 정도였다(그러니 단순한 인삼 상인은 아니었던 셈이다).

영친왕 이은李垠과 일본 황족 방자方子 여사의 결혼 날짜가 1920년 4월 29일로 잡히자 '조선의 독립에 큰 장해가 될 것'이라 우려해 이를 막기로 했다. 결혼 행렬은 물론 일본 내무성과 외무성, 경시청에도 폭탄을 투척해 조선 독립의 기세를 돋운다는 원대한 계획을 세웠다.

물고기를 잡는다는 핑계로 일본 학생 2명과 사제 폭탄을 만들어 시험까지 마쳤으나 4월 11일 일경에 체포돼 불발로 끝났다. 기사는 조선인들의 소요를 우려한 일본의 보도 제한 조치로 사건 두 달 뒤에 벌어진 재판을 다룬 것이다.

이 기사에는 뒷이야기가 있다. 서상한이 결혼 행렬 접근 방법을 고심하던 중 주오中央대학생이던 조선인 신申모가 우편배달부로 변장하라며 우체부 옷을 가져다주고는 그를 밀고했다. 또 4년간의 옥고를 치르고 출옥한 서상한은 무정부주의운동에 참여하면서 일경에 체포된 독립투사들의 옥바라지를 했다.

그나저나 의열단과 이봉창·윤봉길 의사 등 한인애국단의 열혈 독립투쟁의 선구격인 이 의거를 지금은 어지간한 역사책에서는 찾아볼 수 없다. 눈에 보이는 결과가 없었던 때문이리라. 역사에 묻힌, 그러나 잊어서는 안 되는 '불발된 독립투쟁'이 얼마나 될지.

동아일보 1920年 6月 10日

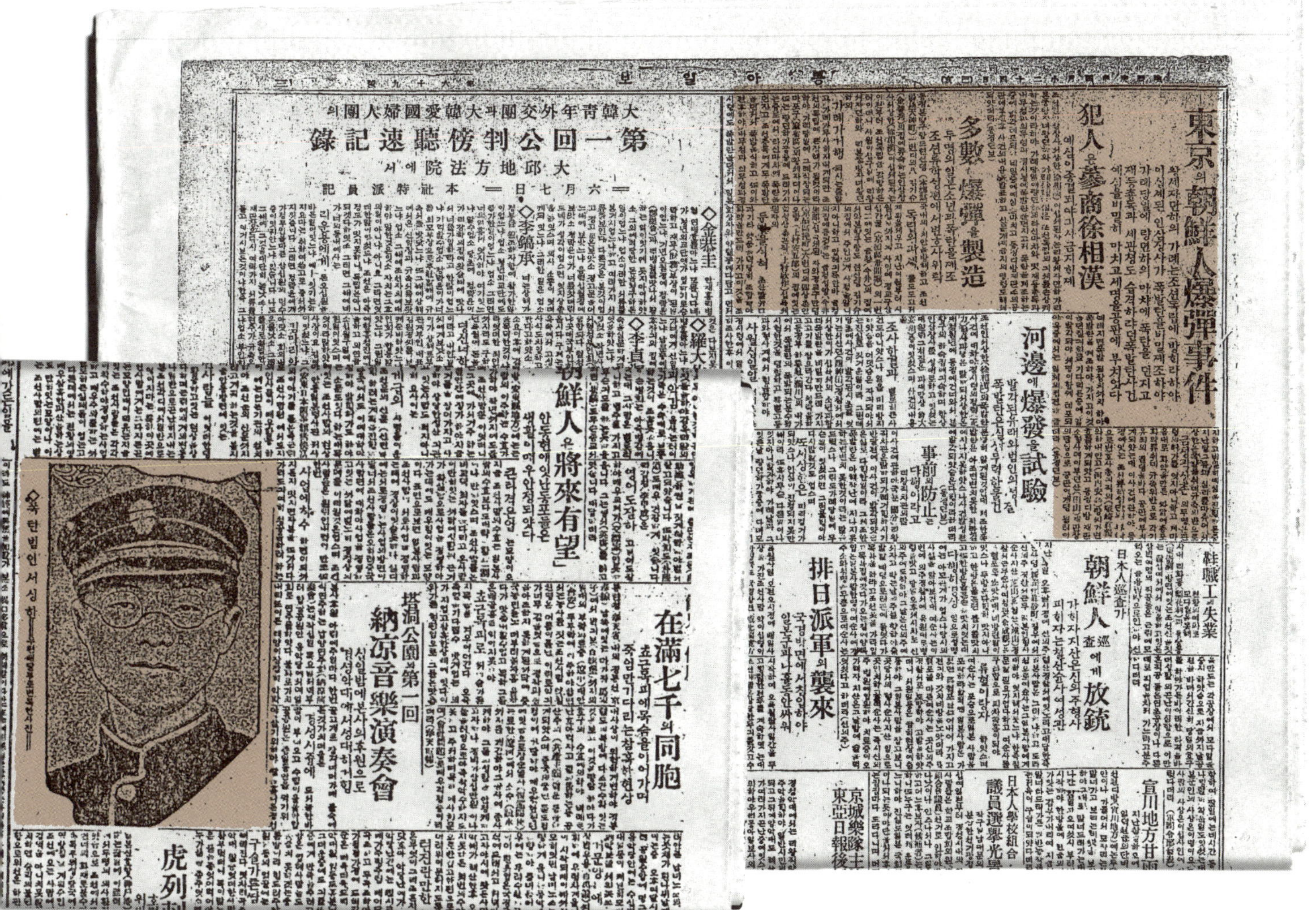

東京의朝鮮人爆彈事件

犯人은蔘商徐相漢

多數爆彈을製造

河邊에爆發을試驗

事前에防止

朝鮮人巡査에게放銃

排日派軍의襲來

大韓青年外交團과大韓愛國婦人團의
第一回公判傍聽速記錄
大邱地方法院에서
六月七日 本社特派員記

朝鮮人은將來有望

在滿七千의同胞

塔洞公園의第一回納凉音樂演奏會

◇폭탄범인서상한

동아일보 1920年 6月 12日

국경의 무장 단체

1920年 6月 20日
동아일보

국경 방면의 배일파排日派 침입 상보詳報
금년 1월 이래로 최근 6월까지 30여 회나
배일 조선인 단체가 침입하였던 자세한 내용
6월 19일 군사령부 발표

노령露領[1]과 중국 영지 더욱이 길림성 지방에서 배일사상을 가진 조선인 단체가 여러 번 무기를 가지고 국경 지방을 침입한 사실에 대하여 자세한 보도는 금지 명령으로 인하여 오늘까지 발표치 못하였더니 지난 19일 오전 10시에 군사령부에서 금년 1월 이래의 배일 조선인 단체의 침입 전말을 자세히 발표하였기로 그 발표대로만 보도하노라.

전투전 일반 형세
배일 조선인 단체는 오랫동안
준비를 하고 기회를 기다렸다

한국이 일본에 합병된 이후로 일본의 통치에 대하여 반대하는 사상을 가진 조선 사람의 대부분은 땅을 접한 노령露領과 중국 영토로 몸을 피하여 그 지방에서 여러 가지로 온전치 못한 계획을 하던 중에 작년에 국제연맹회의에서 처음으로 부르짖은

민족자결의 소리는 그들에게 가장 좋은 빙거[2]를 주어서 동년 9월 이래로 조선 안에 침입하겠다고 말을 하여 내려왔는데 본년 1월 하순에 노령에 정치상 변란이 일어난 것은 그들에게 무기를 공급하고 단체를 건설함에 매우 편의를 주게 되어 따라서 본년 3월 이후로 도문강(두만강 맞은쪽) 지방 더욱 연길, 화룡, 왕청, 휘춘 등 여러 현에서 그들의 단체적 행동은 현저히 노골적으로 되어서

三屯子附近의戰鬪
增援隊의出動
女子副大統領
雄辯學會演說
シンガー裁縫機械會社
張豊商店
光新洋靴店

國境方面의 排日派侵入詳報

六月十九日 軍司令部發表

今日은 端午節

排日軍의 組織內容

大同團員의 檢擧

同盟休校

列車에 轢死

그 강 맞은편에 있는 밀강, 봉오동, 걸만동 등의 여러 부락에는 각각 유력한 단체를 주둔케 하여

조선 내지에 침입할 기회를 엿보고 또 뒤로 토문자 나자구 백초동의 제 지방에는 그 근거를 두어서 장정을 모집하고 훈련을 하였다. 그 중에도 가장 주목할 만한 것은 왕정현에서 현아 사이 불과 4, 50리 되는 서대포에서 새로 영문을 짓고 펼쳐놓고 수백의 장정을 훈련하는 것이다. 이와 같이 그들은 장정을 훈련하며 한쪽으로는 군자와 군량을 거두기 위하여 각각 그

부근의 부락을 협박하는 등 중국영토 안을 함부로 발호[2]하여 그 지방의 인민을 괴롭게 하는 일이 적지 아니하며 그들은 병기를 가지고 자주 자주 조선 내지에 침입하여 인민을 괴롭게 하며 혹은 금전을 청하는 등 걸핏하면 국경 방면의 질서를 문란케 하는 일이 있어서 본년 1월부터 최근 6월까지 그들이 조선 내지를 침입한 일은 전후 32회에 이르렀으므로 총기를 사용하여 쳐 물리친 일이 실로 열 번이나 된다. 그러나 군대는 국가의 외교상에 가장 존중할 것임을 생각하고 때를 따라

필요한 곳만 경계를 하고 기회를 기다리며 오늘날에 이르렀다. 최근 5월 27일에 약 20명의 무장한 배일 조선인이 은성 동편으로부터 강을 건너 침입하여 회령으로부터 경원으로 가는 길에 있는 운무령 고개 서편 산록에 나타나서 우편 체송인을 사격하여 헌병보에게 중상을 입히고 그 탄 말을 쏘아 죽이고 전선주를 끊어 버리므로 일본 군대에서는 기병의 일부를 출동시켜 에워싼 후에야 진정하게 되었다. 전기가 같은 형세이므로 두만 연안에 있는 일본 수비대는 더욱 그

경계를 엄중히 하는 동시에 감시하는 경계선을 더욱 엄밀히 하여 방비하는 중이더니 과연 금월 4일에 무장한 조선인 단체가 강을 건너 침입하므로 드디어 삼둔자三屯子 부근에서 격렬한 싸움을 일으켰더라.

삼둔자 부근의 전투
조선인은 사자[3] 1명 상자[4] 2명뿐

6월 4일 오전 5시경에 화룡현 월신강 삼둔자에 약 30명의 무장한 배일 조선인 단체가 나타나서 종성군 북편 약 5리나 되는 은성군 강양동 상류에서 두만강을 건너 조선 내지에 침입하여

일본 보초소步哨所를 공격하므로 동 보초소장 헌병군 조복강태삼랑曺福江太三郎은 그곳에 있던 헌병 6명, 경관 2명, 수비병 5명을 지휘하여 이에 응전하여 잠시 동안 교전한 후에 조선인들이 삼둔자 근처에 있는 민가로 들어간 후 오히려 사격을 계속하였

다. 남양수비대장 신미이랑新美二郎은 동일 오전 10시에 이 급보를 접하고 부하 10명, 헌병 4명, 경관 2명을 데리고 그 뒤를 따라 쫓아 공격할 목적으로

남양땅에서 강을 건너 동일 정오경에 전혀 배일 조선인의 뒤를 쫓아갔더니 조선인들은 점차 서남편으로 퇴각하기를 시작하면서 일본군을 사격함으로 이를 추격하였다. 이때 강양 등에 있던 부대도 역시 이 무장한 조선인을 공격하면서 강가로 쫓아나가 신미新美 소대小隊와 함께 삼둔자의 부락 안으로 돌입하여 동 부락의 수색을 행하고 그 후 동 대는 삼둔자 근처에 요해지[5]를 점령하고 상황을 정탐하였다. 이 싸움에 배일 조선인 편으로 죽은 자가 1명, 상한 자가 2명,

사로잡힌 자가 2명(이 2명은 민가에 숨어 있으면서 병든 사람같이 차리고 있는 것을 체포함) 아라사 총 2개, 탄환 335개, 담요 2개, 포승 2개 그 외 여러 가지 물건을 얻은 외에 그곳에 살던 조선 인민에 부상한 사람이 3명(부인 2명, 아이가 1명. 그 중에 1명은 사망함)인데 이는 민가에 들어가 있는 배일 조선인을 사격하는 탄환에 맞은 것이더라. 1920 0620

[1]러시아의 영토 | [2]사실을 주장할 근거 | [3]죽은 자 | [4]부상당한 자 | [5]요충지

해설

한일합병 이후 만주와 러시아령 연해주는 항일무장투쟁의 본거지가 되었다. 지리적으로 가까운 반면 일제의 침략 정도가 상대적으로 약했기에 많은 독립운동가들이 옮겨가 100만 명 가까운 한인 사회를 바탕으로 '독립전쟁'을 벌였다. 일제 치하의 언론이 바로 '배일 조선인 단체'로 불렀던 이들이다.

1920년대 초반에는 만주 지역에만 무장투쟁을 목표로 하는 독립군 부대가 70여 곳이나 활약했는데 대표적인 것이 왕청현의 북로군정서(김좌진), 연길의 대한독립군(홍범도)을 비롯해 대한정의군정사, 광복단, 의군부 등이다. 이들은 신흥무관학교를 세우고 청년들을 훈련시키는 등 체제를 갖추는 한편 혜산진, 갑산 등 국내에 진입하여 일제의 국경수비대와 전투를 벌였다. 1920년 3~6월 사이에만 32회나 전투를 벌여 경찰서 등 행정기관 34곳을 파괴하는 전과를 올렸다.

한때 기세를 올리던 독립군은 1920년 10월 21일 청산리에서 일본 정규군을 맞아 대승을 거두기도 했지만 이를 고비로 가시밭길을 걸어야 했다. 일제가 시베리아에서 철군하던 제19사단을 동원해 대대적인 토벌 작전을 벌인 때문이었다. 일본군은 간도 지방에서 우리 동포 1만여 명을 학살하고 민가 2500여 채와 30여 채의 학교를 불태웠다. 바로 '경신참변庚申慘變' 또는 '간도 학살 사건'이라 불리는 독립군 소탕 작전이다.

독립군 부대들은 일제의 공세를 피해 대한독립군단을 조직하고 소련령 스보보드니로 이동해 전열을 가다듬으려 했다. 그러나 일제와 손잡은 소련은 조선독립군의 무장해제를 요구했다. 이에 맞서다 1921년 6월 22일 270여 명의 독립군이 사살되고 970명이 포로가 되는 '자유시 참변'을 겪어야 했다. 이후 1945년 광복을 맞을 때까지 만주와 연해주 지역 항일무장투쟁은 눈에 띄게 약화됐다.

을 따라 즉시 추격전에 옮겨가 목하[4] 전투 중에 있다. 이 급보를 접한 동로東路사령관 ㅇㅇ은 즉시 전투 지점으로 급행하였다고. 1920 0622

[1]승전 | [2]허물어져 어지러움 | [3]싸움에 져서 흩어져 달아남 | [4]바로 지금

봉오동 전투

1920年 6月 22日 독립신문

독립군 승첩勝捷[1]

봉오동에서 적을 대파

적은 궤란潰亂[2] 사상死傷 120명

6월 7일 접전에 관한 아군의 공보公報

6월 7일 북대륙 우리 독립군과 적의 접전에 관한 적의 보도는 별항과 같거니와 6월 20일 아군의 통신이 국무원에 도착되었으므로 임시정부 공보호외로 다음과 같이 발표되다. 이로써 보건대 적의 보도가 어떠한지 신용치 못할 것임을 알리라.

6월 7일 상오 7시에 북간도에 주둔한 아군 700명이 북로北路사령부 소재지인 왕청현汪淸縣 봉오동鳳梧洞을 향하여 행군할 때 불의에 동 지점을 향하는 적군 300명을 발견한 지라 동 군을 지휘하는 홍범도洪範圖, 최명록崔明錄 양 장군은 즉시 적을 공격하여 급 사격으로 적에게 120여 명의 사상자를 내게 하고, 적의 궤주潰走[3]함

해설

봉오동은 두만강에서 만주 쪽으로 40리 정도 들어간 곳에 있는 계곡 지대다. 홍범도와 최진동이 이끄는 독립군 연합부대는 1920년 6월 7일 여기서 매복 작전을 펼쳐 일본 157명을 사살하고 200여 명의 부상자를 내는 대승을 거두었다.

그 발단은 독립군 부대가 6월 6일 함경북도 종성군 강양동의 일본군 헌병초소를 습격한 것이었다. 일본군이 1개 중대를 출동시켜 반격전을 편 데 이어 보병과 기관총대 1개 대대를 동원하자 안산과 고려령에서 기습해 유인한 뒤 타격을 가했다.

이 전투는 그 해 10월에 있은 청산리 대첩에 다소 가려진 면이 있지만 일본 정규군을 상대로 한 최초의 대승으로 독립군의 사기를 크게 올렸다는 점에서 주목할 가치가 있다. 오죽 기뻤으면 임시정부 기관지인 〈독립신문〉이 공보 호외를 발행했을까.

한편 이에 자극받은 일본군은 중국 마적을 매수해 일본 영사관과 일본인들을 습격하도록 해 이른바 '훈춘 사건'을 일으킨 뒤 이를 빌미로 중국 당국과의 교섭도 없이 군대를 만주에 진주시켜 독립군 토벌에 나섰다.

(二) 大韓民國二年六月卄二日 獨立新聞 (火曜日) 第八十五號

獨立軍勝捷

鳳梧洞에셔敵을大破

敵은潰亂死傷一百二十

六月七日接戰에關한

我軍의公報

六月七日北陸我獨立軍과敵의接戰에關한敵의報道는別項과갓거니와六月二十日我軍의通信이國務院에到着되엿슴으로臨時政府公報號外로如左히發表되다、이로써보건대敵의報道가如何히信用치못할것임을알니라

六月七日上午七時에北墾島의駐屯한我軍七百이北路司令部所在地인汪淸縣鳳梧洞을向하야行軍할새不意에同地點을向하는敵軍三百을發見한지라同軍을指揮하는洪範圖崔明錄兩將軍은直時敵을攻擊하야急射擊으로敵의게一百二十餘의死傷者를出케하고敵의潰走함을乘하야直時追擊戰에移하야目下戰鬪中에在하다此急報를接한東路司令官○○은直時戰鬪地點으로急行하엿다고

연통제 공판

1920年 8月 22日
동아일보

세인世人을 경해驚駭[1]케 한 연통제聯通制의 공판(1)
8월 4일로 7일까지 4일간
함흥지방법원 청진지청에서

온 세상 사람의 이목을 놀라게 하고 더욱이 당국자의 간담을 서늘하게 한 함경북도의 지식계급으로 조직한 조선 독립운동의 중대한 비밀결사인 연통제聯通制가 발각이 되어 오랫동안 함흥지방법원 청진지청에서 예심 중이더니 지난 7월 7일에 예심이 결정되어 피고 47인은 모두 정치범으로 결정이 되어 동 지청의 공판에 부치었는데 지난 4일부터 7일까지 나흘 동안 계속하여 이 중대한 사건의 제1회 공판은 동 지청 제1호 법정에서 열리었는데 사건도 중대하거니와 피고도 47인 다수한 사건이므로 동 공판의 속기를 발표하여 일반 독자에게 보도하고자 하는 바이라.

(명단 생략)

함경북도의 지식계급을 망라하여 조직한 함북 연통제 사건 47인의 제1회 공판은 금월 4일 오전 9시부터 함흥지방법원 청진지청 제1호 법정에서 개정되었는데 정각 전에 피고

47인은 간수와 순사에게 호위되어 법정으로 들어오는데 7, 8삭[2] 동안이나 철창 아래에서 신음한 까닭으로 얼굴에는 혈색이 하나도 없이 하얗게 세었고, 그 중에 백발이 성성한 노인이 있는 것은 한층 더 사람의 비회[3]를 자아낸다. 방청인은 멀리 회령, 경성 등지에서 온 사람이 무려 4, 500명에 달하였는데 법정이 매우 좁아 피고들만 간신히 들어가고 간수와 순사가 법정문 밖에서 경위를 엄중히 함으로 방청인은 들어갈 생의[4]도 못하고

법정 밖에 서서 피고의 얼굴이나 볼까 하여 고개를 기웃기웃할 뿐이다. 정각보다 조금 늦게 석교石橋 재판장, 천원淺原, 길吉 양 배석판사와 신등新藤 검사, 서기, 통역생이 차례로 착석하고 석교 재판장이 개정을 선언하니 법정 안은 죽은 듯이 고요한 중 순서를 따라서 피고의 주소 직업 연령 씨명을 조사하는데 연령과 주소에 많은 착오가 있어 문부[5]의 정대[6]치 못한 점이 탄로되었으며 한 시간 동안이나 조사를 마치고 신등 검사는 일어서서 침착한 태도로

본 사건의 경과를 간단히 말한 후 경찰서 검사국 예심정 심문과 기타 증거에 대하여 범죄 증거가 충분함으로써 공소를 제기하는 것이니 심리하기를 바란다 하고 앉으매 재판장은 이로부터 사실을 심리할 터인즉 일반 피고는 첫째, 이 사람의 말을 저 사람이 가로막아 대답하지 말 일 둘째, 대답하는 말은 간단명료해야지 아니하는 일까지 장황히 진술하지 말 일 셋째, 사실은 경찰서 검사국과 예심정에서 이미 취조한 것이니 이번 심문에 공연히 사실을 부인하여서 심문상의 수속이 많이 걸리게 하지 말 일 등의

세 가지의 조건을 주의시킨 후 먼저 김인서金麟瑞부터 심문을 시작하였다. 1920 0822

[1]깜짝 놀람 | [2]개월 | [3]마음속에 서린 슬픈 시름이나 회포 | [4]엄두, 생각 | [5]문서와 장부 | [6]올바름

해설 연통제는 독립운동의 자금 모집과 정보의 수집 전달을 위해 대한민국임시정부가 국내와 만주에 운영했던 비밀행정조직이다. 1919년 7월 임시정부 내무총장 안창호의 주도로 설치됐는데 주업무는 정부 법령과 공문 전달은 물론 독립시위 운동의 진행 상황, 독립운동자와 협조자 인적사항, 적의 무장 정도를 파악해 5일마다 보고하는 것이었다. 이를 위해 서울에 총판, 도에 감독부, 군에 총감부, 면에 사감부를 두는 조직 체계를 갖췄다. 하지만 황해도 · 함경도 · 평안도에선 구성이 순조로웠으나 서울 · 충청도는 일부만 설치됐고 강원도와 남부에선 거의 설치하지 못해 한계가 있었다.

그래도 이를 통해 국내에서 판매된 '독립공채' 대금을 회수하는 등 나름대로 성과를 거뒀다. 또 3 · 1운동 직후 국내 최대 규모의 민족운동단체였던 조선민족대동단 총재 김가진의 망명과, 그해 11월에 시도했던 고종의 다섯째 아들인 의친왕 이강의 탈출 시도도 연통제 덕에 가능했다.

사실 연통제는 설치 초기부터 반대가 있었다. 비상연락망이 아닌 행정기구를 두었다가 드러나면 많은 사람이 일제에 체포될 우려 때문이

었다. 결국 실시 2개월 만인 1919년 9월 평안남도에 특파된 유기준이 체포되고, 11월엔 함경북도의 독판(도 책임자) · 군감 47명이 잡히는 등 조직에 구멍이 뚫려 1921년 국내의 연통제는 사실상 붕괴됐다. 기사는 함경북도 연통제 관련 인사들에 대한 재판을 다루었다.

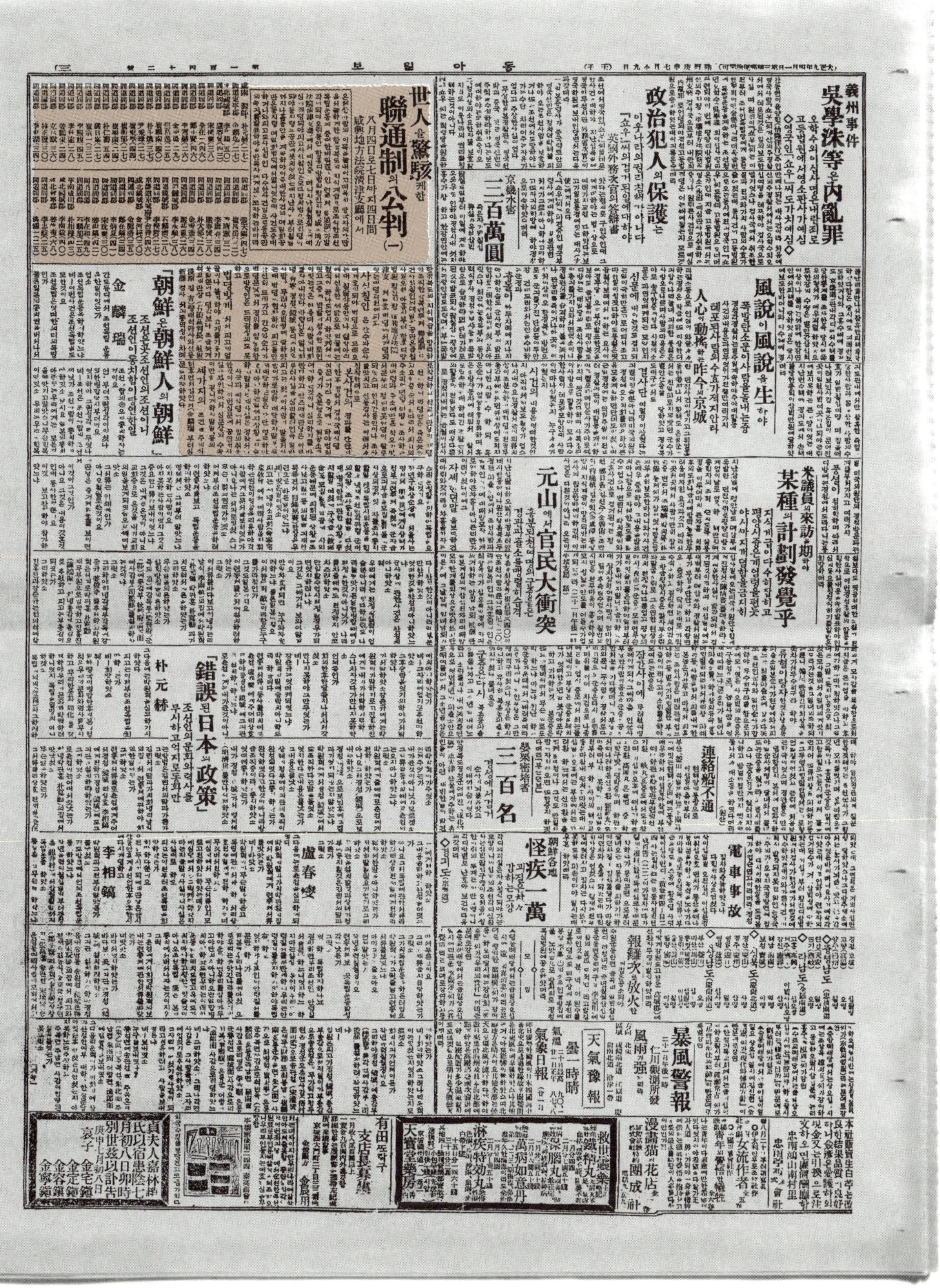

동아일보

義州事件 吳學洙等은內亂罪

政治犯人의保護는

世人을驚駭케한 聯通制의公判(一)

京畿水害 三百萬圓

風說이風說을生하야

米議員의來訪을期하야 某種의計劃發覺乎

元山에서官民大衝突

「朝鮮은朝鮮人의朝鮮」

「錯誤된日本의政策」

連絡船不通

三百名

怪疾一萬

電車事故

暴風警報

天氣豫報

산미증식계획 수립

1922年 1月 17日
동아일보

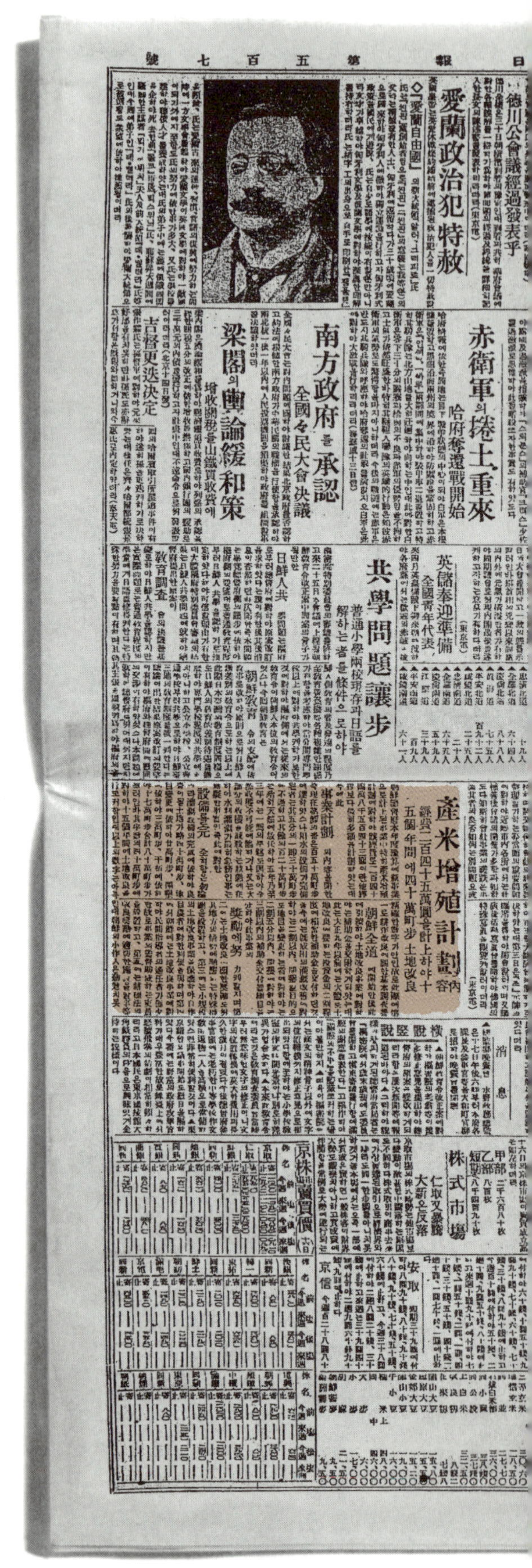
德川公會議經過發表乎
愛蘭政治犯特赦
赤衛軍의捲土重來
南方政府를承認
全國々民大會決議
梁閣의輿論緩和策
共學問題讓步
產米增殖計劃 內容
經費二百四十五萬圓을計上하야十五個年間에四十萬町步土地改良
株式市場

산미증식계획 내용
경비 245만 원을 계상計上[1]하여
15개년간에 4000만 정보 토지개량

조선총독부 본년도 예산에 신사업으로 계상된 사업 중 특히 산미증산계획에 대하여 해당 경비로 244만 8543원이란 타 경비보다 가장 많은 액수를 계획하였는데 지금 그

사업계획의 내용을 들은즉 현재 조선의 답畓은 150만 정보에 달하였으나 용수의 설비가 완비된 것은 그 5분의 1 즉 30만 정보에 불과하고 기타 나머지 120만 정보는 거의 천연에 방임하여 5년 내지 3년에는 한 차례의 한발旱魃[2]로 인하여 천연 수확 불가능에 빠지거나 또는 대부분의 수확은 멸살滅殺[3]하는 상태에 있어 수리 관개가 특히 급한 일임은 의심할 여지 없는 사실인즉 이에 대한

설비를 완전히 함은 물론이라 관개설비의 완성에 의하면 양답良畓이 될 토지가 약 40만 정보, 지목변경에 의하여 2만 정보, 개간에 의하여 3만 정보, 간척에 의하여 17만 정보, 합계 80만 정보가 될 터인데 그 반수인 40만 정보에 대하여 15개년간에 토지개량을 행하고자 함인데 이상의 숫자는 아직 정확한 숫자가 아닌 고로 차제此際[4]에 제1로 경작개량에 관한 기본 조사를

조선 전도全道에 개시한 후 이에 인속引續[5] 토지개량 사업에 대하여는 보조금을 교부하게 되었는데 이는 대정 9년 이전에는 대체로 토지개량에 요하는 투자금의 2할 정도에 상당한 보조금을 교부하던 것을 지금은 기성 전田의 관개 개선에 대하여는 2할 이내, 개간할 목적으로 지목을 변경하는 자에 대하여는 2할 5분 이내, 개간에 대하여는 3할 이내의 보조금 교부를 세목을 나눠 이

(二) 第三種郵便物認可 大正十一年一月十七日 (火曜日)

山東交涉의經過

膠州灣은全部開放

外人參政權同意

統治引渡同意

青島關係의公文書도

山東問題와米國

廢艦案과英米爭議

佛新內閣員決定

新閣成立公表期

佛國新首相

「포앙카레」氏의新聲明

北佛坑夫大罷業

大規模의示威運動

失業救濟普選實行

駐佛中使更迭

米收大減

在住歐米人數

會社經營難과救濟策

米作이不振

政務總監渡東期

商況

大阪三品

京城手形交換

京株受渡高

大阪株式

短期取引

사업의

장려에 노력케 할지며 제2에는 토지개량에 관한 장려로써 그 지방 정세에 순응하는 특수기관을 설치하고, 제3에는 소규모의 토지개량 사업을 보호하여 자작 자농자에 대한 이익과 편리를 베풀며 제4에서 조선에는 토지개량 사업에 대하여 민간 지도자의 적임자가 극히 적은 고로 사업의 감독 조성하는 이원吏員[6]을 설치하고, 제5에는 경종법耕種法의 개량 장려에 적절한 시ㅁ을 할 일 등인데 조선의 소작인은 근면치 못하여 시비施肥[7] 기타 불충실한 고로

미작米作이 부진하는 근본적 소이所以[8]은 수리 관개가 극히 불완전하여 3년 내지 5년에는 한 차례의 대한발 또는 수해를 당하는 일을 거의 불가항력과 같이 전통적으로 농민이 의식함이 아니면 농사 개량의 근본은 수리 관개를 완비하여 한해旱害, 수해 등의 재액을 방비하는 의미에 기인基因함이라더라. 1922 0117

[1]계산하여 올림 | [2]가뭄 | [3]씨도 없이 다 죽어 버림 | [4]때마침 주어진 기회 | [5]뒤이어 | [6]관아의 벼슬아치 밑에서 일하는 사람 | [7]거름주기 | [8]까닭

해설

일제가 조선을 식량 공급 기지로 만들려 추진했던 미곡수탈정책의 뼈대다. 강점기 동안 1920~25년, 1926~34년, 40~45년 세 차례에 걸쳐 산미증식계획을 실시했는데 기사는 1차 계획을 다루었다. 조선총독부는 이를 위해 전담 회사를 신설하고 총독부 식산국에 토지개량과를 두는 등 힘을 쏟았다.

1차 계획은 15년 계획으로 토지개량사업(수리시설 확보 · 개간 등)과 농사개량사업(우량 품종 보급)으로 쌀 생산을 늘리자는 목표였지만 실적이 부진해 1926년 수정됐다. 실적 부진의 이유는 자금난이었다. 일본 내 경우에 비해 국고 보조율이 절반에도 못 미친 반면 이율은 높았다.

무엇보다 문제는 쌀 증산의 효과가 농민들에게 돌아가지 않았다는 점이다. 1904년 러일전쟁 이후 쏟아져 들어온 일본인 지주들의 득세로 소작농으로 전락한 많은 조선인 농민들은 소작료 외에도 토지개량비, 수리조합비, 비료대 등의 부담만 늘었을 따름이었다. 이 때문에 농민들은 풍년에도 초근목피草根木皮로 연명한다는 말이 나올 지경이 되었다. 결국 수많은 이들이 도시의 빈민으로 전락하거나 만주 · 일본 · 러시아 등 해외로 쫓기듯 떠나야 했다.

한편 대일 미곡 수출이 급증하면서 한국에서는 식량 부족 현상이 일어난 반면 일본 농민들은 경쟁력이 뛰어난 조선미의 유입으로 큰 타격을 입었다.

토지개량사업

1926年 4月 22日 동아일보
1932年 12月 21日 동아일보

소위 '토지개량회사'는 동양척식東洋拓植과 형제간
산미증식계획으로 생겨나는 토지회사
동척과 마주 서려는 식산은행의 별동대
당국의 산미증식계획과 주목되는 전도前途[1]

하강下岡 전 정무총감의 산미증식책의 부산품으로 자본금 500만 원으로 동경에서 설립되는 조선토지개량회사는 그간 모든 준비가 거의 준성되어 근근[2] 창립총회를 동경에서 열기로 되리라는데 토지개량회사는 산미증식계획과 같은 성질을 띤 것으로 본래 계획한 동기가 예전 동양척식회사 이사로 있던 미기尾岐 씨가 동척의 별동대로 동양척식회사와 같은 큰 목적으로 계획되었던 것은 미기 씨가 동척 총재와 의견이 충돌되어 동척을 사직하자 그 계획을 식산은행殖産銀行으로 옮기고 식은의 별동대가 되어 동척과 대항하여 조선의 토지를 양분하려는 것으로 표면으로는 그 사업의 성질이 조선 토지에 기초를 둔 것이므로 동척에서도 원조를 하기는 하나 순전히 식은의 별동대라 한다. 그런데 이 회사의 사업은 순전히 동척과 같이 각지에 수리조합을 설치하고 윤택한 자본을 맘껏 사용하여 토지를 영득領得[3]하자는 것이므로 수리조합이 설립될 때마다 경비를 부담할 힘이 없어 하던 조선 지주에는 큰 영향이 미치게 될 터이라는데 그 회사 사장에는 전 사내寺內 총독 시대 농상공부 장관이던 황정荒井 씨가 취임하기로 내정이 벌써 되었고 발기인도 한두 사람의 조선인을 제하고는 전부가 일본인이라 하더라.

수리 신청 격증
각지에서 너도나도

산미증식사업의 실행 기도가 가까워 옴에 따라 오는 7월에는 토지개량회사의 설립을 보게 될 터이오. 식산은행과 동양척식회사도 자금의 대출을 시작하게 될 터이므로 이에 따라 각 처에서 수

警務當局의密使 西間島를偵察
賃金不平叫滿
金泉運夫問題
讀者本位의懸賞記事
鄕土 내고을名物
應募規程과注意
同胞安危를無電으로照會
少年男女의情死
料理店보이와童妓
中國官憲廿名과 參義府員衝突
向上會舘生徒募集
長美商會

所謂「土地改良會社」는 東洋拓殖과 兄弟間

當局의 産米增殖計劃과 注目되는 前途

水利申請激增

大倧敎의 新計劃

「돌프」氏歡迎宴

李完用墓所에 食刀强盗三名

損害二十萬圓

朝鮮幼稚園

帝國自動車學校

土金石金買入

德力出張所

奬忠壇行電車開通

동아일보 1926年 4月 22日

리조합설치 청원을 총독부에 제출하는 건수가 퍽 많아졌다는데 금년 4월 이후에 허가된 것이 벌써 (명단 생략) 4군데나 되며 방금 신청 중에 있는 곳이 15군데로, 그 면적이 1만 9034정보인데 이후부터 설립되는 수리조합은 대개 조선토지개량회사와 직접간접의 간섭을 아니 받을 수는 없게 되리라고 관측된다더라. 1926 0422

[1]앞으로 나아갈 길 | [2]머지않아 | [3]취득하여 제 것으로 만듦

동아일보

朝鮮農民에 關係기픈 產米增殖事業中止

米價의 低落과 日本反對로

◇수리조합신설도 이제부터는 중지

水組難暫時謀免

事業開始七年에 豫定計劃을 半成

◇에처사업의 절반을 해다

食糧問題解決에 만忠實

四圍의 情勢로 今明年中止

정무총감도 곤난을 반는다고

◇古庄土改課長談

血衣의 處置問題와 駐在所寄附追窮

◇繫獄한朴小植의訊問續開

母子에게 死刑을 求刑

平北慈城郡內에 大刀會員越境侵入

◇일륙명은 압록강을 건너◇

警官隊出動追擊中

平師事件關係 十五名移送

【昨夜西大門監獄收容】

成興에서 護送해와

山海關方面 最近又惡化

天野部隊大孤山入城

永登浦强盜 三家를襲擊

京仁複線과 列車增運轉

今日鐵道局에陳情

西尾小尉自決

十日滋賀縣自家에서

鐵道에投身 自殺한靑年

機關車故障

昨年의 覇, 再獲得코저 世界蹴球日本에!

◇年賀郵便은今日부터

歲末은注文輻輳하오니미리下命 三國商会

鳥捕網 秋岡商會

高價買入 石福京城出張所

平壤 콘스타취會社에서 玉蜀黍目下購入中

동아일보 1932年 12月 21日

조선 농민에 관계 깊은 산미증식사업 중지

미가米價의 저락低落과 일본 반대로

수리조합 신설도 이제부터는 중지

수조난水組難 잠시 모면

산미증식계획에 의한 토지개량사업은 금년과 명년의 2년도 사업을 중지한다는 것을 19일 밤 동경으로부터 돌아온 고장古庄 토지개량과장이 20일 아침에 성명하였다. 토지개량사업 중에도 수리조합사업은 설계의 두찬杜撰[4]과 공사의 방만과 공사 담당자 또는 사업 당국자의 부정 행위 등으로 산미가 증식되는 반면에 조합비 부담 불능으로 인한 중소지주의 몰락을 촉진하여 미가가 참락[5]한 만근[6] 수년엔 수리조합이 지주와 농민의 원망의 과녁이 되어왔다. 그러나 당국에서는 이 문제를 소극적으로 미봉만 할 방침으로 지나오더니 최근 일본에서는 제국농회 등 각 농민단체는 물론 정부의 일부에서까지 조선미 이입 제한을 열렬히 주창하게 되고 조선서도 일본의 조선미 통제에 대한 대책인 소위 '유하안有賀案'에도 조선미 작부면적作付面積 축소론이 제창되어 사위[7]의 형세가 도저히 현상에 모순되는 산미증식계획의 진행을 고집할 수 없게 되었으므로 필경 금명 양년도의 산미증식사업의 일시 중지를 공포하게 된 것이다.

사업 개시 7년에 예정 계획을 반성半成

예정사업의 절반을 했다

식량문제 해결에만 충실

산미증식계획의 토지개량 사업은 소화 원년 이래 12개년(완성 14개년) 동안에 35만 정보(관개 개선 19만 5000정보, 지목 변환 9만 정보, 개간 간척 6만 5000정보)의 토지개량을 행하여 816만 석의 증수를 얻어 516만 석을 일본에 이출하고자 하는 것으로 총 경비는 1억 9819만 7000원이었다. 지금까지의 성적은 만난[8]을 배제하고 계획 성취에 매진하여 계획의 절반을 이루어 놓았다. 그러나 금년에는 타력적[9]으로 내려오던 지주의 부담 과중에 인한 상처가 더욱 심하게 되어 조합비 미납이 많아지고 당국은 고리채의 저리 변환의 고통만 더하게 됨으로 일반의 열이 줄어 금년은 수리조합 설치 계획의 신규 인가가 겨우 3개 소에 321정보에 불과해 겨우 산미증식계획 존속의 구실을 삼았을 뿐이다.

이와 같이 공사 계속 중에 있는 것은 중도에 폐지할 수 없으되 인가만 얻어놓고 사업을 착수하지 않은 조합도 대개는 기공을 중지하게 되리라고 본다. 1932 1221

[4]틀린 곳이 많음 | [5]파는 사람이 손해 볼 정도로 물건의 값이 많이 떨어짐 | [6]몇 해 전부터 현재까지의 기간 | [7]사방 | [8]온갖 어려움 | [9]습관적

해설 경제 불황으로 자금 조달이 어려워지자 조선총독부의 1차 산미증식계획은 60퍼센트만 달성한 상태에서 수정되기에 이른다. 2차 계획은 12년간 32만 정보의 토지개량과 농사 개선을 병행해 472만 석의 쌀을 증산한다는 목표였다. 이를 위해 총독부는 식산국과 동양척식회사에 토지개량부를 두는 한편 별도의 토지개량주식회사를 설립했다.

한두 명의 조선인도 자본 참여한 이 회사는 '정부 원조 하에 토지개량사업을 위한 측량 설계 자금의 알선과 조달 등을 담당한다'는 것이 표면적 사업 목적이었다. 하지만 이 회사는 기사처럼 동양척식회사에 맞서 조선의 토지를 양분하려던 식산은행의 별동대였다. 두 회사는 각지의 수리조합에 대한 자금 지원을 빌미로 경쟁적으로 조선의 중소지주들에게 땅을 매수해 잇속을 챙겼다.

한편 6년 후인 1932년 기사에서 보듯 토지개량으로 쌀 816만 석을 더 수확해서 절반이 넘는 516만 석을 수출하는 성과를 올렸다. 그러나 그 대가는 컸다. 조선에서는 수리조합비 부담을 견디지 못한 중소지주 몰락 현상이 벌어졌고, 일본에서는 조선미 유입으로 쌀값이 폭락하는 바람에 농민들의 불만이 커졌다.

결국 2차 산미증식계획은 국내외 어려움이 겹쳐 중단할 수밖에 없게 됐다. 그런데 이 기사는 마치 조선총독부가 조선의 사정을 고려해 이를 중단하는 듯이 보도했다. 애당초 이 사업의 목적이 조선 농민들을 위한 것이 아니었음을 생각하면 어르고 뺨치기요, 엿장수 맘대로 정책이었던 셈이었다.

그 후 중일전쟁이 일어난 뒤 일본군의 군량을 대기 위해 1940년 3차 계획을 시작할 때까지 조선총독부는 산미증식사업을 중지했다.

의열단과 〈조선혁명선언〉

1923年 4月 14日
동아일보

폭탄, 권총 양부兩部로
파괴 계획을 착착 진행
북경에 있는 의열단 최근 활동
이번에 잡힌 사람들은 임시 동지자

의열단의 내용 대강은 어제 일본지에도 보도한 바이거니와 그후 세상에 전하는 바 대강을 다시 기록하면 의열단장 김원봉은 중국 각지에 출몰하며 혁명에 관한 일이라면 수하[1]라도 사양치 아니하는 대원 30여 명을 부리어 신출귀몰한 행동을 하는데 조직은 권총부와 폭탄부로 나눠 놓고 폭탄부에서는 폭탄 만드는 법과 사용하는 법을 연습하고 육혈포부에서는 육혈포 놓는 연습을 하는 데 연습도 보통 방법으로 하는 것이 아니라 서로 머리 위에 배를 놓고 육혈포로 그 배를 놓아 떨어뜨리는 것이니 만일 총알이 조금만 빗나가서 머리를 맞으면 즉사를 하는 것이라. 그러나 그들은 생명을 초개[2]같이 알고 그런 일을 하며 북경 외교부 대가大街에 통신 연락부를 두고 때때로 조선 내지에 들어올 때는 다수한 동지를 얻어 들어오나니 이번에 검거된 대부분은 실상 그 단원이 아니라 임시의 동지로 찬성한 사람들이다.

폭력의 무기로써
'강도 일본'의 세력을 파괴 후
'이상적 조선'을 건설하자고
〈조선혁명선언〉 내용

의열단의 손에서 당국에 압수된 비밀문서 중 조선혁명선언朝鮮革命宣言이라는 제목이 적힌 책 내용은 독립에 대한 열렬한 문자로 기록되었는데 전부를 일일이 소개할 자유가 없으므로 결론만 소개하면 다음과 같더라.

(전략) 이제야말로 파괴와 건설이 유일의 사명일뿐이다. 현재의 조선 민중은 오직 민중적 폭력에 의하여 신조선을 건설하는 데 장애되는 '강도 일본'의 세력을 파괴할 방법을 연구할지니 그 방법은 조선 민족이 한 덩어리가 되어 일본에 돌격하는 일이다. 외나무다리 위에 선 것 같은 위경[3]에 처한 우리 2000만의 조선 민족은 일치하여 폭력과 파괴의 길로 나아갈 뿐이다. 우리들의 선언 중 중요한 조건은 다음과 같다.

1. 민중은 우리들의 혁명운동의 대본영이다.
2. 폭력은 우리들의 혁명에 유일한 무기이다.
3. 우리들은 민중으로 더불어 손을 잡고 천만 년이 지날지라도 이 '강도 일본'의 세력을 파괴하기 위하여 폭력에 의한 암살, 파괴, 폭동들을 그치지 아니할 터
4. 우리들의 생활에 적합지 못한 제도를 벗어나서 인류가 인류를 압박하는 등의 일이 없는 이성적 조선을 세울 일

4256년 1월 의열단

결사대 계속 파견
무단판 독립단의 여섯 가지 결의

또 최근 중국 간도와 아라사[4] 지방에 있는 조선독립당의 수령들의 일치로 운동코저 함은

1. 상해정부가 어찌되든지 자기들의 세력이 믿는 데까지 무력 행동을 버리지 말 일
2. 중국 관헌의 양해를 얻어 각 처에 둔전병屯田兵을 배치할 일
3. 서북간도 각지와 아라사령에 거주하는 조선 사람의 자치권언을 운동을 일으킬 일
4. 마적을 이용하여 일본 관민이 간도에 거주하는 것을 방해할 일
5. 일본의 정치를 방해하고 군자금을 얻기 위하여 공산주의를 선전할 일
6. 조선 내지에 대하여 한 번에 3명 이상씩 결사대를 파견할 일 1923 0414

[1]부하 | [2]지푸라기, 쓸모없고 하찮은 것을 비유함 | [3]위태로운 처지 | [4]러시아

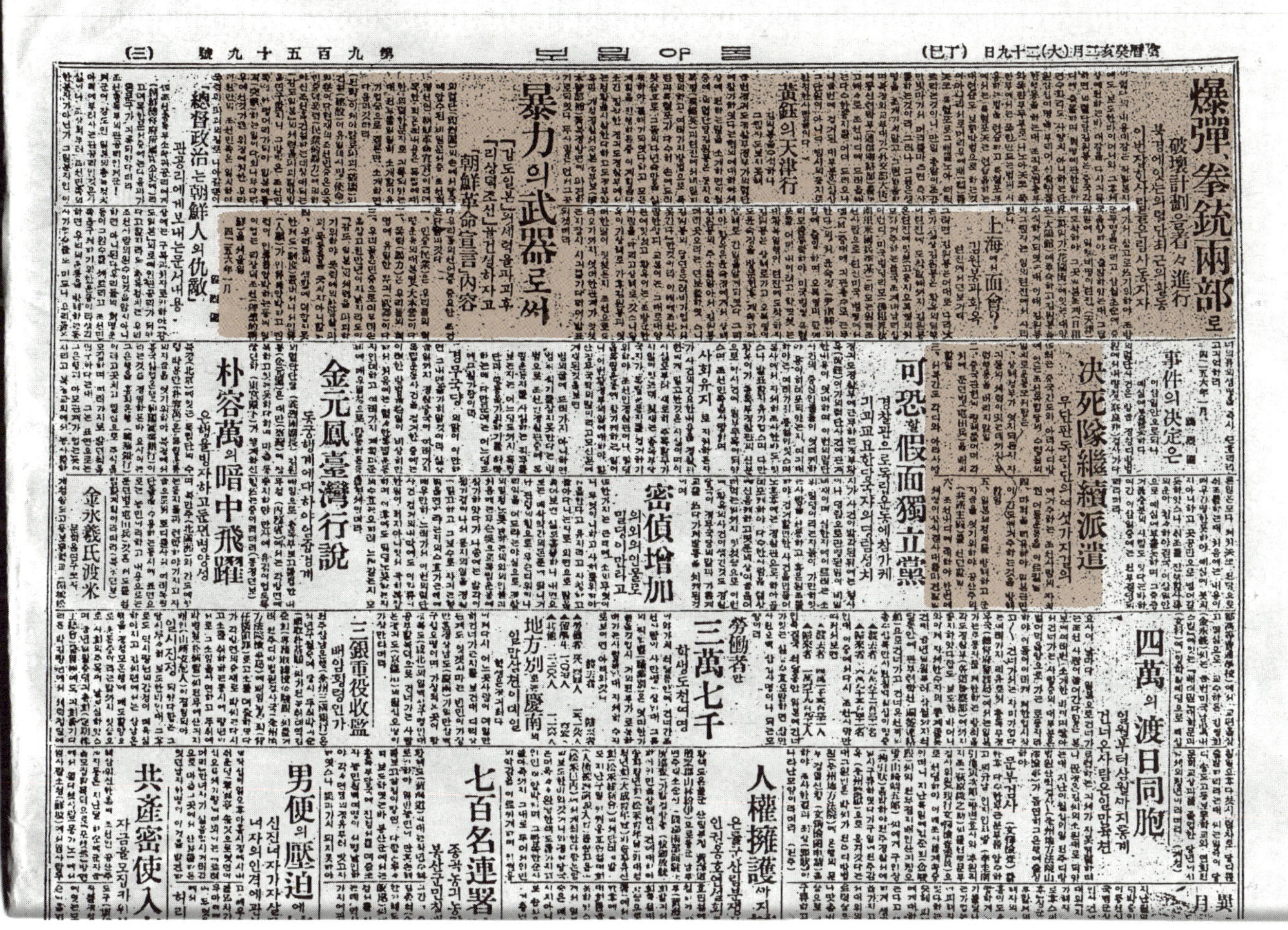

동아일보

爆彈、拳銃兩部로

破壞計劃을着々進行

決死隊繼續派遣

上海에서面會?

可恐할假面獨立黨

密偵增加

暴力의武器로써

朝鮮革命宣言內容

黃鈺의天津行

「總督政治」는朝鮮人의仇敵

金元鳳臺灣行說

朴容萬의暗中飛躍

金永義氏渡米

四萬의渡日同胞

勞働者만三萬七千

人權擁護

七百名連署

男便의壓迫에

共產密使入

해설 의열단은 1919년 중국 지린성吉林省에서 13명의 한국인 민족주의자 청년들이 결성한 항일독립운동단체로 비타협 · 폭력 노선을 지향했다. 한국독립운동사에서 이례적인 이 단체의 명칭은 공약의 제1조 '천하의 정의의 사事를 맹렬히 실행하라'에서 따온 것으로, 단장은 김원봉이었다.

이들은 소수 결사를 동원해 조선총독부 고관 · 친일파 거두 등을 암살하고 조선총독부 · 동양척식회사 · 매일신보사 · 경찰서를 파괴하는 것이 목적이었다. 이에 따라 1920년 9월 박재혁의 '부산 경찰서 투탄 의거'로 시작해 같은 해 11월 최수봉의 '밀양 경찰서 투탄 의거', 1921년 9월 김익상의 '조선총독부 투탄 의거' 등 수백 차례 거사를 단행했다.

특기할 점은 독립운동 방편으로, 독자적인 민중폭력혁명을 이념적 기반으로 했다는 점이다. 이들은 출범부터 왜노倭奴 구축 · 조국 광복과 함께 계급 타파 · 지권地權 평등을 내세웠다. 이는 김원봉의 부탁으로 단재 신채호가 1923년 작성한 〈조선혁명선언〉에 분명히 드러나 있다. 핵심 내용은 "고유적 조선의, 자유적 조선 민중의, 민중적 경제의, 민중적 사회의, 민중적 문화의 조선을 건설하기 위해 이종 통치의, 약탈 제도의, 사회적 불균형의, 노예적 문화 사상의 현상을 타파해야 한다."는 것이었다.

무정부주의나 사회주의와 거리를 두면서도 민족주의 우파 세력의 외교론 · 문화운동론 · 자치론 등을 비판했던 의열단은 1935년 조선민족혁명당을 창당하며 발전적으로 해체됐다.

김상옥, 종로 경찰서에 폭탄 던지다

1923年 5月 13日 동아일보

폭탄과 권총의 대음모

김상옥 사건의 공판

지나간 1월 이래로 시내 삼판통三坂通에서 순사를 쏘아죽이고 다시 효제동孝悌洞에서 수백 명의 경관대와 충돌되어 용감히 최후의 목숨을 끊어 조선 천지를 진동케 하던 김상옥金相玉 사건에 대한 공판은 예정과 같이 어제 12일 오전 10시경에 경성지방법원 형사부 제7호 법정에서 열렸다.

방청 쇄도殺到

엄중한 법정단속

원래 이 사건은 사회의 이목을 놀라게 한 중대사건이라 아침부터 방청객이 구름같이 모여들어 그 수효가 3, 400명에 달하였으며 재판소에서는 방청석과 기타 여러 가지 관계로 입장권을 사용하였는데 이로 인하여 입장한 사람은 겨우 7, 80명에 불과하고 기타 300여 명은 방청객을 혹독히 단속하는 순사의 호령 소리에 섭섭히 돌아가게 되었다. 1923 0513

해설

3·1운동 이후 한민족의 의기를 보여준 대표적 항일운동의 하나다. 1923년 1월 12일 의열단 소속의 김상옥 의사가 조선인 탄압의 상징이었던 서울 종로 경찰서에 폭탄을 투척했다. 이는 일제의 조선 지배에 정식 도발한 것과 같은 상징적 의미가 있었다. 김상옥은 열흘간 은신했다가 동포의 밀고로 서울 효제동에서 단신으로 일경 수백 명과 총격전을 벌인 끝에 자결했다.

이 사건은 일경과 신문기자 등 수십 명의 사상자를 낸 데다 한낮 도심에서 총격전을 벌였다는 점에서 사회적 반향이 컸다. 이 기사는 사건 두 달 후 사건 관련자들에 대한 공판을 다룬 것이다. 독립운동 관련 사건은 총독부의 언론 통제로 제 때에 보도하지 못한 경우가 많았다.

김상옥 의사는 1890년 서울 태생으로 의거 당시 33세. 일찍이 1919년 혁신단이란 비밀결사를 조직해 활동하며 1920년 사이토 마코토齋藤實 조선총독 암살도 계획했으나 실패했다. 그 후 상하이로 망명해 그해 의열단에 입단했다. 대한 남아의 뜨거운 애국심을 보여준 쾌거였다.

동아일보 第九百八十八號 (三)

爆彈과拳銃의大陰謀 金相玉事件의公判

傍聽殺到

八人中二人缺席

缺席한二人은 病勢危重

昌德宮殿下洪陵展謁

被告金翰의陳述

義烈團長金元鳳과의關係

金相玉과의關係

爆彈의保管

爆彈과拳銃은行具

軍資募集

鍾路署爆發當時

窮狀同情에 金百圓을

李惠受等

五年以下求刑

諸般書類에

言渡는十七日

女婿慘殺

所生兄弟慘殺

共同便所掃除

野球大會一日延長

十七日十八日十九日三日間

電車正面衝突

朝鮮教育學會

朝鮮人學會

培英校의窮狀

金仁全氏長逝

聯絡飛行機

나석주, 동척東拓에 폭탄 던지다

1927年 1月 13日 동아일보 호외

백주白晝[1] 돌발한 근래 초유의 대사건
동척東拓과 식은殖銀에 폭탄을 투척
권총을 난사하여 일거에 7명 저격
작년 12월 28일 오후 2시 황금정黃金町의 일대 참극
탈출한 범인은 가상街上[2]에서 자살

작년 12월 28일 오후 2시경부터 동 30분까지 동안 백주에 시내 남대문통 이정목 조선식산은행과 황금정 이정목 동양척식회사 경성지점에 폭탄을 던지고 또 권총을 난사하여 동척 사원과 경관 등 일본인 일곱 사람을 살상한 후 범인 자기도 자기 권총으로 자살을 한 근래에 전례 없는 중대 사건이 있었는데 당국에서는 사건의 내용이 비범함을 알고 즉시 신문에 게재를 일체 금지하고 검사국과 연락하여 대대적으로 조사를 진행하는 중에 있었다. 이에 대하여 그동안 본사에서는 그 내용에 저촉되지 않는 범위 내에서 단편 단적으로 그 사건 관계 사실을 보도하여 온 바 있었는데 당국으로부터 금일로써 해금이 되었으므로 그동안의 사건 발생과 그 경과들의 대략을 우선 호외로서 보도하는 바이다.

범인은 재령載寧 출생, 35세의 나석주羅錫疇
공범으로 이성충李成忠 지목, 계통은 병인丙寅의용대
전후 거사 단신 독행獨行

가두에서 경부警部 사격 다음은 자기 흉중胸中
자살하던 순간의 말 못할 광경
앙천부지仰天俯地[3]한 범인의 최후

별항과 같이 동척에 대소동이 일어나자 식당에서 전기前記 피해자 무지武智보다 조금 뒤떨어져 나오던 동척 사원 휴직休職 소좌 생중生中씨가 그 광경을 보고 즉시 황금정 파출소에 사실을 급보하여 경관들이 현장으로 달려오던 때에 이미 범인은 동척 구내를 벗어나 바른손에 권총 든 채로 황금정 길거리에 나서자 그때 마침 그 앞으로 경기도 경찰부 경무과 근무 경무보 전전유차田畑唯次(35)씨가 정복을 입고 지나가는 것을 만나 권총으로 또 그의 가슴을 향하고 사격하여 거꾸러뜨리고는 전찻길을 건너 동쪽으로 달아나는데 그때는 이미 정복순사 4, 5인이 범인의 뒤로 쫓아오므로 범인은 황금정 이정목 삼성당 건재약국 앞에 전신주 옆에 이르러 일부러 넘어지며 자기 권총으로 자기 가슴을 겨누고 세 방이나 쏘고 또 순사들이 달려드는 곳을 향하고 두어 방 난사하고는 정신을 잃고 땅에 쓰러지고 말았다. 그때 범인의 품속에서는 탄환이 주르르 쏟아지며 권총을 든 채 정신없이 넘어진 것을 따라가던 순사들이 포승으로 얽어매 경찰부 자동차에 싣고 총독부 의원으로 데리고 간 것이다. 

사진
1. 범인 3. 동척 층층대
4. 사건 돌발 당시의 동척 앞
5. 동척 개량부실에 폭탄 던진 자리
6. 조선농회 정문
7. 농회 문밖에서 수위 죽은 자리 피 흔적
8. 식은 폭탄 던진 자리 9. 식은 전경

[1]대낮 | [2]길 위 | [3]하늘을 우러러보고 땅을 굽어봄

해설

일제의 식민 지배는 총독부나 군경을 통해서만 이뤄졌던 것이 아니었다. 조선식산은행과 동양척식회사는 경제 침탈의 첨병이자 총본산이었다. 당연히 항일무장투쟁의 과녁이 되었다.

황해도 재령 출신의 나석주 의사는 1926년 12월 28일 조선식산은행과 동양척식회사에 잇달아 폭탄을 던졌다. 준비 기간이 길었던 탓에 폭탄은 아깝게도 불발이 되었지만 나 의사는 권총으로 7명의 일본인을 살상하고는 도주하다가 자결했다.

1892년 태어난 그는 1913년 만주 북간도로 망명해 신흥무관학교에서 군사 훈련을 받고 귀국해 3 · 1운동에 참여했다가 투옥됐다. 황해도 사리원으로 옮긴 후에는 항일 군자금을 모집하면서 은율 군수를 살해하는 등 친일파 처단에도 적극 나섰다. 일경의 감시가 강화되자 상하이로 망명해 정식 군사 교육을 받고 중국군 장교로 복무하다 1925년 임시정부로 돌아온 뒤 1926년 의열단에 가입했다.

그해 김창숙 선생에게서 일제 경제 침탈의 총본산을 폭파하는 일이 시급하다는 말을 듣고 거사를 계획, 중국인 노동자로 변장해 국내에 잠입해 의거를 일으켰다. 이는 일제의 경제 침탈 본산에 처음으로 가한 일격이었다. 더불어 일제의 수탈 정책에 허덕이던 조선 농민의 한을 조금이나마 풀어주었다는 의미가 있다.

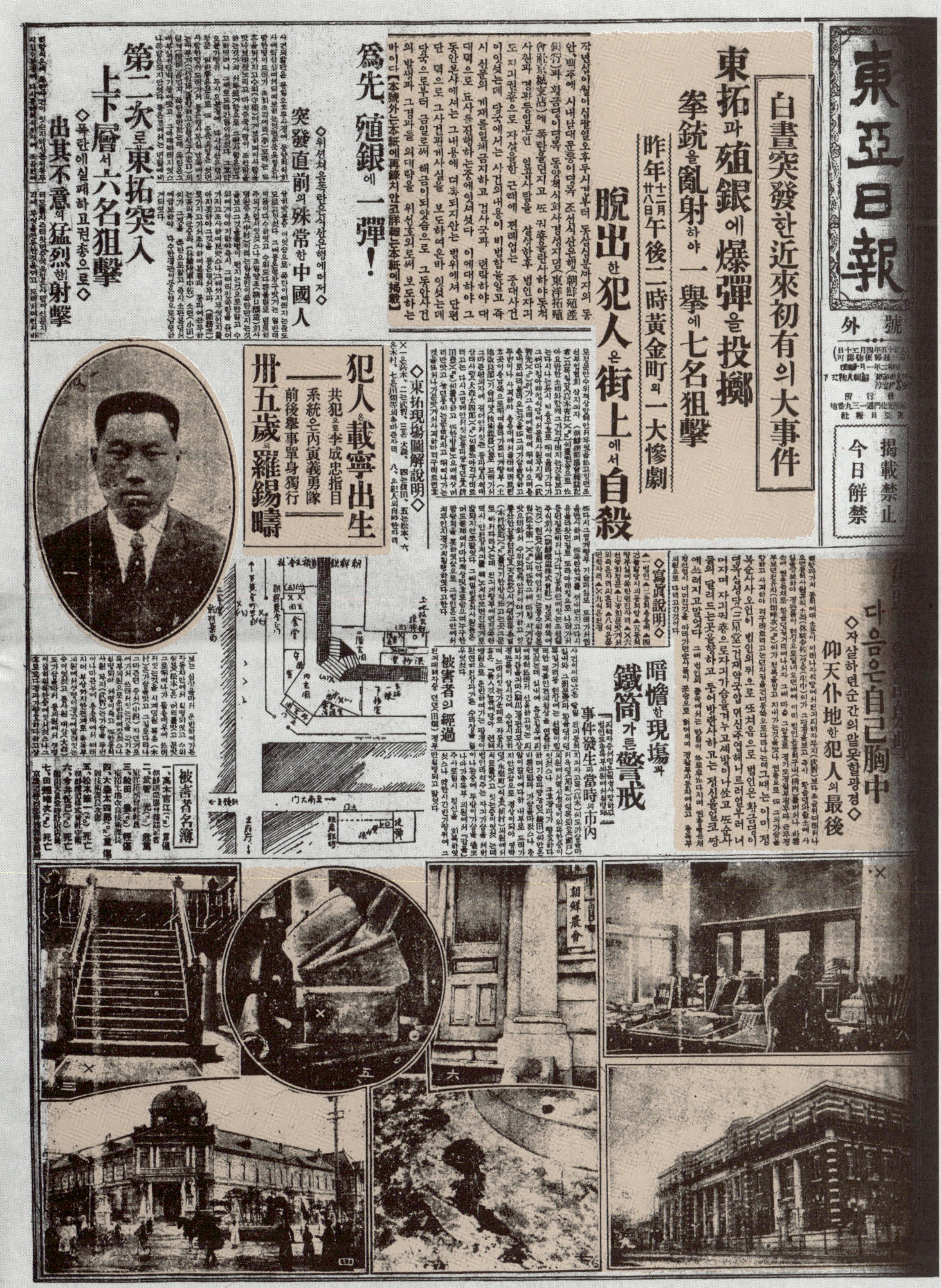

東亞日報

號外

掲載禁止 今日解禁

白晝突發한近來初有의大事件

東拓과殖銀에爆彈을投擲

拳銃을亂射하야一擧에七名狙擊

昨年十二月廿八日午後二時黃金町의一大慘劇

脫出한犯人은街上에서自殺

작년십이월이십팔일오후두시경부터 동삼십분까지의 동안, 백주에 시내남대문통이정목 조선식산은행(朝鮮殖産銀行)과 황금정이정목 동양척식회사경성지점(東洋拓殖會社京城支店)에 폭탄을던지고 또 권총을란사하야동척사원과 경관등일본인 일곱사람을 살상한후 범인자긔도 자긔권총으로 자살을한 근래에 전례업는 중대사건이잇섯는데 당국에서는 사건의내용이 비법함을알고 즉시 신문의 게재를일체금지하고 검사국과 련락하야 대대뎍으로 됴사를진행하는중에잇서섯다 이에대하야 그동안본사에서는 그내용에 더촉되지안는 범위에서 단편뎍으로 그사건관게사실을 보도하여온바 잇섯는데 당국으로부터 금일로써 해금이되얏슴으로 그동안사건의 발생과 그경과를 의대략을 위선호외로써 보도하는바이다【本號外는本紙에再錄치안코詳細는本紙에揭載】

爲先, 殖銀에一彈!

第二次로東拓突入 上下層서六名狙擊

◇폭탄에실패하고권총으로◇

出其不意의猛烈한射擊

突發直前의殊常한中國人

◇위선처음폭탄은식산은행에서◇

犯人은載寧出生

共犯으로李成忠指目

系統은丙寅義勇隊

前後擧事單身獨行

卅五歲의羅錫疇

◇東拓現場圖解說明◇

◇寫眞說明◇

被害者名簿

被害者의經過

暗憺한現場과 鐵筒가튼警戒

事件發生과當時의市內

다음은自己胸中

◇자살하던순간의말못할광경◇

仰天仆地한犯人의最後

간토關東 대지진

1923年 9月 4日 동아일보
1923年 9月 9日 매일신보

사후史後 초유의 세계적 천변지화
삽시간에 소진된 동경 전 시市
회신灰燼[1]에 매몰된 300만 생령
시산屍山[2]을 이룬 무장야武藏野
혈하血河[3]로 변한 우전천隅田川
유신 60년간의 문화는 지금 안전하게 있을까
동경 소실 가옥 20만
전등은 전멸되었으나 화광火光은 낮과 같아

2일 오후 9시에 도착한 대판大板[4] 전보에 의지하건대 동경시의 주요한 건물은 대개 소실되었는데 전소된 가옥은 20여만 호에 달한다 하며, 시내의 전차는 전부 파괴되어 교통도 전부 불통이 되었으며, 전등도 전부 꺼졌는데 타다 남은 불같은 재와 방금 타가는 불길에 전 시는 도리어 백주[5]와 같이 밝으며 길거리에는 거꾸러진 전주電柱와 끊어진 전선 등이 깔리어 참담한 광경은 이로 형언할 수 없는데 경찰과 군대의 경계조차 전부 없는 모양임으로 더욱 수라장을 이루었다더라.

생존자도 속속 투신
산비엄면酸鼻掩面[6]의 불가형언不可形言[7] 참상

본소구本所區와 심천구深川區 방면의 재난을 당한 사람 중 불덩어리 속에서 겨우 피난하여 나온 사람들도 화재에 기가 막히고 주림과 고통을 참지 못하여 한시라도 어서 죽으려고 뒤를 이어 우전천隅田川으로 뛰어들어 죽는 중이더라. 1923 0904

[1]재 | [2]시체의 산 | [3]피로 물든 강 | [4]오사카 | [5]대낮 | [6]콧마루가 시큰하며 얼굴을 감쌀 만큼 | [7]말로 표현할 수 없는

완연한 현세의 산지옥
암야暗夜의 정적을 깨치는 호곡성號哭聲[8]
어린이의 주먹밥을 빼앗아 먹는
이재민의 처참한 광경은 인간 지옥이 여기인 듯

지난 3일에 재해지인 동경을 떠나 7일 아침에 조각조각이 찢어진 '레인코트'를 입고 극도로 피로한 몸을 부산 잔교棧橋에 내린 전기국電氣局 직공 하나는 이번 진재[9]에 대하여 아래와 같이 말하더라.

동경의 진재는 실로 참혹하여 그 실지의 광경은 무엇이라 형용

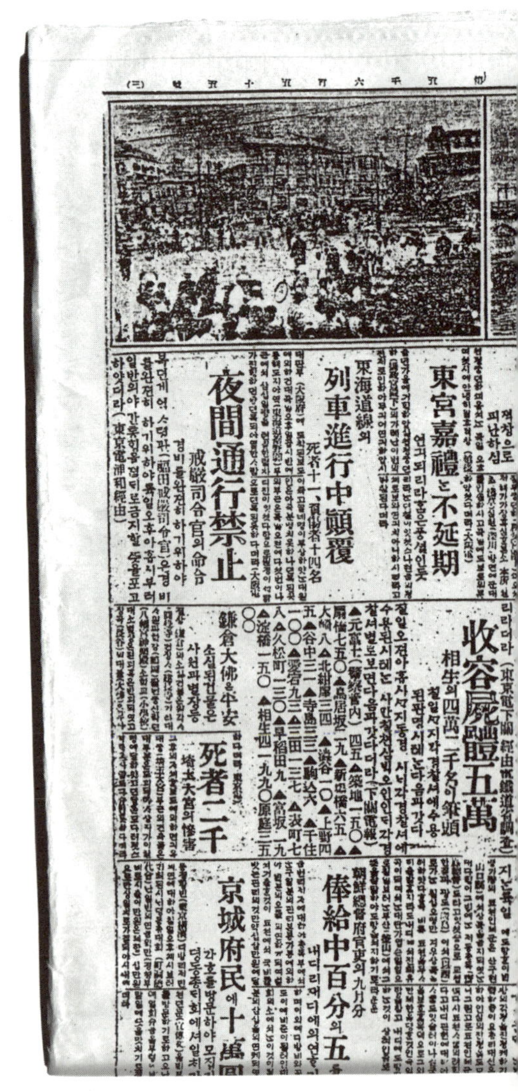

東宮嘉禮는不延期
列車進行中顚覆
東海道線의
死者十一、負傷者十四名
夜間通行禁止
戒嚴司令官의命令
收容屍體五萬
相生의四萬二千名이筆頭
鎌倉大佛은平安
死者二千
埼玉大宮의慘害
俸給中百分의五
朝鮮總督府官吏의九月分
京城府民에十萬圓

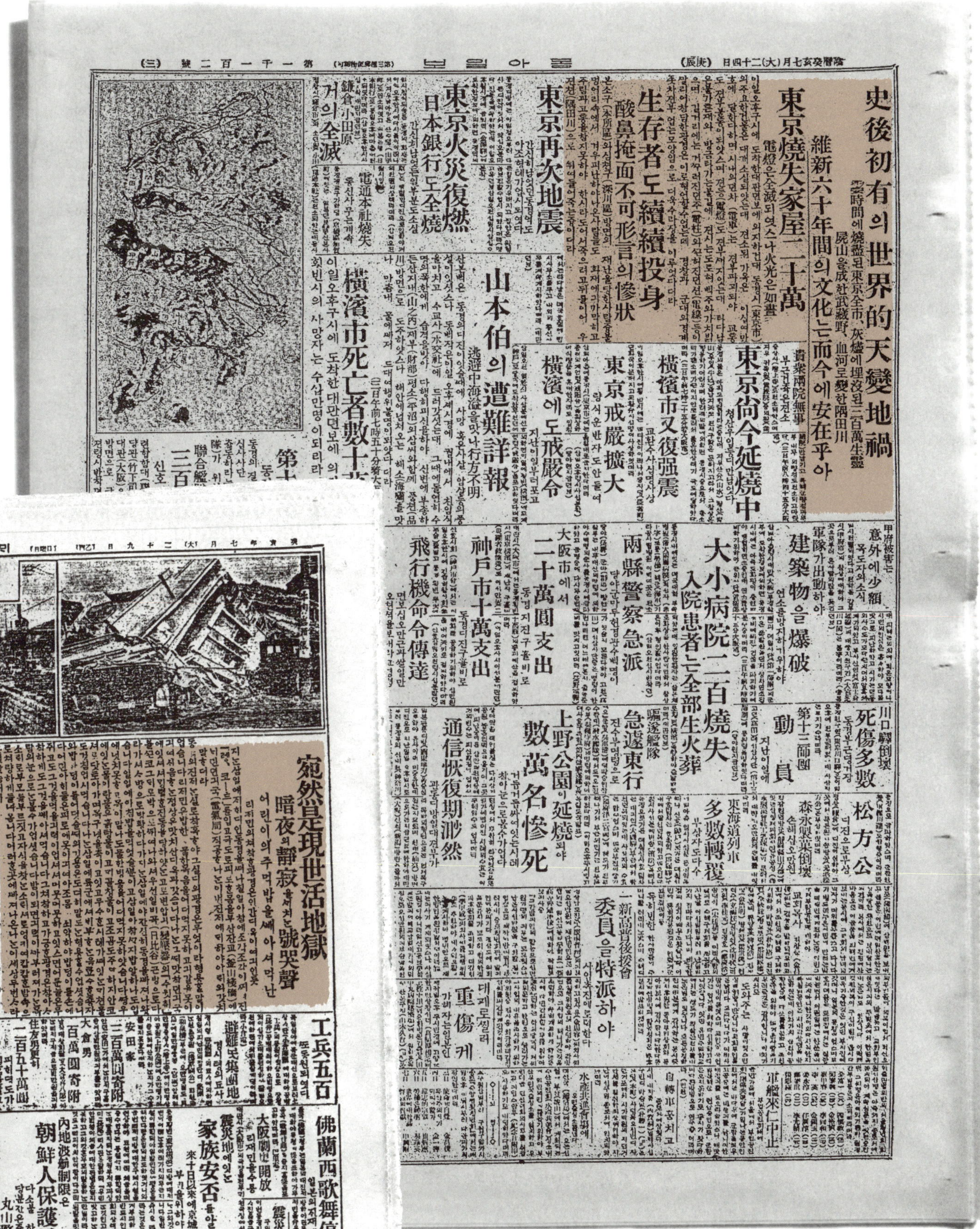

史後初有의世界的天變地禍

三時間에燒盡된東京全市, 灰燼에埋沒된二百萬生靈

屍山을成한武藏野, 血河로變한隅田川

維新六十年間의文化는而今에安在乎아

東京燒失家屋二十萬

電燈은全滅되엿스나火光은如晝

生存者도續續投身

酸鼻掩面不可形言의慘狀

東京再次地震

東京火災復燃

日本銀行도全燒

鎌倉小田原 거의全滅

山本伯의遭難詳報

逃避中海溢을맛나行方不明

橫濱市死亡者數十萬

東京尚今延燒中

橫濱市又復强震

東京戒嚴擴大

橫濱에도戒嚴令

大阪市에서 二十萬圓支出

神戶市十萬支出

飛行機命令傳達

兩縣警察急派

大小病院二百燒失

入院患者는全部生火葬

甲府被害는 意外에少額

軍隊가出動하야

建築物을爆破

第十三師團 動員

川口驛倒壞 死傷多數

松方公

森永製菓倒壞

急遽東行 驅逐艦隊

上野公園에延燒 數萬名慘死

東海道列車 多數轉覆

通信恢復期渺然

委員을特派하야

重傷

동아일보 1923년 9월 4일

宛然是現世活地獄

暗夜의靜寂을세치는號哭聲

全村土中에埋沒

五百萬圓

工兵五百

三百萬圓寄附

安田家

百萬圓寄附

大倉男

二百五十萬圓

佛蘭西歌舞停止

家族安否

大阪關門開放

朝鮮人保護目的

매일신보 1923년 9월 9일

할 말이 없습니다. 이재민은 밥 한 끼, 물 한 모금을 얻어먹지 못하고 기갈을 못 이겨 신음하는 정상은 마치 산지옥과 같습니다. 나는 그때 마침 전기국에 있어서 맹렬한 진동을 당하였는 고로 변압기의 스위치를 끊고 그대로 밖으로 뛰어나와서 우선 일비곡日比谷 근방으로 달려가서 사방으로 방황하다가 지난 3일에야 간신히 동경을 빠져나왔습니다. 1일에 아침밥을 먹었을 뿐이고 3일 아침까지 밥알 하나도 입에 넣지 못하고 목이 말라도 물 한 방울을 얻어먹지 못하였습니다. 땅위에 있는 물이란 물은 흙탕물이고 개골창[10]물이고 조금도 주저하지 않고 서로 다투어 가며 목구멍을 축이고 있고 무수한 시체가 떠 있는 개천물도 거침없이 먹습니다. 나는 3일에 육군에서 배부하는 음료수 한 종자와 밥 한 덩이를 얻었을 때의 기쁨은 도저히 말로는 형용할 수 없었습니다. 어린아이들은 피로에 못 이겨 아주 몸이 쇠약하여 밥덩이를 손에 쥐고도 그것을 먹을 기력이 없어서 머뭇머뭇하고 있으면 어른들은 무참하게도 그것을 빼앗아 먹습니다. 그 처참하고 가긍한[11] 광경은 차마 사람의 눈으로는 볼 수가 없었습니다. 밤이 되면 기력이 까부라져 가는 목소리로 부모를 부르짖고 자식을 찾는 소리 서로 엉키어 캄캄한 밤 속으로 처량하게 들려옵니다. 이러한 곳에 빠져나온 나는 이 세상 두 번 살아온 것 같습니다. 1923 0909

[8]소리를 내어 슬피 우는 울음소리 | [9]震災, 지진으로 인한 재앙 | [10]수채 물이 흐르는 작은 도랑 | [11]불쌍하고 가여운

해설

1923년 9월 1일 오전 11시 58분 일본 도쿄東京 일대의 간토關東 지방에 진도 7.9의 초강진이 덮쳤다. 20세기 최대 지진으로 꼽히는 이 지진으로 14만여 명이 희생되고 가옥 57만 채가 완전히 부서지거나 소실됐다. 교통 · 통신이 끊긴 것은 말할 것도 없고 도쿄에서는 3일까지 대화재가 일어나 도쿄 밤 기온이 46도까지 오를 정도였다.

야마모토 곤베山本權兵衛 내각은 도쿄 전역과 가나가와현神奈川縣에 계엄령을 확대 실시하고 구호 복구활동에 나섰다. 이런 와중에 민심을 돌리기 위해 일본 군부와 경찰이 지진 발생 이튿날부터 조선인 폭동설을 조직적으로 유포시켜 수많은 조선인이 일본인의 손에 애꿎게 희생됐다.

조선인 폭동설

1923年 9月 8日 동아일보
1923年 9月 10日 매일신보
1924年 6月 5日 신한민보

재유在留 동포 1만 5000명
습지야習志野 병영에 수용하고 경관으로 경계

5일 임시내각회의에서는 동경에서 재난을 당한 조선 사람 유학생과 노동자 합 1만 5000명을 부하 습지야 병사에 수용한 후 100명에 대하여 한사람씩 경찰관을 붙여 경계를 하기로 하였다더라.

조선인 박해와 내각고시의 발표
폭동이 있거든 경관에게

산본山本 수상은 5일 다음과 같은 내각고시를 발표하였더라.

이번 진재를 틈타서 일시 불온사상을 가진 조선 사람의 폭동이 있어서 조선인에 대하여 매우 불쾌한 감정을 갖게 되는 일이 있다는 말을 들었도다.

조선인 중에 만약 불온당한 행동을 하는 자가 있는 때에는 속히 이를 단속하는 군대와 경관에게 알게 하여 조처케 함이 당연하거늘 개인 스스로 그들에게 박해를 가함과 같은 행동은 원래 피차 화합의 근본주의에 틀릴 뿐 아니라 세계 각국에 대하여 결코 좋은 풍문이 되지 못할지라. 이번 일은 돌연히 곤란한 경우를 당하여 그리된 것을 인정하나 이와 같은 비상한 때일수록 항시 평정한 행동으로서 나라의 절제와 평화의 이상을 발휘함은 이때를 당한 본대신이 특히 바라는 바이니 민중은 저마다 스스로 반성하기를 간절히 바라는 바이라. 1923 0908

사진
동경 화재 참상 화보
(상)동경 은좌표통銀座表通의 처참한 광경
(하)맹화에 싸인 시가를 비행기로 내려다 본 광경

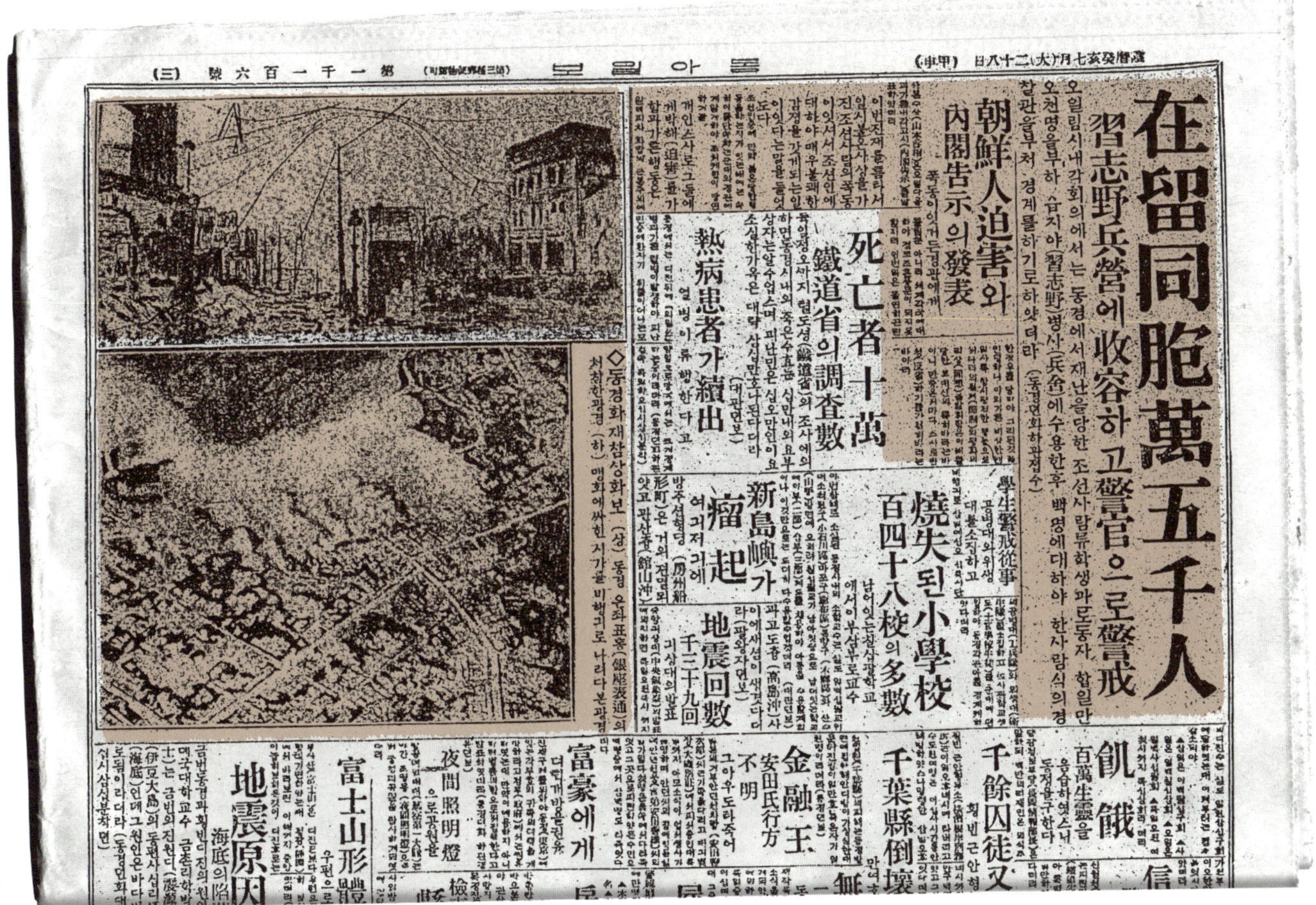

동아일보

在留同胞萬五千人
習志野兵營에收容하고警官으로警戒

朝鮮人迫害와 內閣告示의發表

死亡者十萬
鐵道省의調査數

熱病患者가續出

燒失된小學校
百四十八校의多數

新島嶼가瘤起

地震回數 千三十九回

◇동경화재참상화보 (상) 동경 은좌표통(銀座表通)의 처참한광경 (하) 맹화에싸힌시가를 비행기로 나려다본광경

飢餓 百萬生靈을

千餘囚徒又

千葉縣倒壞

金融王 安田氏行方不明

富豪에게

夜間照明燈

富士山形體

地震原因 海底의陷

동아일보 1923年 9月 8日

매일신보 1923年 9月 10日

◇大震災畫報◇

(左) 최번서가의불탄자리 (右) 입박곡공원앞에처참한광경

內衣一枚로써 政務를總攬하옵시는攝政宮

救助資金確定 第二回七億八千萬圓

萬二千圓

猛火依然히燃燒中

工場長自殺

麥粉二萬

大阪市에서 二十萬圓

强盜, 凌辱, 放火를企畫 不良朝鮮人의暴動은如斯

秩序는恢復, 人心은全然安定

八百戶가全滅狀態 千葉縣安房郡船形町의

百萬圓

신한민보 1924年 6月 5日

一九二三年九月동경진재에서한인학살광경

THE KOREAN MASSACRE DURING JAP. EARTHQUAKE, SEPTEMBER, 1923

강도, 능욕, 방화를 기획
불량 조선인의 폭동은 이와 같아
질서는 회복, 인심은 전연 안정
복전福田 계엄사령관 발표

복전 계엄사령관은 대략 다음과 같은 발표를 하였는데 이번의 재해를 당하여 불량 조선인의 폭동에 대하여 여러 가지로 헌전[1]되었는 바 진재 당초에 삼삼오오의 불량 조선인이 폭동을 한 것은 사실이니 즉 횡빈橫濱[2] 부근에서 일부의 조선인은 강도·강간·방화를 계획하였을 듯하며 동경 지구전정芝區田町 정류장 부근에서 삼영森永 제과소에 방화하고자 한 자를 발견한 것과 또 귀정호龜井戶 경찰서에서 지난 5일 또 조선인 6명과 또 이를 선동한 내지인의 사회주의자를 구속하였는데 명령에 굴복치 아니하여 폭행을 할 뿐 아니라 다른 구금자를 꾀여서 불온한 행동을 한 일이 있었으나 군대와 경찰관의 힘으로 불량 조선인 일파의 폭동은 전연히 침정[3]되었고, 동경·횡빈의 질서는 회복되어 인심은 전혀 안정되었다더라. 1923 0910

사진
대진재 화보
(좌)횡빈 시가의 불탄 뒤 자취
(우)일비곡 공원 앞의 처참한 광경

1923년 9월 동경 진재시
한인 학살 진상 사진 1924 0605

[1]훤전喧傳의 잘못. 소문이 퍼져 왁자하게 됨 | [2]요코하마 | [3]감정이 가라앉음

해설 간토대지진을 틈타 일본 군부와 경찰은 조선인의 민족운동과 일본 내 사회주의 운동을 탄압하려 음모를 꾸몄다. 내무성은 9월 2일 "도쿄 부근의 진재를 이용하여 조선인이 각지에서 방화하는 등 불령한 목적을 이루려 하고 있다. 도쿄에서 폭탄을 소지하고 석유를 뿌린 자가 있어 이미 일부 계엄령을 실시하고 있으니 각지에서도 충분히 시찰을 하고, 조선인들의 행동을 엄밀히 단속하기를 바란다."는 전문을 각 지방장관에게 타전했다.

5일에는 계엄군 사령부가 '조선 문제에 관한 협정'을 만들어 "조선인의 폭행 혐의를 적극 수사하여 이를 사실화하는 데 노력할 것"을 지시하는 등 '조선인들의 폭동'을 날조하는 데 광분했다.

조선인에 대해 우월감과 공포심을 동시에 갖고 있던 일본인들은 이에 쉽게 속았고, 특히 평소 불만에 가득 찼던 하층민을 중심으로 죽창과 곤봉, 칼로 무장한 자경단自警團을 조직해 대대적인 조선인 학살극을 벌였다. 이들은 경찰서나 관공서로 피신한 사람들까지 관헌들이 지켜보는 가운데 살해하기도 했다. 그 결과 1일부터 6일 사이 도쿄 일대에 거주하던 조선인 3만여 명 중 6000여 명이 참혹하게 살해됐으며 그 와중에 중국인도 200여 명이 해를 당했다.

일제는 사전 검열, 기사 차압 등을 통해 당시 조선의 신문이 이 같은 사실을 10월 20일까지 보도하지 못하도록 했다. 그런데도 입에서 입으로 학살 사실이 퍼져나가자 9월 6일 조선총독부가 나서서 각 신문에 "조사해본 결과 간토 지방 조선인은 노동자 3000명, 학생 3000명, 합계 6000명으로 이 중 살해당한 자는 2명뿐이다"라고 공표했다. 9월 7일에는 '유언비어 취체령'을 발표해 이른바 '불온 언동자'를 단속했다.

이랬으니 사건 규명이나 피해 조사가 제대로 이뤄질 리 없었다. 일본 정부는 군대와 경찰 등 관헌의 학살은 은폐하고 그 책임을 자경단에 돌렸다. 일부 자경단원을 재판에 회부하였지만 증거불충분을 이유로 모두 석방해 대학살의 원흉은 단 한 명도 처벌되지 않았다.

암태도 소작쟁의 사건

1924年 7月 12日
동아일보

소동까지의 경과
일시 농락으로 무시한다고
아사餓死[1]동맹同盟의 의기意氣를 보이면서
군중의 한 사람은 말한다

지주 문재철文在哲과 소작쟁의 중인 전남 무안군 암태도 소작인 남녀 500여 명은 지난 8일 오후 6시경에 범선 9척을 나누어 타고 또다시 목포로 건너와서 바로 광주지방법원 목포지청에 몰려 들어 왔는데 때는 마침 이미 사무 시간을 지냈으므로 군중은 그대로 법정 구내에 혼잡을 이루었는데, 경찰 당국에서는 정사복 경관을 늘어세우고 엄중한 감시를 하는 중인 바 군중의 대답이 우리들이 ㅁ주일 전에도 목포 형무소 구금 간부 13명 방석放釋[2] 하기를 요구할

목적으로 이 법정에 왔을 때에 당국에서는 될 수 있는 대로 종속히[3] 조사를 마쳐가지고 자기들의 요구와 같이 방면하겠다 하고 여러 날을 두고 설유[4]하며 이 길로 해산하여 달라고 하기 때문에 우리는 이 말만 믿고 각각 해산이 되었는 바 오늘날까지 아무 조치가 없으므로 당국에서는 우리 민중을 너무나 무시적 행동을 취할 뿐 아니라 이와 같이 속이는 수단으로 농락하여 군중을 해산케 함은 너무나 원통하고 분한 마음을 이기지 못하는 바 이 문제의 근본적 해결을 철저히 이해하기 위하여 지난 7일 면민대회를 개최한 벽두에 필사적으로 본 문제를 해결하자는 결의가 만장일치로 가결되었으므로 오늘날 또 다시 이와 같은 운동이 일어났다 하며 이와 같이

극도에 달한 경우에는 무엇보다도 두려운 죽음을 불구하고 다시 이 법정에 들어온 것은 사활 문제가 이때에 있다 하며 또는 우리가 결속하기를 이 문제가 해결토록까지 동맹하기 위하여 지금까지 열지혈서裂指血書[5]에 참가한 자가 수십 명에 달하였다 하며 이번 운동의 결과를 얻지 못할 경우면 아사 동맹을 결속하고 자기 들의 집에서 떠날 때부터 지금까지 식사를 폐지하였다 하며

서장署長 체임遞任[6]
근본 사건의 책임자로서 장 체임
경찰 측에서는 재판소의 명령에 의지하여 군중을 처분하는 모양인데 전 상송上松 서장이 자기 일신상 일로 사직하였다고 하나 이번 사건의 책임으로 사직한 것인 듯하며 새로 중도中島씨가 지난 달 24일 경성으로부터 부임한 터이라 하더라.

장면 비참
어린애는 울고 노인들은 기진
이 군중 가운데는 노약자가 반 수는 되는 듯한데 그 중에도 어떤 한 여인은 어린아이를 품에 안고 하루 세 때를 연하여 식사를 먹지 아니하였으므로 젖 달라고 우는 아이의 목 메인 소리는 차마 들을 수 없으며 또 노약자는 기갈을 못 이겨 여기 저기 앉아서 꼬박꼬박 조는 양은 차마 보지 못할 형상이더라. 1924 0712

[1]굶어 죽음 | [2]석방 | [3]빠르게 | [4]말로 타이름 | [5]손가락 끝을 찔러 피를 내 쓴 편지 | [6]자리를 갈아치움

해설

소작쟁의란 소작료를 둘러싼 지주와 소작인 간의 다툼이다. 1920년대엔 그런 소작쟁의가 자주 일어났다. 1922년 24건이었으나 1929년엔 1590건이나 발생했다.

대표적인 것이 1923년 전남 무안군 암태도에서 조선 농민 500여 명이 벌인 소작쟁의다. 7, 8할에 이르는 소작료를 못 견딘 농민들은 그해 8월 소작회를 만들어 소작료를 4할로 내려줄 것을 요구했다. 지주가 응하지 않자 소작료 불납不納 동맹에 들어갔고 이어 1924년 4월 면민대회를 열어 그를 규탄했다. 지주 측이 폭력단을 동원해 무력 충돌이 일어나면서 소작회 간부 13명이 검거되는 등 사회 문제로 번졌다.

1년 가까이 끈 이 쟁의는 농민들이 아사 동맹을 맺고 목포 재판 현장에 가서 단식 투쟁을 벌인 끝에 소작료를 4할로 내리는 성과를 거두었다. 기사는 이 재판 과정을 보도한 것이다. 이 사건은 전국적인 소작쟁의의 상징이 되어, 1929년의 원산 총파업과 더불어 지주와 이들을 비호하는 일제에 저항한 대표적인 민중운동으로 꼽힌다.

이처럼 소작쟁의가 잦았던 데는 절박한 이유가 있었다. 일제의 농간으로 조선 소작농이 급증한 데다 농민들의 민족의식이 성장한 점도 있지만 무엇보다 농민들의 삶이 최소한의 생계를 유지하기 힘들 정도로 팍팍해진 탓이 컸다.

농민들은 고율의 소작료 외에 수리조합비 등 각종 공과금과 소작미 운반비 등 갖가지 부담을 떠안아야 했다. 소작료가 실질적으로는 수확의 80퍼센트에 달했으니 벼랑 끝에 몰린 격이었다. 여기에 소작농의 70퍼센트는 1년짜리였다. 해가 바뀌면 지주가 멋대로 소작권을 넘길 수 있었다. 농민들은 당장 먹고 살기도 힘들뿐더러 앞으로의 생활도 아슬아슬했으니 들고 일어날 수밖에.

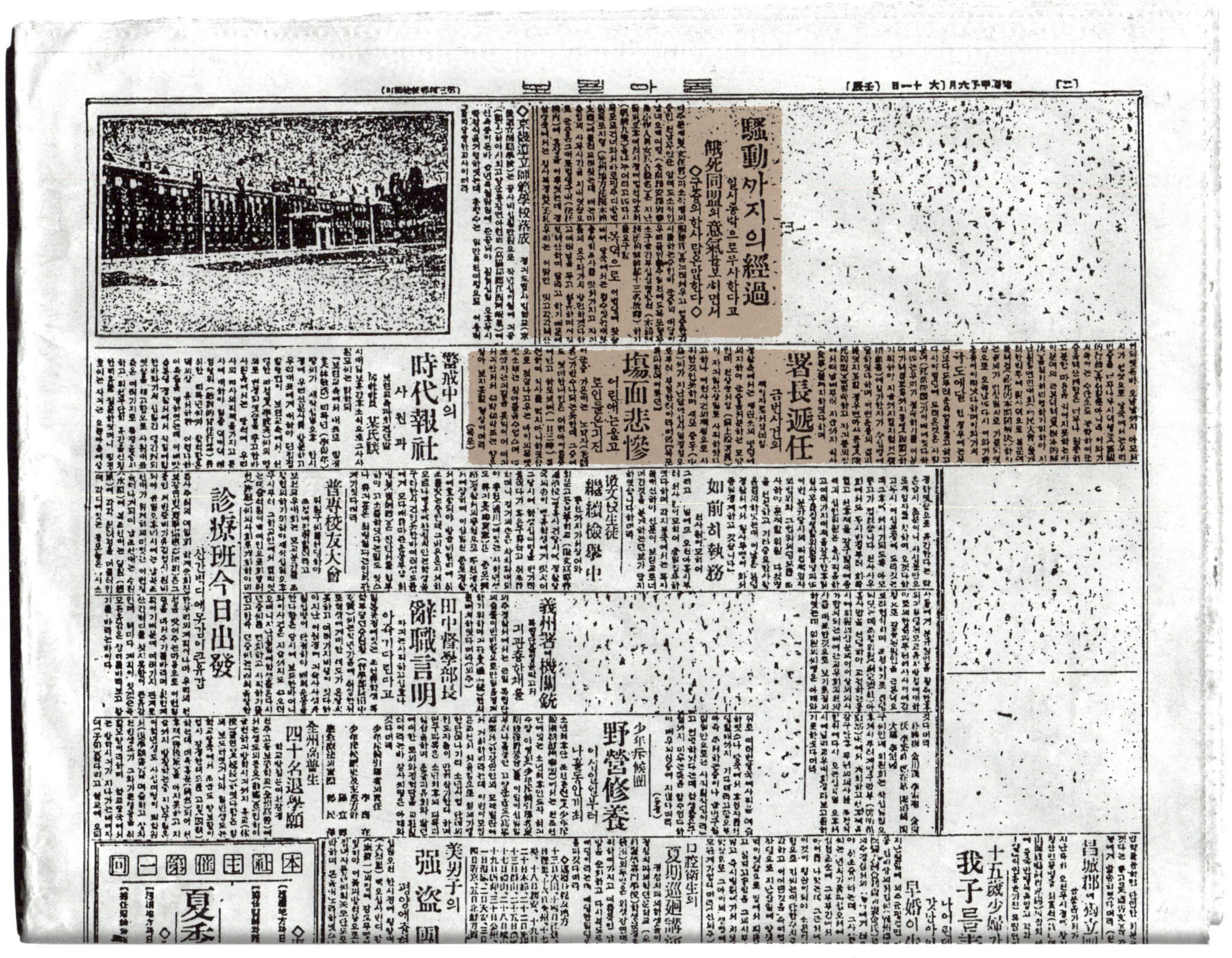

騷動까지의經過

署長遞任

場面悲慘

時代報社

如前히執務

診療班今日出發

辭職言明

野營修養

을축년 대홍수

1925年 7月 18日 조선일보 호외
1936年 8月 11日 조선중앙일보 호외

4000생명이 풍전등화風前燈火

섬같이 된 곳에서 두수[1] 없이 죽게?

뚝섬 상부에 있는 신천리信川里 잠실리蠶室里 두 동리는 약 1000호에 약 4000명이 전부 물속에 들어서 모두 절명 상태에 있다는데 그곳은 무인고도無人孤島와 같이 되어 배도 들어갈 수가 없으므로 구조할 도리가 전연 없으며 17일 밤 10시경부터 살려 달라는 애호성哀號聲[2]이 차마 들을 수 없이 울려왔는 바 그동안 모두 사망하였는지도 알 수 없더라.(17일 밤 12시)

(이하 제목만)

독도纛島 제방 끝내 무너져
5000생명 위기절박, 10시 반경에 필경 터졌다
군대가 전선電線 단절 후, 간신히 배를 운반하여 구조
금효[3] 2시까지 3000여 명 구호, 사상 정도는 아직도 미상
수색대를 조직하여 활동
수색대 재거[4] 준비
한 번 출발하였다가 모터 고장으로 할 일 없이 돌아와
사상자 다수!
지금 18일 새벽까지 못 구하여서
동척에서 발동선을 보내 구호 중
2500여 명은 왕십리로 구해내왔다
만조滿潮로 더욱 경계가 필요하였다
격랑에 표류하는 수백의 부옥浮屋[5]!
격랑에 떠내려가며 애호성이 끊이지 않는 대홍수
구호소도 빈위瀕危[6], 피난민이 재再 피난
이촌동 전부 유실, 18일 오전 5시경에
한강 증수 40척, 18일 오전 5시 현재
전화 불통으로 그 후 수량은 미상
구용산 제방도 결궤決潰[7], 탁류는 용산서 앞까지 창일漲溢[8]
신용산 침수 1800, 신용산 일대는 바다로
수도 제한 급수 신당리 주민 300명 생사 절박
금효 경성 전 시 정전
김포 홍도촌紅島村 전멸 500생명이 경각에 있다
한강 증수 40척 6촌
자마장雌馬場[9] 부근도 전멸 상태
구호선 한 척도 없는 모양이오 사람 살리라는 소리만 들릴 뿐
철도 각 선 불통, 기차는 어디든지 못 간다
삼각지에서 철교까지 한강통 일대 침수
교통은 전부 끊어지고 피난민과 구호반으로 대혼잡
청량리의 피난민 경성제국 대학에 수용 중
제2차로 군대 500여 명 출동 1925 0718

[1]달리 변통할 여지 | [2]슬프게 부르짖는 소리 | [3]오늘 새벽 | [4]두 번째로 일을 벌임 | [5]떠다니는 집 | [6]위험이 따름 | [7]이지러져서 파괴됨 | [8]물이 넘침 | [9]경마장

The Chosun Ilbo, (The Korea Daily News) Seoul. 【日曜土】 日八十月七年四十正大

朝鮮日報 號外

四千生命이風前燈火

섬가티된곳에서두수업시죽제?

纛島堤防畢竟決潰로 五千生命危機切迫

열시반경에필경터엇다

軍隊가電線斷絕後

간신히배를운반하야구조

船十隻에雜選

今曉一時까지 三千餘名救護

사상명도는아직도미상

搜索隊再擧準備

死傷者多數!

二千五百餘名은

上流의물

滿潮로

더욱경계가필요하엿다

激浪에漂流하는 數百의浮屋!

救護所도瀕危 避難民이再避難

二村洞全部流失

十八日午前五時頃에

漢江增水四十尺

電話不通으로其後水量은未詳

舊龍山堤防도缺潰

濁流는龍山署前까지漲溢

新龍山浸水千八百

신룡산일대는바다로

龍山一帶는非常線

漢江鐵橋外지危險

江原道平昌도

敦岩里도浸水

水道制限給水

新堂里住民三百名生死切迫

今曉京城全市停電

金浦紅島村全滅

五百生命이頃刻에잇다

漢江增水四十尺六寸

(纛島方面午前四時半)

忠北丹陽增水二十五尺

蹴馬場附近도全滅狀態

三角地以南家屋

全部床上浸水

鐵道各線不通

京釜線不通으로

麻浦避難民千名

出動軍隊 一千六百

각처로배치하야경계중

不通되는 電話線

市內電話線

浮屋이連續不絕

舊龍山危險

市民의避難催促

三角地에서鐵橋까지 漢江通一帶浸水

淸凉里의避難民

水道課에信號頻頻

水道『가마』破裂

二日間먹을물은

瓦斯탕크의發火는

千二百名을救護

第二次로軍隊五百餘名出動

二千名에食事提供

朝鮮饑饉救濟會

松峴里一帶浸水

『모터―보트』出動準備

總督府에도 水害非常總本部

今番과前番의比較

載寧增水二十七尺

安岳에二名變死

朝鮮中央日報 號外

滔滔한濁流中에 五百餘戶危險切迫

住民二千五百餘名戰戰兢兢

纛島里一帶의水亂

搭乘者十餘名의 發動船去處不明

十一日午後七時四十分頃

警察當局出動搜査

纛島水源地도 危險에直面!

麻浦一帶에 浸水八十戶

조선중앙일보 호외 1936年 8月 11日

도도한 탁류 중에 500여 호 위험 절박

주민 2500여 명 전전긍긍

독도리纛島里 일대의 수난水亂

경성을 중심으로 한 경기도 일대와 강원도 일부를 맹습한 폭우로 말미암아 한강 연안을 각각으로 홍수가 범람하여 11일 오후 2시에 뚝섬이 8메돌[9]이던 것이 밤 10시에는 증수 9메돌60(약 31척)이 된 결과 왕십리역 부근까지 침수되어 뚝섬리와의 교통은 완전히 두절되는 동시에 목선으로 ㅁㅁㅁ까지 극히 위험한 상태가 되었다. 이리하여 탁류 도도한 홍수에 싸인 뚝섬리 500호 약 2500여 명 주민들의 앞에는 깊어가는 밤, 각각으로 늘어가는 강물과 함께 위험이 목전에 절박하여 전전긍긍하는 처참한 상태에 있으므로 동대문서署에서는 11일 오후 5시경부터 서원을 비상소집하고 약 30여 명의 수방대水防隊가 현장에 파견되어 약 15명은 광장리에, 약 10명은 뚝섬에, 약 5명은 왕십리 앞에서 동 9시경부터 피난민 구호에 착수하였다.

탑승자 10여 명의 발동선 거처 불명

11일 오후 7시 40분경

경찰당국 출동 수사

11일 오후 7시 50분경에 승객 10명을 태우고 여의도로부터 영등포로 가는 모터보트가 발동기 고장으로 행방불명이 되었는데 경찰은 한강을 대수색 중이다. 1936 0811

[9] 미터

해설 을축년인 1925년 7~9월 사이 네 차례 집중호우와 강력한 태풍이 한반도를 휩쓸어 전국에서 사망 647명, 가옥 유실 6363호, 가옥붕괴 1만 7405호, 가옥침수 4만 6813호에 이르는 큰 피해를 냈다.

7월 11일과 12일 사이에 황해도 일대에 300~500밀리미터의 큰비가 내린 데 이어 14일엔 태풍이 지나가며 임진강과 한강 유역에 집중호우가 쏟아졌다. 이로 인해 한강 수위가 13.59미터까지 높아져 뚝섬 일대 3만여 정보가 침수되는 등 수해를 입었다. 8월 말에는 관서 지방의 집중호우로 대동강, 청천강, 압록강이 범람해 큰 해를 입었고 9월 6일엔 남부 지방에 태풍이 닥쳐 낙동강, 영산강, 섬진강이 범람했다.

한반도를 강타한 20세기 최대의 홍수였다. 기사는 두 번째 홍수로 인한 서울 일대의 급박한 물난리 상황을 전하고 있다.

이 해 홍수 피해액은 1억 300만 원으로, 이는 당시 조선총독부 연 예산의 58퍼센트에 해당했으니 피해 규모를 짐작할 수 있다. 이민족에 짓밟혀 신음하던 우리 민족에겐 "하늘도 무심하지"란 소리가 절로 나올 참화였다.

두번 째 호외는 11년 뒤 뚝섬 일대의 범람을 알리고 있다.

신사참배

1925年 10月 15日 동아일보
1935年 12月 5日 조선일보
1936年 8月 2日 매일신보

엄중한 경계리에 일본에서 신궁 어령대 안착

신축한 조선 신궁의 어령대御靈代는 예정대로 13일 저녁 5시에 신축한 경성역에 도착하였는데 기차로부터 어령대와 보검寶劍은 12명의 일본 청년에게 이반[1]되어 세 채의 자동차로 조선 신궁으로 이안[2]되었는데 불의를 경계코자 헌병대도 출동하였으며 경찰 측에서는 안등安藤 경찰부장 이하 각 경찰서의 정사복 경관 거의 전부가 빈틈없이 틈틈이 끼어 물샐 틈도 없이 경계를 하였으며 남산 송림 사이에도 경관의 성을 쌓았으나 어령대가 조선 신궁에 이안되도록 무사히 행렬을 마쳤으며 오늘 15일에는 조선 신궁 대제를 거행할 터이라더라.

신궁神宮 진좌[3]제일鎭座祭日에 예수교 학교는 불참배
학교 당국자들이 모여 결의하였다
어령대가 도착되던 당일도 출영치 않아
참배 강요는 않는다고(시실時實 지사 담談)
대구서도 불출영
문제는 별무, 금후 서서히 선처한다(생전生田 내무국장 담)
중대한 문제이다, 학무국서만 처리할 수 없다(이진호 학무국장 담) 1925 1015

신사참배 불가피라고 학무 당국 의연 강경
종교 선포와 교육 문제는 별개라고 해결점 발견키는 곤란

기독교 계통 학교와 신사참배 문제에 대하여는 선교사 측에서는 어디까지든지 참배를 거절하고 학무 당국은 참배를 강경히 요구하고 있어 문제의 추이는 매우 주목되는 바 혹은 일부에서 전한 바와 같이 신사참배는 하지 않더라도 교내에서 식만 거행하라고 학무국에서 통첩하여 이 문제가 해결되듯이 전한 바도 있으나 이것은 전연 오전誤傳으로 학무국에서는 이번 황자 어명명식御命名式에 대하여 각 도에 대하여 봉축식에 대한 지시는 별반 하지 않았으나 각기 적당히 경의를 표하라는 통첩을 하는 동시에 직접 감독하고 있는 전문학교에도 이와 같은 의미의 통첩을 하였을 뿐으로 일반적으로 신사참배는 안해도 좋고 교내에서 식만 거행하여도 무방하다는 통첩은 한 일이 없다 한다. 그리고 학무 당국자의 언명에 의하면 이번 황자 어명명식에는 봉축식이나 할 것이지 신사참배를 할 필요는 없으나 그러나 일반적으로 어떤 학교든지 신사참배가 필요할 때에는 반드시 참배를 해야 하며 또 종교와 교육은 다르니 종교의 선포는 자유지만 종교 때문에 교육 정책을 고칠 수는 없다는 의견으로 이 문제에 대한 학무 당국의 의향은 의연히 강경하여 앞으로도 선교단 측과 상당히 분규를 일으킬 것으로 보인다. 1935 1205

경성 신사 1일부터 국폐신사國幣神社[3]로 승격
용두산 신사도 승격

조선에도 신사 제도가 공포되기로 되어 마침내 1일부터 경성 신사와 부산 용두산 신사는 국폐사國幣社에 열격列格[4]하기로 결정, 어재가御裁可를 받들어 즉일[5] 어발포御發布되었다. 경성 신사의 씨자氏子[6]는 이를 봉축하기 위하여 다음의 순서로 성대히 거행키로 했다.

(순서 생략) 1936 0802

사진
(상)승격한 경성 신사와
(하)부산 용두산 신사

[1]운반 | [2]다른 곳으로 옮겨 모심 | [3]조선총독부가 관리 비용 일체를 부담하는 신사 | [4]격을 나란히 함 | [5]바로 그날 | [6]종가의 맏아들

해설

신사神社는 신도神道의 사당 또는 사원을 뜻한다. 신도는 본래 일본 건국 신화의 태양신 아마테라스 오미카미天照大神를 섬기던 민간 신앙이었다. 메이지明治 유신 이후 천황도 현인신現人神으로 받들면서 일본의 국가 종교가 되었다. 따라서 여기 참배하는 것은 일본 천황에 마음으로 복속한다는 의미가 있었다.

그러기에 1937년 중일전쟁을 일으킨 후 민족 말살 정책을 편 일제는 창씨개명, 한글 사용 금지와 더불어 신사참배를 강요했다. 물론 이는 급작스레 이뤄지진 않았다.

우선 1915년 '신사사원규칙'을 공표해 길을 닦았다. 1918년엔 서울 남산에 조선 신궁을 착공해 1925년 완공했다. 1925년 기사는 이를 위해 신도의 신령이 깃드는 장소라는 어령대를 일본서 들여온 사실을 다뤘다. 이때만 해도 신사참배를 강요하진 않았으나 1930년대 중반 중일전쟁을 전후해 참배를 강제하기 시작했다.

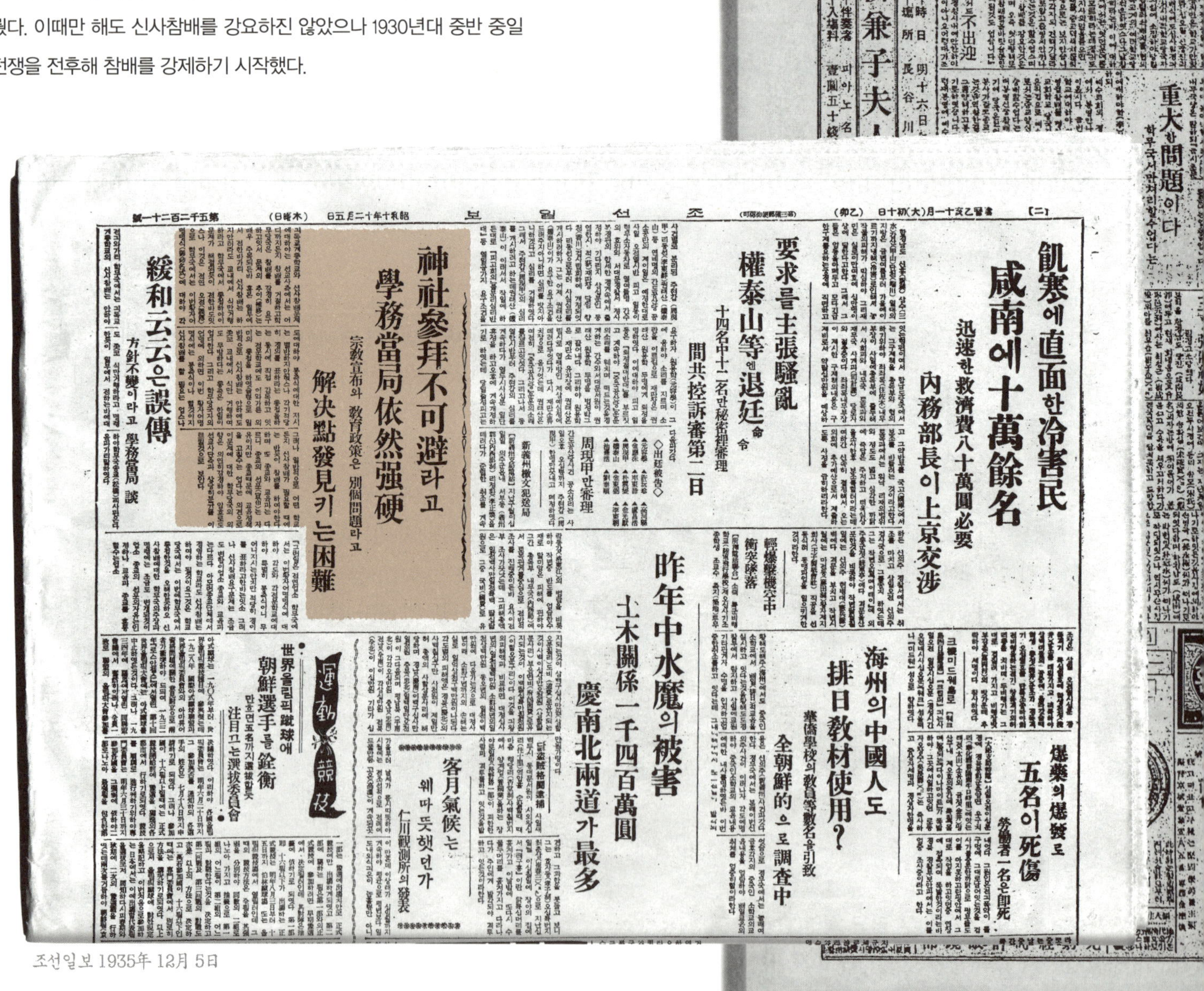

조선일보 (昭和十年十二月五日 木曜)

飢寒에 直面한 冷害民 咸南에 十萬餘名

迅速한 救濟費八十萬圓必要 內務部長이 上京交涉

要求를 主張騷亂 權泰山等엔 退廷命令

十四名中十二名만 秘密裡審理 間共控訴審第二日

神社參拜不可避라고 學務當局依然强硬

宗教宣布와 教育政策은 別個問題라고

解決點發見키는 困難

緩和云云은 誤傳

方針不變이라고 學務當局 談

昨年中水魔의 被害 土木關係 一千四百萬圓

慶南北兩道가 最多

爆藥의 爆發로 五名이 死傷

海州의 中國人도 排日教材使用?

華僑學校의 教員等數名을引致 全朝鮮的으로 調査中

運動競技

世界올림픽蹴球에 朝鮮選手를 銓衡

客月氣候는 웨따뜻햇던가 仁川觀測所의 發表

東亞日報 主催

柳兼子夫人

平壤視察團 今朝入京

大邱에는不出迎

重大한 問題이다

조선일보 1935年 12月 5日

1936년 8월 신사 제도 개정에 대한 칙령이 발표되었다. 황민화 정책의 상징으로 내세우면서 '1읍면 1신사'를 목표로 전국에 수백 곳의 신사를 세우는 등 광복이 될 때까지 이 정책을 밀어붙였다. 이에 따라 1936년에 524개였던 신사가 1945년에는 1062개로 급증했다.

신사참배는 종교의식이 아닌 국민의례란 명분이었으나 실제는 이른바 '내선일체', '사상통일'을 위한 정신적 식민지화 정책이었다.

이에 대한 종교계의 대응은 뜻밖이었다. 로마 교황청은 1932년 "애국의 표현이며 황족과 국가 공훈자에 대하여 친애의 정을 표하는 일"이란 해석을 내려 가톨릭 신자의 참배를 허가했다. 개신교 측도 감리교가 일찌감치 신사참배를 받아들인 데 이어 장로교 등이 차례로 동조했다. 하지만 1936년 평양의 숭실학교와 숭의여학교 등이 자진 폐교하는가 하면 주기철 · 김교신 목사 등 일부 목회자와 2000여 명의 신도는 참배를 거부해 혹독한 시련을 겪었다.

조직의 논리와 개인의 윤리는 반드시 함께 가지는 않는다는 것은 역시 예나 지금이나 마찬가지다.

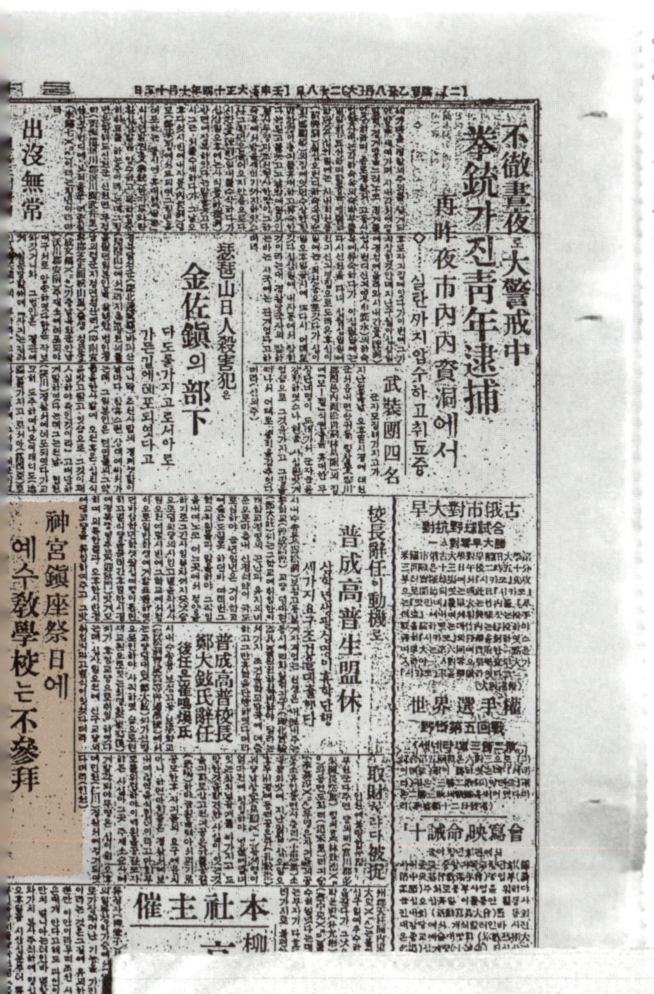

不徹晝夜로大警戒中 拳銃가진靑年逮捕

再昨夜市內內資洞에서

武裝團四名

金佐鎭의部下

神宮鎭座祭日에 예수敎學校는不參拜

普成高普生盟休

本社主催

동아일보 1925年 10月 15日

매일신보 1936年 8月 2日

THE MAIL SHIN BO.

歐洲勢力의分野 獨裁民主兩對立

西班牙內亂의影響

左右翼抗爭은 國際情勢惡化

獨逸政府의見解

京城神社一日부터 國幣神社로昇格

龍頭山神社도昇格

次回올림픽夏期大會 東京서開催키로決定

特殊鑛開發補助

會計年度變更

순종 승하와 6·10만세운동

1926年 6月 8日 | 6月 10日
6月 13日 | 6月 19日 시대일보

OO선언 계획 발각
90여 인 검거, OO文 5만 장 압수
사건 발생지는 천도교당, 학생도 관계
6일 야심夜深경에 회의 진행 중 탐지되어

서울을 중심으로 전 조선 각지를 망라하여 OO운동 이래 8년간에 처음 보는 실로 대규모의 OO운동 OO사건이 계획 중에 발각되고 재작[1] 6일 오후 4시부터 시내 종로서를 중심으로 경기도 경찰부 이하 각 서의 대활동이 일어나 당일 오후 5시경에 다수한 경관대警官隊가 자동차를 몰아가지고 시내 경운동 천도교 본부를 포위하고 OOOOOOO간부 박OO 이하 약 40명을 검거하는 동시에 OO선언서 약 7만 장 가량이 든 궤짝 하나와 또 인쇄 기계와 활자가 수만 자 든 큰 궤짝 하나와 또 그 외 여러 가지 문서를 압수하여 가지고 본서에 돌아와 밤을 새어가면서 엄중한 취조를 한 결과 사건은 전부 명백하게 되어 연루자의 검거가 시작되어 어제 7일 새벽 4시부터 수십 대의 경관대는 시내 각처에 거미줄을 늘이고 8년 전 33인의 일파와 또 사회 운동 단체의 인물과 기타 해외로부터 온 인물 등 11시까지 약 80명을 검거하여 종로서의 2층 회의실 광간에 감금하고 계속 취조 중일 뿐더러 또 한편으로 7, 8대의 자동차를 몰고서 각처에 계속 활동 중인데 연루자는 수백 명의 다수에 달하는 모양이라고.

각 단체 수뇌급 인물
OOOOOO등지에 OO대출동

이번 사건은 천도교 청년동맹에서만 거사한 것이 아니라 해내 해외 유력한 단체의 인물들은 대부분 참가한 모양이므로 OO운동계와 OOOO운동계의 두 계통이 악수하고서 거사한 것이 분명한 듯하다는데 이제 이미 경찰의 손에 검거당한 인물을 들어보면

▲조선노농총동맹 중앙집행위원 이 모 박 모 ▲조선노동당 위원 김 모 ▲대중운동사 모 ▲조선청년총동맹 이 모 ▲조선농민사 윤 모 ▲신흥청년동맹 김 모 ▲동 이 모 ▲한양청년연맹 권 모 ▲조선여성동우회 조 모 ▲서울청년회 장 모 ▲정우회 전 모

등으로 실로 각 단체의 영수급 인물은 거개 망라하였으며 또 그 외에도 33인 중의 한 사람이던 최린崔麟씨도 검거당하였다가 증거불충분으로 나오기는 하였지만 그 외의 인물 수 명도 검거되어 있는 중이라는데 수십 대의 OO대는 OO, OO 등 중요 도시에 거미줄 늘이듯이 급거 출동하여 활동 중이라고. 1926 0608

사진
위에는 대한문 앞에서 대습이 떠나는 바
아래는 행렬 중의 죽산마[2]

재궁梓宮[3]마저 가신다

(1,2,3 생략)

4.

4259년의 역사를 슬퍼하거나 30대 열조열종列朝列宗의 최후를 슬퍼하거나 53년을 마지막으로 하신 효황제의 최후를 슬퍼하거나 어찌하였든지 조선 민중으로서 이러한 설움은 오늘날뿐이다. 이 설움이 없다 하면 도리어 반만 년 동안 굳어온 민족적 정신과 의식이 민멸泯滅[4]하였다 할 것이니 이 설움을 누가 있으라 하면 있을 것이며 누가 없으라 하면 없을 것이며 또는 누구의 수단으로 막을 것이랴. 사람의 울음이란 맺힌 설움에서 솟아나오는 것이므로 그 울음을 울지 못하면 그 설움이 뭉치어 노여움이 되고 미치게도 되는 것이다. 그러한 설움을 막을 수가 어디 있으며 참을 수가 어디 있으랴. 이 민중의 이 설움이 만일 흙처럼 뭉친다 하면 삼각산三角山이 높게 보이지 않을 것이며 물처럼 모인다 하면 한강파漢江波가 깊게 보이지 않을 것이다. 1926 0610

사진
추모되는
순종효황제 어진御眞[5]

[1]그저께 | [2]竹散馬, 임금이나 왕비의 장례에 쓰던 제구祭具 | [3]왕의 시신을 넣은 관 | [4]자취나 흔적이 아주 없어짐 | [5]임금의 사진

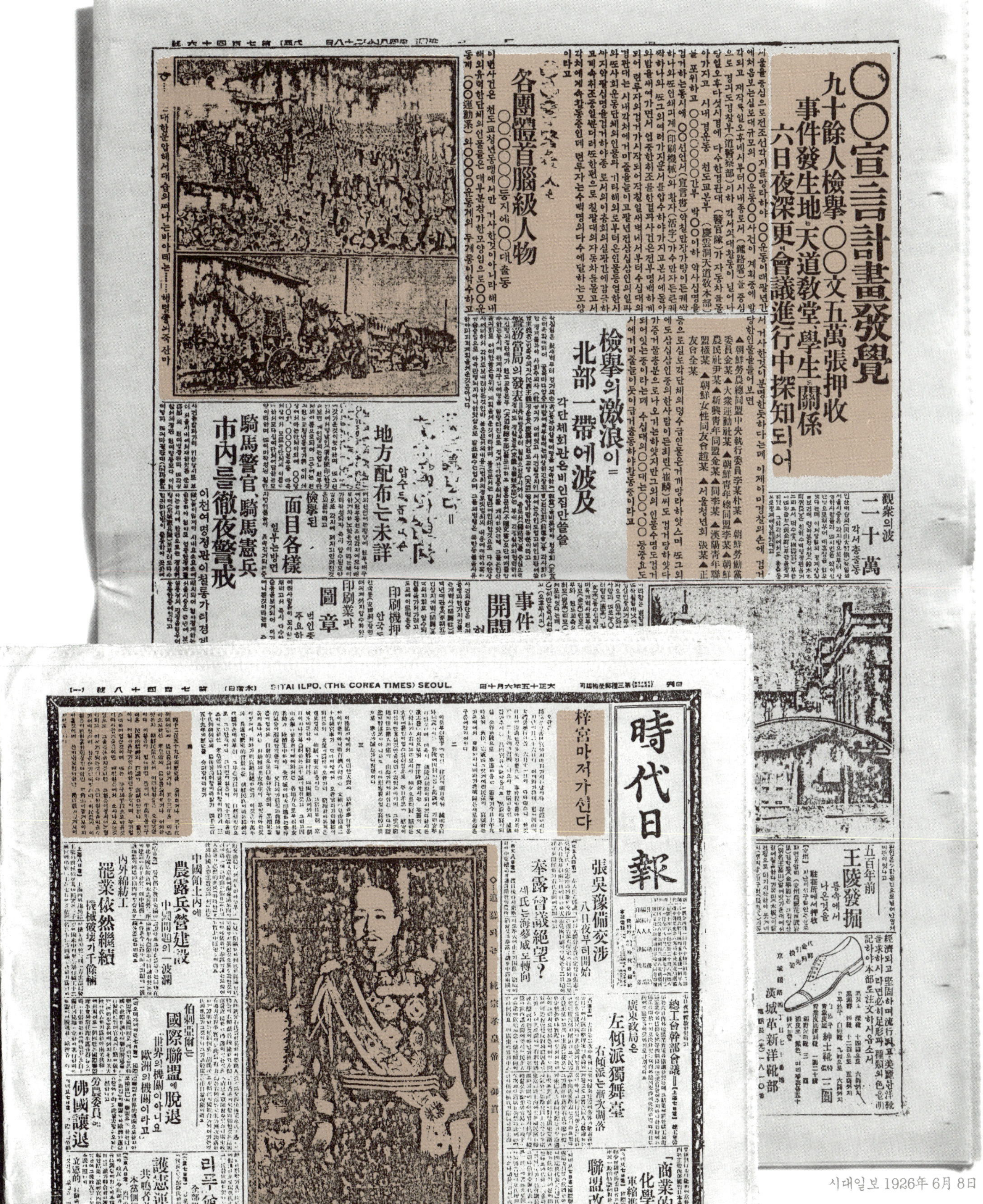

○○宣言計畫發覺

九十餘人檢擧, ○○文五萬張押收

事件發生地는天道敎堂, 學生도關係

六日夜深更會議進行中探知되어

各團體首腦級人物

檢擧의激浪이 北部一帶에波及

地方配布는未詳

面目各樣

騎馬警官, 騎馬憲兵 市內를徹夜警戒

王陵發掘

시대일보 1926年 6月 8日

時代日報

梓宮마저가신다

張吳隊備交涉

奉露會議絕望?

農路兵營建設

罷業依然繼續

國際聯盟에脫退

佛國讓退

護憲運動

左傾派獨舞臺

總工會幹部會議

시대일보 1926年 6月 10日

산월山月 회광晦光[5]!, 임풍林風 비호悲號[6]!

순종 영령 유궁幽宮[7] 영안永安

만년 유궁에 하현궁[8]을 마치던 순간

통곡성에 따라 초목도 눈물을 삼켜

학생OO만세 사건 속보

국경 신의주에서도 OO선언서 발각

해외에서 온 문서를 경성으로 보내려다가

발각되어 다수한 사람이 연루자로 잡혔다

금번 인산 때에 모 중대 운동을 일으키려고 하다가 경성부 경운동 천도교당에서

그 사건이 발각되었기 때문에 국경인 신의주와 안동현安東縣에서 다수한 청년들이 검거되었다 함은 이미 본보에 보도한 바이더니와 아직 비밀에 부침으로 자세한 내용은 보도할 수가 없으나 대략 말을 듣건대 여러 해 전부터 많은 불평을 품고 중국으로 건너가 여러 방면으로 활동하고 있던 경성 사람 홍일헌洪一憲이라는 청년이 상해에서 여러 가지의 과격한 문서와 제2회 OO선언에 쓰려고 다수한 문서를 가지고 중국 합이빈哈爾賓[9]으로 왔다가 얼마 전에 그곳을 떠나 안동현까지는 무사히 왔으나 다수한 무장 경관들이 철통같이 경계하고 있는 압록강 철교를 건너올 수가

없으므로 전기[10] 홍일헌은 자기의 동지이자 현재 평안북도청에 산업과 과원으로 있는 김항준金恒俊(30)에게 사람을 보내어 안동현 진강산 공원으로 향하였다가 금번 OO일에 모 중대 운동을 일으킬 다수한 문서를 가지고 안동현까지 나온 전후 사실을 말한 후 자기는 먼저 경성으로 올라갈 터이니 어떠한 방법으로든지 교묘히 이 많은 서류들을 경성까지 비밀히 보내어 달라는 약속을 단단히 하고 홍일헌은 경성으로 돌아갔는데

간도에서 돌아오는 이삿짐 모양으로

국경을 넘기려다가

전기 김항준은 그 다수한 비밀문서들을 다 해어진 의롱衣籠[11] 속에 넣어가지고 경성까지 직접 부치려다가 국경을 넘어오는 모든 물건들은 중로[12]에서 엄중하게 조사하는 폐단이 간혹 있는 고로 일을 시작하기 전에 낭패가 올까 염려하여 남만주 방면으로부터 조선 내지로 다시 들어오는 이삿짐 모양으로

만들어 가지고 본적을 선천군 남면에 두고 지금 안동현 ㅁ할남통ㅁ割南通에 와서 운송부를 경영하고 있는 강연천姜然天(28)에게 부탁하여 선천군내 모 운송점에까지 무사히 내보내도록 해놓고 전기 김항준과 강연천 등 두 사람은 나는 새라도 어찌할 수 없이 철통같은 경계가 엄중한 국경의 경계망을 돌파하여 신의주로 건너와서 장차 그 중대 서류들을 선천 정거장으로부터 경성에 보내려든 차에 경성 경운동에 있는 천도교당에서

천도교에서 발각

수모首謀[13] 홍일헌 체포

상해에서 왔다가 체포되었다

(이하 내용 생략) 1926 0613

[5]빛을 잃어 어두워짐 | [6]슬퍼하면서 울부짖음 | [7]신령을 모신 궁전 | [8]임금의 관을 현궁에 내려놓던 일 | [9]하얼빈 | [10]앞서 말한 | [11]농옷 | [12]오가는 길의 중간 | [13]어떤 일을 꾀하는 우두머리

인산因山 당일 OO만세와 OO선언 사건의 진상

신의주 공산당 사건이 있은 이래로

상해에서 이 사건이 계획되기까지

여운형, 권오설, 김찬, 조봉암이 최고로 책동

약 5, 60만이라는 흰옷 입은 대중이 서울에 모여 들어 연도에서 배관[14]하고 있었던 지난 6월 10일의 인산 당일을 기회로 대정 8년 이래 8년 만에 처음 보는 계획적이고 또 대규모인 제2차 조선OO선언의 중대 계획을 하다가 거사 전에 발각되어 경찰 당국의 손에 천도교 본부를 위시하여 안국동 소격동 등 시내 각처의 포위와 또 수색을 받는 동시에 주모자인 권오설權五卨 씨와 박래원朴來源 씨 등 90여 명의 검거와 수만 매의 OO문이 압수가 되었으며 그 뒤로 계속하여 인산 당일에 시내 장사동과 돈의동 등 기타 여덟 곳에서 학생 사이에 조선OO만세 사건이 일어나 현장은 살풍경을 이루는 동시에 연희전문과 중앙학교 등 7, 8개 학교의 학생 200여 명이 체포되어 이래 유치장과 형무소에 구금되어 있으면서 사직司直과 경리警吏의 손에 엄중한 취조를 받고 있던 중 그 중의 학생 47명에 대하여는 수일 전에 이미 경찰 당국의 손을 떠나 형무소에 수감되는 동시에 검사국에 압송되었을 뿐더러 그 외의 권오설 일파의 사건과 박래원 일파의 사건과 또 나머지 학생 사건도 거의 취조를 마치어 불일내로[15] 검사국에 넘기게 되리라 할 즈음에 또다시 돌연히 이 같이 거사 전 발각으로 실패된 여러 가지 사건의 뒤를 이어 비밀리에 모 중대한 사건을 획책하다가 재작일[16] 경기도 경찰부의 손에 발각되어 수십 명의 학생이 검거되는 동시에 다시 천도교 본부를 위시하여 서양인 ㅁ영의 여러 학

시대일보 大正十五年六月十三日

山川晦光! 林風悲號! 純宗英靈因宮永安

만만우성에 헌향을 마치든 순간 통곡성에 일하 초목도 눈물을삼켜

誠意奉公한 華士軍解散과

華士軍痛哭에

封陵後玉帛을

悲痛하신新王殿下 陵所에서遲回未啓

玄宮을모시자

歷歷한因山光景 活寫로再現!

本社主催活寫大盛況

初虞祭로

十二日夜에第二回

白紙도不穩文書?

大邱驛에서는

鎭南浦에搜索

海內海外新消息 라디오放送

學生○○萬歲事件續報 國境新義州에서도 ○○宣言書發覺

間島에서 쫓아오는 移徙칠模樣으로

天道敎에서發覺 首謀洪一憲逮捕

○○携帶○○團

故國訪問各地巡廻 間島蹴球團入京

自轉車競走大會는警察禁止로當分中止

十餘學生新檢擧 九十名繼續取調

楚山地方에○○團

新義州에서 太極旗로奉悼

兩署에서

統營巡査頻頻

大邱에서 主義者檢束

時代日報社

시대일보 1926年 6月 13日

因山當日○○萬歲와 ○○宣言事件의眞相

신의주공산당사건이잇슨이래로 상해에서이사건이계획되기까지

呂運亨, 權五卨, 金燦, 曹奉岩이最高로策動

四體系로分派된 금번사건의대체내용

◇第一事件

◇第二事件

◇第四事件

最高參謀는上海서 메이데이에機會를일코 륙월십일로다시계획하여

運動資金出處는 金鑛主安某가

發覺端緒는中國僞造紙幣로

시대일보 1926년 6월 19일

교에 대한 가택 수사가 개시되어 다시 천하의 인심을 놀래키는 중인데 이제 우리는 이미 단편적으로 보도된 여러 가지 사실과 당시에 있어 보도할 자유를 못 가지었던 금번 사건의 조직과 체계와 그 경과를 일괄하여 경무 당국의 허락하는 정도 안에서 보도하는 동시에 새로 일어난 금번 중대 사실의 진상을 보도하는 바이다.

4체계로 분파된 금번 사건의 대체 내용

금번 사건은 결국 조선OO이라는 종국의 목적에 이른 데는 일치하지만 처음 출발할 때에는 4개의 계통에서 사건을 꾸민 것이므로 체계를 따진다면 네 가지 사건으로 볼 수 있으니 즉

제1사건 조선노동총동맹의 중앙집행위원 박래원을 위시하여 (인명 생략) 등 수십 명이 관계한 사건,

제2사건 화요회의 거두요 신의주 공산당 사건의 중요한 인물인 권오설씨를 위시하여 홍일헌洪一憲 등 여러 사람이 획책한 사건,

제3사건 연희전문학교 생도 (인명 생략) 100여 명 청년학생이 중심되어 계획한 조선OO만세 사건,

제4사건 최근에 발각된 배재학당과 협성신학교와 계성학원 학생들을 중심으로 획책한 OO문 사건인데

이상의 사건이 모두 서로 연락이 있었던 것인지는 알 수 없으나 이제 경찰의 손에 몰수된 OO문과 기타 문서 등으로 보아 그 운동의 성질을 조사하여 보건대 제1사건은 조선OO이라는 선언서를 수십만 매 인쇄하여 전 조선에 보내려 한 것으로 그 OO서의 문구를 보면 조선OO을 전제로 하고서 1. 교육을 조선인 본위로 하자 2. 산업을 조선인 본위로 하자, 기타 몇 가지 조건으로 보다 구체적 사실을 열거한 것인데 대체로 민족주의에 가까운 것이라 하며 제2사건인 권오설 일파의 사건은 조선OO을 한 뒤

OO으로 할 것이며 그 밖의 동양척식회사의 철거와 조선은행의 철거 등 일본 자본가의 OO등을 언명한 것이 되어 전체의 색채가 OO주의에 가까운 것이라 하며, 또 제3과 제4의 사건은 우선 표면에 나타난 것으로 보아 조선OO을 하는 것에 그 목적이 있었다고. 1907 0719

[14]삼가 절하여 봄 | [15]며칠 걸리지 아니하는 동안 | [16]그저께

해설

6 · 10만세운동은 순종의 승하에 대한 애도와 함께 반일감정이 고조되던 끝에 순종의 인산일에 학생 중심으로 일어난 만세운동이다. 6월 10일 돈화문을 떠나 홍릉으로 가던 순종의 영구 행렬이 종로 3가를 지날 때 길가에 도열했던 학생들 중에서 300여 명이 뛰쳐나와 격문을 뿌리며 독립만세 시위를 벌였다. 격문엔 "횡포한 총독 정치의 지옥으로부터 벗어나자! 대한 독립운동자여 단결하라! 일본 물화를 배척하자! 조선인 관리는 퇴직하라! 조선인 교육은 조선어로! 동양척식회사를 철폐하라!" 등 각 계층의 처지에 맞는 투쟁구호가 실렸다.

이를 전후해 서울과 인천, 개성, 평양, 원산 등지로 시위가 확산됐고 전국 곳곳에서 2만 명이 넘는 학생들이 동맹휴업에 참여했다. 또 서울의 상인들도 철시투쟁으로 이에 호응했다. 이 사건으로 서울에서만 200여 명 등 전국에서 1000여 명의 학생들이 일본 경찰에 붙잡혔다.

이 사건은 학생 단체와 천도교, 조선공산당 등 국내외의 항일민족단체의 합작품이었다. 고려공산청년회의 책임비서 권오설은 시위를 위해 태극기와 5만 매의 격문을 준비하다가 사전에 체포됐다. 조선학생과학연구회 간부인 연희전문학교 학생 이병립 등이 중심이 된 '사직동계'와 중앙고보 · 중동고보 등 서울의 사립학교 학생들이 모인 '통동계'도 만세운동을 계획했다. 이들은 스스로 돈을 모아 격문 3만 매를 제작하는 등 적극적이었다.

그 덕분에 6 · 10만세운동은 주동 세력 일부가 거사 전에 체포됐지만 단행될 수 있었다. 또 이때의 '좌우합작' 경험은 훗날 항일민족협동전선인 신간회 결성의 밑거름이 됐다.

군자금 조달

1926年 12月 15日
중외일보

군자軍資 모집 불응하는 남녀 3명을 살상 후
유유히 퇴거한 평북 초산楚山의 ㅇㅇ단
13일 오후 6시경에 두 곳을 습격
결빙 후 최초의 충돌

경무 당국 착전着電에 의하면 재작[1] 13일 오후 6시 반경에 평안북도 초산군 서면 무학동 32번지 이윤렬李尹烈(46)의 집에 육혈포를 휴대한 OO단원 두 명이 돌연히 나타나 군자금을 청구하다가 그의 아내 되는 성성녀成姓女가 가로 나서서 거절하므로 대번에 그 여자를 쏘아 즉사케 하고 다시 그 집에 불을 놓아 전소시킨 후 그 길로 초산면 평강동 122번지 이인용李仁溶의 집에 이르러 역시 군자금을 청구하다가 거절하므로 그자와 그자의 어머니 되는 김성녀金姓女를 쏘아 중상케 하고서 유유히 그곳을 피하여 도망하였다는데 이 급보를 들은 초산서署에서는 즉시 평북 경찰부와 협력하여 대활동 중이나 범인의 간 곳을 알 수 없다더라. 1926 1215

[1] 그저께

해설 일제에 대항하는 독립운동가들에게 큰 장애 중 하나는 자금이었다. 상하이임시정부의 경우 상하이 거주 동포에게 인구세人口稅를 부여하는가 하면 독립공채를 발행하기도 했다. 독립공채는 대한민국 독립 5년 후부터 상환하는 조건이었는데 국내에서도 팔렸으며 이 자금을 회수하기 위해 연통제를 이용하기도 했다.

상황이 어려웠으니 1910년대의 광복단, 대동단 등은 국내 인사들에게서 직접 군자금을 모았다. 1917년 광복단이 국내 각지에 발송한 '국권회복운동자금제공 통고문'을 보면 "…재산이 있는 자는 각기 의무를 다하여 미리 저축해서 본회의 구함에 응하라…만약 '흉적'에 아부하여 기밀을 누설하여 화근을 동포에게 뿌리고 또한 본회의 규약을 준수하지 않아 기회를 헛되이 하는 자 등의 제재 방법에 대해서는 본회의 정해진 규칙이 있다"고 했다. 명분이야 분명했지만 으름장도 섞여 요즘 기준으로 보면 '절차의 정당성'이 반드시 확보됐다고는 볼 수 없겠다. 이 단체들은 대부분 비애국적 부호와 친일파의 처단을 병행했기에 모금 과정에서 마찰도 일었다.

이 기사는 독립운동가들이 군자금 모집을 거부한 일가 두 가족에 총을 쏘고 집에 불을 지른 소식을 다뤘다. 지금이야 자세한 사정을 알 수 없지만 과연 목적이 수단을 어디까지 정당화할 수 있는가 하는 의문이 드는 내용이다. 독립운동가들이야 당연히 옳은 일을 하는 것이었지만 희생되는 이들 또한 조선인이라, 그들 또한 나름의 고충이 있고 할 말도 많았으리라.

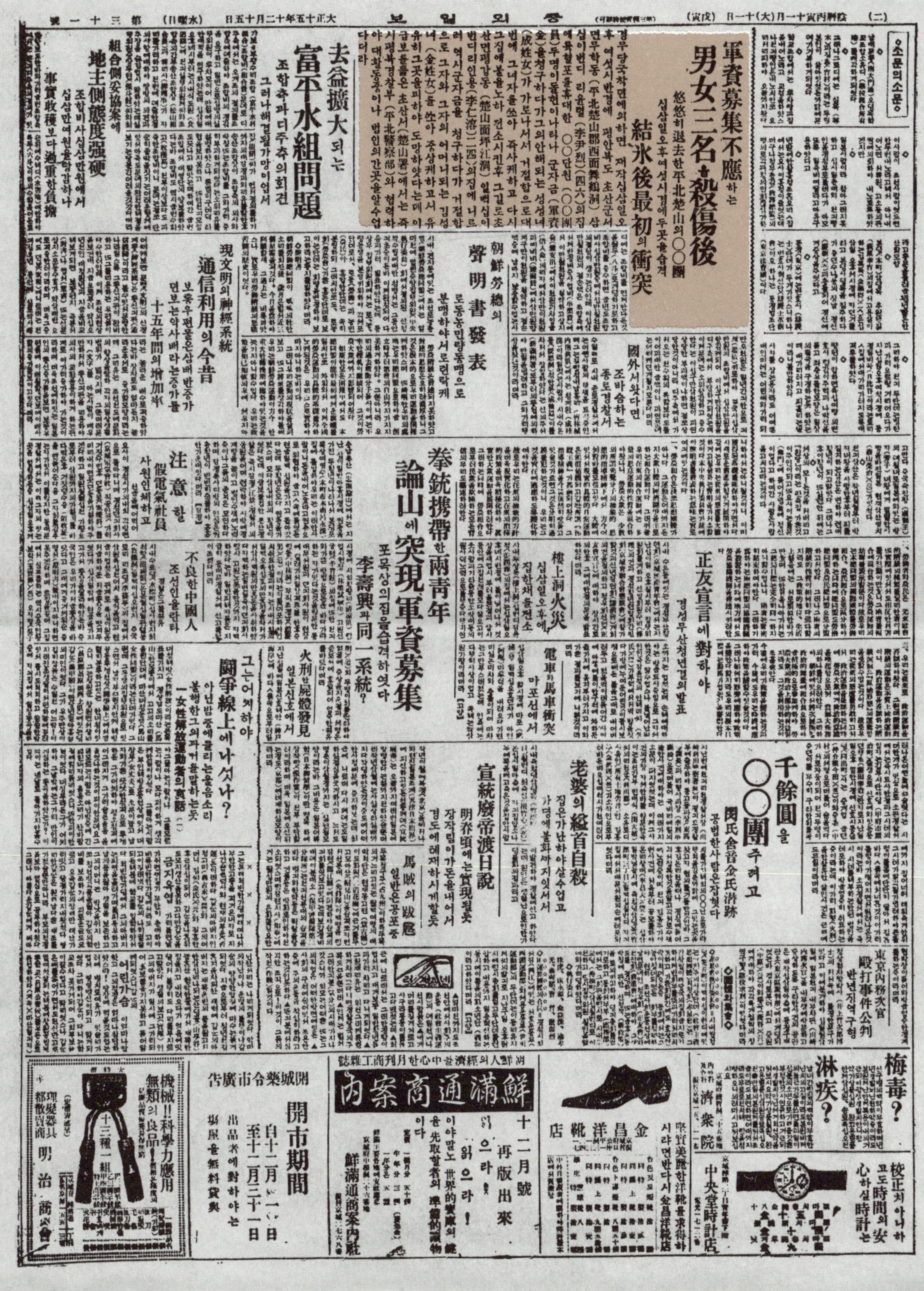

大正十五年十二月十五日 (水曜日) 중외일보 第三十一號

軍資募集不應하는 男女三名을殺傷後

悠然히退去한平北楚山의○○團

십삼일오후여섯시경에두곳을습격

結氷後最初의衝突

去益擴大되는 富平水組問題

조합측과더주측의회견

그러나해결될가망이업서

組合側妥協案에 地主側態度强硬

조합비사십삼만원에서

십삼만여원중앙감하나

事實收穫보다過重한負擔

朝鮮勞總의 聲明書發表

로동농민량동맹으로 분명하야서로련락케

現文明의神經系統 通信利用의今昔

보통우편물은삼배반증가

면보는약사배라는증가를

十五年間의增加率

國外서왓다면

注意할 假電氣社員

拳銃携帶한兩靑年 論山에突現軍資募集

포목상의집을습격하엿다

李壽興과同一系統?

樓上洞火災

正友宣言에對하야

경성무산청년회의발표

不良한中國人

그는어케하야 鬪爭線上에나섯나?

火刑한屍體發見

電車와馬車衝突

마포선에서

老婆의縊首自殺

千餘圓을○○團주려고

閔氏舍音金氏濟跡

공범한사람은잡혓다

宣統廢帝渡日說

馬賊의敬邑

東京內務大官毆打事件公判

대정 사망, 소화 원년

1926年 12月 26日
중외일보

봉도奉悼[1]

대정大正 천황 폐하 등하登遐[2]하시다.

폐하는 명치明治 천황 제3황자로 을묘己卯에 태어나시어, 을축己丑에 태자가 되시고, 임자壬子에 임금의 자리를 이으시니 재위 15년, 향수享壽[3] 48이시라.

명치의 혈통을 이으시어 성덕盛德이 들리셨거니와 특히 세계대전의 참가는 폐하 치세治世의 일로 길이 역사에 크게 기록될진저.

춘추春秋-오히려 정성鼎盛[4]커시늘 선어仙馭[5]를 머물지 못하시니 내외와 한 가지 이에 삼가 봉도하나이다.

천황 폐하 붕어崩御

천황 폐하께옵서는 12월 25일 오전 1시 25분 엽산葉山 어용저御用邸에서 붕어하셨더라(궁내성 발표)

동궁 전하 천조踐祚[6]

[동경 25일 지급전] 대행천황 붕어와 동시에 동궁 전하께서는 바로 엽산 어용저에서 목야牧野 내부內府, 일본一本 궁상宮相, 약규若槻 수상 등 중신重臣이 시립侍立[7]후에 천조식을 거행하셨더라.

개원위改元爲 '소화昭和'

[동경 25일 지급전] 궁내성 발표=25일 아래의 조서詔書가 발포되었더라.

조서詔書

짐朕 황조황종皇祖黃宗의 위령威靈에 힘입어 대통을 잇고 만기萬機[8]를 다스리다. 이에 정해진 제도에 따라 원호元號를 세워, 대정 15년 12월 25일 이후에 개정하여 소화 원년으로 하다.

대정 15년 12월 25일
각 대신 부서副署 1926 1226

[1]받들어 애도함 | [2]승하, 세상을 떠남 | [3]오래 사는 복을 누린 기간 | [4]한창 나이라서 혈기가 매우 왕성함 | [5]붕어, 임금이 세상을 떠남 | [6]임금의 자리를 이음 | [7]웃어른을 모시고 섬 | [8]임금이 보는 여러 가지 정무

해설

1926년 12월 25일 일본의 제123대 천황 요시히토嘉仁가 심장마비로 사망했다. 1879년 메이지明治 천황의 서자로 태어나 1912년 왕좌에 올랐으나 머리가 나쁘다느니 병약하다느니 하는 평을 얻어 일본 정계와 군 인사들에게 신뢰를 주지 못했다. 게다가 건강이 나빠 1919년부터 황태자 히로히토裕仁가 섭정을 했다. 하지만 그의 치세에 일본에서는 이른바 '다이쇼大正 데모크라시'라 해서 한때 정당정치가 꽃피기도 했다. 황태자 시절인 1907년 조선을 방문했으며 이를 계기로 한국어를 공부한 적도 있다고 한다.

다이쇼 천황의 뒤를 이은 쇼와昭和 천황 히로히토 치하에서 일본은 이후 군국주의로 치달으며 태평양전쟁을 일으켰다가 1945년 패전하기에 이른다. 이때 라디오로 항복 선언을 한 천황이 바로 히로히토다. 그는 종전 후 전범 재판을 면한 뒤 1946년 이른바 '인간선언'을 하는 등 신에서 인간으로 추락하는 격변을 몸으로 겪었다.

참고로 일제강점기에는 해年를 세는 데 '서기西紀' 대신 일본식 연호인 '다이쇼大正', '쇼와昭和'가 쓰였다. 따라서 일제강점기 중반부터는 일본처럼 쇼와 시대로 접어든 셈이었다.

동양의 군주국가에서 쓰인 연호는 군주가 시간까지 지배한다는 의미가 있었다. 예컨대 <한성순보>는 처음엔 연도를 표기할 때 조선 개국 연호인 '건양建陽'을 공식 사용하다가 청나라와 마찰을 빚었을 정도로 의미가 컸다.

(一) 第四十二號　THE CHOONG-OI IL-BO.　(日曜日)　昭和元年十二月二十六日

中外日報

奉悼

大正天皇陛下 登遐하시다。 陛下는明治天皇 第三皇子로 己卯降誕、己丑立太子、壬子踐祚시니 在位十五年、享壽四十八이시라。 明治의鴻緖를니으사 盛德이들

리셧거니와 독히世界大戰의泰加는 陛下治世의일로길이史上에大書될진저。 春秋ㅣ오히려鼎盛커시늘 仙馭둥덤을지못하시니 內外와한가지 玆에심가奉悼하나이다

大行天皇尊歷

大葬期日 葬儀는新宿

大葬費는 二百五十萬圓

大喪費豫算 議會劈頭에提出

御陵所決定

靈柩車自働車 公式儀禮로

全國各港에서 皇禮砲發射

喪期及喪服

靈柩車還幸 二十七日午後

陸海軍

御璽大正字

內外에正式通達 崩御와踐祚를

皇后陛下御冊立

五日間廢朝決定 官廳은從前대로執務

朝見儀는 二十九日

卽位大典 明后年京都에서

當分間御所는 赤阪에

首相에게優詔降下 辭表提出에對하야

議會開院式延期

諒闇과今後政情 爲先難局을버서낫다

兩陛下皇太后 二十七日還幸

李王妃殿下 奉悼使派遣

天皇陛下崩御

天皇陛下께압서는 十二月二十五日午前一時二十五分葉山御用邸에서崩御하섯더라(宮內省發表)

東宮殿下踐祚

【東京廿五日至急電】 大行天皇崩御와同時에 東宮殿下께서는直히葉山御用邸에서 牧野內府、一木宮相、若槻首相等重臣侍立後에踐祚式을擧行하섯더라

改元爲「昭和」

【東京二十五日至急電】 宮內省發表=二十五日 左의詔書가發布되엇더라

詔書

朕皇祖皇宗의威靈에賴하야大統을承하고 萬機를統하다玆에定制에順하야元號를建하야 大正十五年十二月二十五日以後에改正하야昭和元年으로하다

御名御璽

大正十五年十二月二十五日

各大臣副署

英提案과中國北方 冷然히보고잇다고

米政府墨西哥에 武器輸送絶對禁止

大葬日까지 議會休會乎

銀行은 二十七日만休業

石油疑獄事件

沿道警衛方法決定 警視廳管下六千名巡査로

西園寺公으로써 元老制는못막는다

株式休日氣配

鐵道協會總會

各市場一齊休業 銀行은二十七日

列國媾和圖謀 英大使와日次官談

松岡代議士 拘引되어東上

政府委員任命

鮮米格上 阪本兩取의

年末金融經濟槪況 依然不況裡에越年

米陸戰隊上陸

物價

金利

資金

京仁取合倂에 條件附賛成

京取定時總會

金融

現金受拂 取扱時間延長

京城天然氷總會

平南의傳染病 一年中統計

萬頃江工事 明春全部完了

永同郡의 夜學團設狀況

本報號外三次發行

中外日報社

신간회 창립

1927年 2月 14日
조선일보

신간회 창립 총회

15일 밤 청년회관에서 개최

민흥회와 신간회의 합동 성립

조선민흥회朝鮮民興會와 신간회新幹會의 합동의 사명을 가지고 민흥회 위원 10명과 신간회 창립준비위원이 12일 오후 2시부터 시내 관수동 143번지에 회집하여 합동하기로 한 결과 회명은 신간회를 채용하기로 하고 강령도 신간회의 강령을 그대로 승인하고 그날 밤 7시부터 발기회를 열었는데 민흥회 발기인 전부와 신간회 발기인 전부가 그날 밤 8시부터 신간회 사무소에 회집하여 발기대회를 열고 신석우 씨의 사회 하에 규약, 대회 세칙細則, 지회 세칙 초안을 심의하고 15일 오후 7시에 기독교중앙청년회관에서 창립 대회를 열기로 하고 아래의 창립준비위원 12인을 선거하여 일체 창립에 관한 사무를 위임하기로 한 후 동 10시경에 폐회하니 이로써 조선민흥회와 신간회와의 합동은 완성되었다 하더라.

○창립준비위원

권동진權東鎭, 명제세明濟世, 최익환崔益煥, 신석우申錫雨, 권태석權泰錫, 이동욱李東旭, 홍명희洪命熹, 장지영張志暎, 김항규金恒圭, 안재홍安在鴻, 한위건韓偉鍵, 이병진李炳鎭 1927 0214

兩日間大盛況

滿都人氣가集中된 崇專音樂大會

十四日夜青年會館에서

殺人未遂犯 又復拷問致死

崇·專·音·樂·大·會

十四日夜七時半鐘路青年會館에서

主催 崇專音樂部 後援 朝鮮日報社

寸虫藥

사진

신간회 발기총회 광경

軍資募集員

不動産移動稅로 歲入增額十萬圓

增加稅는中止를不免

兩道警察又復活動

大邱驛頭에 漂浪民不絕

佛敎少年 歌劇盛況

除雪費豫算超過 軍隊近三千出動

名古屋大雪亂後聞

釜山某官廳에 重大疑獄事件?

良民들을惡刑拷問 健壯者를不具者로

新幹會創立總會

民興·新幹合同完成

平壤憲兵隊員 突然安州에서活動

光熙門에僵屍

線路橫斷轢傷

京城放送局

蔬菜種子 宇利商會

朝日旅館

貞信女學校

染料 都賣 東華洋行

해설

1920년대 중반 국내의 항일 독립운동은 큰 벽에 부닥친다. 일제와의 타협을 전제로 한 이른바 '자치론'과 러시아 혁명에 고무된 사회주의 운동이 그것이다. 따라서 분열 양상을 보이는 민족운동 전선을 통합해 역량을 키울 필요가 대두됐다.

이에 따라 1927년 1월 홍명희, 권동진 등 27명이 신간회 창립준비위원회를 만들었고, 여기에 고려공산동맹의 전진회와 조선물산장려회가 손잡은 조선민흥회가 가세해 한일합방 이후 최대 규모의 합법적 민족운동단체인 신간회가 결성됐다. 기사는 이 '합작' 소식을 다룬 것이다. 신간회란 이름은 오래된 나무의 새 줄기란 뜻의 '고목신간古木新幹'에서 따온 것으로, 홍명희가 지었다.

1927년 2월 15일 서울 종로 YMCA강당에서 열린 창립대회에서 이상재가 회장, 안재홍이 총무간사로 선출됐다. 또 '민족유일당 민족협동전선'이란 표어를 내걸고 '정치적 경제적 각성을 촉진함', '단결을 공고히 함', '기회주의를 배격함'이란 3대 강령을 채택했다. 민족주의 계열과 사회주의 계열을 아우른 신간회는 급속히 확대돼 창립 1년이 되기도 전에 100여 개 지회에 2만 명이 넘는 회원을 자랑하게 됐다. 이를 바탕으로 완전 절대 독립 노선을 옹호하며, 한국인 착취 기관의 철폐와 민족 교육과 한국어 교육 실시를 요구하는가 하면, 소작쟁의와 노동쟁의를 지원하는 등 활발한 활동을 펼쳐 나갔다.

그러자 항일운동의 감시를 편하게 할 목적으로 이를 방관하던 일제는 전국대회를 불허하는 등 탄압에 나섰다. 여기에 투쟁 노선을 둘러싼 내부 갈등이 생긴 데다 1928년 발표된 코민테른의 '12월 테제'에 영향을 받은 사회주의 계열의 탈퇴가 이어지면서 지방 조직이 흔들려 1931년 결국 해산했다.

원산 총파업

1929年 2月 4日 조선일보
1929年 3月 1日 매일신보

重大한內訌으로 商議는遂分裂?
◇조명을맛고서탈선행동◇
朝鮮人議員會議不參
◇元山罷業寫眞
◇元山府尹 山崎府尹談
雙方에서 多少讓步하라
◇元山警察署 永代高等主任談
名簿作成과 會則草案中
不日間發會式擧行
咸南勞働會新陣容
慶南合銀 常務被訴
根本에注力
延齡固本丹
補藥의王

원산 대쟁의 제13일
우리도 같은 노동자다! 일日 노동자 취업 거절
노동 회원의 노동시장을 뺏을 수 없다고
상업회의소 측의 요구를 단연히 거절해
50여 명이 결속 폐업

원산에 2000여 명의 노동자가 총파업을 단행한 결과 운수 기타 모든 기관이 일제 정돈停頓[1] 상태에 빠지자 일본인 측 자본가와 상업회의소와 국수회 등 온갖 단체의 알선으로 시내 각 상점의 점원과 목수와 미장이 등 약 50여 명의 일본인 노동자가 의용義勇적으로 매일 부두에 나가 중사仲仕라는 가장 중요한 작업을 맡아 보아오던 중 재작[2] 2일 아침에 우리들도 노동자인 점에는 같아 서로 동회회원들이 가지고 있던 노동시장을 빼앗을 수가 없다 하여 일종의 동정 의식으로부터 마침내 상업회의소에서 영구하게 또 도맡아 일하여 달라는 요구를 일언하[3]에 일축하는 동시에 오후부터는 전부 폐업 귀가하였다는데 이와 같은 일본인 노동자의 태도에 대하여 일반 사회의 인사들은 이상한 충동을 느끼고 있는 한편 고주[4] 측과 상업회의소 당사자들은 놀라서 그 대책을 강구 중이라 하더라.

곡자麯子[5] 직공도 53명 맹파盟罷

또 지난 1일부터 노동연합회의 세포단체인 곡자직공 조합원 53명도 끝끝내 동정파업을 단행하였는데 더욱 이발업 조합도 파업에 나올 형세라는 바이어서 이번에 동정파업은 전 사회의 온갖 전문적 직업조합까지 확대되어 요원遼遠의 불길[6]모양으로 원산에 퍼지는 중이라 하더라. 1929 0204

조선일보 1929年 2月 4日

매일신보 1929年 3月 1日

쟁의의 원산

이번은 기생과 이료업자理料業者[7] 분규
일체 기생을 부르지 않기로, 요리업자들의 단단한 결속

원산에는 각 요리업자와 기생권번 측의 의사충돌로 인하여 해동관 요정 외에는 전부가 약속하여 22일부터 춘성권번과 분규를 일으켜 그날부터 기생을 부르지 않기로 하고 각 요리점에서 요구조건을 춘성권번에 제출하였는데 동 권번에서도 이에 지지 않고 절대로 불응하므로 요리업자들은 24일 오후 1시부터 다시 부찬관 요정에 회합하여 요리업자 조합을 신설하고 각기 출자하여 기생권번을 새로 설립하기로 한 후 이후 춘성권번 기생은 여하한 사정이 있더라도 부르지 않기로 동맹하고 산회하였다 하더라. 1929 0301

[1]침체하여 나아가지 아니함 | [2]그저께 | [3]일언지하一言之下, 한 마디로 잘라 말함 | [4]고용주 | [5]누룩 | [6]요원지화燎原之火, 무섭게 번져가는 벌판의 불길을 말하는 것으로, 어떤 일이 무서운 기세로 확대되어 가고 있는 형세 | [7]음식점 업주

해설

1890년대에도 조선에 노동단체가 있었지만 일제강점 후 열악한 노동 조건과 사회주의 사상의 영향으로 1920년 전국 규모의 '조선노동공제회'가 조직되는 등 노동자들의 의식이 높아졌다. 이에 따라 노동쟁의도 늘었는데 처음엔 노동 조건 개선과 임금 인상이 주목표였지만 점차 사회혁명과 민족독립이란 정치적 성격이 강해졌다. 그 중 규모나 치열함에서 가장 널리 알려진 것이 원산 총파업이다.

이는 1928년 함남 덕원군의 영국계 회사의 일본인 감독 고타마兒玉가 조선인 노동자를 구타한 것이 발단이 됐다. 이 회사 조선인 노동자 120여 명은 고타마 파면, 최저임금제 실시 등을 요구하며 파업을 시작했으나 회사 측은 미온적 태도를 보였다.

이에 54개 가맹 단체에 2000여 명의 조합원을 가진 원산노동연합회(원산노련)가 이듬해 1월 총파업을 선언하면서 민족해방운동으로 발전해갔다. 시민의 30퍼센트가 넘게 참여할 정도로 확대되자 일본인 기업주들은 기사에서 보듯 일본인 노동자를 데려와 투입하는가 하면 어용노조를 만들어 맞섰다. 또한 당국도 공산당이 개입했다는 혐의를 씌워 핵심간부 42명을 구속하는 등 무력 탄압에 나서며 투쟁은 격화됐다. 어째 자주 보던 수법 아닌가.

4월까지 80여 일간 지속된 총파업은 조선 노동자 계급에 대한 식민통치자들의 인식을 새롭게 한 반면 이후 노동운동이 공산당의 영향 하에 비합법적으로 전개되는 계기가 됐다.

아나키스트 검거

1929年 11月 4日
조선일보

충북 아나 청년 망라한 무정부 결사 정체
표면으로는 문예운동사를 창설
절대 자유를 주장한 목적
(경성지방법원에서 예심결정공판 회부)

지난 5월 초순경에 경기도 경찰부 고등과에서 단서를 얻어 가지고 충청북도 각지에 출동하여 청주, 음성, 충주, 이천 등 지방에서 대활동을 개시하여 '아나' 계(무정부주의자계) 청년을 망라하여 조직된 비밀결사의 관계 혐의자 다수를 검거하여 동 좌백佐伯 고등과장과 전변田變 특고계特高係 주임의 손에 엄중한 취조를 마치고 5월 30일에 드디어 치안유지법 위반의 죄명으로 경성지방법원 검사국에 넘기어 사상 전문 삼포蔘圃 검사의 취조를 마치고 6월 8일 동 법원 제3예심 협脇 판사의 손에 회부되어 예심을 마치고 지난 9월 30일에 그 전부가 유죄로 결정되어 동 법원 합의부 공판에 회부된 권오돈權五焞 등 일곱 사람에 대한 결사조직의 내용은 어떠한 것인가?

공산당과 판이한 조직과 그 내용

이와 같이 발각된 충청북도 각 지방 청년들을 망라하여 조직된 비밀결사 무정부주의 사건은 최근 조선사회운동선상에서는 그 흔적을 드물게 보는 것이니만큼 다른 비밀결사 공산주의 계통과는 전연 조직 체계를 달리한 바 있고 또 연쇄적으로=다시 말하자면 공산당과 같이 한 간부조직이 발각 검거된 후 다시 그 뒤를 계속하여 비밀리에 보충 간부를 조직하는 등과 같은=연속체가 아닌 만큼 사건의 내용은 표면으로 매우 간단하다 할 수 있는 것이다. 그러나 그들의 주의의 목적이 극히 광범하고 자유주의를 고조하는 결사인 만큼 그 사명과 계획도 자못 중대하더라.

금년 2월 18일 금성여관서 조직

이와 같이 그 주의와 목적이 원대하다는 무정부주의자 청년들이 조직한 비밀결사의 사건 관계자 권오돈(29), 안병규安秉奎(26), 김학원金學元(25) 등 동지 10여 명이 지난 2월 18일 충북 충주군 충주면 읍내리에 있는 금성여관이라는 곳에 모여 표면으로는 문예운동사라는 명칭 아래 사상 단체를 조직하고 그 기관 잡지로 문예운동이라는 잡지를 발행하여 그들의 가진 바 주의 즉 인류는 절대 자유요 현대 모든 국가제도는 총××할 것이라는 격렬한 사상에 고취해 노력하려는 것이 이 결사조직의 초보初步였다고 하더라.

척사擲柶[1]대회를 열어
암암리에 주의를 선전하여

그리하여 그 후 수일이 지난 동 23일(음 정월 14일) 밤 역시 전기 장소에서 그 비밀결사 주요 간부 되는 수 명의 주최로 구신년간친회舊新年懇親會라는 명목 하에서 척사대회를 개최하고 암암리에 그 주의의 선전에 노력하고 미래에 오는 그들의 운동 방침과 실현에 대하여 크게 노력할 것을 지도하고 경향 각지에 산재한 그 주의자의 동지 규합에 노력하던 중 우연히 경기도 경찰부 고등과에 발각되어 5월 초순에 검거에 착수하여 그 주요 간부 대부분이 검거된 것이고 경성지방법원 예심에 회부된 후 동 사건을 담임한 협 예심판사는 그 조직 체계의 유래가 분명치 못하다 하여 일시 서기 두 사람을 대동하고 조직한 현장의 실지 검증으로 자못 일반의 주목을 끈 사건이라더라. 1929 1104

[1] 윷놀이

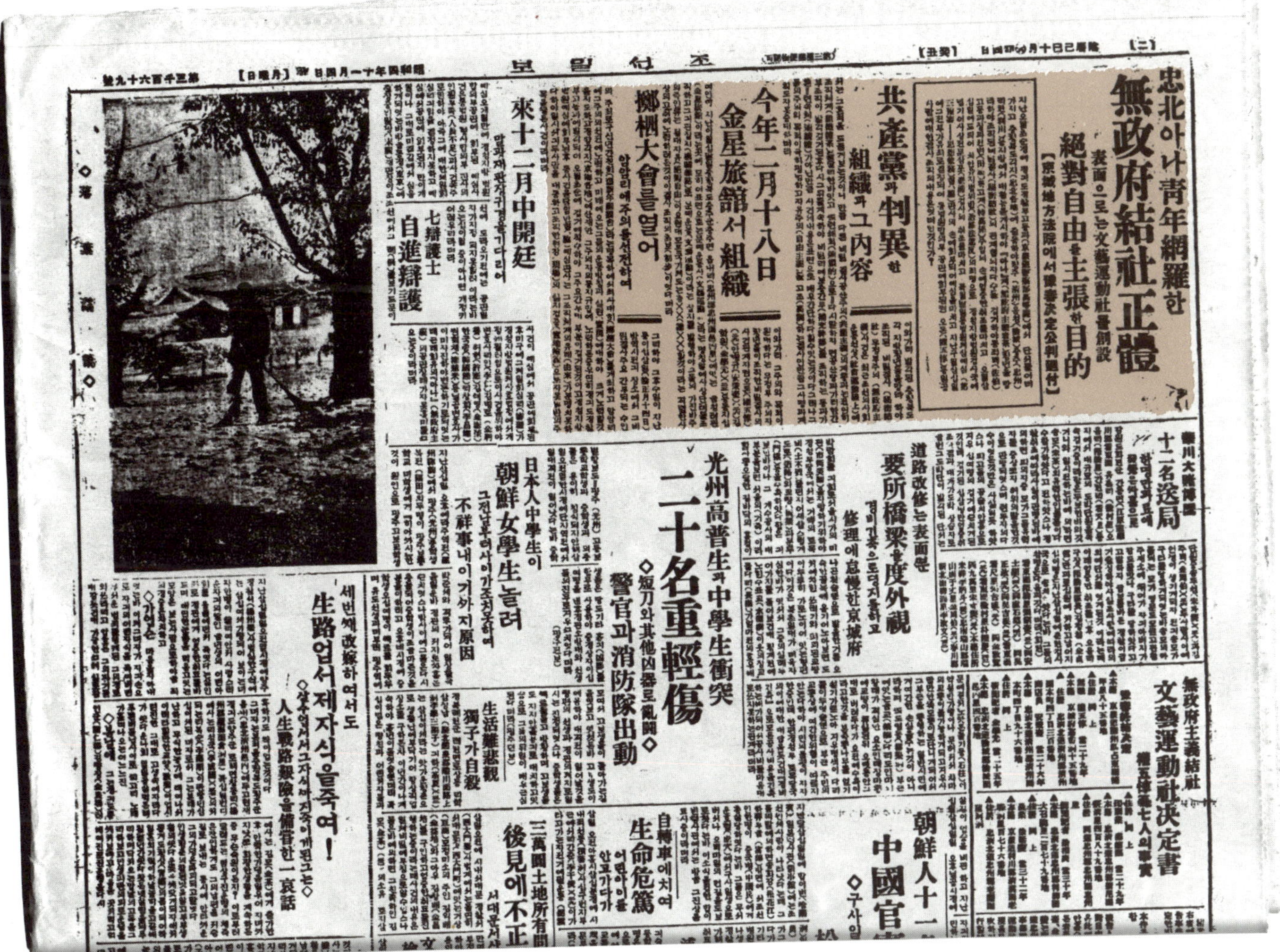

忠北아나青年網羅한

無政府結社正體

表面으로는文藝運動社를創設

絶對自由를主張한目的

【京城地方法院에서豫審決定公判回付】

共產黨과判異한 組織과그內容

今年二月十八日 金星旅館서組織

擲柶大會를열어

來十二月中開廷

七辯護士 自進辯護

光州高普生과中學生衝突

二十名重輕傷

◇短刀와其他凶器로亂鬪◇

警官과消防隊出動

日本人中學生이 朝鮮女學生놀려

道路改修는表面뿐 要所橋梁을度外視 修理에怠慢한京城府

生路업서제자식을죽여!

生活難悲觀 獨子가自殺

無政府主義結社 文藝運動社決定書

自轉車에치여 生命危篤

後見에不正

해설 1920년대 식민지 조선의 의식 있는 청년들을 매혹시킨 사상 조류 중 하나는 아나키즘, 그 중에서도 '사회적 아나키즘'이었다. 자본주의와 권위주의의 폐해에 대한 반발로 근대 유럽에서 꽃 핀 아나키즘은 흔히 '무정부주의'라 번역되는 데서 보듯 정치적인 조직과 권력을 배척한다. 이 중 프루동, 크로포트킨에 의해 정립된 사회적 사상주의는 상호부조론과 자유연합주의를 바탕으로 무지배 · 무권력의 신사회를 지향했다. 막막한 현실에 짓눌려 지내던 조선의 청년들이 여기서 탈출구를 찾았다.

1921년 도쿄에서 박열의 주도로 결성된 흑도회黑濤會가 조선인이 구성한 최초의 아나키즘 단체로 꼽힌다. 고학생과 노동자들이 참여한 흑도회는 일본의 아나키스트 · 사회주의자들과 교류하며 재일한인 아나키즘 운동을 주도했다. 그 후 북성회와 흑우회로 분화하고 이 중 흑우회는 불령사不逞社와 함께 항일운동과 사회주의 운동을 펼쳐 나갔다.

일본에서 이론과 현장운동 경험을 쌓은 조선의 아나키스트들은 귀국해 흑기연맹(1925년), 진우연맹(1925년)을 만드는 등 외연을 확대해 나갔다. 이 기사에선 이름이 보이지 않지만 충주 '문예운동사'도 흑도회 출신의 서상경徐相庚 작품으로 보인다. 서상경은 1925년 귀국해 서울 흑기연맹을 조직했다 투옥당한 경험이 있는데 1929년 충북 충주에서 잡지 출판을 구실로 항일비밀결사인 '문예운동사'를 만들려다 실형을 산 기록이 있다.

조선의 아나키즘 운동은 반일 · 반제국주의는 물론 민족주의의 부르주아적 속성과 공산주의의 중앙집권주의에도 비판적이었기에 입지가 좁았다. 그러다 1930년대 들어 전시 체제가 강화되면서 일본에서도 아나키즘이 발붙이기 힘든 형편이 되자 자연히 물밑으로 가라앉았다.

광주학생항일운동

1929年 11月 5日 조선일보
1929年 11月 16日 동아일보

사태 중대화로 고보, 중학 수遂[1] 휴교
긴장된 두 편 학생 진무[2]로
3일간 임시 휴교를 하였다
광주학생 충돌 속보

전남 광주에 있는 광주고등보통학교의 조선인 학생과 광주중학교의 일본인 학생 사이에 일대 충돌이 생겨 쌍방에 다수한 부상자가 생긴 교육계의 일대 불상사가 발생하였다 함은 기보[3]한 바와 같거니와 이에 전기[4] 두 학교 학생들이 격앙 충돌하여 유혈의 난투극이 연출되기까지의 전후 경과를 조사 보도하면 다음과 같더라.

문제의 발단

문제의 발단은 이러하다. 나주에 주소를 두고 광주여자고등보통학교에 통학하는 박기옥朴奇玉(18)이라는 여학생이 다른 날과 마찬가지로 지난 30일 오후 6시경에 기차를 타고 광주로부터 나주역에 도착하여 플랫폼을 나가려 할 때 광주중학교에 학적을 둔 전중田中, 복전福田, 말길末吉 3명의 일본인 학생이 앞을 막으므로 처음에는 아무 소리 없이 다른 쪽으로 피해 갔으나 정거장 구내로 나갈 때까지 이편으로 피하면 이편을 막고 저편으로 피하면 또 저편을 막아 중학생으로서는 도저히 하지 못할 농락의 행동을 함으로 이것을 보다 못한 전기 박기옥의 동생이 되는 광주고보교 생도 박준채朴準埰(16)가 몇 마디 말로서 그 무리한 행동을 질책하였는 바 전기 중학생들은 적반하장 격으로 도리어 소리를 지르며 덤벼들어 큰 싸움이 벌어지려 할 즈음에 이것을 보고 있던 그 부근의 모 순사가 달려가서 제지를 한 까닭에 그날은 아무 일이 없게 되었으나 그때 전기 박준채는 하도 분함을 참지 못하여 일본 학생에 대하여 '어디 두고 보자' 하고 벼르고 말을 하였다는 이유로 무리하게도 전기 순사로부터 뺨까지 한 번 얻어맞았다고 한다.

차 실내에 수차 언쟁
차장의 제지로 간신히 무사해

그와 같이 중학생들의 무리한 행동을 질책하다가 도리어 억울하게도 순사에게 뺨까지 얻어맞은 광주고보생 박준채는 너무나 분함을 참지 못하여 그 이튿날 되는 31일 오후 4시경에 또 광주에서 나주로 가는 기차 중에서 그들 일본인 중학생을 발견하고 다시 "어제의 잘못을 잘못인 줄 모르느냐?"고 질책하게 되어 이것을 실마리로 두 편에서는 다시 싸움의 막이 벌어지게 되었는데 그때 마침 열차 차장이 지나가다가 이 광경을 보고 박준채와 일본인 학생을 2등실로 데려다가 기차 통학권까지 빼앗고 훈계하여 두 번째 무사하게 되었으나 그때 이등차실에 있던 모 신문기자를 위시한 일본인 승객들은 모조리 불문곡직不問曲直[5]하고 일본인 학생을 두둔하므로 전기 박준채는 너무나 분하여 다만 묵묵히 눈물만 흘리고 있었다 한다.

경솔한 유도 선생, 학생 충돌을 격성激成[6]
흥분한 학생의 경솔한 말
곤봉 든 중학생이 피격

전기와 같은 조그만 싸움이 날마다 계속 발생하게 되자 광주고보교와 광주중학교 학생 사이에는 그 문제를 중심으로 물의가 자못 분분하던 중 문제 발단 이후 제3일째 되는 지난 1일 오후 4시경에 광주고보교 학생 중에 기차 통학생들이 학교에서 나와서 집에 돌아가려고 정거장으로 향할 즈음에 정거장에서 얼마 안 되는 지점에서 다 각기 손에 곤봉과 돌멩이를 든 50여 명의 중학생이 이전伊田 모某라는 유도 선생이 경솔한 말을 하여 가뜩이나 흥분된 중학생들의 대충돌을 일으키게 되었을 즈음에 이 급보를 접하고 즉시 달려온 양방의 학교 당국자와 경관의 진압으로 이날에도 역시 큰일은 없게 되었다 한다.

단도 든 중학생과 필경 충돌되어
경찰로만 부족하여 소방대가 나와서 진무
연일 저기압 수遂[7] 폭발

조선일보 1929年 11月 5日

百萬名出入으로 百三十七名死傷

◇失家兒가四百六十餘名이다

朝博開期中總決算

一日平均 三名이死傷

交通事故에犧牲

其他各方面

소매치기에게잃은돈 一日에二百餘圓

被害總額萬二千圓

朴某等十五人事件 來十五日內終結

◇呂運亨事件의豫審도

今月中에는決定

事態重大化로 高普、中學遂休校

◇긴장된두편학생진무로 三日間臨時休校를하엿다

光州學生衝突續報

對峙中의雙方學生中 突然十餘名을檢束

光州署畢竟干涉開始

西界洞典舖火災

二戶全燒

學生衝突을激成

短刀든中學生과 畢竟衝突되어

元山署突然緊張 印刷工多數引致

出版法違反에몰리어

光州各校生 示威行列

學校當局의싸홈에

夜市延期

中國女飮毒

無藥療法으로 難病을續續곳처

朝鮮信託

朝鮮詩壇社編 靑年詩人百人集

朝鮮博覽會에서 銀牌를受領한 平安洋襪

平安精米所洋襪部

귀부인화장에빠지안는 박가분

京城連池洞二七〇 朴家粉製造本舖

동아일보 1929年 11月 16日

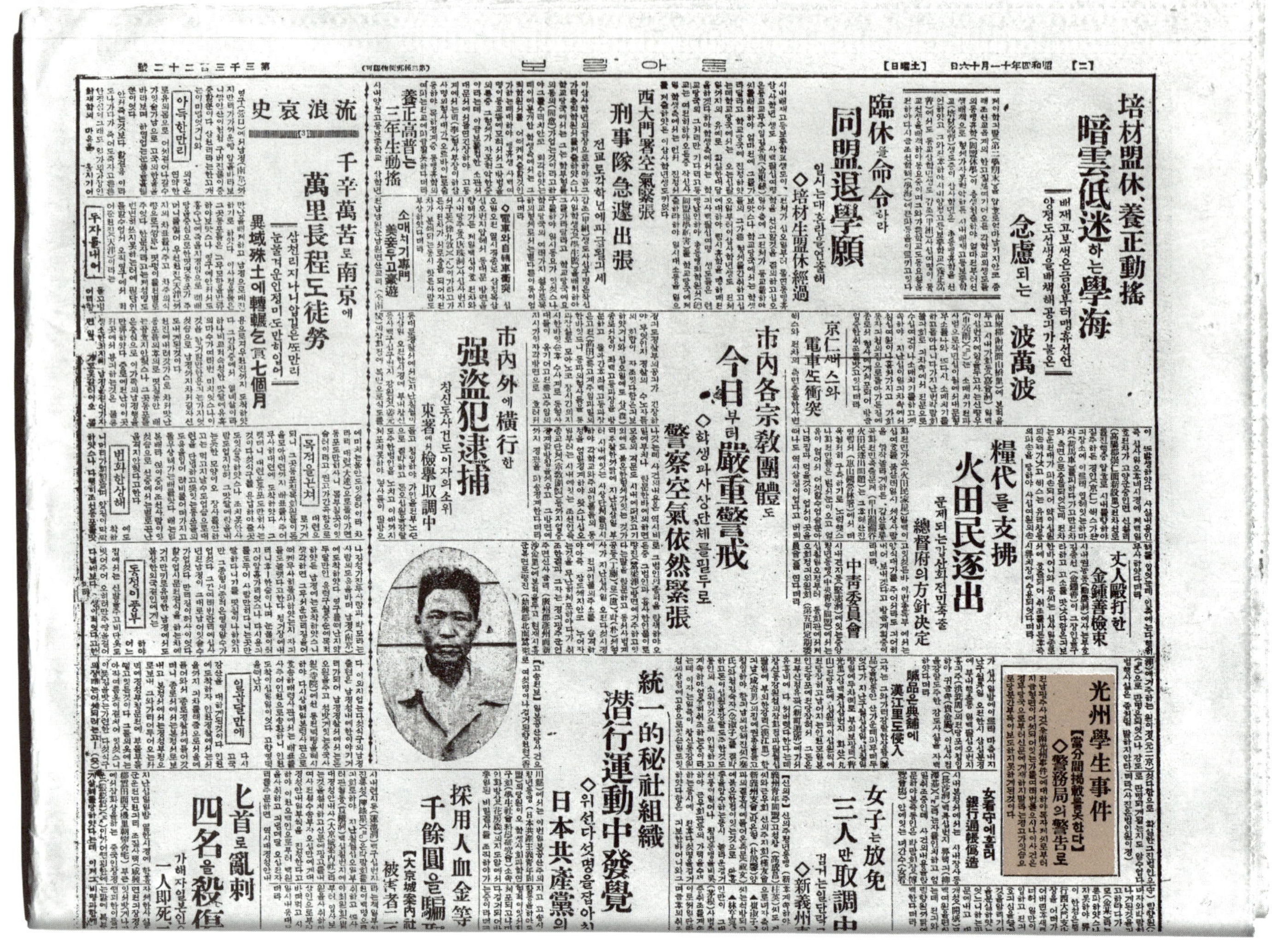
培材盟休, 養正動搖 暗雲低迷하는學海 念慮되는一波萬波

臨休를命令하라 同盟退學願 ◇培材生盟休經過

西大門署空氣緊張 刑事隊急遽出張

市內各宗敎團體도 今日부터嚴重警戒 警察空氣依然緊張

糧代를支拂 火田民逐出

光州學生事件 ◇警務局의警告로

統一的秘社組織 潛行運動中發覺 日本共産黨의

市內外에橫行한 强盜犯逮捕

流浪哀史 千辛萬苦로南京에 萬里長程도徒勞

문제 발단 이후 제5일째 되는 3일 오전 11시경에 광주고보생 7명이 학교에서 나와서 집에 돌아가려고 광주역으로 나갈 즈음에 수기옥정 우편소 앞 지점에서 단도를 휴대한 10여 명의 광주중학생과 충돌되어 일대 난투를 연출한 것이 실마리로 오랫동안 울분에 쌓여 있던 저기압은 드디어 폭발이 되었는데 이 급보를 접한 광주고보와 광주중학교의 500여 명 학생들은 일제히 함성을 지르고 현장에 달려와서 현장은 삽시간에 일대 수라장을 연출하게 되었다. 이 급보를 접한 광주 경찰서에서는 경찰서의 힘만으로는 진압할 수가 없던지 즉시 경종警鐘을 난타하여 소방대를 출동케 하여 간신히 진압하였는데 광주고보생 중에는 장석진, 임한길, 최쌍현, 이인계 외 10여 명이 안면顔面, 두부頭部 기타의 부상을 당하고 광주중학생 중에도 역시 20명에 가까운 부상자를 냈는데 부상된 전기 고보생도는 방금 태양의원에 입원 치료 중이고 중학교 생도는 도립의원에서 치료받는 중이라더라.

4일부터 휴교

광주고등보통학교 생도와 광주중학교 생도 사이에 일대 충돌 사건이 생기게 되어 쌍방에 다수한 부상자가 생긴 다른 한편 은연중에 더 확대될 염려가 있으므로 광주중학교와 광주고등보통학교 당국자들은 생도들을 진무하여 문제를 해결시키기 위하여 마침내 4일부터 3일간 임시 휴교케 되었다더라.

학생의 싸움은 학교 당국의 싸움에 서로 자기네 학생 잘못이 없다고

그와 같이 몇 번이나 충돌이 될 뻔하다가는 그치고 될 뻔하다가 다시 그친 광주고보생과 광주중학생 사이의 알력이 점차 심각하게 되어 험악한 공기가 무언 중에 창일[8]케 되자 아이 싸움이 어른 싸움이 된다고 이번에는 학교와 학교 사이에 또 분쟁이 생기게 되어 광주고보와 광주중학교 당국자 사이에는 서로 자기 학교 학생이 잘못한 것이 없다는 뜻으로 언쟁이 그칠 사이가 없게 되었다 한다.

광주 각 교생 시위 행렬

전기와 같이 사소한 일로 동기가 되어 마침내는 유혈의 난투극까지 연출하게 된 두 학교 생도 중 광주중학교 생도는 일단 학교로 돌아갔으나 극도로 흥분된 고보교의 300여 명 생도들은 3일 오후 2시경에 일제히 광주 시중에 장사진의 시위행 렬을 하여 기세를 올렸는데 행렬 뒤에는 고보교 생도를 동정하는 여자고보교 생도와 농업학교 학생과 사범학생 등 다수한 조선 사람이 따라다니어 일시는 비상히 공기가 긴장하였다더라. 1929 1105

사진
광주역전에 운집한 쌍방 학생과 군중

광주학생사건
당분간 게재를 못 한다
경무국의 경고로

전남 광주 사건에 대하여 독자 제씨로부터 지금 형편이 어찌 되어 있는가를 여러 번 물으시나 이 사건은 경무 당국으로부터 신문에 게재하지 말라는 경고가 있으므로 당분간 부득이 보도하지 못하게 된 것이다. 1929 1116

[1]드디어 | [2]안정시키고 어루만져 달램 | [3]이미 보도 | [4]앞에 적은 | [5]옳고 그름을 따지지 아니함 | [6]몹시 세차게 일어나게 함 | [7]마침내 | [8]왕성하게 일어남

해설 1919년 3·1운동 후 일제의 '문화통치'로 한때 주춤하던 민족운동 열기는 1920년대 말 다시 타오르기 시작했다. 그리고 그 중심엔 학생들이 있었다. 동서고금의 예가 그렇듯 학생들은 혈기와 비판 의식이 넘치는 데다가 집단행동이 가능했기 때문으로 보인다. 특히 호남 지역에선 광주고보·광주농업학교 학생들을 중심으로 '성진회'란 학생단체가 구성되는 등 항일운동의 맥을 이어가고 있었다. 3·1운동 후 최대 민족 투쟁이 광주 지역 학생들에 의해 일어난 데는 그 같은 배경이 있었다.

발단은 단순했다. 기사에서 보듯 1929년 10월 30일 오후 광주에서 나주로 가던 기차에서 일본인 학생이 조선인 여학생을 희롱한 것이 계기가 됐다. 이를 말리던 조선 학생에게 일본 학생이 "조센진" 운운 하자 곧바로 주먹을 날렸고, 이것이 양측 학생들 간의 패싸움으로 번졌다. 처음엔 학생들끼리의 단순한 난투극이었던 것이 일본인이 발행하던 〈광주일보〉의 불공정한 보도와 일경의 편파적 탄압으로 광주 전남 지역의 조선 학생 대 일본 학생의 싸움으로 확대됐다.

11월 3일 일본의 4대 국경일 중 하나인 명치절明治節 행사에 참석했던 조선인 학생들은 기념식이 끝나자 거리로 나서 광주일보를 습격하고 "조선독립만세"를 외쳤다. 이어 학생들은 '학생투쟁 지도본부'를 결성하고 11월 12일 장날을 기해 구속 학생 탈환, 경찰의 교내 침입 반대, 조선인 본위의 교육제도 시행, 언론·출판·집회의 자유를 주장했다. 이 '2차 광주학생 시위'로 전국적 항일투쟁에 불이 붙었다.

이 사건은 언뜻 애들 싸움이 어른 싸움이 된 듯 보이기도 하지만 그 본질은 교묘한 민족 차별에 대한 뿌리 깊은 반감이 작용한 항일 학생운동이었다.

광주학생항일운동 파급

1930年 1月 22日 | 2月 27日 동아일보

전 조선에 파급된 학생 사건

21일엔 평양 학생 동요

숭전崇專 등 각 학교 만세 호창呼唱[1]

숭전 광성光成 숭중崇中 숭의崇義 고보高普 공보公普 등

각 학교 만세 호창코 다수가 피검被檢[2]

공사립 8개 학교 전후 시위

[평양지국 전화] 금 21일 오전 10시 10분경 평양 숭실중학교 생도 약 400명은 조회가 끝나자 만세를 부르고 부근에 있는 숭실전문학교 일부도 불렀다. 상수구리上水口里 파출소의 경관은 이를 제지하고 다수의 검속자[3]를 내었으며 또 평양고보 앞에서 만세를 부르다가 약 50명의 검속자를 냈다. 그리고 그 근처에 있는 숭의여학교 생도 200여 명도 만세를 부르다가 수십 명이 검속되었으며 광성고등보통학교 생도 400여 명은 동 10시 40분경에 역시 기도를 마치자마자 만세를 불렀으나 엄중한 경계로 별 일이 없었다. 숭인학교 생도들도 만세를 불렀다. 전기 여섯 학교의 검속된 총 수는 다음과 같다. ㅁㅁㅁㅁㅁㅁㅁㅁㅁㅁ경찰서로 구금되었다. ▲숭전 19명 ▲숭중 20명 ▲광성 2명 ▲합계 42명 ▲시민 3명 1930 0122

집행유예 34명 최고 8개월 언도

독서회 관계자 외엔 출옥

광주학생 사건 판결

[광주지국 전보] 광주학생 사건의 판결 언도 공판은 기보한 바와 같이 금 26일 오후 10시에 광주지방법원 제1호 법정에서 목촌木村 재판장, 주정酒井 검사 간여로 개정되었다. 재판장은 먼저 피고들에 대한 범죄 사실을 낭독한 후 피고 김향남, 조길용은 징역 각 8월, 김안진, 이형우 각 금고 8월, 최상을 외 4명은 각 징역 6월, 노병주 외 6명은 금고 6월, 황남옥 외 7명은 징역 4월, 김용준 외 25명은 금고 4월로 결정하고 재판장은 피고들의 정상을 생각하여 전기 피고 중 징역 또는 금고 4월 되는 피고는 5년간 집행유예를 언도하고 동 11시에 폐정하였다는데 집행유예 언도를 받은 피고는 모두 34명으로 그 중 독서회라는 비밀결사에 관계없는 피고는 당일로 석방되리라 한다. 1930 0227

[1]큰 소리로 부르다 | [2]수사기관에 잡혀감 | [3]죄를 지을 염려가 있는 사람을 경찰에서 잠시 가두던 일

해설

광주에서 일어난 학생 시위는 전국으로 확대되며 이듬해 3월 말까지 5개월간 계속됐다. 12월 2일 경성제대, 경성 제1 · 2고보, 이화여고 등 서울 지역 학교들이 가두 시위 혹은 동맹 휴학 형태로 가세하는 등 전국 대부분의 학교가 동참했다.

통계를 보면 194개 교에서 5만 4000여 명이 참여해 퇴학 582명, 무기정학 2330명에 체포 투옥된 사람이 1462명에 달했다.

이들 뒤에는 전국 각급 학교에 조직되었던 비밀결사인 독서회가 있었다. 1919년 3 · 1운동 후 학생운동이 민족운동의 하나로, 독서회 조직을 통한 동맹휴학의 형태로 나타난 것이다. 광주에서도 1926년 성진회와 이듬해 자진 해산 후에 조직한 독서회가 기폭제 역할을 하였고, 이러한 항일의식은 마침내 1929년 한 · 일 통학생 충돌 사건을 계기로 대대적인 학생운동으로 발전하였다.

또한 이렇게 확대된 데는 전남청년동맹 등 각 사회단체의 적극 지원도 크게 작용했다. 특히 당시 합법적 민족운동 기구였던 신간회는 진상조사단을 현지에 파견한 데 이어 이 운동을 확산시키기 위해 1929년 12월 13일 대규모 민중대회를 계획하기도 했다. 결과적으로는 사전에 탄로돼 대회는 무산되고 권동진, 홍명희 등 간부 91명이 검거되는 시련을 겪어야 했다.

全朝鮮에 波及된 學生事件

廿一日엔 平壤學生動搖
崇專等各校万歲呼唱

公私立八個學校前後示威

公立學校도動搖
高普師範이萬歲

淸州高普,農校生徒
万歲唱和檄文配布
兩校生五十餘名檢束

永興에 檄文

退學停學또停學
五山高普處罰

市內各警察署
被檢學生姓名

海州高普動搖
三十餘名檢束

客臘檄文事件關係者
四十五名日間送局
留置場裏五十餘日

看守二人刺傷
四人도割腹

大昌職工盟罷

鍾淵紡績罷業
計劃中에發覺

동아일보 1930年 1月 22日

執行猶豫卅四名
最高八個月言渡
光州學生事件判決

春雨무릅쓰고
殺到한傍聽客

大邱學生秘社覆審
最高五年役求刑
被告卅四名出廷

今曉各署活動
五十餘名檢擧

警察活動去益猛烈

五年役言渡

學校側强硬
五名을黜學

今春各學校
卒業式日割

平壤高普에
某檄文配付

起訴猶豫

七十餘人士會合
積極的反對

本報十週年紀念

동아일보 1930年 2月 27日

평양 고무공장 파업

1930年 8月 8日 조선일보
1923年 7月 7日 동아일보

평양 각 고무공장 일제 동요
2000여 명 총파업 형세
7일 정오까지 450명 맹파盟罷
임금 인하로 직공 항쟁

작보[1]-평양 시내의 각 고무공장에서는 불경기가 심각화하며 제품 시세가 없다 하여 지난 6일 오후 9시경 정창正昌고무공장 영업부에서 각 고무공장 주인들이 모여 여직공 임금을 이후로부터 각각 1할씩 내리기로 정식 결의를 하였는데 이 소식을 들은 평양시내 13개 소 고무공장의 직공 2000여 명은 크게 동요되기 시작하는 중인데 현재의 공임으로도 입에 풀칠하기가 곤란한 이때에 이제 다시 공임을 내리게 되면 생활할 길이 끊어지게 될 뿐만 아니라 고무제품이 시세가 있어 폭리를 볼 때에는 아무 말이 없다가 시세가 조금 떨어지면 즉시 그 보충을 불쌍한 직공에게 하려 드는 것은 옳지 못한 일이라 하여 직공들도 결속을 하고 어디까지든지 항쟁을 하기로 되었다는데 7일 정오까지 동맹 파업을 단행한 곳과 인원수는 아래와 같다고 한다.

▲대동고무공장 여공 80명 ▲국제고무공장 70명 ▲정창고무공장 180명 ▲평안고무공장 70명 ▲내덕고무공장 50명, 그 외 금강고무공장에서는 직공들이 동요되는 징조를 보고 공장 측에서 먼저 휴업 선언을 하였다 한다.

13공장 직공대회
형세에 의하여 총파업 형세
10일 오전 기념관에서

평양시내 각 고무공장 주인 측의 임금 인하 결의로 인하여 일어난 직공들의 동요는 형세가 크게 맹렬한데 평양 13개 소의 고무공장 직공 2000여 명은 그 대표가 내[2] 10일 오전 9시 평양 백선행 기념관에 회합하여 고주[3] 측에 대한 대책을 결의할 터이라는 바 형편에 의하여는 평양고무직공 전부가 대동맹파업을 단행하게 될 지도 알 수가 없다고 한다.(평양지국 전화) 1930 0808

아사餓死[4] 동맹同盟을 조직
고무직공의 태도가 자못
강경하여 가지고 공장 앞에 모여서

고무공장 여직공들이 임금문제로 동맹파업을 한 사건에 대해서는 연일 보도한 바이거니와 그 공장 측에서는 직공들의 요구를 들어주지도 아니할 뿐 아니라 태도가 매우 강경하여 파업한 직공들을 모두 해고하고 새로 직공을 모집할 의향이 있다는 풍설까지 있는데, 일조에[5] 직업을 놓은 직공들의 최근 곤경은 차치하고 설혹 복업한다 하더라도 임금을 먼저와 같이 올려주지 않고는 어려운 살림을 지속하여 갈 수 없다 하여 150여 명의 여자 직공들은 아사 동맹을 체결하고 작일[6] 오전 11시경에 일제히 광희문 밖 고무공장 앞에 가서 임금을 올려줄 때까지는 돌아가지 않겠다고 문 앞에서 기다렸는데 내려쬐는 불볕에 서서 하회[7]만 기다리는 약한 직공들의 모양은 차마 볼 수 없었다더라. 1923 0707

[1]어제 보도 | [2]다가올 | [3]고용주 | [4]굶어 죽음 | [5]하루아침에 | [6]어제 | [7]윗사람이 회답을 내려줌

해설 1930년대에는 평안도, 함경도 등 북부 지방을 중심으로 대규모 노동쟁의가 잦았다. 병참기지화 정책에 따라 일본 독점자본의 중화학공장들이 몰려 있던 데다가 세계적 공황이 닥치자 '산업 합리화'를 이유로 이들이 임금을 내리거나 노동시간을 늘리려 한 탓이었다.

반면 노동자들은 원산 총파업 이후 늘어난 '적색 노동조합'의 영향으로 단결력과 투쟁력이 강화된 상태였다. 산업별 조직이 확대되었던 덕분에 노동쟁의는 규모도 커지고 치열해졌다. 또 일제는 단순한 파업도 정치 범죄로 다루었기에 파업은 곧잘 경제 투쟁에서 정치 투쟁으로 변했다.

대표적인 것이 기사에 실린 평양 고무공장 파업. 1930년 8월 평원공장 등 평양의 10개 고무공장 노동자 1800여 명이 파업에 돌입했다. 요구 조건은 기사에서 보듯 임금 인하 반대, 노동권 보장. 이슈도 그렇지만 파업 전개 양상도 요즘과 놀랄 정도로 흡사하다.

노동자들이 공장을 점거하자 일경이 투입돼 노동자들을 공장 밖으로 내몰았다. 이에 파업을 이끌던 평원고무공장의 여성 노동자 강주룡은 밤새 줄을 만들어 을밀대 지붕위로 올라가 몸을 묶고는 단식농성을 벌였다. 이를 두고 당시 언론은 '을밀대 상의 체공녀滯空女 출현'이라 보도하기도 했다.

단식 농성의 모습은 1923년 경성고무공장 파업 당시 여공들이 굶어 죽을 각오로 싸우겠다며 '아사 동맹'을 조직했다는 기사에서 보듯 이미 1920년대에도 있었다.

그러나 이 같은 노동운동은 일제의 단속으로 지도부가 와해되고 1940년대 들어 전시체제가 강화되면서 점차 그 열기가 수그러들었다.

平壤各고무工場一齊動搖
二千餘名總罷形勢
七日正午까지四百五十名盟罷
賃金引下로職工抗爭

十三工場職工大會
형세에의하야총파업형세
十日午前紀念館에서

餓死同盟을組織
고무직공의태도가자못강경

조선일보 1930年 8月 8日

동아일보 1923年 7月 7日

1931부터 1945까지

1931
9月 만주사변

1932
1月 이봉창, 천황에게 폭탄 던지다
4月 윤봉길 홍커우 공원 의거
12月 조선어 사전 편찬 추진

1934
4月 조선농지령 공포

1935
7月 민족혁명당 결성

1936
8月 손기정 베를린 마라톤 우승
일장기 말소 사건
8月 신사 제도 개정 칙령 발표
12月 공산주의자 이재유 체포

1937
6月 보천보 전투
7月 중일전쟁
9月 연해주 동포 강제 이주

1938
4月 제3차 조선교육령 시행

1939
7月 최초의 지원병 전사
10月 국민 징용령 시행

1940
2月 창씨개명
8月 조선·동아일보 폐간
8月 쌀 배급제 실시

1941
12月 태평양전쟁 시작되다

1942
10月 조선청년특별연성령 공포

1943
2月 호적 정비
8月 징병제 실시

1944
8月 여자정신대근로령 공포

1945
8月 포츠담 선언과 소련 참전
8月 히로시마, 원자폭탄 떨어지다
8月 일본, 항복하다

1945
9月 정전협정 조인

만주사변

1931年 9月 20日 | 9月 21日
동아일보

18일 오후 10시부터 일중군日中軍 수遂[1] 충돌
민국병民國兵[2]이 만철선을 폭파한 까닭에
일본 수비대가 곧 응전 포격했다고
일본군 봉천성奉天城 점령

[동경 19일발 전통] 외무성 18일 오후 11시 반 착전=만철본선滿鐵本線 유성구柳城口(북대영北大營[3] 부근)의 철교를 18일 오후 10시 반 폭파한 자 있어 중국병의 처치處置라 알고 일본 수비대가 출동하여 북대영 부근에서 일중 교전 중이라는 경찰 보고에 접하였다.

[봉천 19일발 전통지급보] 18일 오후 10시 중국병이 봉천의 북방 북대영에서 만철선을 폭파하고 일본의 OO수비대를 습격하였으므로 일본병은 곧 이에 응전하여 대포로서 북대영의 중국 병영을 포격하고 오후 11시 20분에 그 일부를 점령하였는데 격전은 아직도 계속 중이다.

관동군 사령부를
급거 봉천에 이전
요양사단과 안동부대도 출동

[여순 19일 오전 4시 23분발 지급전보 연합] 관동군사령부는 급거 봉천으로 옮기게 되어 본장本庄 군사령관은 막료와 보병 OO명을 인솔하고 OO일 오전 OOOO 임시열차로 봉천에 급행하였다.

[봉천 19일발 연합] 제O사단 사령부는 OO일 오전 OOOO에 요양遼陽발 봉천을 향하여 진격하였다.

(이하 제목만)

관성자寬城子와 봉황성과 안동현을 보장保障 점령
여순 주차대駐劄隊 평양비행대도 출동
봉천군을 전멸할 계획

민국民國 측 군인 경관 전부를 무장해제
북대영北大營 파괴로 장사將士는 다 이산離散
하졸下卒 사상만 수백 명

일본군 행동의 여하를 불구 중中 측은 무저항
19일야夜 오전 0시 봉천 당국 일본 과장
포화의 봉천성내 파급방지를
전화로써 임 총영사에 요청

공격 중지를 총영관에 교섭
민국 측 간부 대책 협의 1931 0920

그림
문제의 중심지인 봉천성

[1]마침내 | [2]중화민국, 즉 중국 측을 가리킴 | [3]북부 지방에 주둔한 중국군 진영

(一) 第三千八百五十七號 (日曜日) THE DONG-A ILBO, (Oriental Daily News) SEOUL. 昭和六年九月二十日

東亞日報
十九日夕刊

社說
金風蕭瑟

十八日午後十時부터 日中軍遂衝突

民國兵이 滿鐵線을 爆破한까닭에 日本守備隊가 곳應戰砲擊햇다고

日本軍奉天城占領

【東京十九日發電通】外務省 十八日午後十一時半着電=滿鐵本線柳城口(北大營附近)의鐵橋를 十八日午後十時半 爆破한者잇서 中國兵의 處道라認하고 日本守備隊가 出動하야 北大營附近에서 日中交戰中이라는 警察報告에接하얏다

【奉天十九日發電通至急報】十八日午後十時中國兵이奉天의北方北大營에서 滿鐵線을 爆破하고 日本의 ○○守備隊를 襲擊하얏슴으로 日本兵은 곳此에應戰하야 大砲로써 北大營의 中國兵營을砲擊하고午後十一時二十分에 그一部를 占領하얏는대 激戰은아주도繼續中이다

【奉天十九日發電通】北大營을 完全占領한 日本軍은更히進擊하야 十九日午前一時四十五分 奉天城內를 保障占領하얏다

關東軍司令部를 急遽奉天에移轉

遼陽師團과安東部隊도出動

【旅順十九日午前四時廿三分發至急電報聯合】關東軍司令部는 急遽히 奉天으로옴기게되어 本庄軍司令官은 幕僚와步兵○○名을 引率하고 ○○日 午前○○○ 臨時列車로 奉天에急行하얏다

【奉天十九日發聯合】第○師團司令部는 ○○日午前○○○○○에 遼陽發奉天에 向하야進發하얏다

◇問題의中心地인奉天城◇

日本軍行動의如何를不拘 中側은無抵抗

十九日夜午前零時奉天京屬日本課長砲火의奉天城內波及防止를電話로써

林總領事에要請

【奉天十九日發聯合】林奉天總領事가 外務省에 報告한바에 依하면 十九日午前零時 奉天公署 日本課長은 電話로 日本軍의行動은理由如何를不問하고 無抵抗主義에 出하라는데 砲火의城內에波及하는것은 極力防止하라고 要求하며 對하야 林總領事는 事件은民國兵의滿鐵爆破에 在함으로 責任은 斷然民國側에在하다고 言明하얏는데 一方相互協力하야 事件의擴大를防止하자고 約하얏다

攻擊中止를 總領館에交涉

民國側幹部對策協議

民國側軍人警官=全部를武裝解除

北大營破壞로將士는다離散 下卒死傷만數百名

寬城子及鳳凰城과 安東縣을保障占領

旅順駐劄隊平壤飛行隊도出動

奉天軍을全滅할計劃

奉天在鄕軍人全部召集

居留民保護

中村事件을 榮臻氏是認

六月廿七日銃殺햇고

殺害한것은部下

爆破된滿鐵線 十九日午前復舊

實力發動을覺悟

滿蒙問題와軍部空氣

榮氏家宅搜査 當者는이미避難

家族은日本憲兵隊에

陳憲兵司令官 事件核心掌握?

東北飛行場도 完全占領

追擊砲工廠과 無電所占領

北寧線交叉點도封鎖 奉津間電信電話不通

號外發行

日本側戰死 一人

講武堂教官 王大佐逮捕

本報押收

以下八面續載

東亞日報社

東亞日報

社說
日中衝突과 極東의 地位

第○師團司令部 長春에 移轉決定

戰局擴大의 徵兆로 廿四日午後○○向北

長春城陷落

日本軍占地域의 即時撤兵을 要求

國民政府詰問的抗議

奉天占領은 不戰案違反

王外交部長抗議

事態重大로 蔣主席歸京

奉軍의 心臟東大營과 北滿南嶺도 占領

中側捕虜死傷無數 數千名은 爭先潰走

張氏, 臧主席에 無抵抗主義를 電命

秘書를 各國公使館에 派遣 「責任의 在日」을 報告

最高幹部會

今番事件은 計劃的行爲

南京各方面의 觀測

江代理公使 事情을 聽取

「抵抗도 할 힘 업고 理由도 업는 것」

張學良氏對記者談

吉林省北嶺서도 日中兩軍衝突

日本軍被害多大?

米代理大使 又外務省訪問

在中公館附官은 同奉

東北邊防軍 配置狀況

亞米利加官憲에서는 日中關係를 重大視

不戰條約을 提示?

奉天外交關係 全然中絕狀態

張氏側近者의 主張

滿蒙諸懸案解決까지 保障占領을 繼續

今番事件과 陸軍意嚮

增兵을 保留

朝鮮軍出動中止

本庄司令官과 重要密議

英, 白, 芬의 三國大使도 外省訪問聽取

佐世保鎭守府에 出動準備令

命令一下某方面出動

關東軍으로 善處

必要以外軍事行動은不取 三長官會議後 南陸相談

聯盟理事會에 日中代表報告

旅順步兵聯隊 長春에 增遣

號外發行

日側戰死廿二 負傷五十二

英, 米, 中記者 十數名

동아일보 1931年 9月 21日

제○사단 사령부 장춘長春에 이전 결정
전국 확대의 징조로 24일 오후 ○○향북向北

[봉천 20일 오전11시19분발 지급 연합] 장춘 방면의 전국戰局 확대 징조가 있으므로 다문多門 중장의 제 ○사단 사령부는 장춘에 이동하기로 결정하고 오후 ○○봉천발 임시열차로 장춘에 향하기로 되었다.

장춘성 함락

[장춘 20일발 연합] 장춘성은 19일 오후 2시 반 완전히 함락되어 민국 측 주력은 팔면성八面城 방면에 퇴거하였다.

일본군 점령 지역의 즉시 철병을 요구
국민정부[4] 힐문[5]적詰問的 항의

봉천 점령은 불전안不戰案 위반
왕王 외교부장 항의
사태 중대로 장개석 주석 귀경

장 씨, 장 주석에 무저항주의를 전명電命
비서를 각국 공사관에 파견
'책임의 재일在日'을 보고

[북평 19일발 전통] 장학량張學良 씨는 작야[6] 12시 요녕성 정부수석 장식의臧式毅 씨에 대하여 봉천군은 일본군에 대하여 절대로 무저항주의를 취하고 경과를 관망하라고 전명하였다.

[북평 19일발 전통] 장학량 씨는 19일 오후 비서를 각국 공사관에 파견하고 1. 일본군의 봉천 점령 경과 2. 사건 발생 책임은 일본에 있다 3. 일본에 항의를 제출하였다는 것을 보고하여 중국 측의 입장을 설명하고 일본 공사관에는 모 씨가 내방하여 시야矢野 참사관과 회견하고 형식적으로 정보 교환하였다.

금번 사건은 계획적 행위
적극적 행위에 조야가 경악
남경 각 방면의 관측

저항할 힘도 없고 이유도 없는 것
장학량 씨 대기자 담 1931 0921

4중국 국민당 정부 | 5따져 물음 | 6어젯밤

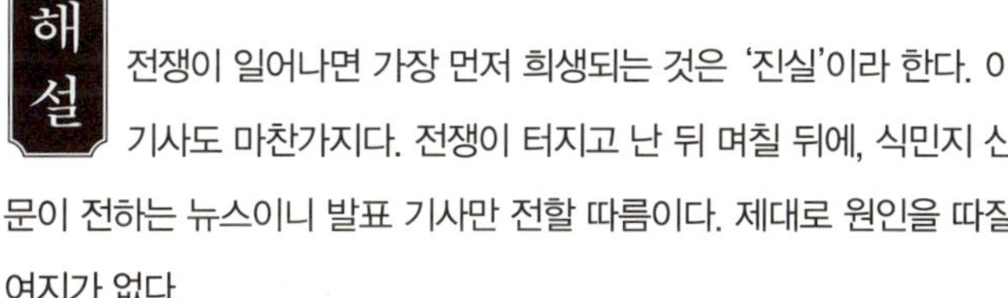

해설 전쟁이 일어나면 가장 먼저 희생되는 것은 '진실'이라 한다. 이 기사도 마찬가지다. 전쟁이 터지고 난 뒤 며칠 뒤에, 식민지 신문이 전하는 뉴스이니 발표 기사만 전할 따름이다. 제대로 원인을 따질 여지가 없다.

일본은 1931년 9월 18일 중국 측이 만주철도 선로를 폭파했다는 이른바 '류탸오거우柳條溝 사건'을 조작했다. 당시 만주를 지배하던 중국 군벌 장쉐량張學良 측을 공격할 명분을 만들기 위해서였다. 만주는 상품 시장, 중공업 원료 공급지로 가치가 높아 일본은 창춘長春–뤼순旅順간 철도 이권을 확보하는 등 일찍부터 눈독을 들였다. 장쉐량이 국민당 정부에 가세한 이후 만주 지역에서 일본상품 배척 · 이권 회수 운동이 일어나 사정이 악화되었다. 이에 당시 대공황으로 구미 열강이 간섭하기 힘든 사정을 이용해 본격적인 침략에 나선 것이었다.

일본 관동군은 개전 5일 만에 랴오둥遼東 · 지린吉林성을 점령하는 등 파죽지세로 밀고 나갔다. 승세를 굳힌 일본은 1932년 3월 1일 만주국이란 괴뢰국을 세워 만주를 손안에 넣었고, 1933년엔 철병을 권고하는 국제연맹에서 탈퇴하는 강수를 두었다.

만주사변은 일본이 이후 중일전쟁 · 태평양전쟁을 잇달아 일으키는 도화선이 되었지만 조선에도 큰 영향을 미쳤다. 3 · 1운동 이후 일제가 펼쳤던 기만적 '문화 통치'가 끝나고 파쇼적 전시체제가 강화됐다. 내선일체內鮮一體니 하는 민족말살정책이 추진된 것도 이때 이후다. 경제적으로도 북한 지역을 중심으로 병참기지화가 강력 추진됐고 식량 수탈도 심해졌다. 또한 만주 지역에서 활동하던 항일 무장 세력도 일본군의 강력한 탄압에 점차 기반을 잃고 연해주 지역으로 옮겨가게 됐다.

이봉창, 천왕에게 폭탄 던지다

1932年 1月 10日
조선일보

천황 폐하 환행還幸[1] 도중
노부鹵簿[2]에 폭탄 투척
8일 오전 동경 경시청 앞에서
어료차御料車 별무 이상

[동경 8일 오후 6시 15분발 지급보-오후 11시 30분 연착]-내무성 발표 천황 폐하께옵서 육군시관병식陸軍始觀兵式에 행행行幸[3]하옵셨다가 환행하옵시는 도중 노부가 앵전문櫻田門 앞으로 지날 즈음에 어경위御警衛 사고가 발생하였는데 그 사건 개요는 아래와 같다.

8일 오전 11시 40분경 노부가 국정구麴町區 앵전정 경시청 앞 거리 모퉁이로 꺾어 들어갈 때 봉배자奉拜者[4] 선내線內에서 돌연 어료차로부터 앞으로 약 18간 되는 노부의 둘째 차 궁내대신宮內大臣이 탄 차에 수류탄 같은 것을 던지었다. 동 대신 승용차 왼편 뒤 차륜 부근에 떨어져 동 차체의 밑으로 엄지손만큼 파손된 곳이 두세 곳이 있었으나 어류차 기타에는 어이상御異狀이 없이 오전 11시 50분 무사히 궁성에 환어[5]하옵시었다.

범인은 경성 출생 이봉창
현장에서 즉시 체포

범인은 경시청 석삼石森 순사 외 헌병 등이 이곳 현장에서 체포하여 경시청으로 인치[6]하고 취조한 결과 범인은 경성 출생의 일명 조산창일朝山昌一 이봉창李奉昌(32)으로 판명되었다. 1932 0110

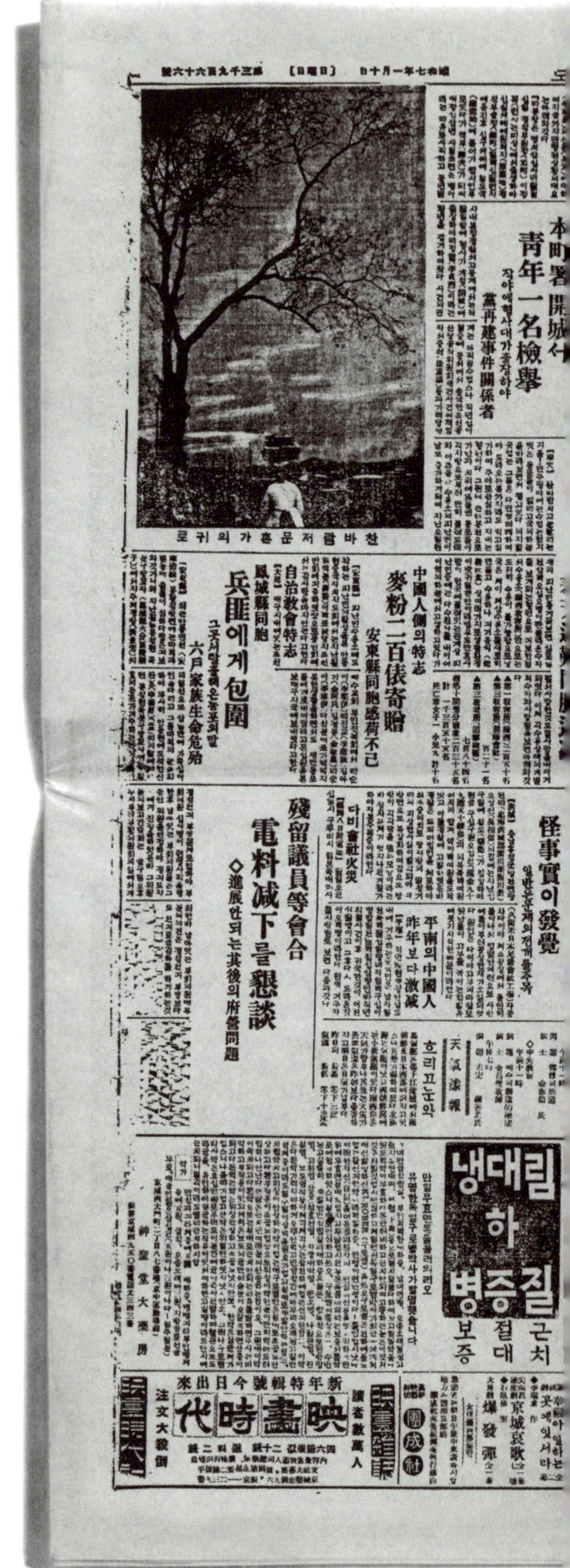
本町署開城서 青年一名檢擧
中國人側의特志 麥粉二百俵寄贈 安東縣同胞感荷不已
自治救會特志
鳳城縣同胞 兵匪에게包圍 六戶家族生命危殆
殘留議員等會合 電料減下를懇談
怪事實이發覺
平南의中國人 昨年보다激減

[1]궁으로 돌아옴 | [2]임금이 나들이 할 때에 갖추던 의장 또는 거둥 행렬 | [3]임금이 궁 밖으로 거둥함 | [4]받들어 절하는 사람 | [5]궁으로 돌아옴 | [6]강제로 끌어들임

天皇陛下還幸途中
鹵簿에 爆彈投擲
八日午前東京警視廳前에서
御料車別無異狀
犯人은 京城出生李奉昌
現場에서 卽時逮捕

仁川의 强盜
太田서 逮捕

殘餘地主들 追訴

大邱東門市場의
假家主撤退不應

負擔過重에 激憤
住民들 道에 殺到

當選淋藥無料 治療開始

淋藥處方懸賞募集結果

石油發動機

京城鐵工所

해설 1932년 1월 8일 도쿄 사쿠라다몬櫻田門 앞을 지나던 일본 천황 히로히토의 행렬에서 폭탄이 터졌다. 일행은 요요기代代木 연병장에서 열린 신년 관병식에 참여하고 돌아가는 길이었다. 1탄은 거리가 짧아 명중하지 못했고, 2탄은 불발이어서 히로히토는 멀쩡하고 말 두 필을 쓰러뜨리는 데 그쳤다. 하지만 일제가 신격화하던 천황을 겨냥했고, 일본 경시청 앞에서 일어났다는 점에서 일본에 준 충격은 컸다.

'범인'은 상하이임시정부의 비밀 의열 투쟁 단체인 한인애국단 소속의 조선 청년 이봉창이었다. 이봉창은 1900년 서울 태생으로 청년기에 일본에서 잠깐 생활한 적도 있지만 1931년 상하이로 건너가 김구가 이끌던 한인애국단에 가입했다. 제1호 한인애국단원이 된 그는 그해 12월 일본에 잠입해 당시 일본인들이 신으로 추앙하던 천황을 폭살하려 폭탄을 던진 것이었다. 거사를 단행한 후 가슴에 품고 있던 태극기를 꺼내 흔들며 "대한독립만세"를 외치던 그는 현장에서 체포돼 그해 10월 10일 사형당했다.

당시 이 사건을 보도한 중국 언론이 거사 실패를 애석해 하자 1931년 만주사변 후 중국 본토를 호시탐탐 노리던 일본 측은 이를 상하이 사변을 일으키는 구실로 삼기도 했다.

윤봉길 홍커우 공원 의거

1932年 5月 1日 | 5月 7日
동아일보

미, 러, 조선, 중국 등 각국인 십수 명 취조
헌병 본부에서 속속 검거 중
상해 수류탄 사건 속보

[상해 29일발 연합] 당일 신공원 축하식장의 경계는 헌병대장 적근荻根 중좌 이하 간뢰間瀨 제1분대장 중촌中村 치중병소좌 등인데, 적근 중좌는 "책임은 전혀 자기에게 있어 깊이 질정[1]한 바가 있다."고 묵묵히 일체를 말하지 않는 일이다. 사건 발생과 동시에 헌병대 본부는 신공원 앞에 제1분대로 옮기고 용의자는 속속 체포되어 목하[2] 외국인 여자 1명, 러시아, 미국인 등 각각 1명과 조선인, 중국인 십수 명이 취조를 받고 있다.

OO운동 본부 습격 24, 5명 검거

[상해 29일발 연합] 일본 총영사관의 요구에 의해 불佛 조계租界 공부국은 작야[3] 이래 금효[4]까지 조선OO운동본부 기타 수개 소의 조선인이 있는 곳에 손을 내어 십수 명의 용의자를 체포하여 일본 관헌에 인도했다. 그리고 공동 조계안에서도 그와 같이 하여 도합 24, 5명의 조선인이 목하 헌병대에 체포 취조 중이다.

점심갑과 수통에 폭탄 장치코 잠입

[상해 29일발 전통] 범인은 흉행[5]에 사용한 폭탄을 한 개는 물통에 또 한 개는 '벤도'갑에 장치한 것으로써 천장절[6] 축하의 행락자行樂者의 휴대물처럼 해가지고 신체검사의 눈을 피했다. 폭탄은 전

◇尹奉吉과 그家庭=靑島에있을때의 犯人(左)그의안해 金氏와 아들兄弟(右)犯人의 禮山本家

七年만에被逮

警察總動員 廿餘名檢擧
◇新義州高普事件

靖國神社大祭에 日本潛入計劃

犯人은忠南禮山出生 父母와弱妻稚子
二十六세된 안해와 아들형제
驚愕에싸인그家庭

再昨年에離家 青島거처上海에

背後에○○等 軍部側에一大衝動

全北赤色同盟事件 六十四名送局
拘束廿四名 不拘束四十名
農民과職工層網羅

全東洋赤化事件 夫婦結局死刑
◇政府顚覆, 內亂煽動罪로◇
蘇州法院의最後判決

少年團組織

사진
윤봉길과 그 가정.
청도에 있을 때의 범인(좌)
그의 아내 김 씨와 아들 형제(우)
범인의 예산 본가

동아일보 1932年 5月 1日

米,露,朝鮮,中國等 各國人十數名取調

憲兵本部에서 續續檢擧中

上海手榴彈事件續報

○○運動本部襲擊 二十四五名檢擧

點心匣과 水筒에 爆彈裝置코 潛入

派遣軍司令部에 輕擧안토록注意

白川司令官發熱 植田,野村兩長官手術

川畑民團長絕命

重光公使는 全治二個月

◇諸氏의負傷程度

上海事件直後 安昌浩被逮

僑民團長李裕弼家에서 日本領警에引渡

勞働祭와 檢

三派一齊行動 五萬兵力集

千餘名殘兵과 鶴見枝隊激

府行政整理 廿二名淘汰

京城府營버스 事故防止策

崔元澤을 吉林에 派遣

第一次共黨 金燦終豫審

中學洞殺傷事件 虛僞告發의 嫌疑

警察은眞僞調査中

生活은極貧

江陵市內에 檄文多數貼付

犯人은當日에被檢

동아일보 1932年 5月 7日

문가의 조사에 의하면 서투른 솜씨로 만든 것은 아니요, 상당한 전문가가 제작한 것으로 감정되며 목하 그 폭탄의 성질과 나온 곳을 취조 중이다. 1932 0501

[1]꾸짖어 바로 잡음 | [2]바로 지금 | [3]지난밤 | [4]오늘 새벽 | [5]흉악한 행동 | [6]天長節, 일본 천황의 생일을 기념하는 날

상해 폭탄범 윤봉길의 소속단은 ㅇㅇㅇㅇ당
재호중한항일동맹단在滬中韓抗日同盟團[7]에도 참가
전율할 암살대의 일원

[연합통신] 지난달 29일 상해 신공원에서 열린 천장절 축하식이 끝나고 관병식觀兵式이 시작되려 할 즈음에 폭발탄을 던져 야촌野村 사령관, 백천白川 군사령관, 중광重光 공사, 식전植田 ㅇ단장, 촌

정村井 상해 총영사, 천단川端 민단장 등 기타 참집參集[8]하였던 일본 관민 다수를 사상케 한 중대 사건은 그간 게재 금지 중이었더니 6일부로 범죄 수사상 지장이 없는 한도 안에서 사건의 내용을 쓸 수 있게 일부가 해금되었다.

정국신사靖國神社[9] 대제大祭에 일본 잠입 계획

[연합통신] 폭탄투척 현행범으로 체포된 윤봉길尹奉吉의 소속단체는 OOOO당 외에 중한재호항일동맹中韓在滬 抗日同盟이라고 칭하는 유력한 배일단체로 이 회원 중에는 OOOOO 등의 이름도 씌어 있다.

맹약은 13조로 되어 있고 항상 일본인 거두에 대하여 직접 행동을 계획하고 있었으며 요전 동경 정국신사 대제에도 이 단체로부터 자객을 보내 고귀한 이에게 일대 음모를 실행하고자 선정된 자객 수 명은 22일 연락선 상해환上海丸으로 도일[10]코저 하다가 일본 관헌의 경계가 엄중하여 목적을 달하지 못하였는데 그 사람 중의 한 사람도 윤봉길이었다고 한다.

상해에서는 촌정 총영사와 육해군 수뇌부를 노리고 있다가 필경 기회를 얻은 것이었다고 한다. 1월 8일 동경의 불경 사건[11]도 이 단체원 중의 한 사람이다.

재작년에 이가離家 청도青島를 거쳐 상해에

[예산] 범인 윤봉길이 집을 떠나기는 소화 5년 2월 7일이었다. 동리 사람과 집안 식구도 모르게 돈 50원을 빚 얻어가지고 출가하였는데 5개월 후에 청도에서 편지와 빚을 얻어가지고 갔던 돈 50원을 집으로 보내어 왔다고 한다. 그는 그곳 세탁소에서 고용살이를 하다가 작년 2월에 비로소 상해로 옮겨가 상해에서 모직물 공장에 직공으로도 있었고 최근에는 중국인 세탁소에 있었다 한다. 1932 0507

[7]호는 상해의 다른 이름, 상해에 있는 한중항일동맹단 | [8]참석 | [9]야스쿠니 신사 | [10]일본으로 건너감 | [11]이봉창이 천황에게 폭탄을 던진 사건

해설 윤봉길 의사는 1908년 충남 예산에서 태어났다. 1926년부터 야학을 세워 농촌계몽 활동을 하며 〈농민독본〉을 쓰기도 한 실천적 지식인이었다. 1930년 3월 독립운동에 투신하기 위해 "장부가 집을 나가서는 살아서 돌아오지 않는다."는 편지를 남기고 고향을 떠났다. 만주를 거쳐 상하이에 자리 잡은 뒤 1932년 한인애국단에 가입했다.

일제는 그해 1월 상하이를 침공해 사실상 점령한 상태였는데 4월 29일 훙커우虹口공원에서 천황의 생일인 천장절天長節 겸 전승 축하 기념식을 벌였다. 기자로 변장해 이 자리에 참석한 윤 의사는 행사가 끝날 무렵 단상의 일본군 수뇌부를 향해 준비해간 물통 폭탄을 던졌다. 그 결과 상하이 파견군 사령관 시로카와 요시노리白川義則 대장과 일본거류민단장 가와바타河端貞次가 즉사하고 노무라野村吉三郎 제3함대사령관, 우에다植田謙吉 제9사단장 등이 중상을 입었다.

이 의거는 일제강점기에 벌인 의열 투쟁 중 가장 성과가 컸다. 그럴 뿐 아니라 당시 침체 기미를 보이던 독립운동에 활기를 불어넣고, 조선 독립운동가들에 대한 중국 측 시각과 대접도 달라지게 했다. 중국 국민당 정부는 이를 계기로 김구의 한국 독립군 장교 훈련 요청을 받아들여 낙양군관학교에 '한청韓靑반'을 만들어 주었다. 또 임시정부가 일제를 피해 충칭重慶에 안착할 때까지 지원을 계속하는 등 양국의 유대가 강화된 것도 이 의거 덕분이었다.

홍커우 공원 의거의 영향

1932年 5月 8日 동아일보
1932年 5月 1日 | 5月 15日 매일신보

상해 수류탄 사건 상보詳報
영경領警과 헌병대 총동원 조선인 가택 대수색
불佛 조계租界에 수사본부 두고 활동
김구 등 주요인主要人 탈주

[상해발 전통] 육군 헌병대급총사령관 경찰서에서는 29일 밤까지 체포한 범인에 대하여 취조한 결과 범인의 계통에 관하여 어떤 확신을 얻은 모양으로 30일 오전 3시경에 수사본부를 불란서 조계에 있는 중광 공사관저에 옮기고 원전경부園田警部를 지휘자로 서원급 헌병 대원을 총동원하는 동시에 불란서 공부국 경관 약 50명의 응원을 얻어서 불란서 조계 안에 있는 조선 OO당, 조선 공산당, 기타 조선인의 집들을 모조리 수색한 결과 용의자로 조선인 12명을 체포하였다. 이들을 먼저 불란서 조계 경찰서에 인도하였다가 이튿날 오후 3시경에 그들의 신체를 전부 일본 총영사관 경찰로 옮기어 유치 취조하는 중이다.

그러나 김구 일파 등 거두들은 중국 가남시街南市로 어느덧 도주한 모양이므로 계속해서 각 방면으로 협력 수색 중이라고 한다.

안창호, 이유필 거두 등 속속 검거

불란서 조계의 조선가정부[1] 총리라고 하는 안창호安昌浩는 29일 밤부터 30일 아침까지의 일본헌병대와 총영사관 경찰대의 수색으로 체포되었다.

그 내용을 들으면 불 조계 보강리 27호가 범인 윤봉길을 교사하였다는 이유필李裕弼(호 춘산春山)의 숨어 있는 집인 것을 알고 일본 관헌은 30일 오전 3시 불 조계 경찰과 협력하여 그곳을 습격하였으나 마침 이유필은 없었기 때문에 그가 돌아오기를 기다리고 있던 중 이유필을 찾아오는 조선인 한 명이 있는 것을 곧 체포하여 불란서 경찰로부터 일본 총영사관으로 인도하였는데 그는 의외에 조선가정부의 거두 안창호(55)인 것이 판명되었다.

안창호는 가정부 의원으로 최근의 그 정부의 거두 김구, 조소앙 등의 대선배라고 한다.

직접 사주자는 이유필로 판명
이유필은 상해교민단장

[상해발 전통] 범인 윤봉길의 자백에 의하면 윤에 대해 직접 흉행을 명한 자는 조선가정부의 이유필인 것으로 판명되었다. 윤봉길을 사촉唆囑[2]하여 미증유의 흉행을 연출한 이춘산은 본명을 이유필이라고 하는데, 안창호의 부하 중 과격파에 속하여 목하[3] 불 조계에 있는 OO교민단 정무위원장 겸 서무부장의 직책에 있다고 한다. 1932 0508

上海手榴彈事件詳報
領警과憲兵隊總動員
朝鮮人家宅大搜索
佛租界에搜査本部두고活動
金九等主要人脫走

安昌浩, 李裕弼
巨頭等續續檢擧

直接使嗾者는
李裕弼로判明
李裕弼은上海僑民團長

十九路軍과關係?

爆彈事件犯人
軍法會議廻附

各界頭領으로
十萬圓指導
安昌浩經歷

尹取調不進
緘口코不語

重光公使絶望

동아일보 1932年 5月 8日

THE MAHL SHIN BO.

每日申報

上海爆彈事件의 影響

停戰交涉無期延期

關係各國에 通告

英公使聯盟에 打電

天長節勅語

總督夫婦主催 天長節奉祝會

景福宮後園에서 盛大하게擧行

京城府主催의 天長節奉祝會

매일신보 1932年 5月 1日

상해 폭탄 사건의 영향

정전 교섭 무기 연기

관계 각국에 통고

영英 공사公使 연맹에 타전打電 1932 0501

상해 사건 일단락과 동시

북중北中의 형세 아연 긴장

동북군 성盛히[4] 이동을 개시하여

산해관 방면 위기 절박

[천진 13일발 전보 연합] 상해 사건이 일단락을 고하게 되자 북중국의 형세는 아연 재차 긴장하여 지난 7일 이래 연일 북령선北寧線의 동북군은 만주 산해관을 중심으로 이동 중인데 금회의 작전상으로부터 산해관의 제9여주국군旅柱國軍은 사령부와 함께 진황도秦皇島에 집결을 개시하고 평수선平綏線에 있던 동북기병 1개 사師도 11일부터 옥전현玉田縣에 이동을 개시하여 13일 중에는 완료될 모양이다. 그런데 중앙으로부터 장학량張學良에게 대하여 적극적 항일 명령이 내도來到[5]하였으므로 혹은 근근近近[6] 산해관 방면에서 의외의 불상사를 야기하게 될는지도 알 수 없다 하여 평진平津지방은 점차 긴장되고 있는 중이다. 1932 0515

[1]대한민국임시정부 | [2]남을 부추겨 좋지 않은 일을 시킴 | [3]바로 지금 | [4]한창 왕성하게 | [5]내려와 닿음 | [6]머지않아

해설

이봉창 · 윤봉길 의사의 의거로 바짝 긴장한 일제 당국이 독립운동가들 체포에 혈안이 됐을 것은 자명하다. 앞 장의 '정국신사 대제' 기사에서 보듯 한인애국단의 본토 잠입설까지 돌았으니 말이다.

윤 의사 의거 직후 상하이 주재 일본 총영사관은 임시정부가 있던 프랑스 조계를 압박해 독립운동가 검거에 나섰다. 김구와 임시정부는 항저우杭州로 피해 화를 면했으나 안창호가 체포돼 서울로 압송되는 등 조선인들이 시련을 겪었다. 거사 직전 김구의 뒤를 이어 거류민단장에 오른 이유필도 윤 의사가 민단이 '배후'라 진술하는 바람에 체포됐다.

한편 상하이 주재 영국 · 미국 · 프랑스 · 이탈리아 대표들이 추진해 오던 중 · 일 정전협정도 차질을 빚는 등 동북아 정세에도 파장이 있었다. 윤 의사의 의거를 단행한 날이 조인 예정일이었기 때문이다. 정전 협정은 일본 측의 반발로 5월 5일에야 뒤늦게 타결되는 난항을 겪었다.

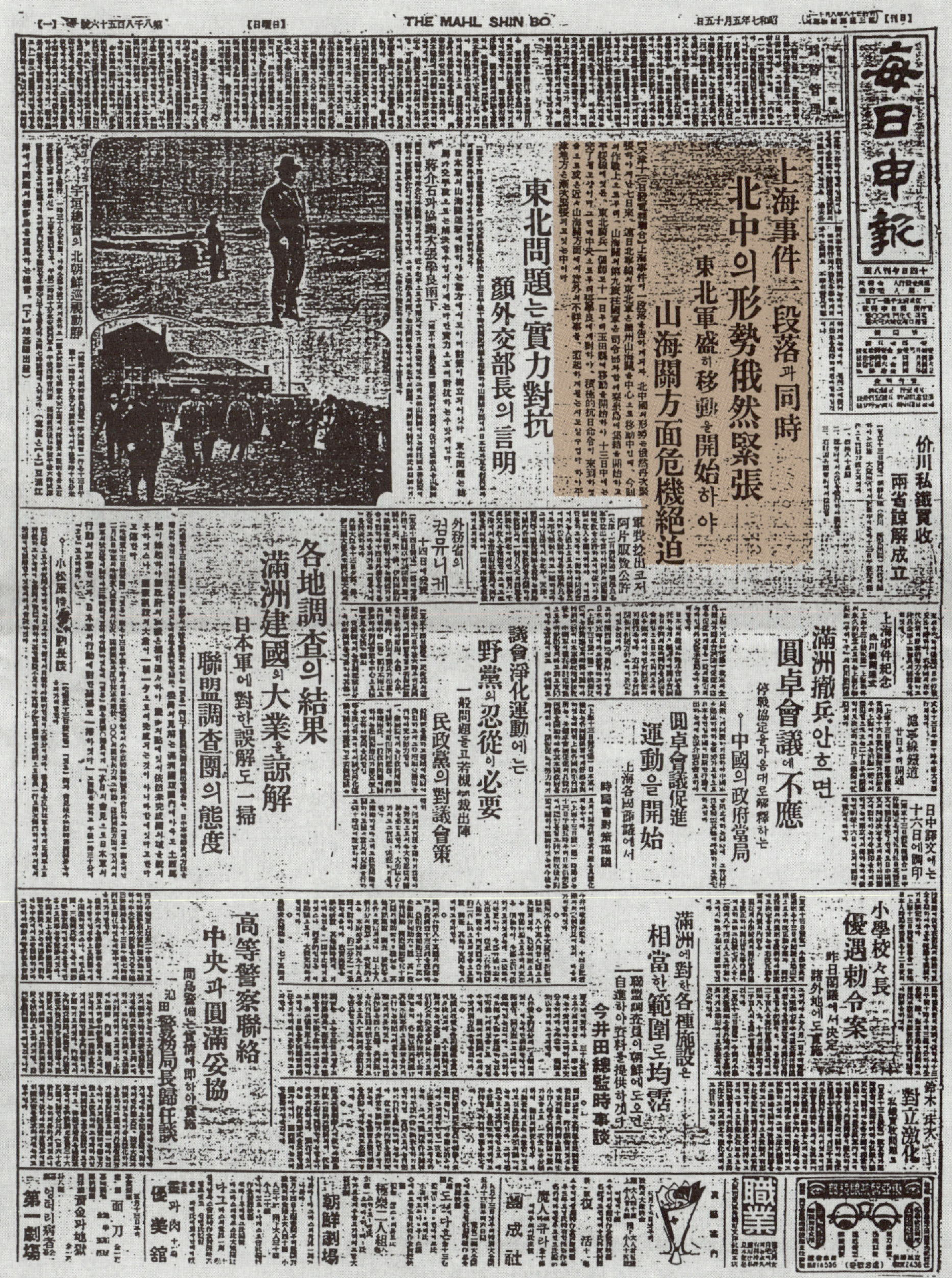

每日申報

上海事件一段落과同時

北中의形勢俄然緊張

東北軍盛히移動을開始하야

山海關方面危機絶迫

東北問題는實力對抗

顏外交部長의言明

宇垣總督의北朝鮮巡視動靜

各地調査의結果

滿洲建國의大業을諒解

日本軍에對한誤解도一掃

聯盟調査團의態度

議會淨化運動에는

野黨의忍從이必要

民政黨의對議會策

滿洲撤兵안으면

圓卓會議에不應

中國의政府當局

圓卓會議促進

運動을開始

上海各團體에서

价川私鐵買收

兩省諒解成立

小學校々長

優遇勅令案

昨日閣議에서決定

滿洲에對한各種施設은

相當한範圍로均霑

今井田總監時事談

高等警察聯絡

中央과圓滿妥協

對立激化

매일신보 1932年 5月 15日

안창호 공판

1932年 12月 19日

조선일보

검거 이래 8개월에 도산 안창호 공판

19일 경성법원에서 개정

범죄 정도는 의문?

상해를 중심한 중국 각지와 노령露領, 북미 등 국제적 무대에서 다년간 풍상을 겪으며 조선OO운동을 위하여 활동하다가 금년 봄에 상해 영경領警의 손에 검거되었던 도산島山 안창호安昌浩는 이래 경성으로 이송된 후 경성지방법원에서 치안 유지법 위반으로 기소되어 지난 10월 25일에 예심을 마치고 동 법원 공판에 회부되어 있던 중 명[1] 19일 오전 10시부터 동 법원 제4호 법정에서 산하山下 재판장 주심과 좌좌목佐佐木 경사 입회 변호사 김병로金炳魯 외 제씨[2]의 열석[3]으로 제1회 공판이 개정되게 되었는데 8개월 동안을 미결에서 신음한 피고는 변호사의 변호도 일체 사절하였고 기록에 나타난 범죄 사실이 복잡하며 또한 해외에서 활동하던 조선OO운동의 수령이었던 만큼 이날의 공판은 일반의 주목을 모으는 동시에 공판 결과는 과연 어느 정도까지의 범죄를 구성할지 의아되는 바이나 이제 기록에 나타난 대략의 사실을 이하에 보도하는 것이다.

연통제와 흥사단 창설

안도산의 사건 내용

피고는 평남 대동군 초리면 봉상리 출생으로 경성에서 기독소학교를 마치고 당시 독립협회에 가입하여 평양지부에 속하고 있던 일방[4]으로 학교 교원으로 있던 중 22세 때에는 처 혜련과 동반하여 북미 상항桑港[5]으로 건너가서 고학하는 일방에 각지에 흩어 있

昭和七年十二月十九日 [月曜日] 第四千百八十一號

十九日京城法院에서開廷

犯罪程度는疑問?

島山安昌浩외ㄱ의筆跡

聯通制와 興士團創設

安島山의事件內容

記錄에나타난그의姓名
中華民國上海佛租界
霞飛路千十四弄三十號
晏畔吳安島山
安昌浩

朝中人感情을 融化코저活動

上海에서의事實

辯護士出廷은 法廷에서決定

本人의辯護謝絶로

約二百名으로 傍聽制限

年末年始目標로 興行界大盛況

警務局의檢閱統計

米國經濟恐慌이 朝鮮敎會에影響

宣敎部의豫算은縮少나 不足額은自作自給

各敎會의減少率 爲替도平價計算

敎會所屬事業打擊

約三萬圓節約

『세부란스』醫專 『에비슨』博士談

不足額은自給

朝鮮監理會總理師 梁柱三氏談

俸給標準을低下

培材高普

大東商業校 校舍를新築

財團法人昇格手續完了

正義府中央委員 張信國送局

新義州檢事局에

電車보다不便하면 새쓰運轉은不可

檢閱收入 四萬圓

設計部 製作部 修繕部

京城鐵工所

京城鐵工所營業部

講義錄發行

는 조선 노동자를 규합하여 공립협회共立協會를 조직하여 조선인의 해외 진출에 노력하다가 명치 33년에 일본과 보호조약이 체결되어 인심이 소연騷然[6]할 때에 피고는 다시 조선에 돌아와서 이갑李甲 등과 비밀결사 신민회新民會를 조직하여 활동하고 평양에 대성학교를 창설하여 교장이 되어 육영사업에 종사하였으나 당시에 모든 정세가 여의치 못하므로 다시 명치 38년에는 해삼위海蔘威[7]로 탈출하여 서백리아[8], 뉴욕 등 세계 각지를 거쳐 다시 상항에 도착하여 다수 동지들과 흥사단을 조직하여 전 미주를 중심으로 활약하는 동시에 중국 연해주, 서백리아 등 재외 조선인을 단원으로 하여 특히 원동부遠東部를 설치하여 그 위원장이 되어 조선의 실력 양성 운동을 계속하여 왔으며 대정 8년 이후에는 다시 상해에서 당시 OO정부에 가입하여 내무총장에 취임하고 연통제聯通制라는 제도를 실시하였으며 미국인 신문기자 '페-퍼-'를 조선 내에 파견하여 당시 팽창한 운동 정세를 세계 각국에 보도케 하고 가외에 기회가 있을 때마다 각종 운동을 일으켰으며 국내 국외와 연락하여 전후 일관하게 조선의 실력 양성을 위하여 활동하여 왔다.

조중인朝中人 감정을 융화코저 활동
상해에서의 사실

전기와 같이 각종 활동하여 오던 중 OOOO임시정부의 세력이 극히 쇠퇴해가자 새로운 단체를 조직할 필요가 있고 또 공산주의자의 다수가 상해로 망명하게 되자 다수 동지와 조선 OO들을 목적한 한국OO당을 조직하여 제국주의 세력을 ××하는 동시에 조선의 완전한 OO을 위하여 각종 책동을 맹렬히 하여 오던 중 가장 최근에는 재재작년 만보산萬寶山 사건[9]이 발생되자 조중인간의 감정을 합하기 위한 상해한인대회와 재호在滬 중국인 신문기자대회에 출석하여 항일의 과격한 연설을 하고 격문을 작성하여 중국 국민당 본부와 각 지방단체에 배부하고 다시 대일전선통일동맹對日戰線統一同盟을 조직하여 이동령李東寧, 권국빈權國彬 등과 그 목적 수행을 위한 각종 운동을 전개 또 계속하여 왔다 한다. 1932 1219

사진
도산 안창호와 그의 필적

기록에 나타난 그의 성명

中華民國 上海 佛租界
霞飛路千十四弄三十號
晏祥昊 安島山
安昌浩(五五)

[1]내일 | [2]여러 사람 | [3]자리에 죽 벌여서 앉음 | [4]어느 한편 | [5]샌프란시스코 | [6]떠들썩하니 야단법석 | [7]블라디보스토크 | [8]시베리아 | [9]1931년 7월 중국 지린 성吉林省 완바오 산萬寶山 지역에서 발생한 한·중 농민 사이의 분쟁. 그러나 본질은 한·중 간에 이간질을 획책하려 한 일본의 계략이 숨어 있었으며, 이 사실이 〈동아일보〉, 〈조선일보〉 등 국내 일간지에 의해 알려지자 일본의 계략은 수포로 돌아갔다.

해설 흥사단은 1913년 도산 안창호가 자주 독립을 위한 일꾼 양성을 위해 미국 샌프란시스코에서 조직한 민족운동 단체다. 조병옥 등 유학 중이던 청년 학생이 8도 대표 창립위원으로 참여했다. 무실역행務實力行(일이 참되고 실속 있도록 힘써 실행함)의 정신을 바탕으로 국민 교육과 계몽에 힘썼다. 미국에 본부를 두었지만 그 단원들은 안악 사건, 105인 사건, 3·1운동에 연루돼 옥고를 치르는 등 독립운동에 직간접으로 참여했으니 일제로선 눈엣가시 같은 존재였다.

이를 조직한 안창호는 국내외에서 공립협회(1905년)·신민회(1907년) 등 민족운동 단체를 결성하고 대한민국임시정부 초대 내무총장 겸 국무총리대리로도 활약한 민족 진영의 거목巨木이었다. 그는 내무총장 시절 상하이와 한국을 연결하는 행정조직인 연통제를 만들었고, 1920년엔 상하이의 한인 청년들을 모아 흥사단 원동위원부를 설치했다. 또 임시정부가 독립운동의 방법론을 놓고 분열되자 1923년 국민대표회의를 열어 수습에 나서는 등 국내외 독립운동의 구심점 구실을 했다. 윤봉길 의사 의거 후 그를 체포해 경성으로 압송해 재판에 회부한 일제는 얼마나 기뻤을까.

수양동우회 사건

1938年 4月 20日 국민보

수양단의 비참한 화액

산도산[1] 선생이 중국 고생의 여독으로 별세한 후에 일본 총독부는 경향[2]에 경고하여 그 초종과 장사[3]에 친우들이 호상호장護喪護葬[4]도 못하게 하고 다만 친족 몇 사람이 참담한 장의를 경기[5]하였더라.

정인과 박사는 수양회 사건에 사상범이라는 이름으로 입옥[6]한 후에 옥중에서 비상한 학형[7]을 당하고 필경 15년 중역에 처형되었는데, 마음속에 배일의 의사가 있다는 죄목으로 그리된 것이니 마음속에 있는 것, 언론이나 행동에 발표되지 아니한 것으로 형벌을 당한다면 세계적으로 법리학상에 처음되는 일이니, 이는 야만의 발견품이다. 동 사건으로 입옥한 이광수 씨는 학형의 여독으로 턱골에 종기가 생겨 아마 오래 살지 못하리라더라.

금년 3월 이후로 또다시 사상범이니 치안범이니 하는 이름으로 피착한[8] 사람이 부지기수이며, 그 대부분이 청년들이라는데 수양단 이외의 사상범들을 지금은 검거하는 중이라더라. 1938 0420

[1]안도산의 잘못 | [2]서울과 시골을 아울러 이르는 말 | [3]초상이 난 뒤부터 졸곡까지 치르는 온갖 일이나 예식 | [4]장의 행렬을 따라가고 호위함 | [5]처리함 | [6]감옥에 들어감 | [7]악형 | [8]체포당한

해설 적지 않은 이 땅의 지식인들이 친일로 돌아서는 계기가 된 사건이다. 수양동우회는 1922년 상하이에서 도산 안창호의 지도를 받은 이광수가 귀국해 조직한 수양동맹회가 그 전신으로, 당시 몇 안 되는 합법적 민족운동 단체였다. 인격 수양과 민족문화 건설을 내세운 수양동맹회는 흥사단의 규약을 일부 수정해 채택하는 등 흥사단의 국내조직 격이었다. 1926년엔 안창호가 세운 평양 대성학교 출신 중심의 동우회同友會와 통합해 수양동우회가 됐다. 이들은 〈동광〉 잡지를 발행하는 등 합법적 실력 양성 운동을 벌였다.

중일전쟁을 한 달 앞둔 1937년 6월 일제는 기독교청년민려회의 '불온 인쇄물'의 배후로 수양동우회를 지목하고 관계자 181명을 치안유지법 위반 혐의로 체포해 42명을 기소했다. 전시체제를 정비할 목적이었다. 4년여간의 재판 끝에 모두 무죄 석방이 되긴 했지만 대부분 친일로 전향했다. 대표적 인물이 이광수로, 그가 다른 회원들의 무죄 석방을 조건으로 '천황의 적자'가 되기로 마음먹었다는 이야기도 있다.

이 사건으로 수양동우회는 와해되고 가출옥 상태였던 안창호는 다시 수감되었다가 병을 얻어 보석으로 풀려난 지 4개월 만인 1938년 3월 10일 사망했다.

The Korean National Herald.

國民報

Vol XXVIII 1727 HONOLULU, T. H., U. S. A. PUBLISHED WEEKLY, WEDNESDAY APRIL 20 1938 ESTABLISHED OCTOBER 17, 1907 $2.50 A YEAR. 5c. A COPY

DETOR'S
Cor. Fort & Hotel Sts. Phone 3631

Y. S. CHUNG

조선어 사전 편찬 추진

1932年 12月 25日 중앙일보
1933年 10月 28日 조선일보

우리는 우리글로 쓰자
의미 깊은 이 모임
한글철자통일회의를 열고 회의
조선어 사전 편찬회에서

조선 민족이 가지고 있는 말과 글인 한글 운동이 시작된 지 여러 해요, ㅁ하여 우리말을 후원하고 더욱 연구하라는 조선어학회에서는 여러 해 전부터 많은 학자들이 조선어 사전을 만들려고 노력하여 조선어 사전 편찬회까지 ㅁ되어 이래 착착 준비 중임은 이미 세상이 아는 바거니와 아직도 동 학회위원 간에 철자 문제에 있어서 의사가 통일되지를 않아 의론이 분분한 중에 있으므로 역사상 획기적 계획인 조선어 사전 편찬이 완성되지 못하고 있다. 이것을 유감으로 생각한 동 학회에서는 금년 내로는 기어이 철자 문제를 통일하여 명년 중에는 완전한 사전을 세상에 내어놓고자 이번 동기휴학冬期休學과 신년 휴일을 이용하여 동회 위원 15인이 모여 토의하기로 되었는 바 그 회합 장소는 경성 이외의 도시를 물색 중이던 바 특히 고려 문화 발생지요, 깨끗하고 고요한 도시 개성부로 모이기로 작정되었다 한다. 1932 1225

한글기념날 발표될 맞춤법 보급은 어떻게
뜻 깊고 값있는 맞춤법 통일안
너나없이 다 알자!

기념할 29일! 488년 전에 우리 한글이 발포된 이 날은 우리 민족의 문화적 발전에 새로운 비약이 약속되었던 날이다. 민족의 새로운 발전을 기약하고 굳은 결심을 가지고 있는 오늘날 조선인은 다시금 이날의 한글 발포를 뜻있게 기념코자 하는 바이거니와 이 기념은 오랫동안을 두고 조선어학회에서 연구 중에 있다. '한글 맞춤법 통일안'이 발포되는 날이니 우리는 이 기념일이 거듭 뜻 깊음을 느끼는 바이다. 실로 한글은 세계에 자랑할 만한 교묘한 조직을 가진 글이었으나 민족의 문화 체계가 혼란되면서 그 문자의 쓰임도 또 혼란하였던 것은 후대의 손자된 백성의 수치였다. 이번에 한글 맞춤법을 정리하여 시대에 맞게 쓰이도록 하고자 조선어학회에서 통일안을 만든 것은 실로 문화적 가치가 크다 할 것이다. 훌륭한 공적이다. 그러나 이것을 어떻게 해서든지 널리 쓰이도록 하지 않은 한에는 그 공적은 또한 헛된 것이 될 것이니 이제 통일안의 발포를 하루 앞두고 각계 인사의 의견을 들어 널리 보급되기를 돕기로 하자. 1933 1028

해설

일제강점기에 민족운동의 하나로 한글 보호와 보급을 위한 사전 편찬이 추진됐다. 이를 위해 조선어학회가 주동이 되어 108명의 발기로 1929년 조직된 것이 조선어 사전 편찬회다.

조선어연구회(1921년 발족)를 계승한 조선어학회는 사전 편찬의 준비 작업으로 1933년 조선총독부의 철자법 개정안을 수정한 '한글맞춤법 통일안'을 발표했는데 기사는 이 논의 과정을 전한다.

이후에도 조선어학회는 '사정한 조선어표준말 모음'(1936년), '외래어표기법 통일안'(1938년)을 마련하는 등 사전 편찬 작업을 계속했다. 그러나 한글 강습회 중단, 대중집회 금지, 각급 학교 조선어 과목 폐지, 한글 일간지 폐간 등 우리말글 탄압 정책이 강화된 데다가 1942년 이른바 일제가 조작한 '조선어학회' 사건이 터지면서 사전 편찬 작업은 중단됐다.

뜻있는 한글학자들이 가혹한 식민지배 기간에도 표기법을 통일하고 사전 편찬을 추진한 것은 민족문화의 씨앗을 지킨 값진 공적이라 하겠다.

한편 조선어학회 사건의 증거로 압수됐던 조선어 사전 원고는 1945년 9월 발견되어, 이를 바탕으로 한 '조선말 큰사전'의 첫 권이 1947년 선보였으며, 1957년 6권으로 완간되었다.

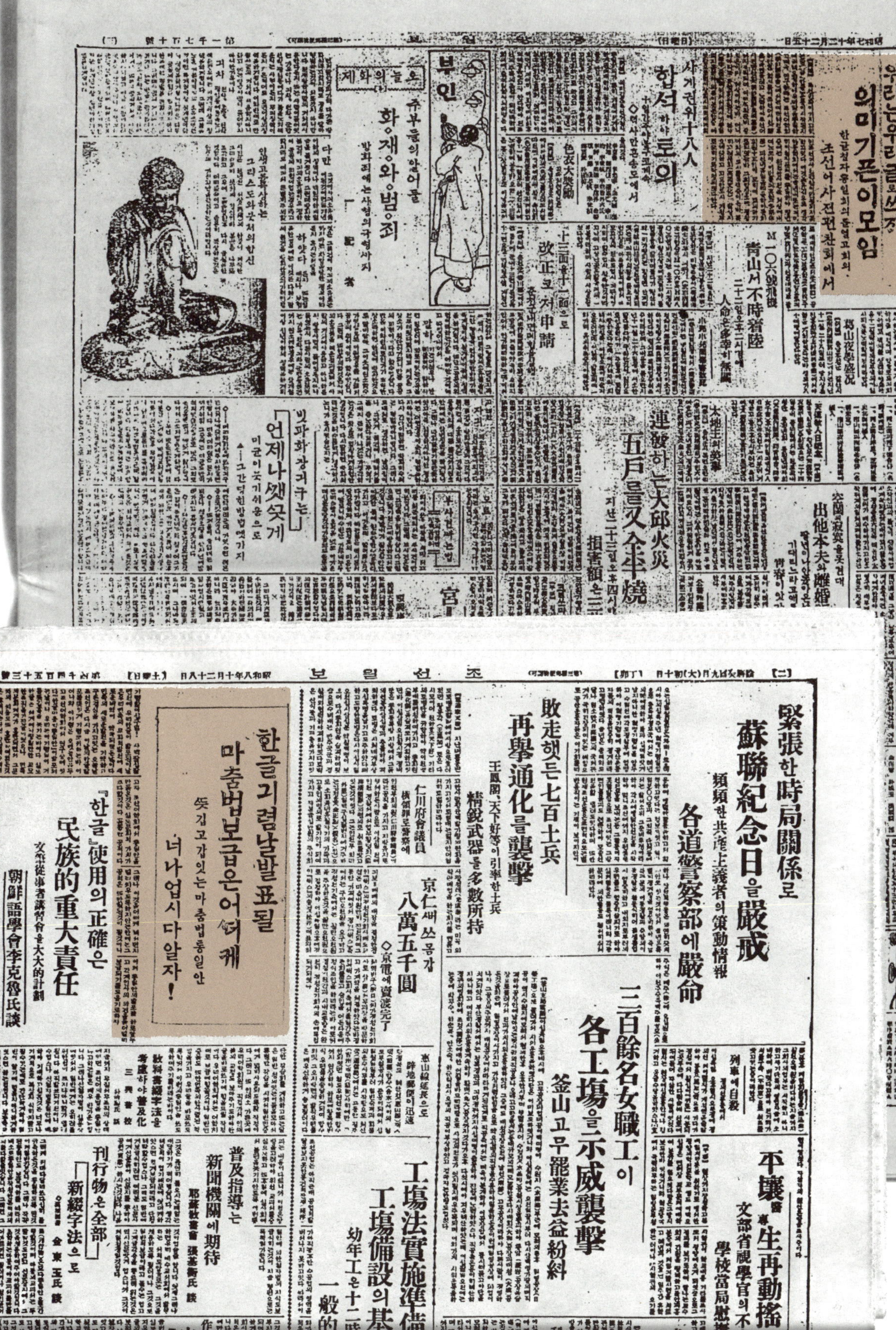

우리는 우리글로 쓰자

의미 기픈 이 모임

조선어사전편찬회에서

緊張한時局關係로

蘇聯紀念日을嚴戒

各道警察部에嚴命

三百餘名女職工이 各工場을示威襲擊

敗走햇든七百土兵 再擧通化를襲擊

한글기렴날발표될 마춤법보급은어떠케

뜻깁고갑잇는마춤법통일안

너나업시다알자!

『한글』使用의正確은 民族的重大責任

朝鮮語學會李克魯氏談

工場法實施準備

중앙일보 1932年 12月 25日

조선일보 1933年 10月 28日

조선농지령 공포

1934年 4月 6日
조선일보 호외

6일 각의서 결정된 조선농지령 전문

[전통 동경발 전] 조선의 농지령은 일본 내지의 소작법 제정에 앞서 실시되는 획기적 법령이므로 제령안制令案 내용 여하는 자못 주목되어 있던 바 6일의 각의에서 결정된 동 안의 전문은 다음과 같다.

제1조 본 영은 경작을 목적하는 토지 임대차에 이를 적용한다.

⋮

제4조 부윤군수府尹郡守 또는 도사島司는 사음舍音[1] 기타 소작지의 관리자를 부적당하다고 인정할 때에는 부, 군, 도 소작위원회의 의견을 청취하여 임대인에 대하여 변경을 명령할 수 있다.

⋮

제7조 소작지의 임대차 기간은 3년 이하로 할 수 없다. 단 영년永年 작물[2]의 재배를 목적하는 임차에 있어서는 7년 이하로 할 수 없다. 전항의 기간보다 단기간으로 임차하였을 때는 그 기간은 전항의 규정에 따라 이를 3년 또는 7년으로 한다. 당사자가 소작지의 임대차 기간을 정하지 않았을 때는 제10조의 규정에 의하여 3년 또는 7년의 기간으로 정한 것으로 간주한다. 제1항 단서의 영작 작물은 조선총독이 이를 정한다.

⋮

제13조 임대인은 임차인의 승낙이 있을 때라 할지라도 소작지의 전대轉貸[3]를 할 수 없다. 단 상해, 질병, 기타 부득이한 사유에 인한 임차인 또는 동거 임차인으로 주로 경작에 종사하는

朝鮮日報
號外 {不再錄}
昭和九年四月六日

六日閣議서 決定된
朝鮮農地令全文

【電通東京發電】 朝鮮의 農地令은 日本內地의 小作法制定에앞서 實施되는 劃期的法令임으로 制令案內容如何는 頗히 注目되여잇든바 六日의 閣議에서 決定된同案의 全文은 左와如하다

자가 경작에 종사하기가 불가능하기 때문에 일시 전대하는 경우는 이에 한해 적용을 받지 않는다. 단 전항 단서의 경우에 있어서 임대인은 정당한 사유가 없이는 전대를 거부할 수 없다. 제1항 단서 규정에 의한 임대차 수령에 관하여 필요한 사항은 조선총독이 이를 정한다.

⋮

제19조 임대인은 임차인에게 배신 행위가 없는 한 임대차 갱신을 거부할 수 없다. 단 임대인에게 상당한 사유가 있는 경우에는 이 적용을 받지 않는다. 1934 0406

[1]마름, 지주를 대신하여 소작권을 관리하는 사람 | [2]긴 세월이 걸리는 농작물 | [3]남을 거쳐서 빌려 주거나 꾸어 줌

해설

1931년 조선총독으로 부임한 우가키 가즈시게宇垣一成는 '농가의 자급자족'을 내세운 농촌진흥운동을 폈다. 1920년대 급증한 소작쟁의를 줄이고 식민지 공업화 정책을 뒷받침하려는 목적이었다.

일제는 이를 위해 총독부와 각 지방 농촌진흥위원회의 지도로 조선농민조합을 관제 조직에 강제 편입시켰다. 이와 함께 소작제의 모순을 줄이려 1932년 자작농지 창설 유지 사업과 함께 조선소작조정령을 내놓은 데 이어 1934년 4월 조선농지령을 발표해 10월부터 시행했다. 마름을 신고제로 해 중간 수탈을 막고, 농지 임대차 기간을 최하 3년으로 늘이며, 흉년 등의 경우 소작료 감면 요청권을 보장한 것이 골자였다.

언뜻 농민의 소작권을 보호하는 듯이 보이지만 실제는 소작료를 제한한 것도 아니고 그나마 제대로 실행하지 않아 농민의 고통과 소작쟁의는 계속됐다.

공산주의자 이재유

1935年 11月 6日 동아일보
1936年 7月 16日 조선중앙일보
1938年 2月 18日 동아일보

대경성京城 지하에 숨은 이재유李載裕

잡을 길 까마득

동분서주 20여일 만에 얻은 부산물은 '적색그룹'

이재유 체포를 목표로 한 서대문 경찰서 고등계의 맹렬한 활동은 이번에도 또 헛물을 켜고 마는 듯하여 지하에서 미소하는 이재유는 여전히 잡을 길이 묘연한 듯하다.

이번 활동을 개시한 것도 벌써 27일 가까이 되어 오늘, 내일 잡힐 듯하던 모든 노력과 수사 활동도 겨우 부산물적 '적색그룹' 하나를 들추어내었을 뿐으로 그 밑에 숨었을 듯하는 이재유는 찾을 길이 없어 남은 것은 피로뿐이라고 한다.

이번 검거한 적색그룹 사건 피의자들을 극력 추궁하면 혹시나 (?) 하는 기대는 깨져버렸으므로 결국 이재유는 이번에도 역시 '미체포 불구속'으로 기소 중지의 서류를 검사국에 넘기게 되는 것밖에 별 수가 없어 보인다.

이리되고 보니 이재유는 잡을 길이 묘연하다는 결론이 한 번 더 강화된 셈이어서 현재 유치되어 있는 피의자들은 대체는 취조도 끝난 터이므로 불원간[1] 송국[2]하게 될 터이라고 한다. 1935 1106

朝鮮赤化를劃策
兵員은九千名 飛機、戰車備置
師團長은吳家默으로任命

失業地獄巡禮四年
아비잇서 살수없는 子息
子息잇어 살수없는 아비
街頭에서〃肉親愛〃競賣

韓養道氏
錦衣還鄕

이재유의 애인인 박진홍朴鎭洪 등을 심문

피고들은 사실 전부를 부인

적노사건赤勞事件 공판 속보

경인지방 적색노동조합 사건의 1심 공판이 어제 14일부터 경성지방법원 제4호 법정에서 산하山下 재판장의 주심으로 개정되어 피고 박영출朴英出, 이인행李仁行에 대한 사실심리가 작일[3] 중에 끝났다 함은 이미 보도한 바와 같거니와 금 15일에도 오전 10시부터 계속 개정되어 오전 중에는 피고 김순진金舜鎭, 공성회孔成檜와 다시 여자 피고 박진홍 등 3명에 관한 사실심리를 끝내었는데 피고들은 보다 철두철미 사실을 부인하여 공산주의 운동을 하거나 또는 조직에 대한 협의를 한 일은 전연 없다고 극력 주장하였다.

더욱이 피고 박진홍은 4년 전에 서대문 경찰서를 탈출하여 오

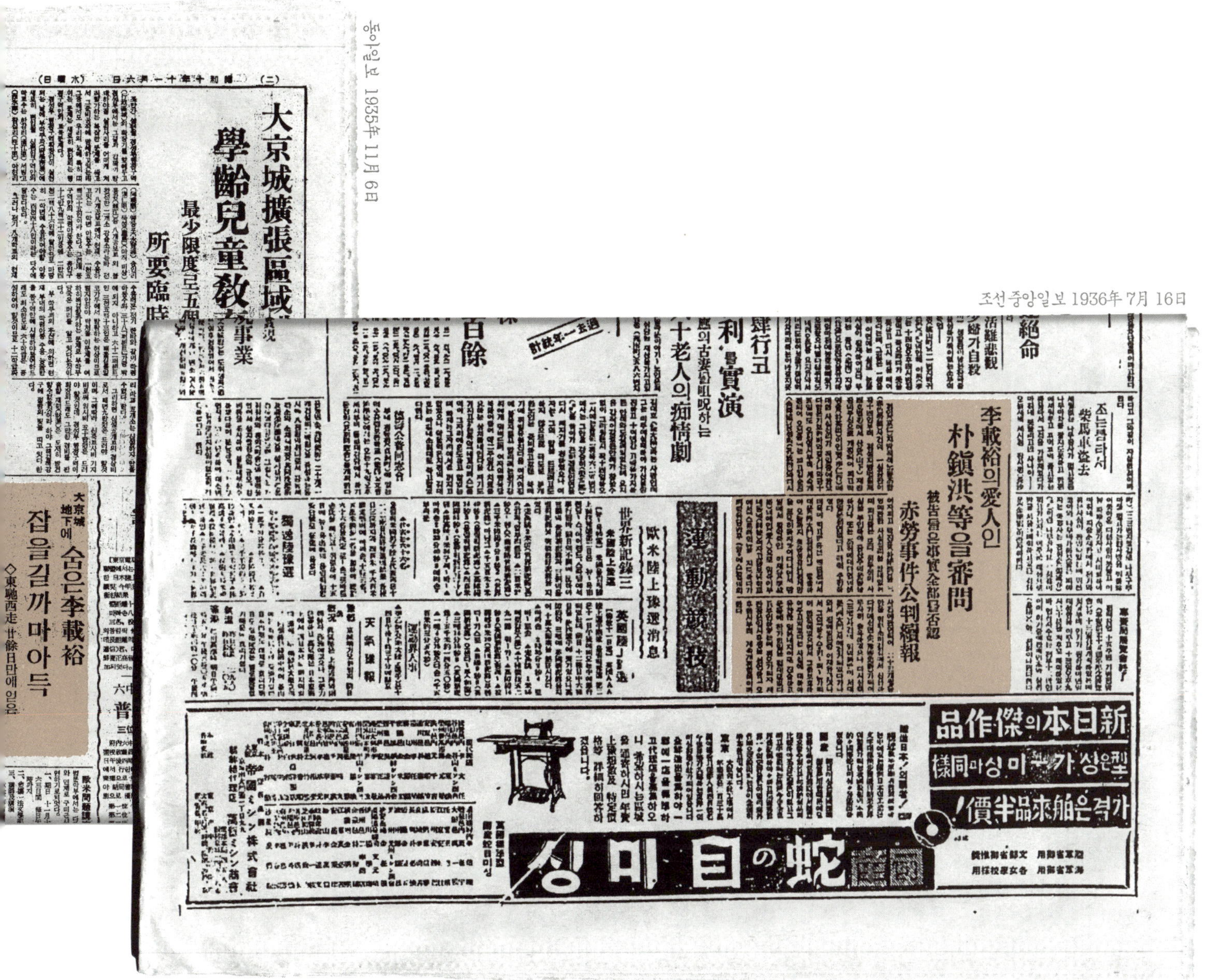
大京城擴張區域
學齡兒童敎育
最少限度로五個
所要臨時
大京城 地下에 숨은李載裕
잡을길까마아득
◇東馳西走 廿餘日만에 일음
李載裕의 愛人인
朴鎭洪等을審問
被告들은事實全部를否認
赤勞事件公判續報
運動競技
歐米陸上豫選消息
世界新記錄三
新日本의傑作品
新日本의傑作品
蛇の目미싱
國産

동아일보 1935年 11月 6日

조선중앙일보 1936年 7月 16日

늘까지 철옹성 같은 경계망을 교묘히 돌파하여 다니면서 땅 밑에서 활약 중인 이재유의 애인으로 일찍이 부내 동덕여자고등보통학교에서 '스트라이크'를 지도하다가 퇴학을 당한 후 '알 에스' 협의회 사건에 관련되어 23개월 동안을 형무소 미결감에서 신음하다가 예심 면소가 되어 무사히 출옥하였으나 다시 삼택三宅 사건의 혐의를 받아 서대문서에 검거되었다가 나와서 집에 있는 중 이재유와 만나서 그의 '하우스 키퍼'가 되어 한집에 있으면서 그를 보호하여 주고 있었다는 사실에 대하여 유창한 일본 내지어로 진술하고 운동에 참가한 일은 절대로 없다고 부인하였는데 정오가 되자 재판장은 임시 휴정을 선언하고 오후 1시부터 계속 개정할 터이라 한다. 1936 0716

[1]곧 | [2]수사기관에서 피의자를 사건 서류와 함께 검찰청으로 넘겨 보내는 일 | [3]어제

神出鬼沒튼 李載裕等
幹部七名公判廻附
今日, 朝共再建事件豫審終結
十三名은 來月初終豫

國際派와 絕緣하고
產業別勞組를組織
各工場, 埠頭, 農民, 學生府에
同志潛入시켜 細胞組織

反帝의 三宅과 結托
檢擧風무 新黨組織

相互扶助와 自治의
癩患者의 集團部落
演劇音樂의 運動도하고
釜山癩病院訪問記 (終)

北朝鮮暴風襲來
電信電話不通
當分間은 復舊無望

電氣工大量養成
今年에는 萬六千餘圓計上
五年計劃으로 千名

西小門町, 阿峴町間
高架道路를 新設
經費三百萬圓, 用地買收終了
今秋부터 工事着手

거리의 車輛君

동아일보 1938年 2月 18日

신출귀몰하던 이재유 등 간부 7명 공판 회부

금일 조공재건사건朝共再建事件 예심 종결

13명은 내월來月 초 종예終豫[4]

조선공산당 운동사상에 있어서 신출귀몰한 잠행 운동으로 그 예를 보지 못한 좌익전선의 거두 이재유李載裕 등 20명은 작년 5월 1일에 경기도 경찰부에서 치안유지법 위반 기타 죄명으로 경성지방법원 검사국으로 1건 서류와 함께 송국된 후 기소를 보게 되어 그 일당 20명은 동 법원 예심에 회부되어 그동안 도변渡邊 예심판사의 손을 거쳐 소림小林 예심판사의 취조를 받고 있는 중 이 사건이 17일 오후에 이재유 등 간부급 7명은 예심 종결이 되는 동시에 동 법원 공판에 회부되었다.

소화 9년 4월 14일에 서대문서에 검거되었다가 동 24일 밤에 동 서 2층 강당에서 수갑을 끊고 탈주한 이래 햇수로 4년 동안을 대담하게도 경성부 내외에서 야경 혹은 점원으로 또는 농민으로 변장하고 공산당 재건을 끝까지 기도하고 신출귀몰하게 나타나고 있던 이재유는 재작년 12월 25일 새벽에 경기도 양주군 노해면 공덕리 뒷산 송림 속에서 도 경찰부 형사대에 포위되어 체포된 후 검거 선풍은 의외 방편까지 펼치게 되어 그 일당 20명이 만 5개월 동안을 동 경찰부에서 취조를 받고 난 후 작년 5월 1일에 그와 같이 송국을 보게 된 터인데 이번에 공판에 회부된 자의 주소 성명은 다음과 같다.

공판 회부된 7명 이재유李載裕(34), 변우식邊雨植(23), 서구원徐球源(25), 최호극崔浩極(23), 양성기梁成基(25), 민태복閔泰福(28), 고병택高炳澤(28)

사진

위는 농민으로 변장한 이재유, 아래는 이재유 본 얼굴

양주군 노해면 공덕리에 있는 이재유의 최후 아지트

국제파와 절연하고

산업별 노조를 조직

각 공장, 부두, 농민, 학생층에

동지 잠입시켜 세포 조직 1938 0218

[4]종결 예상

해설

민족적 사회주의자 이재유는 지금은 잊힌 인물이다. 하지만 당시는 공산주의 운동의 핵심으로 조선을 떠들썩하게 만든 '신화적 인물'이었다. 1933년 하반기 서울의 8개 공장과 7개 학교에서 연쇄적으로 파업과 동맹휴업을 일으킨 지도력이 우선 눈에 띈다. 여기에 일본 경찰에 수차례 체포되었으나 그때마다 탈출해 일본 경찰을 발칵 뒤집어 놓은 투쟁력도 발군이었다.

1903년 함남 삼수에서 태어난 이재유는 1926년 일본으로 건너가 사회주의 운동가로 활동했다. 조선공산당 일본총국에 가입해 70여 차례나 연행될 정도로 활약하다가 1930년 조선공산당 사건에 연루돼 실형을 살았다. 석방된 후 감옥에서 만난 이현상, 김삼룡 등과 1933년 '조선공산당 재건 경성 트로이카'란 비밀결사를 만들어 항일노동운동을 재개했다. 당시 코민테른에 휘둘리던 사회주의 진영과 달리 노동자와 학생층을 상대로 대중적 기반을 확대하려 했다는 점에서 조선공산주의 운동사에서 특이한 존재였다.

'경성 트로이카'는 1934년 지도부가 검거됐지만 이재유는 두 번이나 탈출에 성공했다. '경성 재건그룹', '경성 준비그룹'을 재건하는 등 지하활동을 벌이다 1936년 12월 체포됐다. 경성제대의 미야케 시카노스케三宅鹿之助 교수의 집 땅굴에서 38일간 숨어 있었던 사실이 드러나 화제를 모았다. 그의 재판 소식을 전하는 신문의 지면 구성을 보면 당시 파문이 얼마나 컸는지 짐작할 만하다.

이재유는 1932년 출옥 후 불과 4년 간 활동하고는 투옥됐지만 감옥에서도 투쟁을 계속했다. 간수들을 상대로 한 의식화 교육 · 조선어 사용 금지에 대한 반대 · 수형자 처우 개선에 힘썼다. 6년간의 실형을 마치고도 미전향자란 이유로 석방되지 못하다가 1944년 10월 세상을 떴다.

민족혁명당 활동

1936年 5月 28日
조선중앙일보

7·5기념일 앞두고 행동대 다수 밀파
민족혁명당이 활동

7월 5일의 민족혁명당 창립기념을 앞두고 얼마 전 상해 노반로 최석순崔錫淳의 집에서는 동 당의 간부 5, 6인이 모여 간부회를 개최하였다는 것과 김구 일파가 민족주의 정책에서 커뮤니즘 운동과 합작 활동을 개시한다는 정보가 모처로부터 당국에 도착하여 상해를 근거로 하고 이들의 활동은 여전히 계속되고 있다는 것을 알리게 되어 당국으로 하여금 아연케 하고 있다. 즉 전기 민족혁명당 간부회의에서는 앞으로 닥쳐오는 7월 5일 창립기념일을 기하여 기념공작을 철저하게 할 것을 토론하는 동시에 그동안의 활동 보고를 검토하였고 김구 일파의 공산주의자와의 악수를 배격하자는 것을 말하였다는 것이다. 그리고 낙양洛陽으로 옮겨간 군관학교 출신 70여 명을 만주와 조선에 파견하여 이들의 활동 내용이 어떠하다는 것까지도 보고하여 이들의 활동 여하에 따라 7월 5일의 기념을 대대적으로 지키리라는 것이었다. 그런데 이 기념 공작이라는 것은 그 내용을 전연 알 수 없으나 행동파를 직접 만주 등지에 잠입시켜 모종의 활동을 개시하도록 한 모양으로 당국에서는 벌써부터 여기에 대한 방비책을 고심 중이라고 한다. 1936 0528

해설 1935년 7월 5일 중국 난징南京에서 좌우익 계열 5당 대표 14명이 모여 민족혁명당을 만들었다. 만주사변 후 중국에서 민족운동이 활성화한 데 자극을 받아, 이념을 떠나 일본에 대항할 통일전선을 형성하기 위한 목적이었다. 1920년대 후반 일기 시작한 민족유일당 결성 움직임의 맥을 잇는 것이기도 했다.

여기 참여한 5개 당은 한국독립당 · 신한독립당 · 조선혁명당 · 대한독립당 · 의열단으로 이 중 테러 활동을 통한 독립 활동을 추진해온 김원봉의 의열단과 이동녕, 안창호 등이 결성한 한국독립당이 좌우익의 핵심 단체였다. 민족혁명당은 삼균주의를 강령으로 하고 민주공화국 수립, 토지 국유화를 주장했다. 이와 함께 만주 · 화북 등에 7개 지부를 두고 군사 공작, 정보 수집, 자금 조달의 활동을 하며 기관지 〈민족혁명〉을 발행했다. 기사는 창당 1주년에 즈음해 이를 다룬 것이다.

그러나 민족혁명당은 발족 때부터 김구 중심의 임시정부 고수파가 불참한 데다 당권 문제로 9월엔 조소앙 파가, 1937년엔 이청천 파가 차례로 탈당하여 통일전선정당으로서의 성격이 약화됐다.

결국 남은 세력은 1937년 한커우漢口에서 좌익전선을 통일한 조선민족전선연맹을 결성하고, 이청천 · 조소앙 등 우파 세력은 김구를 중심으로 뭉쳐 1930년대 후반 중국의 항일민족 세력은 양분되기에 이르렀다.

한편 조선민족전선연맹은 1938년 중국 국민당 정부의 지원을 받아 조선의용대를 조직해 항일무장투쟁을 벌였으며, 1942년 광복군에 편입되었다.

平壤署員冒雨活動 學生青年多數檢擧

暗夜에崇專寄宿舍를包圍 某種秘社組織綻露?

初夏에雪禍본 稀有한今年氣候

低氣壓關係로氣溫이急降下 仁川觀測所發表

開城警高等係에서 青年一名을檢擧

極秘密裡에嚴調中

殺人特急列車 十五分間三人死傷

觀燈! 觀燈! 觀燈!

朝鐵自動車 女兒轢傷

京農事件後聞

學校態度에不滿 學級會議를開催 中止命令으로解散

朝鮮人男女廿五名 蘇聯密偵으로暗躍

長期間訓練後各地로派遣 國境警察緊張警戒

七、五紀念日앞두고 行動隊多數密派

民族革命黨이活動

朝鮮女兒업고가는 殊常한中國人男女

本町署에서取調中

反滿軍妨害로 北鐵列車顚覆

被殺者十名中에는 同胞乘客三名混在

運動競技

海軍紀念日

新連載長篇小說 黃眞伊

李泰俊 作 / 盧壽鉉 畫

六月一日부터 夕刊四面에

손기정 베를린 마라톤 우승

1936年 8月 11日 동아일보 | 조선중앙일보

聖戰의 經過

히틀러總統과握手

最高臺에孫君登席

그의頭上엔光鋩燦然한月桂冠

勝報는電波타고全世界에

祝電은이러케 누구나칠수잇는

宛然戰勝氣分

여름화장에 주의하자

레온세안크림

히틀러 총통과 악수

최고대最高臺에 손군 등석登席

그의 두상頭上엔 광망찬연光鋩燦然한[1] 월계관

승보는 전파 타고 전 세계에

우리 젊은 조선의 두 마라손너[2]! 고대 올림피아의 고전적이요 그 발상의 유서由緖를 가진 올림픽 마라손[3]에서 우리의 손기정孫基禎 군은 당당, 세계 올림픽 신기록으로 우승하였고 의좋게도 남승룡南昇龍 군은 당당 3착으로 입상, 양 군은 감람橄欖 나뭇가지의 면류관을 주최 측 독일의 히틀러 총통의 손으로 씌우게 되었고 십수만의 대관중이 오직 이날의 이 패자가 누구냐에 고대한 이러한 열광적 박수갈채가 폭발하는 가운데 우리의 손 군은 올림픽 스타디움의 한복판 최고의 단상에 올라서고 그 오른편 한 층 얕게 남승룡 군이 올라서서 우리의 두 학생 선수의 세계 마라손 제패 완성을 소개하자 이 경기장에 각국으로부터 각 나라 방송으로 각자 모국에 방송하는 방송진의 아나운서를 통하여 우리 양 군의 세계적 위업 달성의 뉴스는 전파를 타고서 순간을 다투어 가며 전 세계 인류의 머물고 있는 곳곳에 알리어졌다.

축전祝電은 이렇게 누구나 칠 수 있는

손기정, 남승룡 양 군에게 축하전보를 치려면 대략 이렇게 하면 된다.

1. 수신자

Sonkichung 또는 Namsungnyong

Koreanische Olympische Kaempfer Berlin

東亞日報

世界

人類最高의勝利!

永遠不滅의聖火

權域에옮겨온橄欖樹

正正堂堂히싸워

聲援아래最後勝利

孫, 南兩君故土放送

동아일보 1936年 8月 11日

2. 전보 본문

Chuckwha Sungyi(祝賀 勝利)

3. 발신자

(성명은 영자로)

이상과 같이 치면 되는데 1자에 2원 41전씩인데 3, 4시간이면 백림[4]에 닿는다. 동아 0811

오, 조선의 남아여! _ 심훈

(마라손에 우승한 손, 남 양군에게)

그대들의 첩보를 전하는 호외 뒷장에
붓을 달리는 이 손은 형용 못할 감격에 떨린다!
이국의 하늘 아래서, 그대들의 심장속에 용솟음치던 피가
이천삼백만의 한 사람인 내 혈관속을 달리기 때문이다.

이겼다는 소리를 들어보지 못한 우리의 고막은
깊은 밤 전승戰勝의 방울 소리에 터질 듯 찢어질 듯.
침묵한 어둠속에 짓눌렸던 고토故土의 하늘도
올림픽의 거화炬火[5]를 켜든 것처럼 화다닥 밝으려 하는구나!

오늘 밤 그대들은 꿈속에서 조국의 전승戰勝을 전하고저
마라손 험한 길을 달리다가 절명한 아테네의 병사를 만나보리라.
그보다도 더 용감하였던 선조들의 정령이 가호加護하였음에
두 용사 서로 껴안고 느껴느껴 울었으리라.

오오, 나는 외치고 싶다! 마이크를 쥐어잡고
전 세계의 인류를 향하여 외치고 싶다!
'인제도 인제도 너희들은 우리를 약한 족속이라고 부를 터이냐??'

(일구삼육, 팔월 십일 새벽) 중앙 0811

[1]비추는 빛살이 눈부시게 밝은 | [2]마라토너 | [3]마라톤 | [4]베를린 | [5]횃불

올림픽·마라손에 勝利한 孫南兩君의 快報듣고

오오, 朝鮮의 男兒여!

朝鮮再次優勝

조선중앙일보 1936年 8月 11日

해설 제11회 베를린 올림픽 마지막 날인 1936년 8월 9일 양정고보 학생 손기정이 금메달을 땄다. 기록은 2시간 29분 19초. 마라톤이 올림픽 정식 종목으로 채택된 이후 처음으로 2시간 30분 벽을 깬 세계 신기록이었다.

이 소식은 불과 몇 시간 뒤 고국에 전해졌다. 군중들은 거리로 몰려나왔고, 서울 장안에는 환희의 물결이 넘쳤다. 암울한 시대를 살아가던 조선인들은 '우리 손 군의 승리'를 전 세계 20억 인류에게 한민족이 살아있음을 알린 쾌거로 받아들였기 때문이다.

당시 국내에서 발행되던 〈조선일보〉, 〈동아일보〉, 〈조선중앙일보〉는 10일 아침 모두 호외를 발행했다. "조선의 피를 끓게 하고 조선의 맥박을 뛰게 한" 감격을 전하기 위해서였다. 실제 한국인으로는 최초로 세계 정상에 오른 기록이니, 2002 한일 월드컵 4강의 기쁨을 거기 비할까.

작가 심훈은 〈조선중앙일보〉 호외 뒷면에 즉흥시를 써 편집실에 전했는데 이것이 당시 조선인들의 심정을 대변하는 것이었을 게다. "마이크를 쥐어잡고/전 세계의 인류를 향하여 외치고 싶다/인제도 인제도 너희들은 우리를 약한 족속이라고 부를 터이냐"고 말이다.

1912년 평양 신의주에서 태어난 손기정은 16세 때 중국 단둥丹東의 회사에 취직해서는 신의주~단둥 20여 리 길을 매일 뛰어서 출퇴근했다는 일화가 있는 건각健脚이었다. 1935년 조선체육회 주최 마라톤 대회에서 우승한 후 그해 3월의 올림픽 파견 예선경기에서 이미 2시간 26분 14초를 기록해 일찌감치 우승 후보로 점쳐졌다.

일장기 말소사건

1936年 8月 13日 조선중앙일보

머리에 빛나는 월계관月桂冠, 손에 굳게 잡힌 남묘목攬苗木

올림픽 최고 영예의 표창 받은 우리 손 선수(우는 우리 남승룡 선수, 좌는 2등한 하파 선수) 1936 0813

해설 손기정 선수의 베를린 올림픽 마라톤 우승은 뜻밖에도 국내 언론에게 횡액을 가져왔다. 나라 잃은 백성이었기에 손 선수는 가슴에 일본 국기 '히노마루'를 달고 '손기테이'란 이름의 일본 대표로 출전해야 했다. 이에 〈조선중앙일보〉, 〈동아일보〉 두 신문이 손 선수 가슴의 일장기를 지운 사진을 실었다가 발행 정치 처분을 받았다.

〈동아일보〉는 8월 25일자에 뒤늦게 입수한 올림픽 시상식 사진을 실으며 총독부 검열을 받지 않는 2판부터 손 선수의 가슴에 붙어 있던 일장기를 지워버렸다. 조선군 참모부가 이를 뒤늦게 발견해 문제가 커졌다. 이 결과 사진을 지운 체육부 기자 이길용과 사회부장 현진건 등 8명이 구속되고, 신문은 무기정간 처분을 당했다. 또 이 사건에 책임을 지고 사장 송진우와 부사장 장덕수가 사직했다.

이것이 이른바 '일장기 말소 사건'이다. 이 사건 자체의 주역은 〈동아일보〉가 맞지만 사실 방아쇠를 당긴 것은 당시 여운형이 사장으로 있던 〈조선중앙일보〉였다. 〈조선중앙일보〉는 이미 8월 13일자에서 손 선수의 가슴에 있는 일장기를 지운 채 사진을 실었다. 당시엔 검열에 걸리지 않아 넘어갔는데 〈동아일보〉 사진이 문제되면서 〈조선중앙일보〉도 관련자들은 처벌을 받고 신문은 자진휴간에 들어갔다가 결국 폐간됐다.

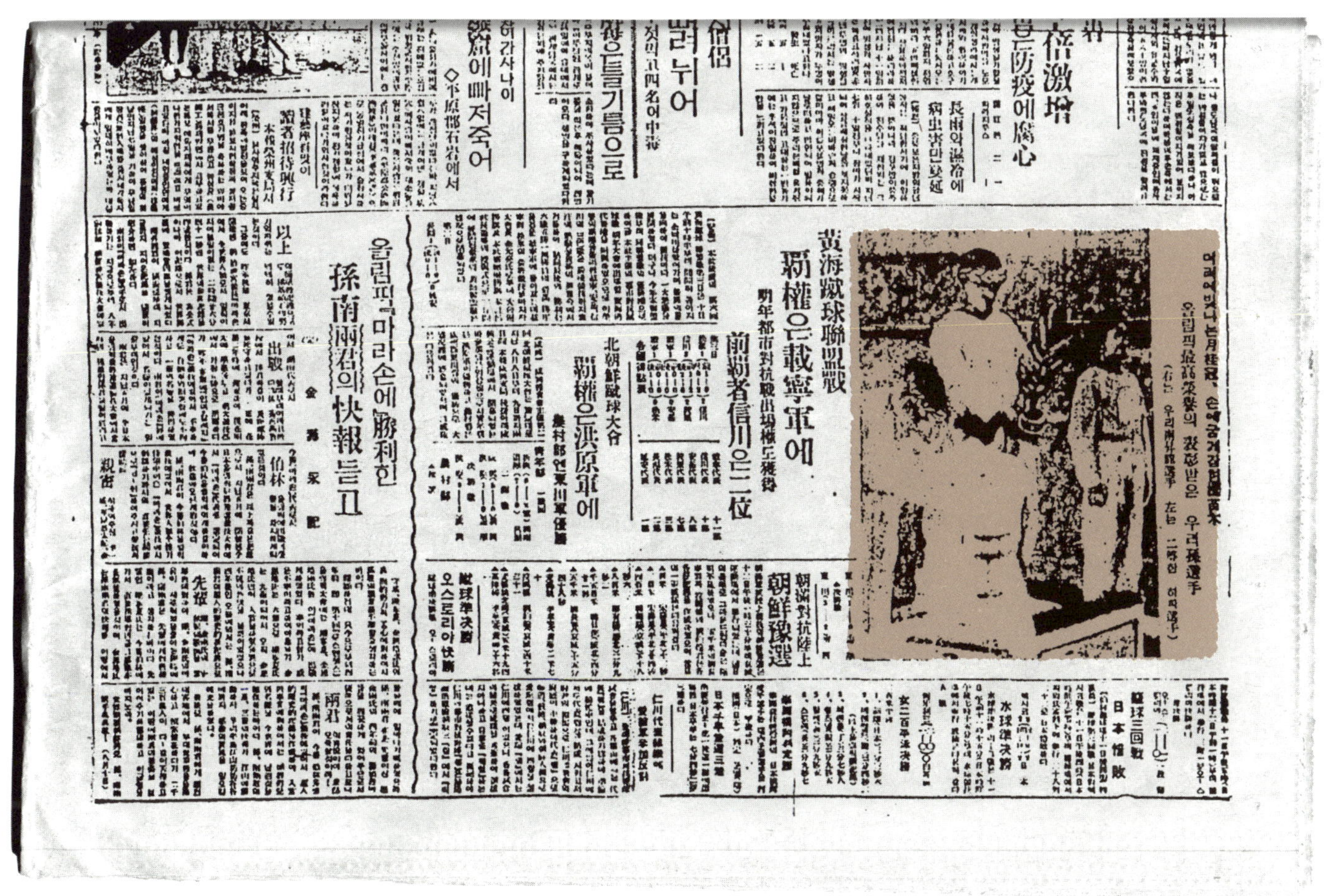

防疫에 腐心

長雨와 濕冷에 病虫害만 蔓延

물에 빠져죽어

黃海蹴球聯盟戰 覇權은 載寧軍에

明年都市對抗戰出場權도 獲得

前覇者信川은 二位

北朝鮮蹴球大會 覇權은 洪原軍에

올림픽마라손에 勝利한 孫南兩君의 快報듣고

朝鮮對抗陸上 朝鮮豫選

머리에 빗나는 月桂冠, 손에 굳게잡힌 楠苗木

올림픽最高榮譽의 表彰받은 우리 孫選手

(右는 우리 南昇龍選手 左는 二等한 하파選手)

보천보 전투

1937年 6月 6日 | 6月 7日 동아일보
1937年 7月 10日 매일신보

百餘戶、千餘住民사는 堡田村落全滅狀態
携帶電話機갖고 惠山鎭서도 動員
金日成一派로判明 咸南警察部에서出動
激流에筏띄우고越江 비라、撒布코來襲
對岸二十三道溝로逃亡
普校倍加計劃에 二部一助 教育制實施
爲先、豫算關係로都市부터 就學兒童은加速激增
三重苦의聖女 七月、釜山에上陸 十二日京城驛에到着
硬軟兩派로對立 依然混沌한魚市場問題 選定委員에解決策一任?
第七回 全朝鮮籠球選手權大會
日時 六月八、九兩日 場所 京城運動場
主催 朝鮮籠球協會 後援 東亞日報社
全普專軍登程 一行廿一名東京에
某高官에게도飛火?
人間修業

기관총 가진 200여 명 월경越境
보천보普天堡 시가를 습격 충화衝火[1]
주재소, 우편소, 보교普校, 면소面所에 방화
전선 절단, 상세한 피해 미판未判[2]

5일 오전 11시 경무국에 들어온 정보에 의하면 작[3] 4일 오후 11시경에 함남 갑산군 보천보에 김일성 일파의 비적[4] 200여 명이 경기관총 4정을 가지고 주재소, 우편소, 보통학교 등을 습격하였는데 동지 주재소에서는 즉시 응전하였으나 전화선 단절로 상세한 피해 상황을 아직 알 수 없고 손해는 많은 모양이다.

쌍방의 사상도 아직 알 수 없으며 한 명의 부상자가 있다 할 뿐이고 이 급보를 받은 혜산진 경찰서에서는 대산大山 경부보 이하 36명의 경관이 출동하여 방금 추격 중이라 한다. 1937 0606

보천보 습격 사건 피해 판명
우편소 면사무소와 삼림보호구 전소全燒
소방조, 보통학교도 연소회신延燒灰燼[5]
총 피해 5만여 원

[함흥지국 전화] 4일 함남 갑산군하 보천보에 김일성 일파 200여 명이 습격되었다 하는 것은 누보[6]하였거니와 금 6일 오전까지 판명된 피해액은 약 5만 원 가량이라는데 습격 당시에 살해된 사람은 일본 내지인 두 사람으로 작보[7]한 우근소삼랑羽根小三郎은 즉사하였고, 순사부장 딸 야내野內 에미코(2세)는 어제 10시 40분에

機關銃가진二百餘名越境
普天堡市街를襲擊衝火
駐在所,郵便所,普校,面所에放火
電線切斷,詳細한被害未判

麥作은稀有의大豊
移秧도順調로進行

동아일보 1937年 6月 6日

절명되었다.

우편소와 면사무소 삼림보호구 사무소는 모두 전부 방화로 인하여 전소되었는데 우편국 손해가 약 7000원, 면사무소 피해가 약 1만 원, 삼림보호구 피해가 약 3만 원에 달하고 이 방화로 인하여 다시 연소되어 소방조와 보통학교도 전소되었는데 그 손해는 약 2000원으로서 총 피해액은 5만 원을 넘는다 한다. 1937 0607

[1]일부러 불을 지름 | [2]아직 판단할 수 없음 | [3]어제 | [4]무장을 하고 떼를 지어 다니면서 사람들을 해치는 도둑 | [5]연이어 불이 번져서 다 타버림 | [6]여러 번 보도 | [7]어제 보도

토벌대와 교화交火 중에도 노래 부르는 여당원女黨員
김일성 일파 공비 격퇴코 개선한
함흥연대 분전奮戰 여화餘話[8]

지난 30일 함경남도 신갈파진 대안 12킬로미터 동대정자東大頂子에서 김일성金日成, 조국안曺國安 등의 혼합군과 교전하여 검열한

普天堡襲擊事件被害判明
郵便所,面事務所와 森林保護區全燒
消防組,普通學校도延燒灰燼
總被害五萬餘圓

追擊警官七名死亡
六名은負傷,雙方死傷者多數

傷人,自動車
最近에頻繁한事件

合百圓打盡

移住民실은自動車顚覆
死傷者二十六名
水田開發次로東陵가는길에
奉天市外에大慘事

未登記土地에慾心내어
官印까지僞造詐欺
開城署에서一黨을

疑問의處女自殺未遂

漢江漂着屍
沐浴타溺死로判明

라디오

동아일보 1937年 6月 7日

討伐隊와 交火中에도 노래부르는 女黨員

金日成一派共匪擊退코 凱旋한

咸興聯隊奮戰餘話

단추하나만 누르면 爽凉한 初秋氣分

盛夏旅客에 滿點의『써-비스』

兩丸의 冷凍裝置

始作된 水魔의 作戱

濁流에 犧牲된 四生靈

倭館附近洛東江漸次增水

慶北地方豪雨被害

忠南各地豪雨

犯人알어내는 透視鏡設置

本町署에 新偉力!

漢江溺死者四

매일신보 1937年 7月 10日

결과 전사 5명, 부상자 12명을 낸 김 부대의 격전 상황을 조사하기 위하여 19사단 송전松田 참모가 현장에 급행하였다가 지난 6일 귀임하였는데 금번 조사한 바에 의하면 현지는 통신이 전연 두절된 산간벽지로 김 부대의 격전은 얼마나 심하였다는 것을 새삼스럽게 당국자를 감격하게 하는 바가 있었다. 최초로 비적匪賊들을 만나는 30일 오전 4시경 비적들은 약 10배나 되는 병력을 가지고 더욱이 경기관총이라든지 추격포와 같은 정예 무기를 가지고 종횡으로 설쳤다는데 결사적 돌격에 비적들이 흩어지자 통택桶澤부대가 추격하였으므로 치명적 타격을 주었다는 바 비적들 중에는 여자 단원 20여 명이 새빨간 편의便衣[9]를 몸에 둘러 감고 ××가를 높이 부르며 군악을 울리고 남자 비적들의 전투를 격려하고 있었다고 한다. 1937 0710

[8]남은 이야기 | [9]평상시에 간편하게 입는 옷

1931년 만주사변 이후 활동이 주춤했던 독립군이 여전히 살아 있음을 알린 동시에 '김일성'이란 이름을 전국에 알린 계기가 된 항일무장투쟁이다.

1937년 6월 4일 동북항일연군 소속의 김일성 부대가 함경남도 혜산진 부근의 작은 마을인 보천보를 점령해 경찰 주재소와 행정 관청을 불태우고 '조선민중에게 알린다' 등 포고문과 격문을 뿌렸다. 이들은 돌아가던 중 일본군과 교전을 벌여 일경 7명이 사망했다.

사실 이 전투는 규모나 전과를 특기할 것이 없어 차라리 '소동'이라 할 정도다. 그러나 유격대의 국내 침입이란 사실 자체가, 대중과 독립운동 진영의 패배주의를 단숨에 털어버렸기에 심리적 효과는 컸다. 여기에 〈동아일보〉가 비록 '비적匪賊'이라 표현했지만 호외를 발행하며 속보를 전해 '김일성 신화'를 낳는 데 일조했다.

이 전투 이후 '함흥연대 분전기' 기사에서 보듯 국내에서 작전을 벌이기도 했지만 일제가 대규모 토벌전을 전개하면서 만주 일대의 항일 유격대는 대부분 세를 잃었다. 따라서 김일성을 비롯한 항일유격대는 1941년 연해주의 하바롭스크로 도피해 광복 때까지 머물렀다.

한편 북한에선 김일성의 보천보 전투를 항일투쟁의 상징으로 신성화한 반면 남한에선 2002년까지 교과서에서 이를 다루지 않아 대조적 태도를 보였다. 역사도 정치와 무관하지 않음을 보여주는 대표적 사례다.

중일전쟁

1937年 7月 9日 조선일보 호외
1937年 7月 20日 매일신보 호외

대치 중의 일중日中 양군兩軍 전면적으로 수遂[1] 충돌

[북평 9일발 동맹 지급보] 노구교蘆溝橋 일중 양군 대치의 자세는 드디어 야습夜襲을 개시한 모양으로 9일 오전 1시 반경부터 소총, 기관총, 박격포 등의 작음炸音[2]이 끊일 틈 없이 암야暗夜의 공중에 은은히 들려와서 전투는 철소徹宵[3] 계속되고 있다.

중국 측의 태도 강경

[북평 9일발 동맹] 호구교芦溝橋 사건이 중대 발전화함에 비추어 빙치안馮治安, 진덕순秦德純, 장자충張自忠 기타 29군 최고수뇌부는 8일 밤 진덕순 씨 집에서 집합 철소대책徹宵對策을 협의 중인데 사건 발생 부대의 소속 장관인 빙 씨는 극히 강경 의견을 가지고 있으므로 수뇌부의 의견은 여기에 끌리는 모양이어서 중국 측의 태도는 예상 이상으로 앞으로 사건 해결이 용이치 못하다고 보인다. 1937 0709

[1]마침내 | [2]폭발음 | [3]밤새

朝鮮日報
外號
昭和十二年
七月九日

對峙中의日中兩軍
全面的으로遂衝突

【北平九日發同盟至急報】 蘆溝橋 日中兩軍對峙의 姿勢는 드듸여 夜襲을 開始한模樣으로 九日 午前一時半頃부터 小銃、機關銃 迫擊砲等의 炸音이 끄닐틈업시 暗夜의空中에 殷殷히 들니어와서 戰鬪는 徹宵繼續되고잇다

中國側의態度强硬

【北平九日發同盟】 芦溝橋事件이 重大發展化함에鑑하야 馮治安、秦德純、張自忠 其他二十九軍最高首腦部는 八日夜 秦德純氏邸에集合徹宵對策을協議中인바事件發生部隊의所屬長官인馮氏는 極히强硬意見을가지고잇슴으로 首腦部의意見은 여기에 끌니는模樣이어서 中國側의態度는 豫想以上으로 今後事件解決容易치못하다고보인다

北中風雲急迫
七月除隊延期

【東京電話同盟】陸軍中央部는 北中의情勢에鑑하야 京都以西의 ○個師團에 七月十日의除隊를 延期할旨로 八日深更所定의手續을經하야 當該師團에게 各各訓令命令을 傳達하엿다

조선일보 호외 1937年 7月 9日

北支事態드디어爆發点에

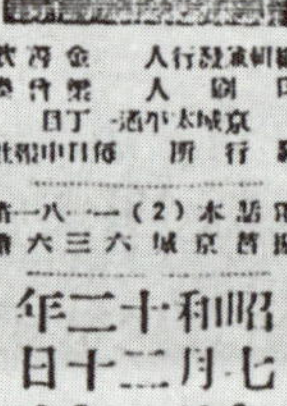

每日申報

昭和十二年七月二十日 號外

本號外는 本紙에 再錄치 아니합니다

我駐屯軍自衛權發動
十九日夜重大聲明發表

【天津十九日發同盟】支那駐屯軍은 隱忍의山을下하야 遂히 自衛權發動의 決意를하는 不得已한 局面에逢着한바 十九日夜重大聲明을 發하고 軍司令部는 非常한 緊張속에 싸히엿다.

駐屯軍重大聲明內容

【天津十九日發同盟】支那駐屯軍司令部는十九日午後十時左와如히重大聲明을發表하엿다

本十九日까지의狀況을보건대 支那軍은盧溝橋及其附近에서 屢々挑戰으로써我部隊의直前에進出하야射擊을하고十九日午後五時頃에(…)我에게… 盧溝橋附近에서該地의保安隊는我에對하야陣地를構築하고 且永定河西岸에잇는支那軍과連絡하야倂今盛히陣地를構築中이다 此間에際하야日本軍은隱忍自重 一發도應射치아니하고 忠實히協定을履行하엿다 然한데支那側의行動은右와如히分明히協定에違反할뿐아니라 日本軍으로서는面目上默視키難한바이다 依하야支那軍이依然如前한不信行爲를反復하여서는軍은二十日以後獨自의行動을取하는不得已함에至한다

蔣介石應戰準備命令
中央軍前線部隊에

【南京十九日發同盟】蔣介石은 十九日午後二時 中央軍의前線部隊에對하야 應戰準備를 命하엿다

(漫畵는蔣介石)

一戰도不辭란 蔣介石의聲明

偵察中攻擊되여 不得已應戰
(酒井少尉談)

【天津十九日發同盟】十八日河北省으로移動하는 中央軍北進狀況을飛行機로偵察한酒井少尉는左와如히說明하얏다

協定을違反하고 河北省으로進駐中인中央軍의移動狀況을偵察하기爲하야 午前九時○○飛行場을出發 正午頃順德附近에서 北進中의四列車를發見하고 高度七百米로부터 偵察中突然列車의後方으로부터 盛히 白煙을吐하고잇는것을보왓다 全然못지못하얏스나 明白히 我飛行機를向하야 猛射하는것이엇다 別로히關心치안코 더욱偵察을繼續하고잇섯든바 나래에彈丸이 命中되여 군역이 들어젓슴으로 드듸어自衛上不得已應戰하얏다 … 三回나列車에 攻擊을加하얏는 第二回의 攻擊으로列車에서逃亡하고잇는것인지彈丸이 命中되엿는지 支那兵이盛히 써러지는것을 보앗다 三回째의 攻擊으로列車는 드듸어停止되엿다

抗日氣勢漸熾

支那軍又復 不法射擊

北支에서 鮮銀券使用

一、中國은領土保全과主權을侵害하는解決案은絕對로容認할수업다

二、冀察의地位는中央의決定하는바로서此에非合法의變改를加함을不許한다

三、冀察委員長과如한中央이任命한官吏를壓迫에依하야拘束함에는同意할수업다

四、第二十九軍의現駐地에制限을加함을不許한다

북지 사태 드디어 폭발점에

아我 주둔군 자위권 발동

19일 밤 중대 성명 발표

[천진 19일발 동맹] 지나 주둔군은 은인隱忍[4]의 산을 내려가 마침내 자위권 발동의 결의를 하는 부득이한 국면에 봉착한 까닭에 19일 밤 중대 성명을 발표하고 군사령부는 비상한 긴장 속에 싸였다.

주둔군 중대 성명 내용

[천진 19일밤 동맹] 지나 주둔군 사령부는 19일 오후 10시 다음과 같은 중대성명을 발표하였다.

본 19일까지의 상황을 보건대 지나군은 노구교 및 그 부근에서 ㅁㅁ척후斥候[5] 등으로써 우리 부대의 직전에 나아가 사격을 하고 19일 오후 5시경에 마침내 우리에게 부상자를 내기에 이르렀다. 또 노구교 부근에서 해당 지역의 보안대는 우리에 대하여 진지를 구축하고 또 영정하 서안에 있는 지나군과 연락하여 오히려 이제 왕성히 진지를 구축 중이다. 그 사이에 처하여 일본군은 은인자중隱忍自重, 이제 한 발도 응사應射치 아니하고 충실히 협정을 이행하였다. 그러한데 지나 측의 행동은 앞에서와 같이 분명히 협정에 위반할 뿐 아니라 일본군으로서는 자위상 침묵키 어려운 바이다. 따라서 지나군이 전과 다름없이 이처럼 불신행위를 반복하여서는 군은 20일 이후 독자의 행동을 취하는 부득이함에 이르렀다.

일전一戰도 불사한 장개석의 성명

[남경 19일발 동맹] 장개석은 19일 〈국민에게 고함〉이라는 ㅁ장한 성명을 발표하고 중국은 주권을 절대로 희생하는 것은 할 수 없는 일이다. 주권 보전을 위하여는 일전이라도 마다하지 않는 터인즉 전쟁이 개시되면 오래갈 것을 각오하지 않으면 안 될 것이다.

[남경 19일발 동맹] 장개석은 19일 노산廬山 담화회에서 다음과 같은 성명을 발표하고 구강九江으로부터 비행기로 남경에 가서 오후 8시 남경과 상해에서도 동시에 발표하였는데 사태 발생 이래 장개석으로는 최후의 성명이다.

1. 중국은 영토 보전과 주권을 침해하는 해결안은 절대로 용인할 수 없다. 2. 기찰冀察의 지위는 중앙의 결정하는 바로서 이에 비합법의 변개變改[6]를 가함을 불허한다. 3. 기찰위원장과 같은 중앙이 임명한 관리를 압박에 의하여 구속함에는 동의할 수 없다. 4. 제29군의 현 주지駐地에 제한을 가함을 불허한다. 1937 0720

[4]마음속에 감추어 참고 견딤 | [5]적의 형편이나 지형 등을 살핌 | [6]변경

해설 1932년 만주국이란 괴뢰국을 세워 만주를 식민지로 만든 일본은 이후에도 호시탐탐 대륙 침략을 노렸다. 대공황으로 궁지에 몰린 일본의 독점자본주의를 위한 돌파구가 되리란 판단이 크게 작용했다. 1936년에는 독일 · 이탈리아와 이른바 '방공防共협정'을 맺은 뒤 침략의 손길은 더욱 노골화됐다.

1937년 7월 7일 중국 베이징 교외 루거우차우盧溝橋 부근에서 양국 군대가 충돌한 것을 빌미로 일본군은 전면적인 중국 공격에 나섰다. 베이징에 이어 그해 12월 난징南京을 점령한 뒤 시민 30만 명을 학살하는 '난징 학살 사건'을 저질렀다.

이 전쟁으로 파시즘 체제가 강화되며 조선도 큰 영향을 받았다. "우리들은 대일본제국의 신민입니다"로 시작하는 '황국신민서사皇國臣民誓辭' 암송이나 천황에 대한 충성 표시로 일본 왕궁을 향해 절을 하는 '궁성요배'를 강요한 것도 이때부터다. 또 고등보통학교의 조선어와 한문 독본 중 순한문 과정을 9월부터 폐지하고 신문에선 일본군을 '아군', '황군'이라 쓰기 시작했다.

국외에서도 변화가 있었으니 중국에 있던 독립운동 단체 중 조선민족혁명당은 조선의용대를 만들어 중국 국민당 정부와 손잡고 정보 수집 · 후방 교란 등의 활동을 펼쳤다. 임시정부가 1940년 9월 광복군을 창설한 것도 중일전쟁을 계기로 대일전쟁에 나서기 위한 목적이었다.

연해주 동포 강제이주

1937年 10月 17日
조선일보

연해주 지방 동포에 소련 관헌이 압박
탈출 동포 청년의 체험 고백담

수일 전에 소만蘇滿 국경을 넘어서 만주국 훈춘琿春으로 들어온 두 명의 조선 청년이 있었는데 그들은 김종환金宗桓, 이득춘李得春 두 명으로 모 당국에 대하여 차베트로서아[1]에서 조선 사람의 생활이 참담하다는 정황을 다음과 같은 의미로 이야기하였다 한다.

자기는 함북 성진군 학상면 출생으로 가세가 빈곤하기 때문에 잘살 길을 찾고 있다가 10년 전에 어떤 공산당원에게 차베트로서아로 가면 노동자와 농민은 편안히 살 수 있다는 말을 듣고 단신으로 고향을 떠나 훈춘에서 34명이 일단이 되어 니코리스크[2] 서쪽 20리 되는 다란돈[3]이라는 곳에 가서 개간에 종사하여 농사를 짓는 노동에 종사하였는데 아침에 일찍 나가서 저녁 늦게까지 일을 하여도 일작은 겨우 1유留 50가哥(일본 돈으로 15전) 밖에 받지 못하였다. 그 뒤 논농사를 소작으로 짓게 되었다가 국영농장으로 편입되어서 일만 실컷 하고 소득은 없었다. 소위 국영공동농장이라는 것은 종자구從者口[4] 점심밥은 국가에서 주지만 수확물은 국가에 바칠 분량을 미리 정하기 때문에 설령 흉년이 되어서 손에 들어오는 것이 별로 없더라도 바치지 않으면 안 되기로 되어 있다. 그것을 위반할 때에는 처벌을 당하게 되어 몹시 곤란을 당하게 된다. 그리고 내가 있던 공동농장은 인원도 적었지만 당원 이성봉李成鳳(감독)은 계획대로의 수확량을 얻지 못하였다는 탓으로 반동분자라 하여 극지로 유형을 처하여 버렸고 이지언李志彦 및 장張 모某는 아무 죄도 없이 '께 · 메 · 우'[5]에게 붙잡혀 간 뒤 생사의 소식도 알 수 없다. 최근에 차베트에 들어간 조선 사람 사이에 반소反蘇 기분이 심해진 결과 탄압이 심하여 자꾸 검거되고 혹은 총살도 되는 모양이다. 그래서 탈출을 도모하는 사람이 생기게 되자 **강제로 기차에 실어서 다른 곳으로 이주시키고 있는 형편**이어서 공포 상태에 있다. 이제 나는 근근이 탈출하여 만주국에 들어와 보니 참으로 여기야말로 낙토이고 조선 사람의 생활도 10년 동안에 많이 향상되었음을 보겠다. 운운 1937 1017

[1]소비에트러시아 | [2]우스리스크 | [3]달령동 | [4]남의 집 일을 하는 사람 | [5]게페우(GPU), KGB가 전신인 러시아의 비밀경찰

해설 소련의 스탈린은 1937년 9~11월 연해주에 살던 한인 17만 5000여 명을 카자흐스탄 등 중앙아시아로 강제 이주시켰다. 일제 침략 때 협력할 것을 예방한다는 명분이었지만 조선인이 개간한 땅을 빼앗고, 불모지인 중앙아시아를 개발하겠다는 속셈이 있었다. 연해주가 한민족 자치 지역으로 변할 가능성을 차단하기 위한 것이었다. 1864년 13가구가 이주한 것을 시작으로, 1914년 블라디보스토크에 '신한촌新韓村'이 생기는 등 이주 당시 연해주에는 30만 명의 조선인이 살고 있었기 때문이다.

조선인들의 이동은 처참했다. 식량과 옷가지만 챙겨들고 화물 열차에 타야 했기에 이줏길에 추위와 굶주림, 질병으로 노인과 어린이 등 1만 명이 넘게 숨졌다. 40일간 6000킬로미터를 여행한 끝에 한겨울 낯선 불모의 땅에 도착한 이들은 동굴을 파고 짐승처럼 살아야 했다. 그러고도 소련은 집단적 저항을 우려해 지식인, 군인 등 2800명을 요주의 인물로 몰아 제거했다.

나라 잃은 슬픔과 분노에 혹은 가난 때문에 해외로 나가 독립 혹은 생존을 위해 안간힘을 쓰던 동포들에겐 견디기 힘든 혹독한 시련이었다.

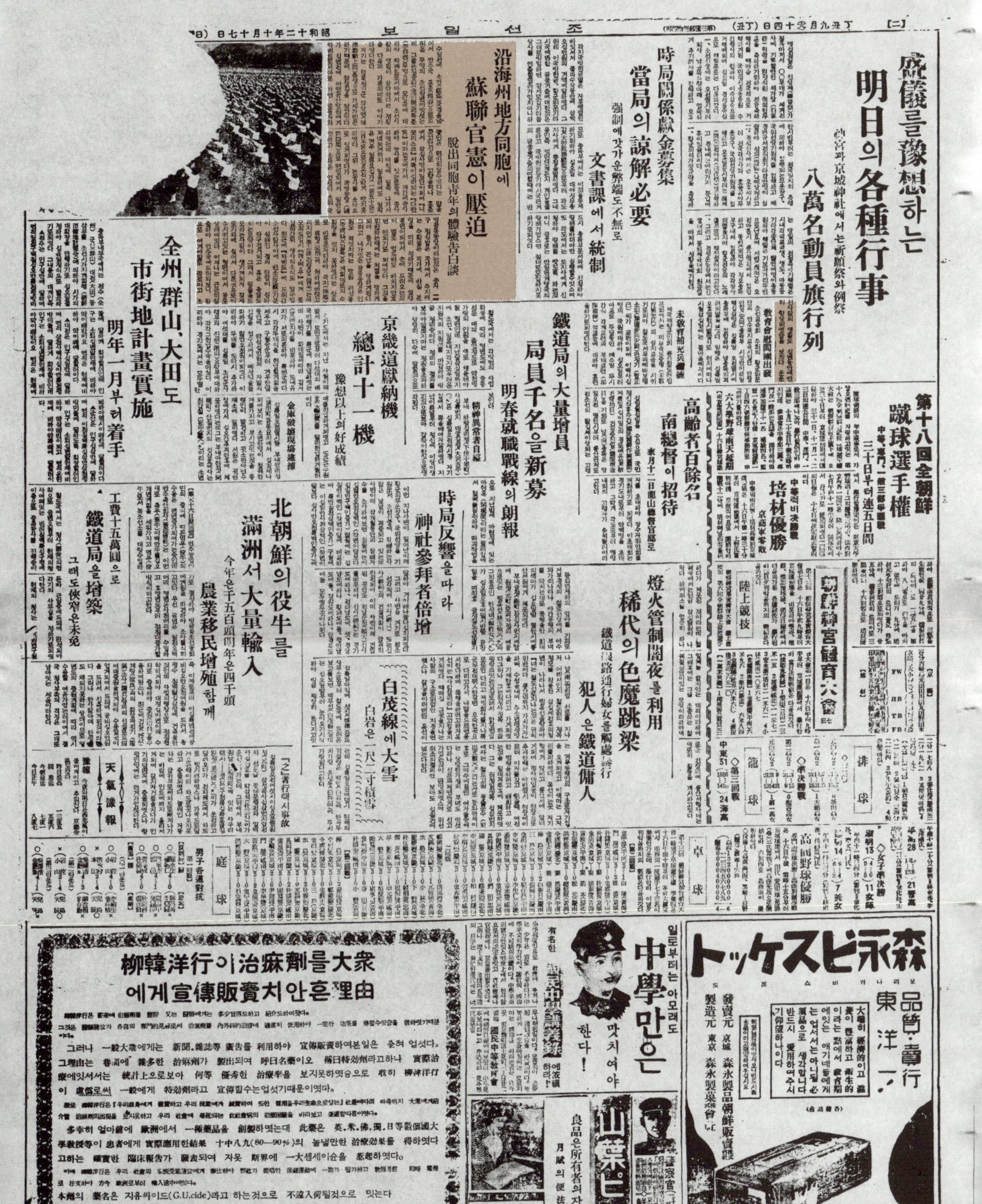

조선일보 昭和十二年十月十七日

盛儀를豫想하는 明日의各種行事

神宮과京城神社에서는新嘗祭와例祭

八萬名動員旗行列

時局關係獻金募集 當局의諒解必要

强制에갓가운弊端도不無로 文書課에서統制

沿海州地方同胞에 蘇聯官憲이壓迫

脫出同胞靑年의體驗告白談

第十八回全朝鮮蹴球選手權

三十日부터連五日間

培材優勝

高齡者百餘名 南總督이招待

鐵道局의大量增員 局員千名을新募

明春就職戰線의朗報

京畿道獻納機 總計十一機

豫想以上의好成績

全州, 群山, 大田도 市街地計畫實施

明年一月부터着手

燈火管制闇夜를利用 稀代의色魔跳梁

犯人은鐵道傭人

時局反響을따라 神社參拜者倍增

北朝鮮의役牛를 滿洲서大量輸入

今年은千五百頭明年은四千頭 農業移民增殖함께

工費十五萬圓으로 鐵道局을增築

그래도狹窄은未免

白茂線에大雪

白岩은一尺二寸積雪

天氣豫報

제3차 조선교육령

1938年 2月 23日
매일신보 호외

개정 조선교육령
금일 추부樞府에서 가결
4월 1일부터 실시

[동경 전화] 4월 1일 실시 조선 교육제도에 획기적 대개정을 행하려는 조선교육령 개정 칙령안勅令案은 23일 추밀원樞密院 정례 본회의에서 원안대로 가결되었는데 정부는 안案의 어하도御下渡[1]를 기다려 25일 각의에 부의附議 정식 결정한 후 공포의 수속을 취하고 드디어 4월 1일부터 실시하기로 되었다. 동 칙령안의 전문은 다음과 같다.

조선교육령 개정 칙령안

제1조 조선의 교육은 본령에 의함.

제2조 보통교육은 소학교령, 중학교령과 고등여학교령에 의함. 다만 이들의 칙령 중 문부대신의 직무는 조선총독이 이를 행함. 전항의 경우에 있어서 조선의 특수사정에 의하여 특례를 설치할 필요가 있는 것에 대하여 조선총독이 따로 정할 수 있음.

⋮

제6조 사범학교의 취업 연한은 7년으로 하고 보통과 5년 연습과 2년으로 함. 다만 여자는 취업 연한을 6년으로 하고 보통과는 1년을 단축함.

제7조 사범학교 보통과에 입학할 수 있는 자는 심상소학교를 졸업한 자 또는 조선총독부가 정하는 바에 의하여 이에 동등 이상의 학력이 있다고 인정되는 자로 함. 연습과에 입학할 수 있는 자는 보통과를 종료한 자, 중학교나 또는 수업 연한 4년 이상의 고등여학교를 졸업한 자 또는 조선총독부가 정한 바에 의하여 이와 동등 이상의 학력이 있다고 인정되는 자로 함.

제8조 사범학교에 특별한 사정이 있는 경우에는 심상과를 두고 또는 심상과만을 들 수 있음.

제9조 심상과의 취업 연한은 5년으로 함. 다만 여자에 있어서는 이를 4년으로 함. 심상과에 입학할 수 있는 자는 심상소학교를 졸업한 자 또는 조선총독부가 정한 바에 이와 동등 이상의 학력이 있다고 인정된 자로 함.

제10조 특별한 사정이 있는 경우에는 연습과는 심상과만을 둠. 사범학교에 이를 둘 수 있음.

제11조 사범학교에 연구과 또는 강습과를 둘 수 있음. 다만 연구과는 심상과만을 두고, 사범학교에서는 이를 둘 수 없음. 연구과 또는 강습과의 입학 연한과 입학 자격에 대하여는 조선총독부가 정하는 바에 의함.

⋮

부칙

본령은 소화 13년 4월 1일부터 이를 시행함. 본령을 시행할 때는 현재 조선에 있는 보통학교, 고등보통학교는 각각 이를 본령에 의하여 설립된 소학교, 중학교, 고등여학교로 함. 심상소학교외 수업 연한은 당분간 토지의 상황에 의하여 이를 4년으로 할 수 있음. (이하 생략) 1938 0223

[1]안이 내려옴

해설 일제강점기 중 교육령이 네 차례 반포되었다. 기본 취지는 1911년 발표한 '조선교육령'에 나타나 있듯 "충량忠良한 국민을 육성하는 것"이었다. 이를 위해 일본어 보급 · 실업교육에 치중했다. 제국 신민과 실용적 근로자 · 하급관리를 양성하려는 의도였다.

1938년 3월엔 황민화 정책을 본격 추진하기 위한 제3차 조선교육령이 발표됐다. 국체 명징 · 내선일체 · 인고 단련이 3대 강령이었는데 천황 숭배를 강화하고 조선의 민족문화를 말살하며 병참기지화를 위한 것이었다.

표면상으로는 보통학교(초등학교)를 심상소학교라 하는 등 교명을 일본과 같게 하는 것이 골자였다. 하지만 일본어 · 일본사 · 수신 · 체육을 강화하며 수업을 일본어로 할 것을 강요하고 국어를 필수과목에서 수의隨意과목(선택 과목)으로 바꿔 사실상 폐지하는 등의 후속 조치가 따라 철저한 황국신민교육을 지향했다.

한편 '심상소학교'는 1941년 '황국신민의 학교'란 뜻의 '국민학교'로 명칭이 바뀌었다가 해방 후 반세기가 지난 1996년 '초등학교'로 바뀌었다. 뒤늦게라도 일제 잔재를 청산한 것은 반갑지만 우리 교육 현장에 남아 있는 일제 흔적이 비단 그것뿐일까.

每日申報

外號

昭和十三年 二月廿三日

改正朝鮮敎育令

今日樞府에서可決 四月一日부터實施

朝鮮敎育令改正勅令案

【東京電話】四月一日實施 朝鮮敎育制度에劃期的 大改正을行하려는 朝鮮敎育令改正勅令案은 二十三日樞密院定例本會議에서 原案대로可決되엿는데 政府는案의御下渡를俟하야 二十五日의閣議에附議 正式決定한後 公布의手續을取하고 드되여四月一日부터 實施하기로되엿다 同勅令案의全文은左와如하다

英獨態度變化로 國民政府焦慮甚大

對蘇强硬態度 公正會政府에要望

中歐諸國도一齊히 滿洲國承認豫定

【羅馬二十二日發同盟】獨逸, 伊太利兩國의 滿洲國承認에伴하야 防共派의 中歐諸國의 動向은 注目되고잇는데 二十二日羅馬外交界에入한 情報에依하면 墺地利首相「슈슈닉」博士는 二十四日의 國會演說에서 滿洲國承認의意圖를表明할 意向이라고한다 萬一墺地利가 滿洲國承認의擧에出하면 이어서洪牙利「유고슬라비아」로이에傚할것이며 更히此等의諸國은 防共協定에도參加하지나안을것인가 고期待된다

不再錄號外

최초의 지원병 전사

1939年 7月 8日
동아일보

지원병 최초의 꽃
옥천 출신 일등병 이인석 군 전사
조선인 지원병의 영예

제국 군인으로서 최고의 영예를 걸머지고 조선인 최초의 육군 지원병 충북 옥천군 서면 하동리 출생의 이인석李仁錫 일등병은 금춘 이래 총후[1] 조선 열성의 환호에 응하면서 북지 OO전선에서 6월 하순 황군 용사의 일원으로서 전투에 참가하여 동월 22일 OO 전선 몰입 분투하다가 마침내 적탄을 받아 장렬한 전사를 마쳤다는 정보가 6일 현지 OO부대로부터 원대에 입전되어 다시 향리 부친 이천천李千天 씨에게 정식 통보되었다.

조선인 지원병 최초의 명예의 전사자 이인석 군은 총독부 육군병 지원자 훈련소 제1기 전기 졸업생으로 재소 중에도 우수한 성적을 보이고 작년 여름 입대 후는 총후 조선의 여망에 맞추어 군무에 정예[2]하다가 지난번 제1선 출정을 보게 되자 군은 결의를 보이며 용약[3] 출정하였던 것이다.

영원훈련소 소장은 7일 동 군의 친부에 정중한 조전弔電을 발송하였다. 1939 0708

[1]銃後, 전선에 대한 후방 기지 | [2]썩 날래고 용맹스러움 | [3]용감하게 뛰어감

진주만 기습으로 전쟁을 확대하면서 일제의 병력 부족은 심각해졌다. 중국 본토에만 100만 명이 넘는 병력이 묶여 있었으니 그럴 수밖에 없었다. 당연히 일제는 식민지 조선의 청년들에게 눈을 돌렸다. 당초엔 항일운동 세력으로 바뀔까 꺼렸으나 결국 1938년 2월 '육군특별지원병령'을, 1943년엔 '학도병 지원제'를 강행했다. 전쟁 막바지인 1944년엔 마침내 징병제를 실시했다. 이렇게 해서 24만 2000명이 전선으로 끌려가 이 중 2만 2000여 명이 사망했다.

그런데 민족개량주의자들을 중심으로 한 친일파 인사들은 언론 기고, 강연회 등을 통해 여기 맞장구를 쳤으니 기가 찰 노릇이었다. "천황의 적자 노릇을 할 기회"라고 공언한 이들 중엔 언론계 · 경제계는 물론 교육계와 종교계의 지도층 인사들의 이름이 보이니 안타깝기 짝이 없다. 각기 나름의 사정이 있었겠지만 차라리 침묵했더라면 하는 마음에서다.

이 같은 부화뇌동은 언론도 마찬가지였다. 지원병 출신의 첫 전사를 전하는 기사의 제목이 '지원병 최초의 꽃'이다. 남의 싸움에 총알받이로 스러진 이를 '꽃'이요, '영예'라 썼으니 아무리 시절 탓이라 해도 곡필曲筆이었다.

感激！新東亞建設의 覇氣衝天

四萬의 京城府民이 參集 事變二周記念式擧行

聯盟創立記念式도 同時擧行

거룩한 獻金들！

新兵器總出의 立體戰

志願兵最初의 꽃

沃川出身一等兵李仁錫君戰死！

朝鮮人志願兵의 榮譽

家庭紛爭은 家庭的으로 解決하라

人事調停令今日公布

調停委員會도 設置

釜山府議總辭職

八月十日頃改選

農牛에 列車넉아웃

—炎帝의 暴威에—

국민 징용령 발동

1939年 9月 30日 매일신보
1944年 2月 9日 매일신보

10월 1일에 실시될 가지가지
산업전사 총동원할 국민 징용령 발동
명일[1] 관보로 시행세칙 발포

장기 건설에 필요한 일반 노무자, 기술자, 경험공은 각 부문의 산업 발전으로 인하여 크게 부족되며 이들을 동원해 쓰는 데 상당히 힘들어 이러한 기술자 노무자들을 강력적인 법령으로 동원해 쓸 수 있도록 국민 징용령徵用令을 발동하기로 되었다 함은 이미 보도한 바와 같거니와 이 법령은 국가총동원법 제4조에 근거하여 내지에서는 지난 7월 15일부터 실시되었고 조선에서는 오는 10월 1일부터 실시할 터인데 이를 실시하는 칙령과 시행세칙은 징용에 따라 필요한 여비 지출에 관한 일체의 법령은 명 30일부 관보로 발표하여 10월 1일부터 실시하기로 되었다.

이 징용령은 국민직업능력신고 즉 국민등록에 자기 기술을 등록한 범위의 기술자에게 국가가 발하는 출동 명령으로 제1선에 총과 칼을 들고 나서서 나라를 위하여 싸우는 군사에게 소집령이 내리는 것과 같이 이 징용령은 산업전사로서 산업 부문에 출동하여 가진 바 노력을 산업 부문 혹은 총동원 업무 기타 생산력 확충 방면으로 제공하는 것이다.

그리하여 총독이 발하는 징용 명령을 각 도지사가 부윤, 군수를 통하여 전달하면 곧 영예의 소집령에 응한 다음 일정하게 지정된 시일·장소로 나와야 하는 것인데 이렇듯 응소應召[2]를 받는 사람에게는 여러 가지 비용을 국가가 부담하며 종전에 받고 있던 급료와 기타 여러 가지 조건을 종전대로 지불해주는 것이고 다만 생각지 않던 산업 부문으로 나가는 것이 의외의 일로 생각되나 영광스러운 군인과 같은 직무를 가지는 것이므로 열렬한 애국심과 장부로서의 이해를 가지고 응해야 한다는 것이다.

내지에서는 벌써 두 차례의 징용령이 내려 여기에 응소된 기술부대가 많으며 이렇게 응소된 산업 부대의 가족들을 일반 군인의 유가족과 같이 원호援護[3]의 모든 시설을 받게 하여 후고後顧[4]의 염려가 없도록 하리라고 한다. 1939 0903

현원現員 징용을 개시
서북선西北鮮 일대에 드디어 발동

제1선에 나아가지 못할 경우는 망치를 들고 병기 제조의 공장으로 또는 삽자루를 쥐고서 군수 중요 자원 증산의 광산에서 어서 젊은 장성들은 나아가자고 반도청년들의 가슴에도 비분과 감루[5]의 혈조[6]가 뛰는 이 찰나 대망하였던 백지의 응소장應訴狀을 받을 수 있는 국민징용령이 감명 깊은 금 2월 8일 제26회의 대조봉대일大照奉戴日[7]을 기하여 발동을 보게 되었다. 이에 대해 금 8일부로 다나카田中 정무총감 담談으로서 정식 통보가 있었는데 총독부 당국으로부터 이미 징용에 관한 범위의 의사 표시가 있었던 바와 같이 제1착으로 8일부로서 서북선西北鮮 지방의 ㅁ요 공장 광산의 일부에 긍하여[8] 공장장, 광산장 또는 그 밑에서 일하는 전 종업원의 현원現員을 일제히 징용하였다. 1944 0209

사진
가슴에 빛나는 징용장을 붙이고 일하는 산업 전사

[1]내일 | [2]부름 | [3]돕고 보살펴 줌 | [4]뒷날에 대한 근심 | [5]감격의 눈물 | [6]치솟는 혈기 | [7]매월 8일 태평양전쟁(1941. 12. 8)을 기념하기 위해 만들었다 | [8]걸쳐

해설

중일전쟁이 길어지면서 일제는 심각한 노동력 부족 사태도 겪어야 했다. 이를 타개하기 위해 1939년 10월 1일 국민 징용령을 시행했다. 필요한 인력을 강제로 뽑아 멋대로 부리겠다는 제도였다. 이미 1938년 국가총동원법을 공포하고 조선에도 적용한 뒤였다. 처음에는 반발을 우려해 모집 혹은 관官 알선 형식을 취했지만 점점 강제성을 띠어 일부는 가족에게 연락도 못한 채 끌려가기도 했다.

이 법령에 따라 일본이 패망할 때까지 100만 명이 훨씬 넘는 조선인이 끌려가 작업이 힘든 탄광·토목 공사장·군수 공장 등에 주로 배치

됐다. 기업은 일본인의 절반 이하인 임금–그나마 선불금 · 피복비 등을 제한 나머지도 도주를 방지한다는 명목으로 강제 저축시켰다–을 주면서 노예처럼 부렸다. 심지어 기밀을 지킨다는 이유로 군사 시설 공사가 끝나면 학살하기도 했다.

이 같은 일제의 인력 수탈은 전쟁 말기로 갈수록 극에 달해 여자정신대근로령(1944년), 학도근로령(1944년)으로 여성과 학생 들까지 동원하기에 이른다.

1944년엔 아예 본격적인 강제 징용에 나서는데 '현원現員징용 대발동' 기사에서 보는 '현원 징용'이란 광산, 탄광, 군수 공장에서 일하고 있는 근로자를 현재의 작업장에서 징용한다는 의미였다. 이는 같은 장소에서 같은 일을 하도록 해 노동력 유출은 막되 신분을 바꿔 낮은 임금으로 부리기 위한 제도였다.

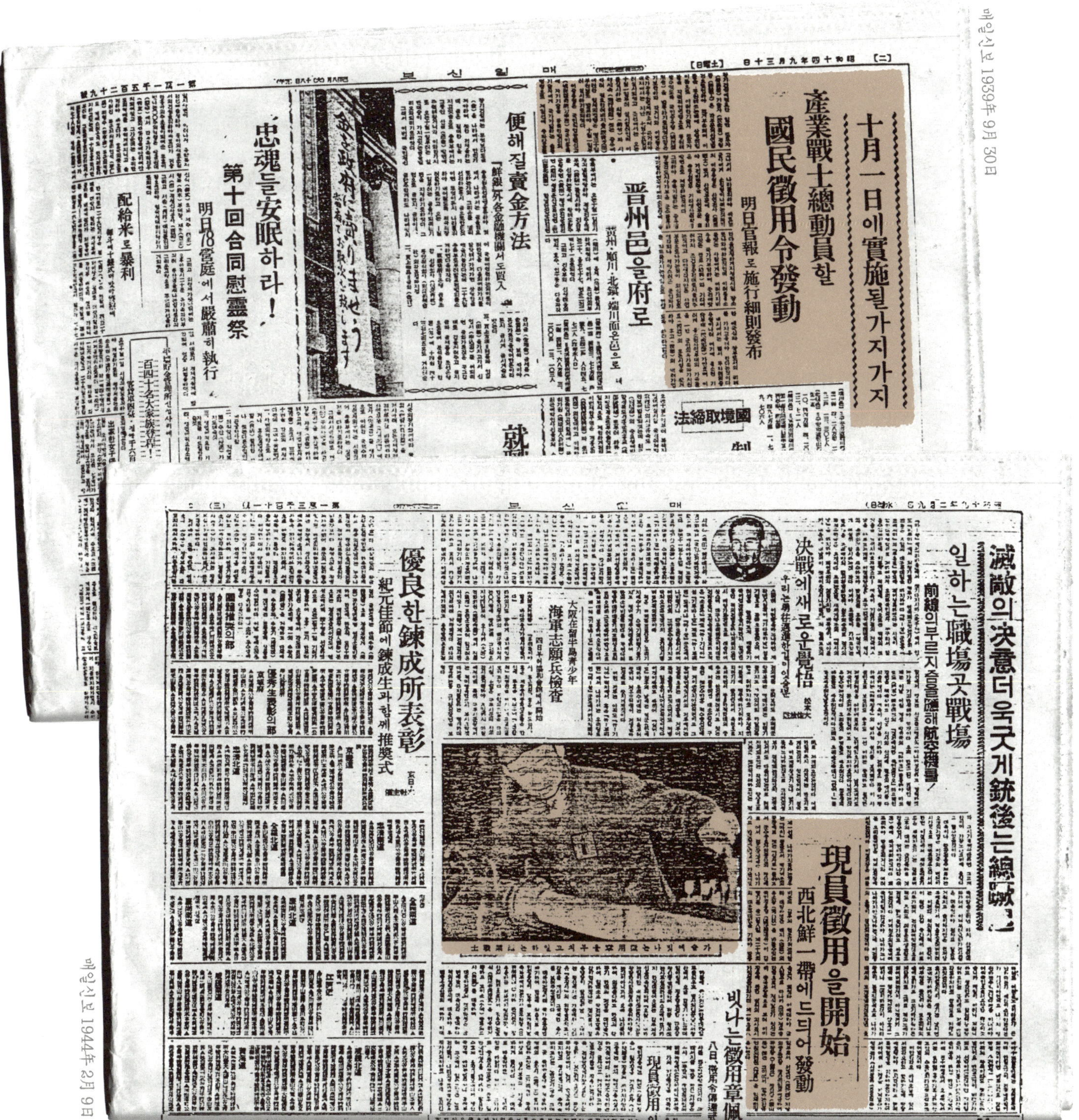
十月一日에實施될가지가지

產業戰士總動員할 國民徵用令發動

明日官報로施行細則發布

晋州邑을府로

便해질賣金方法

忠魂들安眠하라! 第十回合同慰靈祭

配給米로暴利

國境取締法

매일신보 1939年 9月 30日

滅敵의決意더욱굿게銃後는總蹶起

일하는職場곳戰場

決戰에새로운覺悟

現員徵用을開始

西北鮮一帶에드듸어發動

빗나는徵用章佩

優良한鍊成所表彰

紀元佳節에鍊成生과함께推奬式

海軍志願兵檢査

매일신보 1944年 2月 9日

창씨개명

1940年 2月 11日 조선일보
1940年 6月 7日 동아일보

蘇芬戰爭의銃後
놀라운婦人活動

今曉水色驛全燒

損害는二萬圓程度

移秧督勵班

現金强奪의潛跡

창씨創氏도 명일[1]부터!
제1일은 휴일이나 계출屆出[2] 수리

조선 민사령 개정에 의한 조선 사람의 씨 제도는 드디어 명 11일 빛나는 황기 2600년의 기원가절을 기약하고 시행을 보게 되었다. 조선 민중의 열렬한 요망에 맞추어 원대한 이상으로써 제정된 이 제도를 시행함에 있어서 총독부에서는 법무국을 중심으로 하여 각지 약 60개 소에서 협의회를 열고 호적 사무에 관한 부군읍면의 끝까지 취지가 철저하게 인식되었으므로 일반 민중의 씨 창설 계출에 대한 준비는 조금도 유감스러운 점이 없이 준비되어 있다. 그리고 시행 제1일인 기원절은 관공서가 전부 쉬는 날이나 계출은 이날부터 6개월 동안 수리할 규정으로 되어 있으므로 일요제1이라고 하더라도 부읍면 호적계(또는 숙직)에서 이를 수리할 예정으로 따라서 제일 먼저 창씨하는 사람은 황기 2600년의 빛나는 가절 오전 9시에 계출하게 될 터이다.

경성부의 친절, 계출 서식도 일러준다

2월 11일 기원절을 기약해서 씨 제도를 새로 실시하기로 되었으므로 경성부에서는 씨 설정계라는 인쇄물까지 준비해 놓고 계출할 사람을 오기만 기다리고 있는데 희망자에게는 부호적과에서 서식을 알려줄 터이다. 1940 0211

[1]내일 | [2]신고

창씨개명의 성적
5월 20일까지 30여만 명

남南 총독 시정방침의 근간이 되는 내선일체內鮮一體의 실천으로 조선인에 내지인 식의 창씨개명을 하게 하였는데 이 제도는 일반의 비상한 공명을 얻어 그 성적이 자못 양호하다. 이제 지난 2월 11일부터 5월 20일까지 3개월여의 창씨 계출은 전 조건을 통하여 32만 6105호에 달하여 총 호수 428만 2754호에 비하면 7부 6리의 강强으로 되었다. 그 중에서 가장 계출이 많은 곳은 경북, 충북이고 상세한 집계는 다음과 같다. (집계 생략)

(6월 6일 민사과 조사) 1940 0607

동아일보 1940年 6月 7日

조선일보 1940年 2月 11日

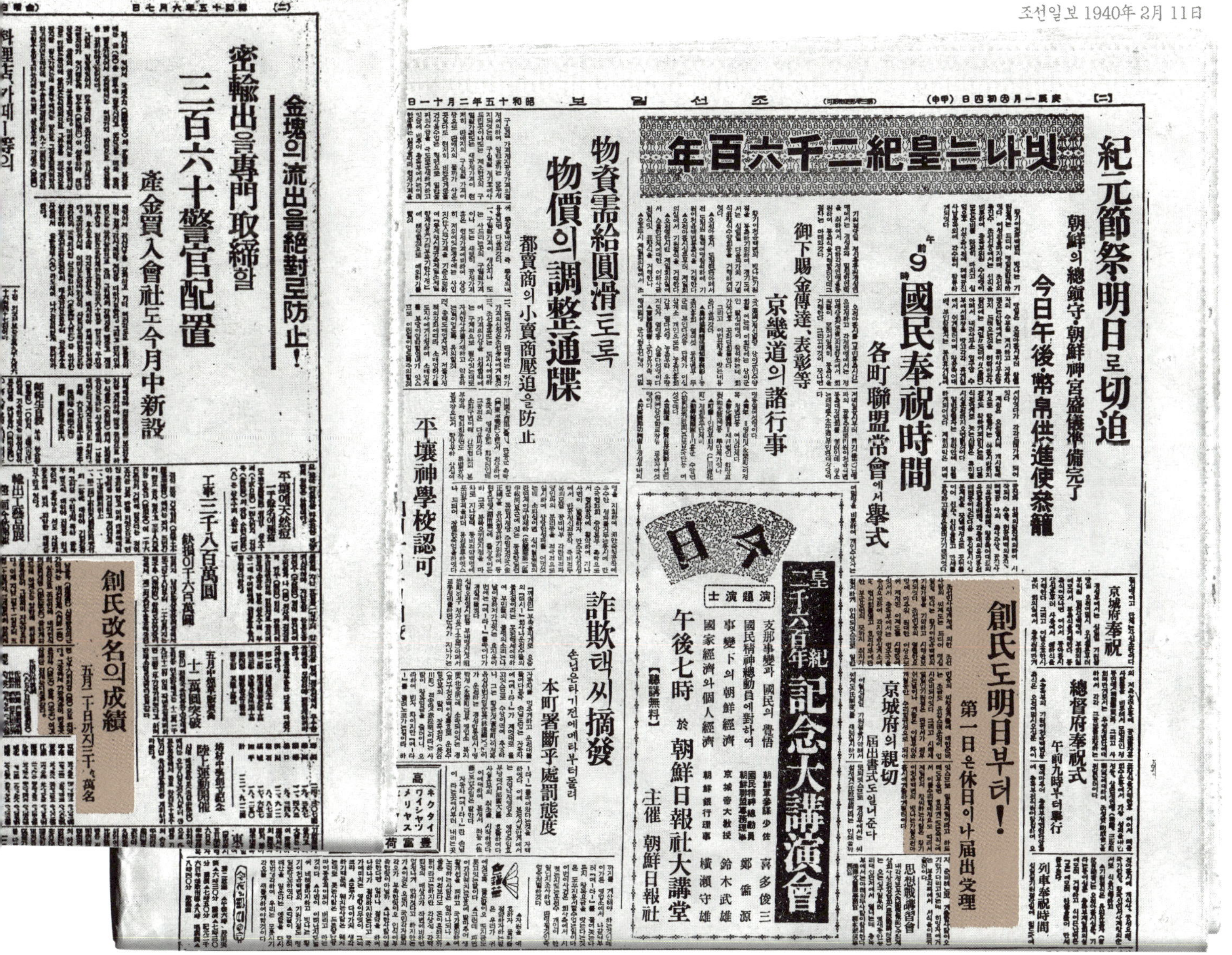

金塊의流出을絶對로防止!

密輸出을專門取締할 三百六十警官配置

産金買入會社도今月中新設

創氏改名의成績

五月二十日까지三千〃萬名

紀元節祭明日로切迫

朝鮮의總鎭守·朝鮮神宮盛儀準備完了

今日午後·幣帛供進使參籠

빛나는皇紀二千六百年

午前9時 國民奉祝時間

各町聯盟常會에서擧式

御下賜金傳達·表彰等 京畿道의諸行事

物資需給圓滑토록 物價의調整通牒

都賣商의小賣商壓迫을防止

平壤神學校認可

詐欺택씨摘發

本町署斷乎處罰態度

創氏도明日부터!

第一日은休日이나屆出受理

京城府의親切

屆出書式도일너준다

京城府奉祝

總督府奉祝式 午前九時부터擧行

皇紀二千六百年記念大講演會

午後七時 於 朝鮮日報社大講堂

主催 朝鮮日報社

해설 일제는 1930년대 후반 들어 강력한 민족말살 정책과 황민화皇民化 정책을 추진했다. 조선인들을 전선에 보낼 토대를 마련하기 위해서였다. 그들로서는 합방 30년이 되어가는데도 반일 민족의식이 살아 있어 총을 맡기자니 못내 불안했기 때문이다.

그 핵심 정책 중 하나가 1939년 12월 공포된 '창씨개명령'이다. 조선의 성 대신 일본식 씨(가家)를 만들고 이름을 다시 짓도록 강요하는 법령이었다. 이는 단순한 이름 다시 짓기가 아니었다. 천황을 종가로 하고 그 아래 각 가장이 이끄는 분가分家가 존재한다는 일본식 가족제도인 이에(가家)제도를 도입한다는 의미여서 천황에 대한 충성심을 뿌리내리려는 의도였다. 일제는 창씨개명을 하지 않는 이들은 비국민 또는 불령선인不逞鮮人(불온하고 불량한 조선 사람)이라 하여 각종 불이익을 주었다. 자녀 학교 입학 불허, 관리 채용 차별은 물론 식량 배급에서 제외하는가 하면 심지어 우편물도 배달하지 않았다. 이 때문에 주어진 기한 안에 80퍼센트의 조선인이 창씨개명을 했다. 그러나 이름을 바꾸되 성을 견자犬子라고 붙이는 등 저항의 뜻을 표시하거나 끝까지 창씨개명을 거부한 이들도 적지 않았다.

조선 · 동아일보 폐간

1940年 8月 11日
조선일보

폐간사

1

조선일보는 신문 통제의 국책과 총독부 당국의 통제 방침에 순응하여 금일로써 폐간한다. 호呼라! 물건은 본本과 말末이 있고 일은 시始와 종終이 있다. 유有가 있으면 무無가 있고 생生이 있으면 사死가 있는 것은 일정불변一定不變의 원칙이다. 본보는 말末과 종終이 왔다. 금일로써 본보는 무無와 사死의 막이 내리었다. 이 순간에 일어나는 일절의 감회는 주관과 객관의 가치 판단에 맡기거니와 뚜렷한 사실은 이 조선일보가 영영 조선 사회에서 없어진 것이다.

2

회고하건대 이 조선일보는 20년 전 자유주의가 세계에 미만彌滿[1] 하였을 때에 조선 통치의 당국에서 민의 전달과 민론民論 존중의 견지에서 발행을 허가한 것이다. 그래서 창간된 이래로 본보는 그 보필報筆의 본분에 충실하려고 힘을 써왔던 것이다. 그러나 춘풍春風과 추우秋雨, 세월을 거듭하는 동안 혹은 경영난에 빠져서 명맥을 근근이 보존하는 위기에 빈瀕한[2] 것이 한두 번이 아니요, 혹은 시대의 사조에 번롱翻弄[3]되어 존폐의 난관에 봉착한 것이 한두 번이 아니요, 혹은 내환內患과 외난外難으로 고경苦境[4]에 함입陷入[5]한 것도 또한 한두 번이 아니었다. 그래서 본보가 걸어온 길은 형극荊棘의 덤불[6]이었고 쌓아 놓은 것은 고난의 성이었다. 그러다가 지금으로부터 8년 전에 본보는 비로소 혁신의 일대 진흥기를 만나게 된 것이다.

3

혁신 즉시로 본보는 '정의 옹호, 문화 건설, 산업 발전, 불편부당'의 4대 강령을 내세워 사회 민중에 외치는 보도의 천직을 다하여 왔다. 그래서 사회와 민중의 지지 성원은 날이 지나고 달이 갈수록 증대하여졌던 것이다. 물론 기간其間[7]에 처하여 언론이 부자유한 것도 외력外力의 박해도 없지 않았다. 그러나 그러면 그럴수록 사회의 지원은 더욱 두터웠고 민중의 찬조贊助[8]는 더욱 강대하여져서 사세는 강화되고 필운筆運은 창달彰達[9]되었다. 이곳에서 이런 자화자찬을 제설提說[10]할 필요가 없으나 혁신 당시에 미약하기 짝이 없었던 것이 금일 내용과 외관에 있어서 단연 조선 신문계에 왕좌를 점한 것은 실로 이 비대한 사회 민중의 지지하는 증좌證左[11]이다. 이와 같은 정세에도 불구하고 본보를 폐간하는 것은 일반 사회에 대하여 극히 미안하고 공축恐縮[12]하는 바이다.

4

지나支那사변[13] 발발 이래 본보는 보도보국報道報國의 사명과 임무에 충실하려고 노력하였고 더욱이 동아 신질서 건설의 위업을 성취하는 데 만일萬一이라도 협력하고자 숙야분려夙夜奮勵[14]한 것은 사회 일반이 주지하는 사실이다. 작년 9월에 발발한 구주대전[15]과 독이獨伊의 대승을 계기로 하여서 세계 정세는 큰 전환을 보게 되고 국내 정세가 또한 이의 대응하여서 신체제가 건설되려고 하는 이때에 신문 통제가 국책으로 수행되는 이상 우리는 이에 순응하는 이외에 다른 사정私情을 운위할 바가 아니다. 본보의 폐간도 이 점에 근거가 있다. 끝으로 본보를 애독 지지하여 준 사회 대중에 감사와 미안의 말씀 이외에 다른 말이 없는 것을 심량深諒[16]하여 주기 바란다. 1940 0811

[1]널리 가득 차 그들먹함 | [2]임박한 | [3]이리저리 마음대로 놀림 | [4]고난의 지경 | [5]빠져 들어감 | [6]고난을 비유함 | [7]어느 때부터 다른 어느 때까지의 동안 | [8]뜻에 찬동하여 도와줌 | [9]거침없이 쑥쑥 뻗어 나감 | [10]끌어내 말함 | [11]참고가 될 만한 증거 | [12]두려워서 몸을 움츠림 | [13]중일전쟁 | [14]이른 아침부터 밤늦게까지 기운을 내어 힘씀 | [15]제2차 세계대전 | [16]사정을 깊이 살펴 헤아림

THE CHOSUN ILBO. (THE KOREA DAILY NEWS.) SEOUL

朝鮮日報

夕刊

社說

廢刊辭

廢刊에際하여

方應謨

自我功利思想을揚棄

强力的經濟統制確立

小林商相西下車中談

朝鮮日報二十年史

咸尙勳

第一期草創時代

第二期發展時代

第三期隆興

各界人物招致

昭和十五年八月十日

해설

일제는 태평양전쟁을 앞두고 1938년 보도 통일과 자원 고갈 방지를 위해 신문을 줄여 나갔다. '1현縣 1지紙' 원칙이 적용됐는데 조선의 일본어 신문엔 '1도道 1지紙' 원칙을 추진했다.

조선총독부는 이참에 한글신문인 〈조선일보〉와 〈동아일보〉를 아예 폐간할 계획을 세웠다. 그 이유는 반일 민족의식이 일어나지 못하도록 하고 종이를 절감할 필요가 있는 반면 지면 획일화로 여러 신문이 병존할 필요가 없다는 점을 꼽았다. 두 신문을 합쳐 경제지로 만드는 방안 등이 검토되다가 결국 1940년 8월 11일자로 폐간시켰다. 공교롭게도 창씨개명 신청 마감일이었다.

조선총독부와 〈매일신보〉는 윤전기 등 시설비와 영업권 보상 그리고 사원들의 퇴직금 보조를 포함한 상당한 보상금을 두 신문에 제공했다. 또 기자 회유책의 일환으로 두 신문의 기자들 중 일부를 〈매일신보〉와 총독부 기관지 〈경성일보〉에 채용하기도 했다.

한편 두 신문의 폐간사의 일부 표현은 친일 성향이라 해서 언론학자와 역사학자 들 간에 논란거리가 되었다.

쌀 배급제 실시

1940年 8月 20日 매일신보
1945年 8月 15日 국민보

미곡의 국가 관리 강화
출하, 판매의 자유를 일체 불허
20일부로 배급통제규칙 공포

[동경 전보] 농림성에서는 지난 7월 9일 각의에서 결정한 농림, 상공 양 성省 소관사항조정요강에 부수附隨하는 식료품의 집하배급 방침에 기하여 미곡의 신ㅁㅁ에 대하여 검토를 거듭했는데 드디어 수출품 등 임시조치법에 기하여 임시미곡배급통제규칙을 20일부 관보로서 공포하고 9월 10일부터 실시하기로 되어 금후의 미곡 정책을 집하는 생산자 단체, 분산 배급은 상업 단체라는 ㅁㅁㅁ시의 선에 따라 다시금 일반으로 미곡의 국가관리가 강화될 것으로 보인다. 배급규칙의 요지는 다음과 같다.

1. 지주 소작인을 불구하고 미곡의 출하는 모두 제국농회 계통기관의 통제 알선斡旋에 의하지 않으면 판매할 수 없다.
2. 상업조합 또는 상인이 산지에서 사고파는 경우에도 반드시 농회 알선에 의하지 않으면 안 된다.
3. 정촌町村의 지역 소비는 농회의 승인을 받아 판매조합 내지 상업 단체(또는 개인)가 소비자에게 판매한다.

⋮

6. 현내 소비분은 현판연으로부터 부현 미곡상 통제 단체에 배급하고 동 단체로부터 각각 소비자에 분산 배급한다.
7. 증여 또는 미곡 교환 등 여하한 명의로서 하여도 본 규정의 통제 또는 금지로부터 면치 못한다.
8. 농림대신 또는 지방장관이 필요가 있다고 인정하는 경우는 쌀을 소유 또는 점유하는 모든 것에 대하여 일정한 창고로 하여금 기간 기타 필요한 사항을 지시하여 미곡의 기탁을 명하고 강제 매상의 조치를 구한다.

그리고 본법의 실시에 반하여 작년 11월 6일 공포 실시된 미곡응급조치에 관한 농림성령은 폐지될 터이다. 1940 0820

소위 배급제도

농민은 매일 매인[1]에 식량 1홉 반을 남겨둔 외에 식량을 자유로 사지 못하며, 그 외에 사람들은 매월 7되 9근을 배급하니, 그 실상이 열흘 먹을 것밖에 안 되고 그 부족한 것은 공정가격보다 20배나 비싼 흑시(블랙 마켓)[2] 쌀을 사서 충복[3]하지 않을 수 없다. 그리고 배급하는 데에도 한인과 왜인을 차별을 하니 한인들은 매월에 쌀 3되를 주는데 좁쌀 1되 옥수수 1되요, 왜놈에게는 쌀 6되 쌀가루 1되 외에 여러 가지의 배급이 있다. 식료의 배급이 아주 적기 때문에 날로 수용하는 된장과 침채[4] ㅁㅁㅁㅁㅁㅁㅁ은 배급한 양식으로 바꾸게 하여 고기는 명절 때에만 도시거민에게 반 근씩 배급하고, 일반 농민들은 냄새도 맡지 못하며 도리어 자기가 기른 소, 도야지, 닭 등 가축도 시가의 5분의 1로 공출하게 한다. 왜적은 비록 밀매와 암상暗商을 엄격하게 취체[5]하나, 군중들은 굶어죽을 수 없어서 흑시 쌀을 사서 먹고 살며 또 농민들은 공출하기 전에 각종 도야지와 닭을 잡아먹고 술을 빚어서 먹는다. 이런 행위는 교묘하게 적의 경찰의 눈을 속여야 된다. 그러니 조선에서는 제 살을 제가 먹는 사회란 말이 유전[6]한다. 1945 0815

[1]한 사람마다 | [2]암시장 | [3]고픈 배를 채움 | [4]김치 | [5]단속 | [6]세상에 널리 퍼짐

해설 전쟁이 길어지면서 군비 마련을 위한 전시경제체제가 강화될 수밖에 없었다. 만만한 것은 역시 식민지 조선이었다. 조선총독부는 1938년 철·백금·구리 등 금속은 물론 고무·피혁·석유 등 중요 원자재에 대한 사용 제한령을 내렸다. 이듬해부터는 아예 주요 원자재를 헐값에 강제 수매하는 공출제供出制를 실시했는데 그 대상이 80종에 달했다.

특히 쌀에 대해선 부락책임 공출제·사전 할당제를 실시하는 등 통제가 심했다. 총독부의 농업정책 기본이 '조선의 식량공급 기지화'였

으니 당연했다. 1939년 '조선미곡통제령'과 '조선미곡배급조정령'을 시행해 쌀의 출하와 유통을 국가가 관리했다. 1943년엔 '조선식량관리령'을 발포해 농민들의 자체 소비량을 제외한 전량을 강제 공출했는데 여기엔 쌀 외에 잡곡도 해당됐다. 공출제는 쌀값을 공정가격으로 지불한다고 했지만 전시 채권 구입 등 강제저축으로 농민 손에 들어가는 현금은 거의 없었고 그나마 전쟁 인플레로 농민의 불만은 컸다.

쌀 생산 증가량보다 일본으로의 반출량이 컸으니 식량 부족도 극심해 식량배급조합을 만들어 식량 배급제도를 실시했다. 하루 한 끼 죽을 먹으라는 '죽 먹기 운동'도 벌였다. 이 때문에 도시에선 1941년부터 외식권이 없으면 식당에서 식사를 할 수도 없는 지경이었다.

결국 농사를 짓는 농민들조차 그야말로 초근목피로 생명을 이어가는 참경이 빚어졌다. 한편 일제의 경제 수탈은 전쟁 말기로 갈수록 심해져 농기구는 물론 놋그릇이나 수저, 심지어 요강까지 빼앗아가는 웃지 못할 사태를 빚었다.

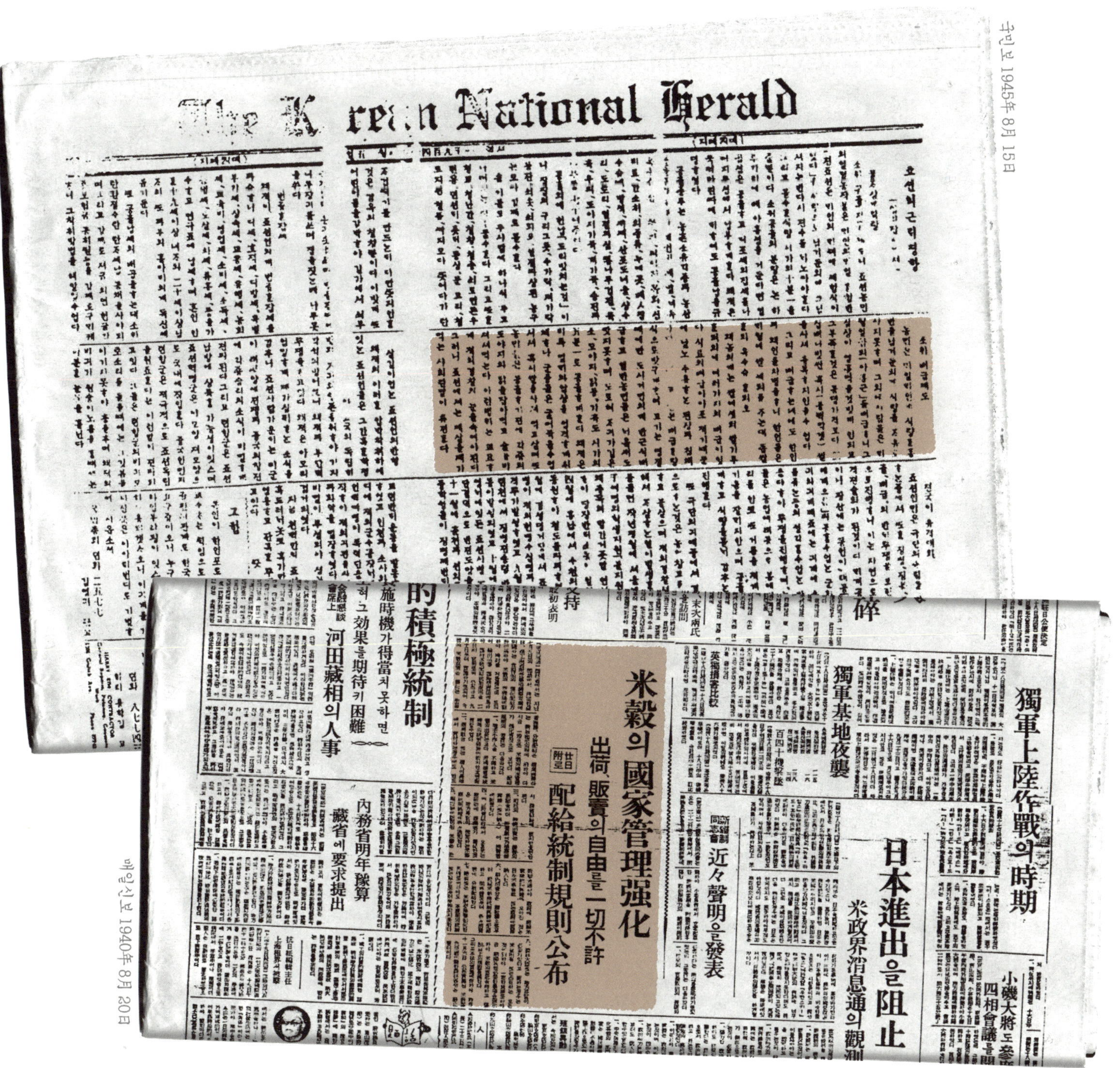
The Korean National Herald

조선의 근대 역사

米穀의國家管理强化
出荷、販賣의自由를一切不許
廿日附로 配給統制規則公布

的積極統制
河田藏相의人事
內務省明年豫算 藏省에要求提出

獨軍上陸作戰의時期
日本進出을阻止
米政界消息通의觀測
獨軍基地夜襲
近々聲明을發表

국민보 1945年 8月 15日

매일신보 1940年 8月 20日

임시정부 승인설

1941年 8月 29日 태평양주보
1942年 3月 4日 국민보
1945年 8月 1日 국민보

집세 오르이는문제

합중국국방 공사로인하야 호항에인구가 격증되오

림시정부승인설

九월二十八일 중경발의 래듸오로 청취한 상항중국인국민일보는 긔재하기를 중국정부는 장차한국림시정부를승인키로 준비한다 二十七일하오에 외교부장 곽태기씨는 중국에잇는 한국혁명당 령수를접견한바 그내용은중국의 한국독립원조는 순리로 진행되고장차실현될터이라 하엿더

라성국민총회는 집행위원장 한시대씨와 재미한족련합위원회 집행부장김호씨에게 전달하엿더(신한민보)

림시정부는六조건이영·미에제출(이글은八월二十九일에 대한민국림시정부로 발포한바 그대회는八월十四일에 루부렌트와 처취힐수상이 련명선언한 八개조를 원측하야 침략국에대한 공동전투할것을 성명하엿다 신한민보는 의세보를 번등하엿슴)

림시정부선언서

본정부는삼가 세계반침략 국가의정부와 인민을향하야우리三千만 민족의결심과 희망을선포하노라 一九一九년이래 우리는단독 력량으로써 대일항전을발동하야 청년장사수빅만을 희생하며 혈전한지二十여년에 일병이스사로 탁심적이업스며 깁히밋는것은침략자가 반드시패하고 반침략자가 반드시닐어나분투를갓치함이더니 과연一九三七년 七월 七일이래중화민족이 전국력량을집중하야 싸울사록 더용맹스럽게싸와왜적의 력량을거의다 소모식혓고 최근八월十四일 루스벨트 처취힐량씨가 선언한후 미,영,아,호스추래리아 캐나다 허란제국이떨처니러나 천하를

태평양주보

九

임시정부 승인설

9월[1] 28일 중경발 라디오로 청취한 상항[2]중국인국민일보는 기재하기를 중국 정부는 장차 한국임시정부를 승인키로 준비한다. 27일 하오에 외교부장 곽태기 씨는 중국에 있는 한국혁명당 영수를 접견한 바 그 내용은 중국의 한국독립 원조는 순리로 진행되고 장차 실현될 터이라 하였다.

나성[3]국민총회는 집행위원장 한시대 씨와 재미한족연합위원회 집행부장 김호 씨에게 전달하였다.(신한민보)

임시정부는 6조건이 영·미에 제출(이 글은 8월 29일에 대한민국임시정부로 발포한 바 그 대회는 8월 14일에 루 통령[4]과 처취힐[5] 수상이 연명 선언한 8개조를 원측[6]하여 침략국에 대한 공동전투할 것을 성명하였다. 신한민보는 이 세보를 번등[7]하였음.)

임시정부 선언서

본 정부는 삼가 세계 반침략국가의 정부와 인민을 향하여 우리 3000만 민족의 결심과 희망을 선포하노라. 1919년 이래 우리는 단독 역량으로써 대일항전을 발동하여 청년 장사 수백만을 희생하며 혈전[8]한 지 20여 년에 일병[9]이 스사로 탁심적이[10] 없으며 깊이 믿는 것은 침략자가 반드시 패하고 반침략자가 반드시 일어나 분투를 같이 함이더니 과연 1937년 7월 7일 이래 중화민족이 전국 역량을 집중하여 싸울수록 더 용맹스럽게 싸워 왜적의 역량을 거의 소모시켰고 최근 8월 14일 루스벨트, 처취힐 양 씨가 선언한 후 미, 영, 아,[11] 호스추레리아[12], 캐나다, 허란 제국[13]이 떨치고 일어나 천하를 (중략) 1941 0829

한인의 자유회의 성황

한국독립선언을 하여 놓고 아직도 그 분투[14]를 마치지 못한 것이 벌써 23년이다. 지난번 전쟁 끝에 한국이 독립을 선언하였더니 이번에 또 세계전쟁이 왔고, 그 전쟁이 태평양에서 결승전을 하게 되는데 이번에는 한국이 평화회석에 참석하겠다는 것보다 전쟁에 연합국 측에서 같이 싸우겠다는 것이요, 이 전쟁 준비와 평화 준비를 위한 가장 중요한 회의가 와싱돈[15]에서 2월 27일부터 3월 1일까지 소집되었다 한다.

그 회의에서 한국이 민주국 측으로 전투 중이며, 더 전투하겠다는 이유와 미국이 연합국 측의 공인되는 영수라는 이유로 1. 미국을 통하여 한국임시정부를 솔선 승인할 것. 2. 따라서 한국을 민주연합국 측의 하나로 인정할 것을 미국 대통령에게 청원하였더라.

[1]8월의 잘못 | [2]샌프란시스코 | [3]로스앤젤레스 | [4]루스벨트 대통령 | [5]처칠 | [6]원칙 | [7]번역하여 베낌 | [8]생사를 가리지 아니하고 맹렬하게 싸움 | [9]죄다, 모든 사람이 | [10]스스로 마음을 맡긴 적이 | [11]러시아 | [12]오스트레일리아 | [13]네덜란드 | [14]있는 힘을 다하여 싸움 | [15]워싱턴

태평양주보 1941年 8月 29日

국민보 1942年 3月 4日

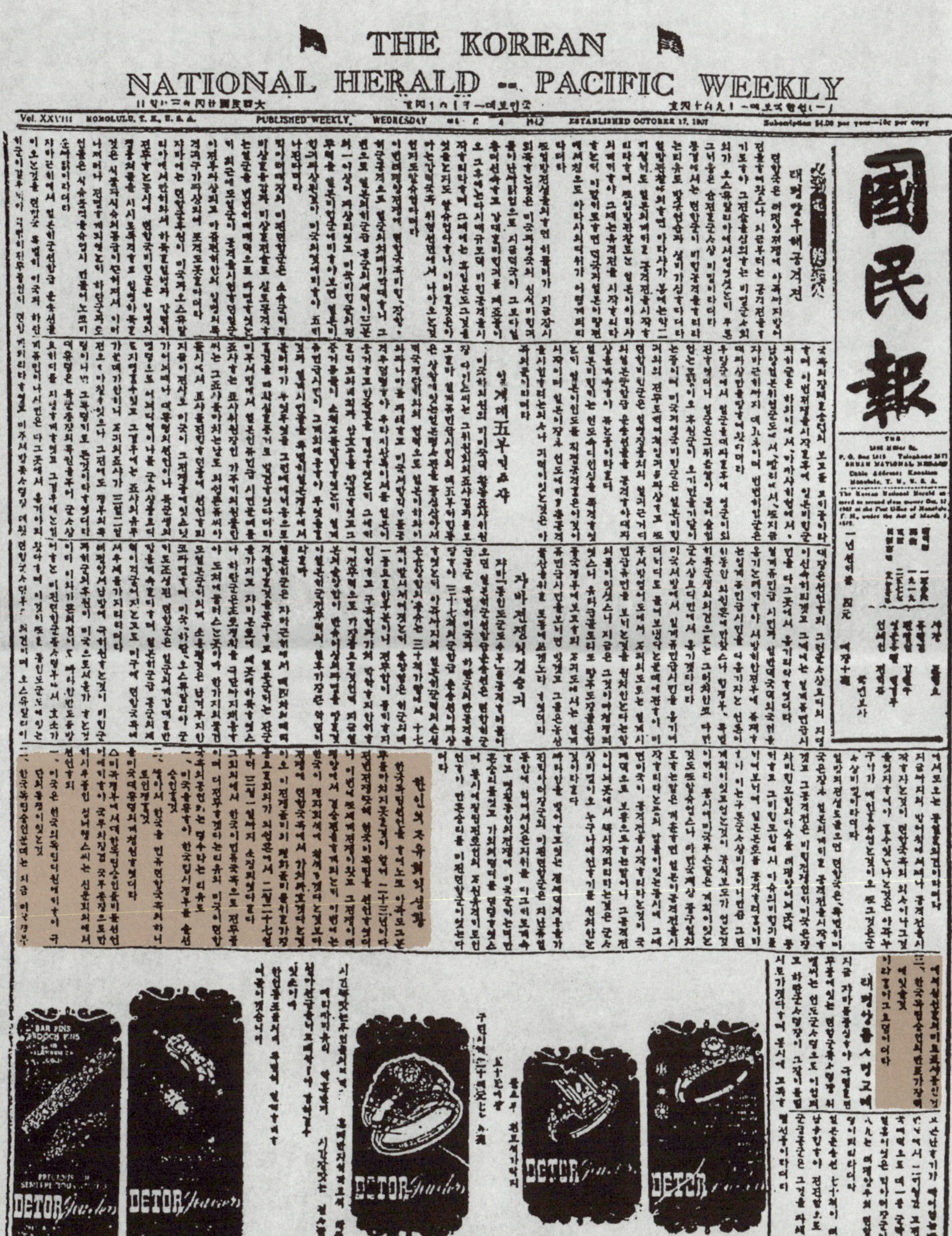

THE KOREAN NATIONAL HERALD -- PACIFIC WEEKLY

國民報

Vol. XXVIII HONOLULU, T. H., U. S. A. PUBLISHED WEEKLY, WEDNESDAY MAR. 4 1942 ESTABLISHED OCTOBER 17, 1907

民報

국민보 1945年 8月 1日

미국 정부에서 대한독립 승인 준비를 선언

이에 대하여 국무차장 겸 국무총장으로 많이 시무 중인 섬너웰스 씨는 신문회의에서 선언하되 1. 미국은 한국의 독립 지원에 대하여 극단의 동정이 있는 것 2. 한국 독립 승인 문제는 지금 미국 정부에서 ㅁ신한 의미로 조사 중인 것 3. 한국 독립 승인의 반포가 장래에 있을 것이라 함이 그 요점이더라. 1942 0304

한국임시정부 승인 제출

와승톤[14] 29일 전-오리건 주 선출 상의원 외인 모어스 씨가 미국이 한국임시정부를 승인하라는 요구를 제출하였고, 동시에 씨는 상의원회에서 말하기를 만일 우리가 한국을 부인하면 그들의 동정이 아라사[15]로 경향[16]될 것이라 하였으며 연합국 약장[17]을 토의하는 중에서도 한국 문제가 세계 문제 중의 하나라고 역설하였더라. 1945 0801

[14]워싱턴 | [15]러시아 | [16]기울어짐 | [17]약속한 법

해설 오늘날 우리는 상하이임시정부를 대한민국 정통성의 뿌리로 삼고 있지만 안타깝게도 상하이임정은 국제적으로는 '정부'로 인정받지 못했다. 태평양전쟁이 발발한 지 이틀 뒤인 1941년 12월 9일 대일 선전포고를 하고, 광복군이 중국군은 물론 미국군·영국군과 어깨를 나란히 하고 싸웠는데도 그랬다. 그렇다고 임시정부가 국제 승인의 의미를 몰랐다거나 손 놓고 있었던 것은 아니다. 오히려 그 반대였다. 기사에서 보듯 임시정부 승인설에 설레어 이토록 자세히 보도한 것만 봐도 '승인'에 목말라했던 사실을 짐작할 수 있다.

임시정부는 발족 직후 이승만 대통령이 미국 워싱턴에 구미위원부를 설치하고, 〈한국평론〉이란 영문 잡지를 발행하는 등 독립 승인을 받으려는 노력을 펼쳤다. 1941년엔 주미외교위원부를 설치하고 이승만을 위원장으로 임명했다. 주미외교위원부는 재미한족연합위원회 등과 손잡고 1942년 3·1절을 기해 워싱턴에서 한인자유대회를 열고 임시정부의 승인을 미 정부에 요청했는데 기사는 이를 보도한 것이다(이에 대해 미국은 외면했다). 이런 처지는 중국의 지지에도 불구하고 일제 패망 때까지 변하지 않아 해방 후 임정의 김구 주석 일행은 개인 자격으로 귀국해야 했고 전후 처리에서도 목소리를 내지 못했다.

이렇게 된 데는 일본이 전쟁을 도발했을 때는 이미 조선은 일본의 일부가 되어 있었다는 역사적 배경 탓이 컸다. 또 1920년대 상하이임시정부에는 27개의 정당·사회단체가 난립했을 정도여서 파벌주의에 젖은 민족이란 국제적 인식도 크게 작용했다.

태평양전쟁 시작되다

1941年 12月 9日
매일신보

제국 · 영미에 선전포고
선전宣戰의 조서 환발渙發[1]
임시회의 15일 소집(2일간)

[동경 전화] 우리의 충용忠勇한 육해군의 정예가 8일 미명未明[2] 미·영 적성 국가군과 전투 상태에 들어가자 제국은 8일 두 나라와 국교를 단절하고 교전 상태에 들어가게 되었으므로 동일 오전 11시 45분 대미영 선전포고에 관한 조서가 황공하옵게도 환발되는 동시에 오는 15일 소집, 2일간의 임시회의 개회 조서가 환발되었다. 그리고 정부에서는 이에 따라서 내각고시 제16호로서 미·영과의 국교 단절을 국민에 포고하였다.

조서詔書

하늘의 보살핌을 보유하여 만세토록 한 계통의 황조皇祚[3]를 지내고 있는 대일본제국 천황은 분명히 충성스럽고 용맹한 너희들에게 내 뜻을 보이노라.

짐은 지금 미국과 영국에 대한 전쟁을 선포하노니 짐의 육해장병들은 전력을 분투하여 교전에 종사하고, 짐의 백료유사百僚有司[4]는 직무를 충실히 받들어 행하며, 짐의 민중들은 각자 그 본분을 다하여 억조億兆[5]가 한마음으로 국가의 모든 힘을 들어서 출정하는 전쟁의 목적을 달성하기에 잘못된 계획이 없기를 기약하노라.

아! 동아의 안정을 확보하여 세계 평화에 기여하는 것은 비현丕顯[6]한 황조고皇祖考[7]와 비승丕承[8]한 황고皇考[9]의 만들고 이어받은 원대한 드리움이니, 짐이 부지런히 힘쓰고 놓아두지 못하는 바이다. 또 열국과의 교의를 돈독히 하고 만방이 함께 번영하는 즐거움을 같이하는 것은 또한 제국이 항상 국교의 중요한 의의로 여기는 바이다.

지금 불행히도 영 · 미 양국과 틈이 되는 실마리를 개시하는 데 이르렀다. 참으로 부득이한 것으로 이 어찌 짐의 뜻이겠는가? 중화민국정부가 패자覇者 제국帝國의 진의를 풀지 못하고, 감히 일을 복잡하게 만들어 동아의 평화를 요란하게 하고, 드디어 제국으로 하여금 창과 방패를 잡게 하였는데, 지금까지 4년 남짓을 보내었다. 다행히 국민정부가 갱신하여 제국은 이와 좋은 이웃의 우호를 결성하고 서로 끌어줌에 이르렀다. 그러나 중경重慶 지방에 잔존한 정권은 미 · 영의 보호를 믿고, 형제가 오히려 지금 담을 쌓고 서로 보기를 고치지 않고 있다. 미 · 영 양국은 잔존 정권을 지원하여 동아의 화란을 조장하고, 평화의 미명 아래 숨어서 동양제패의 그릇된 소망을 서두르고 있다. 더구나 우방을 꾀어 제국의 변방에서 군사 장비를 증강하여 우리에게 도전하여 다시금 제국의 평화적 통상에 모든 방해를 주고 있다. 그들은 드디어 경제 단교를 감행하고, 제국의 생존에 중대한 협위를 가하고 있다.

짐은 정부로 하여금 사태를 평화롭게 회복하려고 참고 지낸 지 오래다. 그러나 저들은 털끝만한 교양의 정신도 없이 그저 시국의 해결을 미루고 지체해 나가면서 이 사이에 도리어 더욱더 경제상 · 군사상의 위협을 증대하여 우리를 굴복시켜 따르게 하려고 한다.

이와 같이 미루어 나가다 보면, 동아 안정에 관한 제국 청년의 노력은 실로 수포로 돌아가고, 제국의 존립 또한 정히 위태로움에 임박했다. 일이 이미 이 지경에 이르니 제국은 지금 자존과 자위를 위하여 기운차게 일어나 일체의 장애를 격파하여 부셔버리는 수밖에 없다. 황조황종皇祚皇宗의 신령이 위에 있으니, 짐은 너희들의 충성 용무를 믿고 의지하며 조종祖宗의 유업을 크게 넓혀 속히 화근을 제거하고 동아의 영원한 평화를 확립하여 제국의 광영을 보전하기를 바라노라.

어명어새御名御璽
소화16년 12월 8일

(명단 생략)

조서詔書

짐은 군국軍國의 급무急務에 관하여 제국 의회의 협찬을 바라는 것이 있어 이에 제국 헌법 제7조와 제43조에 의하여 본년 12월

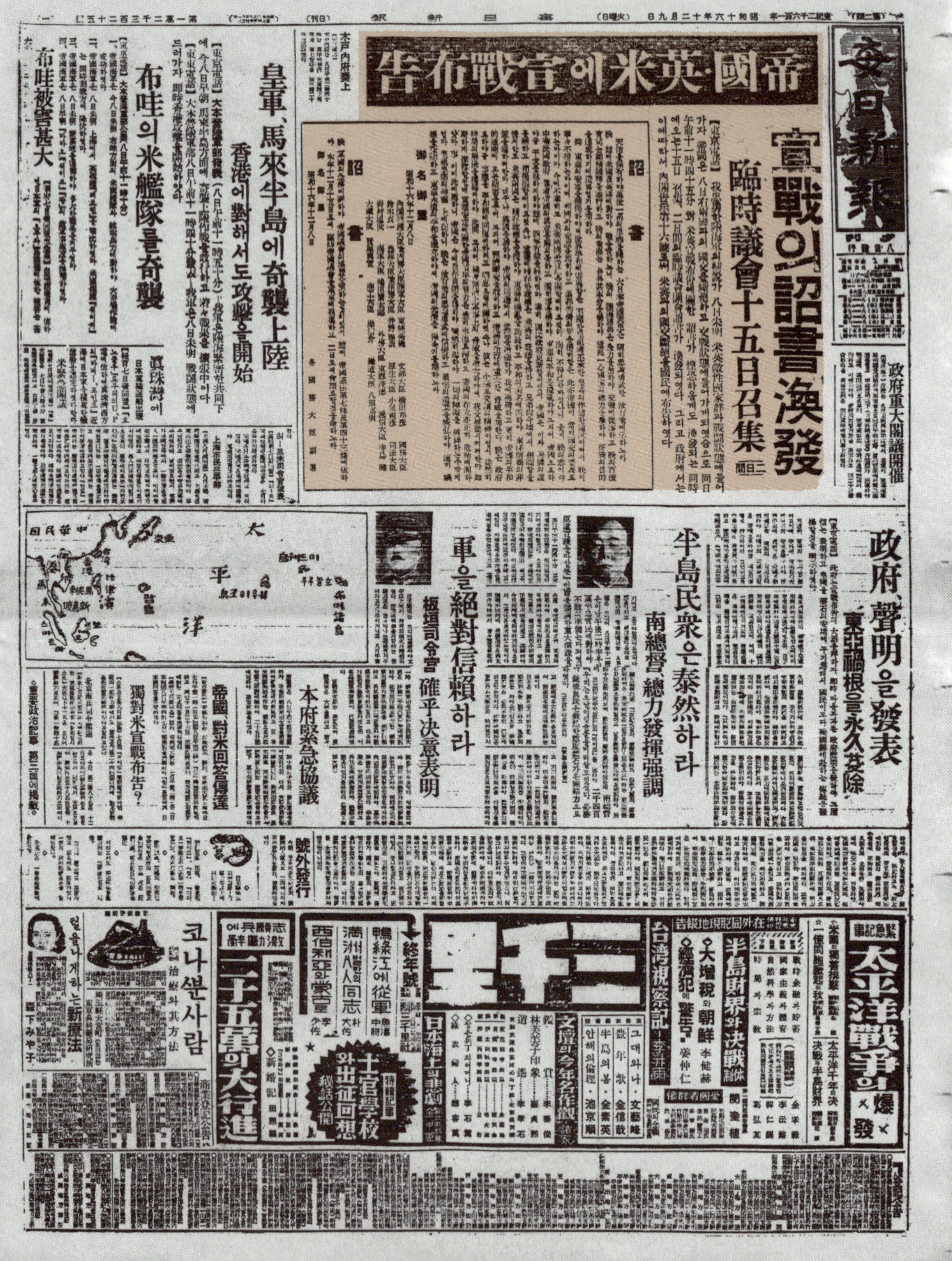

每日新報

昭和十六年十二月九日(火曜日)

帝國·英米에 宣戰布告

宣戰의 詔書渙發

臨時議會十五日召集

詔書

皇軍, 馬來半島에 奇襲上陸

香港에 對해서도 攻擊을 開始

布哇의 米艦隊를 奇襲

布哇被害甚大

眞珠灣에

政府重大閣議開催

政府, 聲明을 發表

東亞禍根을 永久芟除

半島民衆은 泰然하라

南總督, 總力發揮强調

軍을 絶對信賴하라

板垣司令官 確乎決意表明

本府緊急協議

帝國, 對米回答傳達

獨, 對米宣戰布告?

號外發行

15일로써 임시 제국 의회를 동경에 소집하고 2일로써 회기會期로 할 것을 명하노라.

소화 16년 12월 8일

각 국무대신부서國務大臣副署 1941 1209

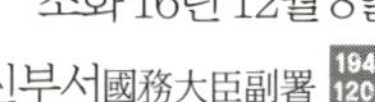

[1]임금의 명령을 세상에 널리 알림 | [2]동트기 전 | [3]황위 | [4]모든 관료 | [5]수없이 많은 사람을 가리킴 | [6]크게 드러남 | [7]황조, 황위 | [8]크게 계승함 | [9]선친

해설 1941년 12월 7일 일본은 하와이 진주만에 있던 미 제7함대를 기습했다. 태평양전쟁이 터진 것이다. 일본 측도 나름대로 절박한 사정이 있었다. 중일전쟁이 벌어지자 미국은 일본군의 철수를 요구한 데 이어 1939년 미일통상조약을 파기하고 철광석과 석유 등 지하자원의 대일 수출을 막았다. 중일전쟁이 길어지면서 군수품이 절실했던 일본으로서는 목이 졸리는 기분이었을 것이다.

여기에 일본은 '대동아공영권' 수립을 위해 1938년부터 동남아시아로 진출하는 남방 정책을 추진하던 터였다. 이를 위해 1941년 4월 소련과 불가침조약을 맺어 북방의 안전을 확보한 후 그해 7월 프랑스 식민지였던 베트남을 침공했다. 이에 미국이 미국내 일본 자산을 동결하는 등 경제 제재를 가하자 일본은 10월에 군부 지도자 도조 히데키東條英機를 수상으로 세우고 전쟁의 길로 치달았다.

일제는 '귀축미영鬼畜米英(도깨비 짐승 같은 미국과 영국)'란 구호를 내세우며 이 전쟁을 '서양 대 동양', '백인종 대 황인종'의 대결로 몰아갔다. 조선에서는 전시체제가 강화돼 민중 생활은 피폐되고 애국지사들은 숨죽인 반면 이광수 등 일부 지식인들은 독립 희망을 잃고 친일 행각에 본격적으로 나서는 등 '전향' 바람이 일기도 했다.

징병제 준비하다

1942年 10月 1日 매일신보
1943年 2月 28日 매일신보

금일 조선청년특별연성령 공포
징병제도 실시에 대비
1년간 청년의 자질 연성
17세 이상 21세 미만 남자의 광영光榮

징병제 실시와 관련하는 중요 시책으로서 총독부에서는 일찍부터 조선 청년의 심신 연성鍊成[1] 기타 장래 군무에 복무할 경우 필요한 자질을 연성하며, 아울러 노동에 적응할 소질을 갖추게 하기 위하여 '조선청년특별연성령'을 제정하고자 준비를 진행하고 있었는데 제32회 시정施政기념일인 1일부 관보 호외 제령 제33호로써 공포, 가까운 시일에 실시하기로 되어 이 뜻을 정무총감 담談으로 별항과 같이 발표되었다. 이 특별연성령은 전문 18조로 되었으며 조선에 거주하는 연령 17세 이상 21세 미만의 조선인 남자로서 도지사의 선정을 받은 자는 원칙으로 1년간 부읍면 청년특별연성소 또는 사립 청년특별연성소에서 연성을 받을 의무를 부하하기로 되었으며 국민학교 초등과를 수료한 자, 기타 조선총독이 지정하는 자는 연성을 받지 않기로 되어 있다. 1942 1001

만20세 이하의 반도인 남자 전부
명일, 호적본 조사
최후의 5분까지 유종의 미를 거두라

'우리는 제국 군인' 이라는 노래도 힘차게 반도 청년이 군문으로 들어갈 날이 명년[2]으로 박두하였다. 조선에 징병제도를 실시하는 근거법이 되는 개정 병역법은 이미 의회를 통과하여 오는 8월의 공포 실시를 기다려 징집 사무가 시작된다. 총독부에서는 징병제도의 실시를 앞두고 여러 가지 준비 사무에 전력을 기울이고 있는데 그 중에서 가장 중요한 호적을 정비하는 데 대해서는 지난 2월 10일에 전 조선에서 일제히 준비 조사를 하였고 3월 1일을 기하여 다시 본 조사를 실시하기로 되어 각 부읍면에서는 지금 조사원 5만 명이 동원되어 있다. 징병제도가 소기의 성과를 거두고 못 거두는 것은 적령자를 하나도 빠뜨리지 않고 조사하는 데 달려 있는 것으로써 이 때문에 호적을 정비하는 것은 징병제도를 실시하는 기초사업이 되는 것이다. 이와시마 법무국 민사과장은 3월 1일의 일제 조사일을 앞두고 징병제도에 호적 정비가 얼마나 긴요한 일인가를 말하고 최후의 5분간까지 호적 정비를 철저히 하여 유종의 미를 거두도록 조사원은 관민의 협력을 요망하여 다음과 같이 말하였다.(이하 생략) 1943 0228

[1]몸과 마음을 닦아서 일을 이룸 | [2]내년

해설 일제가 조선인을 전장으로 내몰 생각을 한 것은 1931년 만주사변 때부터다. 병력 부족을 조선인 징집으로 해결할 의도였으나 반일 정신을 가진 조선인들이 무장했을 경우 벌어질 위험성을 고려해 구상으로 그쳤다.

그러다가 전쟁이 확대되면서 병력난이 심해지자 육군특별지원병령(1938년)을 마련해 조선 청년을 동원하기 시작했다. 징병제가 도입된 1943년까지 1만 8000명가량이 '지원' 했다. 하지만 이것으로도 모자라 제8대 조선총독 고이소 구니아키小磯國昭는 1942년 10월 '조선청년특별연성령' 을 발동했다.

말인즉 '몸과 마음을 단련하는 곳' 이라지만 연성소는 조선 청년들을 총알받이로 내세우기 위한 훈련소였다. 부읍면 곳곳에 설치된 연성소에서는 17세 이상 21세 미만의 조선 청년들이 "심신의 단련, 기타의 훈련을 실시해 장래 군무에 복무할 경우 필요한 자질을 연성할 목적"(영 제1조)으로 1년간 의무적으로 일본어와 기초 군사 교육을 받아야 했다. 즉 전장 투입을 위한 정지 작업용이었다.

또한 병력 자원을 파악하기 위해 전면적 호적 정비와 함께 '기류령寄留令'을 공포해 본적지를 떠난 모든 인구의 현주소를 파악하였다.

每日新報

社說 始政三十二周年

今日·朝鮮青年特別鍊成令公布

徵兵制度實施에對備
一年間,青年의資質鍊成
十七歲以上二十一歲未滿男子의光榮

青年特別鍊成令全文

皇國臣民의完成에
國民教育不浸透分野를鍊成
田中政務總監談發表

貯蓄報國에總
國民貯蓄五

勞働能

매일신보 1942年 10月 1日

戶籍寄留 一齊調査施行 京城府

滿二十歲以下의半島人男子全部
明日,戶籍本調査
最後의五分까지有終의美를거두라

明朗한下情上通

一億六千二百萬圓
事變以來海軍에바친國民의赤誠

正義人道蹂躪하는
鬼畜을滅殺하라
米英擊滅懇談會에憤激爆發

米英은自古로兇賊

國民校養護訓導

婦人兵

매일신보 1943年 2月 28日

징병제 실시

1943年 8月 1日 매일신보

금일 감격의 징병제 실시

병역은 최고의 영예

순국일념, 군문軍門으로 가자

오늘 8월 1일 감격의 조선 징병제는 드디어 실시되었다. 금일부터 7일까지 1주일간을 '징병제 실시 감사결의 선양 운동주간'으로 하여 총력연맹 주최로 1일 조선신궁대 전前에서 성대히 거행하는 징병제 실시 봉고奉告[1]와 필승 기원제를 위시하여 전 조선 방방곡곡에는 이 제도의 실시를 기념하고 반도 민중의 결의를 선양하는 행사가 다채롭게 전개한다.

손꼽아 기다리던 그날이 오고야 만 것이다. 보무도 당당히 민영民營으로 들어가는 자기의 자태를 눈앞에 그려보며 열광하는 청년들의 기세를 보라. 또한 그 어버이들의 기뻐하는 얼굴을 보라. 반도 2500만은 이렇게 오늘이 오기를 대망待望하였던 것이다. 조선인은 벌써 30년 전 합방의 그날부터 훌륭한 대일본제국의 국민이었다. 그러나 조선인의 가슴 한 구석에는 어딘가 명실공히 떳떳한 대일본 제국의 국민이라고 ㅁ보할 수 없는 ㅁㅁ이 있었다. 그 이유는 간단하다. 다만 조선에 징병제의 실시가 없었기 때문이다. 오늘 그 ㅁㅁ은 일거에 개어버렸다.

명실공히 떳떳한 국민으로 ㅁ보할 수 있는 이 기쁨은 조선인만이 알뜰히 아는 기쁨이다. 이 기쁨은 지극히 순수하고 거룩하다. 이렇게 대망하던 징병제가 오늘에 와서 실시를 보게 된 이유를 들자면 작년 5월 11일 이 제도 실시가 결정되었을 때 발표한 전 총독 남南 대장의 담화를 상기하면 족하다. 남 전 총독은 그 이유로서 1. 반도 민중의 내선일체의 실천을 묶은 것 2. 지원병 제도의 ㅁㅁ이 양호한 것 3. 반도 동포의 열망에 응한 것 등을 들었다. 실로 지나사변[2] 이래 반도민중의 황민의 자질을 갖추자는 노력과 국가에 향한 적성赤誠[3]은 굉장하다. 반도 민중의 황국적 자질을 갖추자는 노력은 신사참배자 수의 격증, 국어ㅁ득운동의 전개 등 눈에 띄는 현상만 보아도 미루어 생각할 수 있다. 이런 피상적 현상뿐만 아니라 사변 이래 민중의 황민적 자각, 더욱이 지식층의 ㅁㅁ은 실로 놀랄 만하다. 반도 민중의 호국 적성도 또한 자타가 이를 인정하는 바와 같다. (이하 내용 계속) 19430801

그림
님의 부르심을 받들고서
화畵 춘곡 고의동
시詩 팔봉 김기진

[1]받들어 고함 | [2]중일전쟁 | [3]마음에서 우러나오는 참된 정성

해설

1943년 해군에도 지원병제를 도입한 데 이어 일제는 1943년 3월 징병제 실시에 관한 법령을 공포했다(시행은 8월부터였고 실제 징집은 이듬해부터였다). 이로 인해 일제가 패망할 때까지 조선 청년 20만 명 정도가 남의 침략 전장으로 끌려가 2만 2000여 명이 전사했다. 이와 관련해 이름을 대면 알 만한 친일 지식인 · 사회 지도층 인사들은 강연회, 언론 기고 등을 통해 출정을 독려하는 충성 경쟁을 벌였다. 이들의 논리는 "제국 신민이 될 기회"라는 막무가내 형에서 "독립을 위해 군사력을 키울 수 있는 기회"라는 궤변까지 다양했다. 그러나 힘 있는 자들은 자기 자식들은 회피시켜 대다수 '지원병'은 농촌 청년들이었다. 이 때문에 일본군내에서 조선 출신들에게 초급 일본어 교육을 시키는 진풍경이 벌어졌는가 하면 탈영하는 조선인들도 속출했다.

일제는 이것만으로도 부족했는지 '학도병 지원제'를 병행해 약 4500명의 전문학교 학생, 대학생을 총알받이로 동원했다.

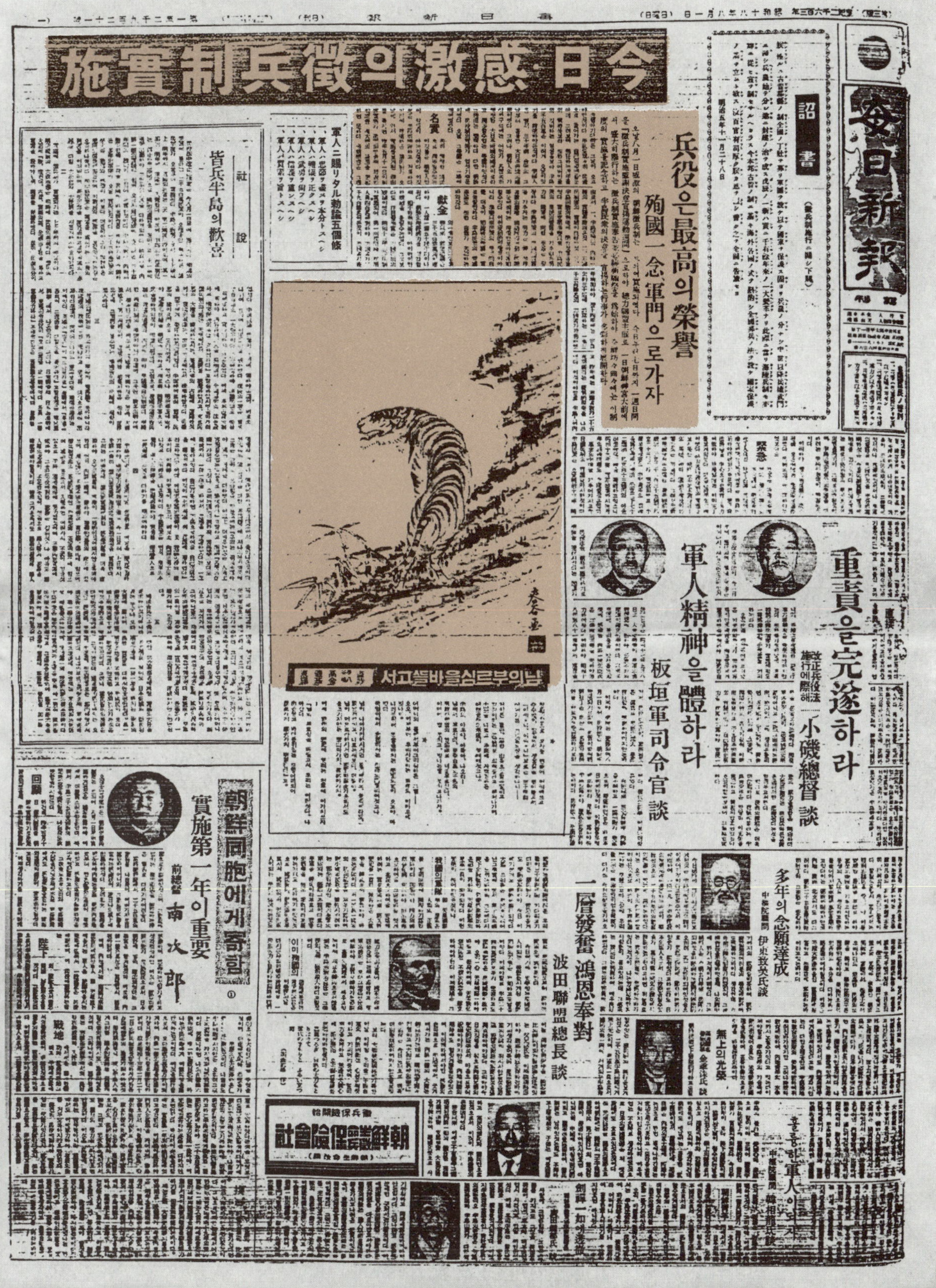

每日新報

今日感激의徵兵制實施

詔書

兵役은最高의榮譽

殉國一念軍門으로가자

社說

皆兵半島의歡喜

軍人二賜リタル勅諭五個條

一 軍人ハ忠節ヲ盡スヲ本分トスヘシ

一 軍人ハ禮儀ヲ正クスヘシ

一 軍人ハ武勇ヲ尙フヘシ

一 軍人ハ信義ヲ重ンスヘシ

一 軍人ハ質素ヲ旨トスヘシ

님의부르심을받들고서

重責을完遂하라

改正兵役法施行에際해 小磯總督談

軍人精神을體하라

板垣軍司令官談

朝鮮同胞에게寄함 ①

實施第一年이重要

前總督 南次郎

一層發奮 鴻恩奉對

波田聯盟總長談

多年의念願達成

中樞院顧問 伊東致昊氏談

여자정신대근로령 공포

1944年 8月 23日
매일신보

여성정신대근로령
23일 공포 즉일[1] 실시

우렁찬 개창皆唱[2]의 노래
사봉증산가仕奉增産歌
여자정신대가女子挺身隊歌 보급 운동

총후[3]의 우리는 즐겁게 노래하며 열심히 일하자. 2600만의 합창!(合唱) 결전 증산장에서 명랑하고 힘차게 부를 노래 두 편을 조선연맹이 보낸다.

조선연맹 문화과에서는 사봉仕奉[4] 대원들이 망치를 들고 괭이를 잡고 직장에서 언제나 노래 부를 사봉증산의 노래(사봉증산가) 가사를 모집 중 입선작을 택하였으므로 고하古賀 씨에게 작곡을 부탁하여 이제 완성을 보았다. 더구나 총후 증산장의 뜻으로 된 여자정신대의 젊은 여성들이 일하며 노래할 조선군 OO부대 사호바라 군조의 작사를 택하여 '우미유끼바'로 우리와 친한 작곡가 노부도끼 씨가 작곡을 맡아 악상을 가다듬어 작곡 중에 있는 바, 이제 완성을 보게 되어 마침내 우리들이 다 같이 부를 수 있게 되었다. 앞으로 연맹에서는 라디오로, 레코드로, 가요 지도로서 널리 선전하여 개창 운동을 일으키기로 되었는데 그 가사는 아래와 같다. (가사 생략) 1944 0823

악보
사봉증산가 악보와 가사

[1]바로 오늘 | [2]합창 | [3]銃後, 전선에 대한 후방기지 | [4]섬기고 받들다

敢鬪近況듯고感激
鬪魂을金屬回收에
未加入者는屆出
차려라 決戰服裝
今23日より

매일신보 1944年 8月 23日 2면

해설

우선 이것만은 분명히 해두자. 정신대挺身隊가 곧 일본군 위안부는 아니다. 일본 측이 정신대 동원에 일본 정부 차원에서 개입하지는 않았다고 주장하는 것이 망언이고 허구이듯 모든 정신대원이 일본군을 위한 성 노예였다는 것은 오해다.

일제는 전쟁 막바지인 1944년 8월 23일 '여자정신대근무령'을 발표했다. 12세에서 40세까지의 여성들을 '나라를 위해 몸 바친 부대'에 징발하기 위한 것이었다. 원래는 노동력 부족을 타개하기 위해 수시로 소요 인원을 파악해 영장을 교부하면 이를 받은 여성은 의무적으로 1년간 근로 동원에 응해야 했다. 이를 피하기 위해 조선에선 조혼早婚 바람이 불기도 했는데 주로 가난한 집 여성들이 간호사 · 여공 모집 등 취업 사기에 속아 넘어가거나 유괴 · 강제 연행 방식으로 피해를 입었다. 정신대 근무령 발동으로 약 20만 명의 조선 여성이 일본과 조선의 군수공장으로 끌려가 여자로서는 차마 감당하기 힘든 강제 노역에 시달렸다.

더구나 일제는 이 중 상당수를 1932년부터 운영하던 만주 · 중국 · 동남아 · 남양군도의 일본군 위안소로 끌고 가 '성 노예'로 부리는 만행을 저질렀다(일본 측의 농간으로 정확한 숫자는 파악되지 않았다. 어쨌든 부끄러운 일이다). 끌려간 이들은 군 위안소에서 하루 수십 명의 군인을 상대로 성 행위를 하도록 강요당하면서 소모품 취급을 받았다.

한편 일본이 이 여성들에게 '근로 동원된 식민지 여성'을 뜻하는 '정신대'나, 자발성을 시사하는 '종군 위안부'란 표현을 사용해 전쟁범죄를 은폐하려 한다는 지적이 나옴에 따라 공식 용어로는 한 · 중에서는 '일본군 위안부', 영어권에서는 '일본에 의한 성노예'가 쓰인다.

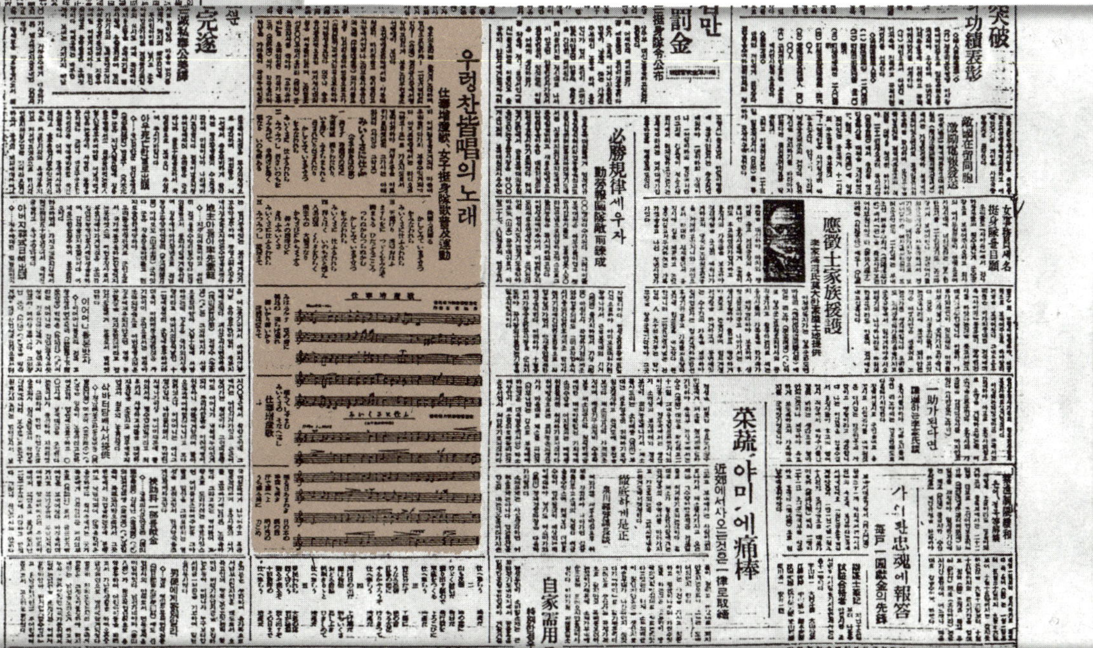
우렁찬 皆唱의 노래

必勝規律세우자

應徵士家族援護

菜蔬 '야미'에 痛棒

自家需用

매일신보 1944年 8月 23日 3면

포츠담 선언과 소련 참전

1945年 8月 1日 국민보
1945年 8月 10日 경성일보

열강의 항일 최후통첩

포츠담 26일 전-열강은 일본으로 하여금 전쟁을 스스로 그치고 그 본토 안에 신국가를 회복하게 할 기회를 주되 만일에 일본이 항복하지 않으면 그들이 항거할 수 없을 때까지 공격하기를 결정하였으며 추루맨[1] 대통령이 열강 회의에서 일본에게 최후통첩을 발표하였고 전시 정보국을 통하여 일본에게 방송하였다.

그 최후통첩은 미·중·영 3국 선언으로 추루맨 대통령과 처칠 수상과 장개석 장군이 서명한 바 장개석 장군은 전보로 승낙하였으며 아라사[2]는 그 선언에 참가치 아니하였다 한다.

그 최후통첩은 명시하기를 미·중·영 3국의 육해공군이 일본을 대공격하기로 계획하고 대대적으로 집중되었으니 일본은 반드시 항복하거나 파멸을 당하거나 할 것이라 하였고 일본 민족을 노예를 만들거나 일본 국가의 명의를 없이 하려는 것이 아니요, 원만한 조건을 주는 터이니 세계를 정복하려는 책임 지도자들을 소청[3]하라고 요구하였으며 믿을 수 없는 군벌자들을 세계에서 쫓아내기 전에는 새로운 평화와 안전과 공리를 세울 수 없는 것이라 하였다.

그 최후통첩은 일본으로 하여금 그 본토 안에 신국가를 건설하게 할 터이고 일본 안에 군벌을 전부 소청한 후에는 국내 치리[4]에 족할 만한 군대까지도 성립을 허락할 터인즉 일본은 마땅히 연합군이 일본에 들어가서 전쟁 범죄자들을 처벌하고 군기 공창기구를 조정하며 군벌파를 소청하는 데 모든 편의를 제공할 것이요, 연합군은 소청하는 일을 마치고 일본에 완전한 정부가 성립되는 때에는 철퇴하기로 한다 하였다.

그 최후통첩 요구의 중요 조건은 다음과 같다.

1. 일반 무장 세력은 무조건으로 항복할 것
2. 연합국이 지정하는 대로 일본 영토의 어느 곳이든지 연합군의 점령선을 허락할 것
3. 전쟁 범죄자 전부를 처벌케 할 것
4. 일본에서 전쟁을 주장하는 계급이나 지도자들은 영원히 소청할 것
5. 일본이 1895년 이후로 강탈한 각 영토를 해방케 할 것
6. 일본의 국경은 일본의 근본 구역인 4개 섬으로 정하되 본주도, 북해도, 구주도, 사四국도와 그곳에 딸린 작은 섬들로 지정할 것.

일본의 영토 분할은 1943년 11월 26일 카이로에서 선언한 바를 실현할 것이니 일본이 1914년 제1차 세계전쟁 이후에 차지한 태평양 각 섬들과 만주와 대만과 푸레카도리스[5] 섬들과 한국을 내어 놓을 것이라더라.

최후통첩과 일본의 반동

와승돈[6] 전 – 포츠담 최후통첩에 대한 반동으로 동경의 라디오가 방송하는 동맹사의 보고를 들으면 일본 내각은 영목 총리 사저에서 회의를 열고 외무대신 도고가 열강의 최후통첩을 보고한 바 각의는 그 최후통첩을 부인하고 끝까지 싸우기를 결정하였다 하며 말하기를 연합국 공중 폭격으로 인하여 제국의 운명은 성패 간에 기회가 반반으로 걸려 있다고 하였다.

영목은 미일전쟁을 끝까지 싸우고 승리할 수 있다는 연설을 일본 전국 라디오로 방송할 터이며 동경에 만민공동회를 열고 영목이 공개 연설을 할 터인데 영목 내각이 조직된 후에 처음 되는 일이요, 그 연설이 포츠담 최후통첩의 대답이라더라.

영목의 주장은 일본이 천황의 이정 원칙과 대동아주의를 따라서 최후까지 싸움한다는 것이요, 미국은 오직 일 편 관찰과 세력으로 일본 민족의 승전 용기를 죽이고 군대와 정부와 민간에 격동을 시키려고 하며 일본에게 무조건 항복을 받으려고 하나 이미 필리핀, 이오지마, 오키나와에서 많은 생명을 희생하고도 일본의 무조건 항복을 받지 못하였으니 일본의 무조건 항복은 불가능이라고 대담스러운 말을 하고 있으며, 또 말하기를 그 최후통첩에 스탈린이 서명하지 않은 것을 보면 이번에 추루맨이 아라사를 참전시키려던 계획은 실패하고 스탈린 대신에 장개석을 넣은 것은 궁한 정책이다.

그러므로 태평양전쟁에 중한 책임을 미국이 독단적으로 담책[7]

The Korean National Herald.

國民報

Established October 17, 1907. Published Weekly.

HONOLULU, T. H., WEDNESDAY, AUGUST 1, 1945

Subscription $5.00 per year; 10c per copy

국민보 1945年 8月 1日

하여야 할 것이고 미군이 일본 내지에 상륙하려면 말할 수 없이 많은 곤란을 당할 것이니 일본이 최후 승리를 할 것이라 하였더라. 1945 0801

소군蘇軍 돌연 월경

불법 공격을 개시

일만日滿 양군 격격激擊[8] 교전 중

대본영大本營[9] **발표**(소화 20년 8월 9일 17시) 1. 8월 9일 0시경부터 소련군의 일부는 동부와 서부 만소滿蘇 국경을 넘어 공격을 개시하고 또 그 항공부대의 각 소수기少數機는 같은 시각 무렵부터 북만주와 조선 북부 일부에 분산 내습했다. 2. 주재하는 일만 양군은 자위를 위하여 반격하여 지금 교전 중이다.

관동군 발표(소화20년 8월 9일 3시 30분) 소군은 8월 9일 0시 10분부터 불법으로 우리 지역에 대해 동부 정면에서 지상 공격을 개시했다. 동시에 각 소수기로 만내滿內 요지의 폭격을 개시했다.

소수기小數機**, 북선**北鮮 **요지 내습**

조선군관구사령부 발표(소화20년 8월 9일 12시) 8월 9일 날이 채 밝기 전부터 북조선 ㅁㅁㅁ방면에서 소련군의 불법 월경에 의해 작은 분쟁을 야기 중에 있어, 소수의 소련기는 북ㅁㅁㅁㅁ를 폭격했다. 1945 0810

[1]트루먼 | [2]러시아 | [3]휩쓸어 죄다 없애 버림 | [4]통치 | [5]푸에르토리코 | [6]워싱턴 | [7]맡아서 책임을 짐 | [8]격렬하게 부딪침 | [9]일본 천황의 직속으로 군대를 통솔하던 최고통수부

30년 넘게 지속된 엄혹한 식민 지배를 끝낼 훈풍은 바깥에서 불어왔다. 나치 독일이 항복한 후인 1945년 7월 26일 미국의 트루먼 대통령과 영국의 처칠 총리, 중국의 장제스蔣介石 총통이 독일 포츠담에 모여 일본의 무조건 항복을 요구하는 포츠담 선언을 발표했다. 소련의 스탈린은 8월 회담에 참가해 서명했다. 8월 1일자 기사는 이 포츠담 선언을 다룬 것이다.

13개 항으로 된 포츠담 선언의 제8항은 "카이로 선언의 모든 조항은 이행되어야 하며 일본의 주권은 혼슈 · 홋카이도 · 규슈 · 시코쿠와 연합국이 결정하는 작은 섬들에 국한될 것"이라 명시해 조선의 독립을 확인했다.

당연히 이 사실은 조선에선 보도되지 못했다. 그러나 이미 몇 달 전부터 공기가 달라진 터였다. 1945년 5월부터 미군의 일본 본토 공습은 거의 매일 계속됐으니 패전은 시간 문제라는 인식이 적어도 식자층에는 널리 퍼졌다. 이에 앞서 1944년 7월 미군 비행기가 서울 하늘에 출몰하기 시작했으며 그해 11월 일본 본토가 미군기의 공습을 받았다.

조선 민심이 술렁거린 것은 당연했다. 징병 · 징용을 피해 산속으로 들어간 사람들이 반일 무장투쟁을 벌이기도 했고, 1945년 4월엔 함흥형무소 재소자들이 폭동을 일으켜 간수를 살해하고 '조선독립'을 외치다 진압되는 사건도 있었다. 반면 일제의 발악도 극에 달해 조선총독부는 전쟁에 대비한 조선인 요시찰 인물에 대한 조치를 계획하기도 했다.

안타까운 일도 있었다. 소련이 얄타 회담의 합의에 따라 8월 8일 자정 대일 선전포고를 하고 참전한 것이었다. 8월 6일 미국의 원자폭탄 투하에 자극받은 결정이었다. 일본의 전력을 과대평가한 미국의 요청을 받아들인 모양새였지만 잇속을 챙기려 내린 발빠른 결정이었다.

역사에는 가정이 없다지만 일본이 열흘만 일찍 항복했더라면, 그래서 소련이 미처 끼어들지 못했더라면 남북한 분단이란 민족적 비극은 없었을지도 모른다.

경성일보 1945年 8月 10日

京城日報

ソ軍突如越境 不法攻撃を開始

日滿兩軍邀撃交戰中

大本營發表（昭和廿年八月九日十七時）一、八月九日零時頃よりソ聯軍の一部は東部及西部滿ソ國境を越え攻撃を開始し亦其航空部隊の各少數機は同時頃より北滿及朝鮮北部の一部に分散來襲せり

二、所在の日滿兩軍は自衛の爲之を邀へ目下交戰中なり

關東軍發表（昭和廿年八月九日三時卅分）ソ軍は八月九日零時十分より不法にも我方に對し東部正面に於て地上攻撃を開始すると同時に各少數機を以て滿內要地の爆撃を開始せり

少數機、北鮮要地來襲

朝鮮軍管區司令部發表（昭和廿年八月九日十一時）八月九日未明より北鮮に於てソ軍の不法越境により小紛爭を惹起中にして、少數ソ聯機は北鮮の一部に來襲爆撃せり

李鍝公殿下

哀愁の御本邸へ

御英靈無言の御歸還

東京邸へ勅使、御使御差遣

社說 工場の防衛

御略歴

萬斛の恨を滅敵へ

全半島誓つて報復

總督談話

北支に赫々の御勳

國防に渾身の御努力

軍管區司令官談話

强固な御意志

常に最後迄御敢闘

B29六十五機帝都來襲

八機を擊墜

廿四機を擊墜破

一機擊墜

釜山沖に B25卅四機

サンガサン飛行場に斬込み

土建材の增産

對策決る

石鹼の生産も自啓自給態勢

求賞事務所

移轉御案內

원자폭탄, 히로시마에 떨어지다

1945年 8月 8日 매일신보 | 대공보
1945年 8月 9日 대공보 | 경성일보
1945年 8月 10日 대공보
1945年 8月 12日 경성일보

적 신형 폭탄 사용

광도廣島[1]시에 상당한 피해

[동경 전화] 대본영大本營 발표(소화 20년 8월 7일 15시 30분)

1. 작[2] 8월 6일 광도廣島시는 B29 소수기少數機의 공격에 의하여 상당한 피해가 발생하였다.
2. 적은 우右 공격에 신형 폭탄을 사용한 것 같은데 상세詳細는 방금 조사 중이다. 매일 0808

社評 中國大陸的戰鬪形勢

不投降即沐以鐵雨 美電台向日本廣播

敵閣昨開會 一定討論了原子炸彈

宋院長再度赴蘇 五日啓程王外長同往

杜魯門今可抵華府 對日將再嚴厲警告

行政院昨例會

敵 新型爆彈使用 廣島市에 相當한 被害 大本營發表

B25一機를擊墜 釜山, 木浦, 群山에 敵機

總監, 黃海道에

매일신보 1945年 8月 8日

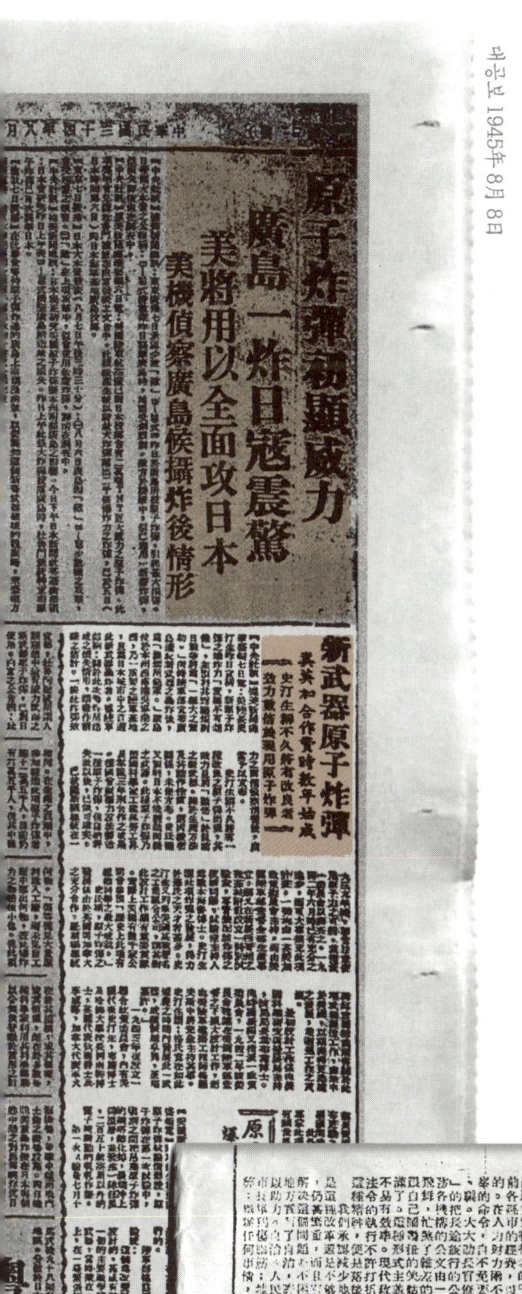
原子炸彈初顯威力
廣島一炸日寇震驚
美將用以全面攻日本
美機偵察廣島候攝炸後情形

新武器原子炸彈
美英加合作費時數年始成

대공보 1945年 8月 8日

원자작탄原子炸彈[3] 처음 위력 선보여

광도 폭탄 한 발에 일구日寇[4] 크게 놀라

미국이 앞으로 이를 일본 공격에 전면 이용

미기美機가 폭탄이 떨어진 뒤의 광도를 정찰해

신무기 원자작탄

미국, 영국, 캐나다가 합작하여 몇 년 만에 비로소 완성한 것 대공보 0809

원자작탄 하나가

광도 대부분을 폭파

사진에서 전 도시는 연기로 가득

집 밖에 있던 사람들은 타 죽고

집안에 있던 사람들은 질식사하여

사상자 수를 확인하기 어려우며 의료 손길도 못 미쳐 대공보 0809

[1]히로시마 | [2]어제 | [3]원자폭탄 | [4]왜구, 일본 해적

이우李鍝 공公 전하 어전사

작전 임무 어수행 중

광도의 공폭空爆에 부상

궁내성 발표(8일 정오) 이우 공 전하께서는 그저께 6일 광도에서

日本宣戰
晚通告佐藤尙武
蘇日進入交戰狀態

原子炸彈一枚
廣島大部炸毀
攝影所示全城烟火
敵稱戶外者燒死戶內悶死
死傷數難查明已不及醫救

대공보 1945年 8月 9日

작전 임무 수행 중 공폭에 의해서 부상, 어제 7일 전사하셨다.

육군성 발표(소화20년 8월 8일) 육군중좌 이우 공 전하가 군 참모로서 근무하던 8월 6일 작전 임무 수행 중 광도에서 공폭에 의해서 전상戰傷을 입으시어 7일 전사하셨다.

이우 공 전하께서는 8월 6일 아침 작전 임무 수행 중 광도에서 공습을 당하여 부상, 한때 경과가 양호해졌지만 다음날 7일 이른 아침 중태에 빠져 결국 전사하셨다.

이제 전하의 유해는 8일 오후 1시 반 경성부 종로구 운니정의 본집에 도착, 비 전하, 이청, 이종 양 공자를 비롯한 친족 등의 영접을 받아 집 안쪽 방에 안치되었다. 경성 0809

어제 원자탄이 장기長崎[5]에 투하

전시가 거의 파괴되었다고 최초 보고

비행기 1000여 대 재차 공세

부석釜石[6]에 함포 사격 어제 복산福山[7]에도 공습 감행 1945 0810

미국의 신형 폭탄에 제국 정부 항의

인류의 신 죄악

잔학성, 독가스 능가 1945 0812

[5]나가사키 | [6]가마이시 | [7]후쿠야마

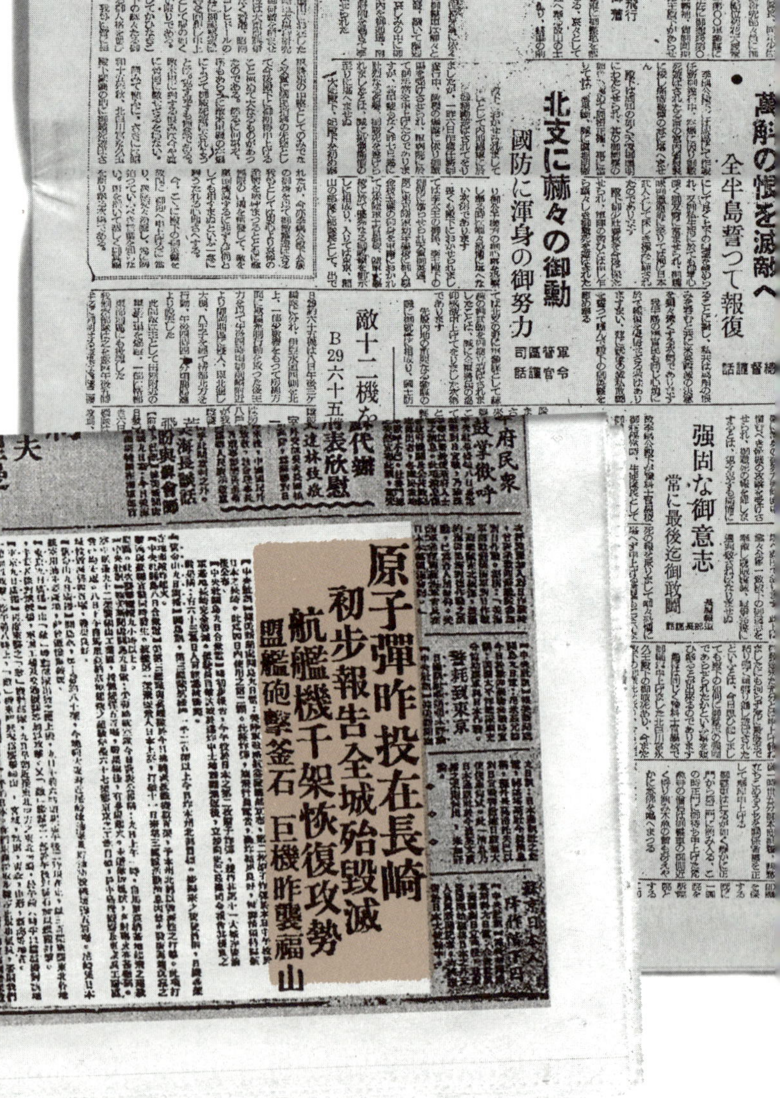

御英靈・無言の御歸還

東京邸へ勅使御差遣

社說 李鍝公殿下を悼み奉る

北支に赫々の御勳 國防に渾身の御努力

鮮の恨を滅敵へ 全半島誓つて報復

強固な御意志 常に最後迄御敢闘

敵十二機 B29六十五機

原子彈昨投在長崎 初步報告全城殆毀滅 航艦機千架恢復攻勢 盟艦砲擊釜石 巨機昨襲福山

美電台對日聲明 須立即無條件投降 否則用原子彈强制

대공보 1945年 8月 10日

경성일보 1945年 8月 9日

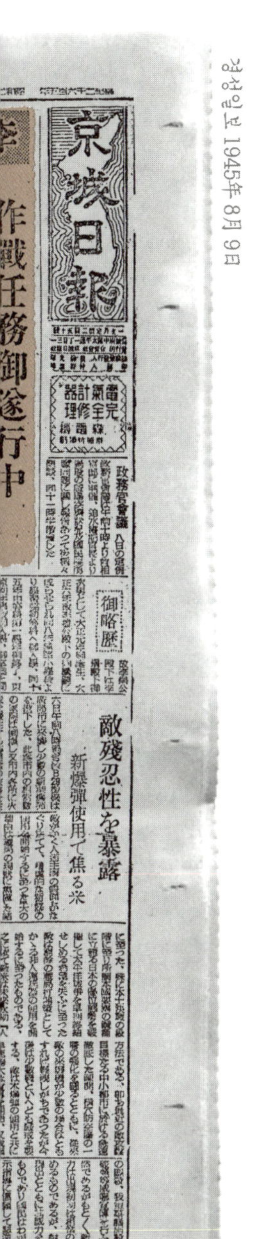

京城日報

作戰任務御遂行中

敵殘忍性を暴露

新爆彈使用て焦る米

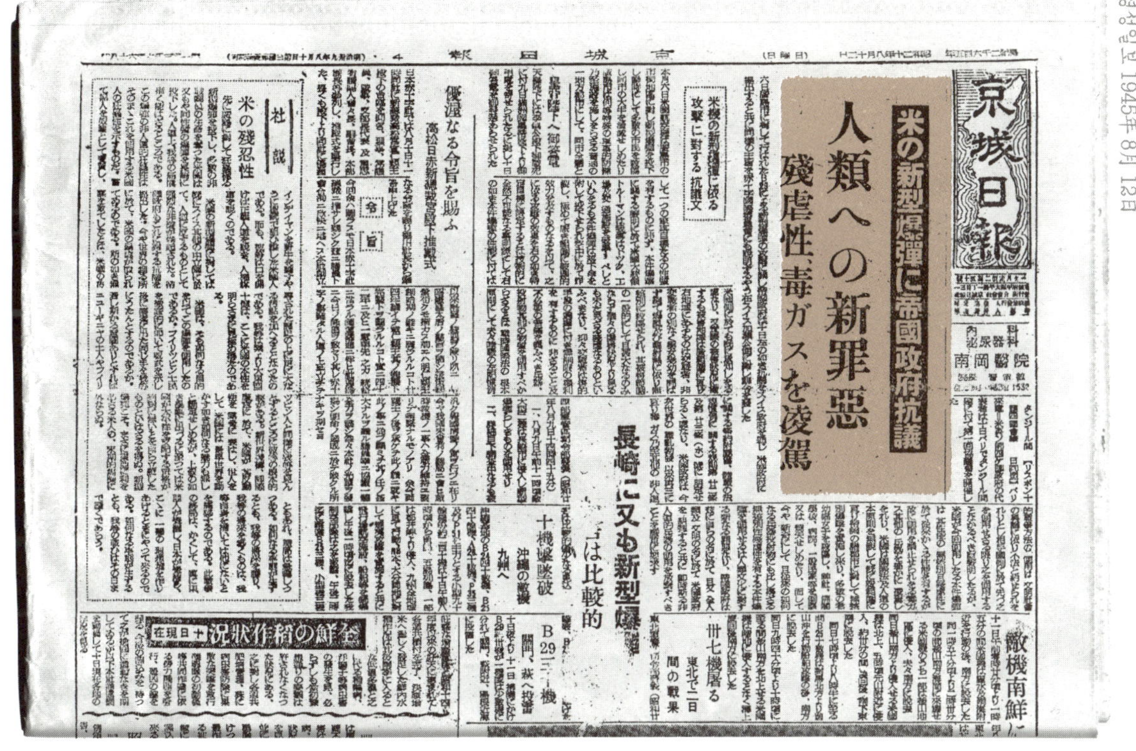

京城日報

米の新型爆彈に帝國政府抗議

人類への新罪悪

殘虐性、毒ガスを凌駕

長崎に又も新型爆

社説 米の殘忍性

優渥なる令旨を賜ふ

경성일보 1945年 8月 12日

해설 1945년 7월 16일 원자폭탄 실험에 성공한 미국은 8월 6일 오전 일본 히로시마에 인류사상 최초로 원자폭탄을 투하했다. '리틀 보이'라는 이 원자폭탄은 요즘 소형차 정도의 크기였지만 위력은 엄청났다. 폭탄이 떨어진 날에만 10만 명 이상이 죽었고, 8일 투하된 나가사키 피해까지 포함하면 1945년 말까지 21만 명이 숨지고 지금까지 26만 명의 피폭자가 후유증을 앓고 있다.

그런데 눈에 띄는 대목은 일본의 최고사령부인 '대본영'의 발표를 인용한 〈매일신보〉와 〈경성일보〉의 보도다. 어마어마한 피해를 낸 원자탄을 '신형 폭탄'이라고만 했다. 당시 중국에서 발행되던 대공보가 '원자작탄' 혹은 '원자탄'이라 보도한 걸 보면 같은 한자 문화권인 일본의 군부가 교전 상대국의 신형 무기를 몰랐다고 보기는 힘들다. 일반 국민의 사기를 고려한 언론 조작 아니었을까.

어쨌든 두 발의 원자폭탄 투하는 일본이 항복하는 데 결정적 역할을 했다. 비록 인류 최초로(그리고 마지막이어야겠지만) 피폭 경험을 겪어야 했지만.

이제 와서 원폭 투하를 두고 "일본이 아시아가 아니라 유럽 국가였다면 그랬겠느냐"는 등 미국을 비판하는 목소리도 있지만 전쟁을 빨리 끝내 결과적으로 인명 피해를 줄였다는 지적도 만만치 않다.

한편 히로시마와 나가사키에는 조선인들도 적지 않아 당시 폭사한 사람만 4만 명이 넘는 것으로 추산된다. '이우 공 전하 전사' 기사에 나오는 의친왕의 차남도 히로시마에서 폭사했다. 그는 일제의 압력을 물리치고 끝끝내 조선인 신부를 맞았고, 일본군 장교로 중국에 근무할 때도 독립군을 지원하는 등 조선 왕족으로는 드문 '인물'이었다.

일본, 항복하다

1945年 8月 15日

대공보 | 국민보 | 경성일보

일본 투항하다!

4개국에게 규정 조약을 받아들인다고 답변

오늘 아침 7시 4개국 수도에서 정식 선포 대공보 0815

호외

서사국[1] 버전–세계가 고대하고 있던 일본의 항복은 필경에 연합국의 요구에 의하여 정식으로 항복하는 동기를 주 서사 일본공사가 8월 14일 상오 8시 30분에 서사국 외무부를 통하여 연합국에 올렸다.

연합군은 지금으로부터 일본을 점령하는 순서를 이행하고 일황日皇은 연합국 총사령관부 하에 예속하여 두기로 하였고, 그 외에는 전부 무조건적으로 포츠담 통첩의 요구를 실시하는 것이라 한다. 일황은 직접 동경 라디오를 통하여 패전과 연합국의 요구대로 항복한 것을 반포하였고, 일본 민중은 일황의 대궐 앞에 인산인해人山人海하여 일본의 패망함을 슬피 운다 한다.

대한민국 27년 8월14일 국민보사 국민보 0815

[1]스위스

注意善後救濟工作

民 國

국민보 1945年 8月 15日

日本投降矣!

答覆四國接受規定條款

今晨七時四國首都同時正式宣布

대공보 1945年 8月 15日

조서詔書

짐朕은 세계의 대세와 제국의 현상을 깊이 생각하여 비상조치로서 시국을 수습코자 이에 충량忠良한 너희 신민臣民에게 고한다. 짐은 제국 정부로 하여금 미·영·중·소 4국에 대하여 그 공동선언을 수락할 뜻을 통고케 하였다.

생각건대 제국 신민의 강녕康寧을 꾀하고 만방 공영의 안락을 같이 함은 황조황종皇祖皇宗의 유범遺範[2]으로서 짐이 받들어 방치하지 않는 바인데 그때 미, 영 양국에 선전宣戰한 까닭도 또한 실로 제국의 자존과 동아의 안정을 꾀하는 데서 나왔으며 타국의 주권을 없애고 영토를 침범함은 본디 짐의 뜻이 아니었다. 그러하나 교전이 이미 네 해를 겪었고 짐의 육해장병이 용감히 싸우고, 짐의 모든 관리들이 성의껏 힘쓰고, 짐의 모든 백성들이 힘써 일함에 모두 최선을 다하였는데도 전국戰局은 끝내 호전되지 않으며 세계의 대세가 또한 우리에 불리하다. 그럴 뿐 아니라 적은 새로이 잔학한 폭탄을 사용하여 빈번히 무고를 살상하며 참해[3]하는 바가 실로 헤아릴 수 없는 지경에 이르렀다. 게다가 이 이상 교전을 계속한다면 결국 우리 민족의 멸망을 초래할 뿐더러 나아가 인류의 문명까지도 파괴하게 될 것이다.

이렇게 되면 짐은 무엇으로써 억조의 적자를 보존하며 황조황종의 신령에 감사할 것인가. 이것이 짐이 제국 정부로 하여금 공동선언에 응하게 한 까닭이다.

짐은 제국과 함께 처음부터 끝까지 동아 해방에 노력한 모든 맹우盟邦에 대하여 유감의 뜻을 표하지 않을 수 없다. 제국신민으로서 전진戰陣에 죽고 직역職域에 목숨을 바치고 비명에 쓰러져 죽은 자와 그 유족을 생각하는 데 이르면 오장五臟이 찢어지는 듯하며 또 전상戰傷을 입고 재화를 당하고 가업을 잃은 자의 후생厚生에 관하여는 짐이 깊이 걱정하는 바이다. 생각하면 앞으로 제국의 받을 바 고난은 물론 예사롭지 않다. 너희 신민의 그 슬픈 심정은 짐이 많이 알고 있는 바이나 짐은 시운이 나아가는 바에 견디기 어려운 것을 견디고, 참기 어려운 것을 참아서 만세의 태평함을 열고자 한다. 짐은 이에 국체를 보호 유지하고 충량한 너희 신민의 참된 정성을 믿고 의지하며 항상 너희 신민과 함께 있다. 만약 감정이 격해져 사단事端을 일으킬 경우 혹은 동포가 서로 배제하여 시국이 어지러워짐에 따라 대도大道를 그르치고 신의를 세계에서 잃게 됨을 짐이 가장 경계한다. 부디 거국일가 자손이 대대로 이어져 신국神國의 불멸을 굳게 믿으며 임중도원任重道遠[4]함을 생각하여 총력을 장래의 건설에 기울이고 도의를 굳게 하며

경성일보 1945年 8月 15日

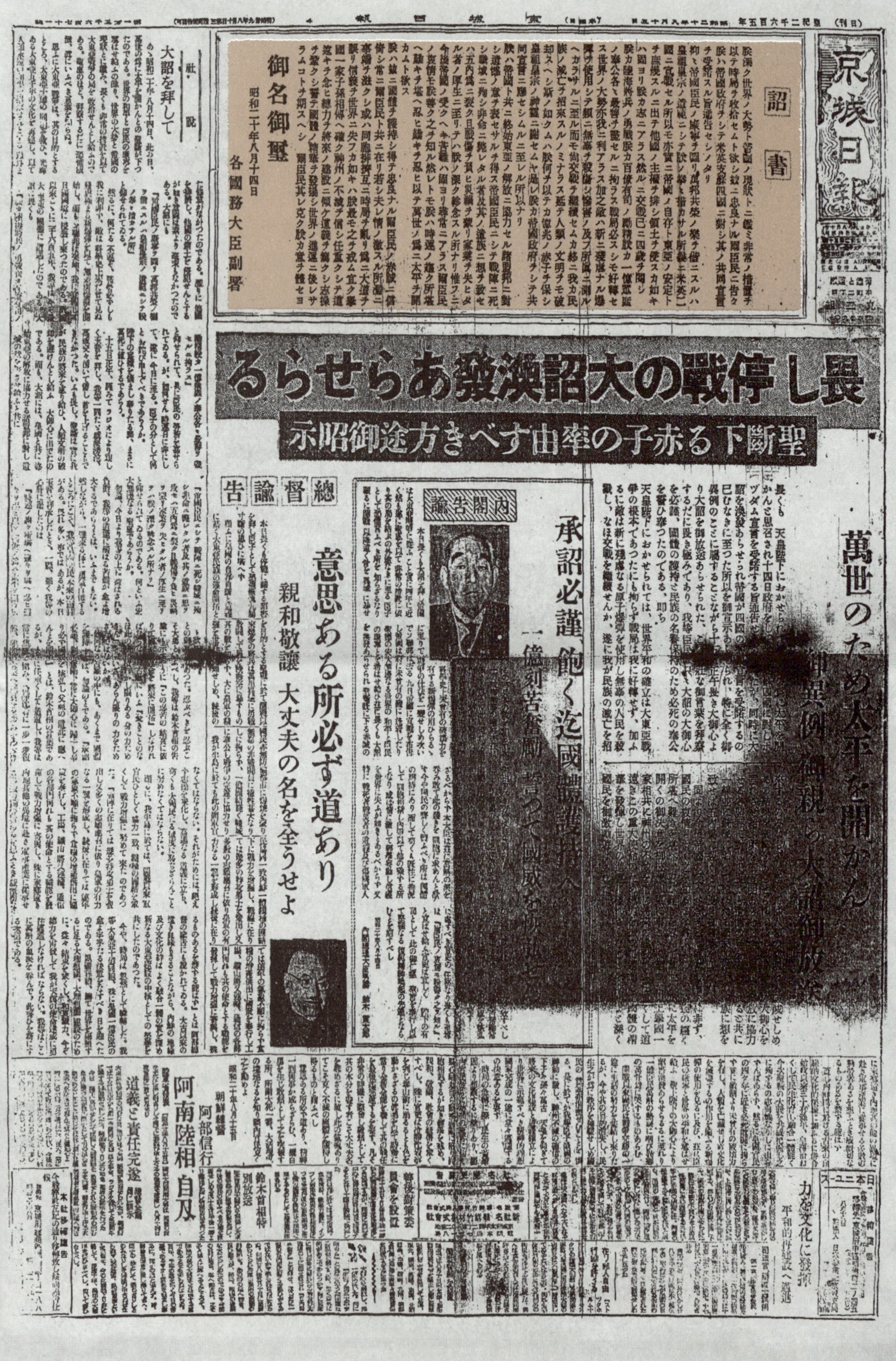

京城日報

皇紀二千六百五年 昭和二十年八月十五日 京城日報

詔書

朕深ク世界ノ大勢ト帝國ノ現狀トニ鑑ミ非常ノ措置ヲ以テ時局ヲ收拾セムト欲シ茲ニ忠良ナル爾臣民ニ告ク

朕ハ帝國政府ヲシテ米英支蘇四國ニ對シ其ノ共同宣言ヲ受諾スル旨通告セシメタリ

抑々帝國臣民ノ康寧ヲ圖リ萬邦共榮ノ樂ヲ偕ニスルハ皇祖皇宗ノ遺範ニシテ朕ノ拳々措カサル所曩ニ米英二國ニ宣戰セル所以モ亦實ニ帝國ノ自存ト東亞ノ安定トヲ庶幾スルニ出テ他國ノ主權ヲ排シ領土ヲ侵スカ如キハ固ヨリ朕カ志ニアラス然ルニ交戰已ニ四歳ヲ閲シ朕カ陸海將兵ノ勇戰朕カ百僚有司ノ勵精朕カ一億衆庶ノ奉公各々最善ヲ盡セルニ拘ラス戰局必スシモ好轉セス世界ノ大勢亦我ニ利アラス加之敵ハ新ニ殘虐ナル爆彈ヲ使用シテ頻ニ無辜ヲ殺傷シ慘害ノ及フ所眞ニ測ルヘカラサルニ至ル而モ尚交戰ヲ繼續セムカ終ニ我カ民族ノ滅亡ヲ招來スルノミナラス延テ人類ノ文明ヲモ破却スヘシ斯ノ如クムハ朕何ヲ以テカ億兆ノ赤子ヲ保シ皇祖皇宗ノ神靈ニ謝セムヤ是レ朕カ帝國政府ヲシテ共同宣言ニ應セシムルニ至レル所以ナリ

朕ハ帝國ト共ニ終始東亞ノ解放ニ協力セル諸盟邦ニ對シ遺憾ノ意ヲ表セサルヲ得ス帝國臣民ニシテ戰陣ニ死シ職域ニ殉シ非命ニ斃レタル者及其ノ遺族ニ想ヲ致セハ五内爲ニ裂ク且戰傷ヲ負ヒ災禍ヲ蒙リ家業ヲ失ヒタル者ノ厚生ニ至リテハ朕ノ深ク軫念スル所ナリ惟フニ今後帝國ノ受クヘキ苦難ハ固ヨリ尋常ニアラス爾臣民ノ衷情モ朕善ク之ヲ知ル然レトモ朕ハ時運ノ趨ク所堪ヘ難キヲ堪ヘ忍ヒ難キヲ忍ヒ以テ萬世ノ爲ニ太平ヲ開カムト欲ス

朕ハ茲ニ國體ヲ護持シ得テ忠良ナル爾臣民ノ赤誠ニ信倚シ常ニ爾臣民ト共ニ在リ若シ夫レ情ノ激スル所濫ニ事端ヲ滋クシ或ハ同胞排擠互ニ時局ヲ亂リ爲ニ大道ヲ誤リ信義ヲ世界ニ失フカ如キハ朕最モ之ヲ戒ム宜ク擧國一家子孫相傳ヘ確ク神州ノ不滅ヲ信シ任重クシテ道遠キヲ念ヒ總力ヲ將來ノ建設ニ傾ケ道義ヲ篤クシ志操ヲ鞏クシ誓テ國體ノ精華ヲ發揚シ世界ノ進運ニ後レサラムコトヲ期スヘシ爾臣民其レ克ク朕カ意ヲ體セヨ

御名御璽

昭和二十年八月十四日

各國務大臣副署

畏し停戰の大詔渙發あらせらる

聖斷下る赤子の率由すべき方途御昭示

萬世のため太平を開かん

御異例、御親らの大詔御放送

承詔必謹、飽く迄國體護持へ

一億刻苦奮勵 誓って國威を恢弘

内閣告諭

總督諭告

意思ある所必ず道あり

親和敬讓 大丈夫の名を全うせよ

社説 大詔を拜して

阿南陸相 自刃

道義と責任完遂

力を文化に發揮

지조를 단단히 하여 맹세코 국체의 정화精華를 떨쳐 일으켜 세계의 진운進運에 뒤떨어지지 않을 것을 기약하라. 너희 신민은 짐의 뜻을 본받으라.

어명어새御名御璽

소화20년 8월 14일

각 국무대신부서國務大臣副署 경성 0815

[2]고인이 남긴 모범 | [3]남을 참혹하게 해침 | [4]맡은 책임은 무겁고 이를 수행할 길은 멀다

해설

원폭 투하와 소련의 참전으로 궁지에 몰린 일본은 결국 항복했다. 일본 정부는 8월 14일 무조건 항복을 요구한 포츠담 선언을 수락하겠다고 미국과 영국에 통보하고, 8월 16일에는 일본군에 교전 중지 명령을 내렸다.

그러니 일반적으로 알려진 것과는 달리 일본은 1945년 8월 15일 항복한 것이 아니다. 일본 천황 히로히토는 이날 라디오 방송을 통해 전쟁이 끝났음을 자기네 국민에게 알리긴 했다.

그 유명한 방송 내용을 보면 "시국을 수습코자 신민들에게 고하노라…제국 정부로 하여금 미 · 영 · 소 · 중 4국에 그 공동선언(무조건 항복을 요구한 포츠담 선언)을 수락할 뜻을 통고케 하였다"고 연합국 측에 항복 의사를 전했다는 사실을 알리는 형식이다. 좀 더 읽어보면 전쟁을 계속하면 민족의 멸망을 초래할 텐데 어떻게 조상들을 보겠냐면서 총력을 장래의 건설에 쏟아 세계의 진운에 뒤지지 않도록 노력할 것을 당부하고 있다.

이건 종전 선언이라 할 수 있을지언정 항복 선언은 아니다. 또 전쟁을 일으킨 데 대한 사죄나 반성도 보이지 않는다. 따라서 일본이 지금도 8 · 15를 그저 종전 기념일이라 하는 것도 이유가 있는 셈이다. 어쨌거나 히로히토의 방송으로 4년 가까운 미국과의 전쟁은 사실상 끝났다.

한편 일본은 영악했다. 외무대신 시게미쓰 마모루重光葵가 9월 2일 미 전함 미주리 호 선상에서 항복문서에 조인했지만 패전을 하고도 땅 한 뼘 잃지 않았다. 전쟁 전, 혹은 전쟁 중 점령했던 남의 땅을 돌려주었을 뿐이다. 무조건 항복이라 했지만 천황 중심의 '고쿠타이(국國)' 체제를 유지하는 데도 성공했다.

'일억 옥쇄론'은 '일억 총참회론'으로 대체됐고, 히로히토는 대원수 복장 대신 재빨리 신사복으로 갈아입고 전쟁의 책임을 벗었다. 군부와 정계 지도자들이 전쟁 책임을 지고 몇몇이 전범으로 처리됐을 따름이다. 모두 미국의 안이한 판단을 틈탄 발 빠른 외교 노력 덕분이었다.

종전 선언 직후 일본엔 황족 히가시쿠니 나루히코東久邇稔彦가 이끄는 '황족내각'이 들어서 전후 처리 책임을 맡았다. 천황의 권위를 빌어 민군民軍의 동요를 막으려는 의도였다.

여기선 두 가지만 주목해 두자. 하나는 히로히토의 '방송'이 있던 날 도쿄제대 풍경이다. 대학의 야스다安田 강당 안팎에 모여 사실상의 항복 선언을 들은 학생들 중 많은 이들이 망연자실하거나 거리로 나가 술로 울분을 달랬지만 일부는 다시 강의실로 돌아가 강의를 들었다. 예정된 강의를 진행한 교수나 이를 들은 학생들, 대단하지 않은가.

다른 하나는 황족 내각의 대책이다. 일본 우익의 거물이자 히가시쿠니 총리의 오른팔이었던 고다마 요시오兒玉譽士夫는 미군을 위한 매춘가를 조성하기 위해 동분서주했다고 한다. 이 에피소드들은 일본의 저력과 지략을 보여주는 예화라 할 수 있다.

정전협정 조인

1945年 9月 3日
경성일보 | 매일신보

2일 오전 9시 15분

정전협정 조인 종료

제국 대표 중광重光, 매진梅津 양 전권全權

조서詔書

짐은 소화 20년 7월 26일 미 · 영 · 중 각국 정부의 수반이 포츠담에서 발표한 후에 소연방이 참가한 선언에 거론된 모든 조항을 수락하고 제국 정부 및 대본영에 대해 연합국 최고사령관이 게시한 항복문서에 짐을 대신하여 서명하고 연합군 최고사령관의 지시에 의거하여 육해군에 대한 일반명령을 발표할 것을 명했다.

짐은 짐이 신민에 대해 적대 행위를 즉시 중지해 무기를 버리고 또한 항복문서의 일체 조항 그리고 제국 정부 및 대본영이 알리는 일반명령을 성실히 수행할 것을 명령한다.

어명어새御名御璽

소화 20년 9월 2일

내각 총리대신, 각 국무대신 경성 0903

京城日報

詔書

朕ハ朕カ臣民ニ對シ敵對行爲ヲ直ニ止メ武器ヲ措キ且降伏文書ノ一切ノ條項並ニ帝國政府及大本營ノ發スル一般命令ヲ誠實ニ履行セムコトヲ命ス

御名御璽

昭和廿年九月二日

内閣總理大臣、各國務大臣

米陸軍、千葉に進駐

英艦隊香港へ

天皇、皇后兩陛下

けふ、終戰を御親告

赤十字關係者日本へ

横濱に地方連絡事務局

六日南京で調印

中國戰區の停戰協定

ソ軍、山海關に進入

ハルの書翰を公表

中國に基地設定

赤軍、千島全島占領

ソ聯中共紛爭に不介入

代償に大陸の優越地位獲得

大將日本へ

日本の態度期待

米國 民主々義化を要求

明春迄に撤收か

연합군 점령 지역 분담 결정

조선은 미, 소 양군兩軍 분담

만주는 소, 불佛 인도는 영, 중 양군

[동경] 2일 조인한 항복문서에 기하여 일반명령 제1호(육해군)가 공포되었는데 이에 의하여 일본 본토를 위시해서 만주, 조선, 남방 각 지역의 연합군 점령 지역 분담이 다음과 같이 명백해졌다.

미군 점령 지역 일본국토 이에 인접한 모든 도서, 북위 38도 이남의 조선, 유구流球[1] 제도와 비율빈比律賓[2] 제도, 소립원小笠原[3] 제도와 태평양 제도의 일본국 위임 통치 제도

영군 점령 지역 안다만 제도, 니코발 제도, 면전緬甸[4], 태국, 북위 16도 이남의 불령佛領 인도지나

호주군 점령 지역 보르비오 외

소련군 점령 지역 만주 북위 38도 이북의 조선, 화태樺太[5]와 천도千島 제도

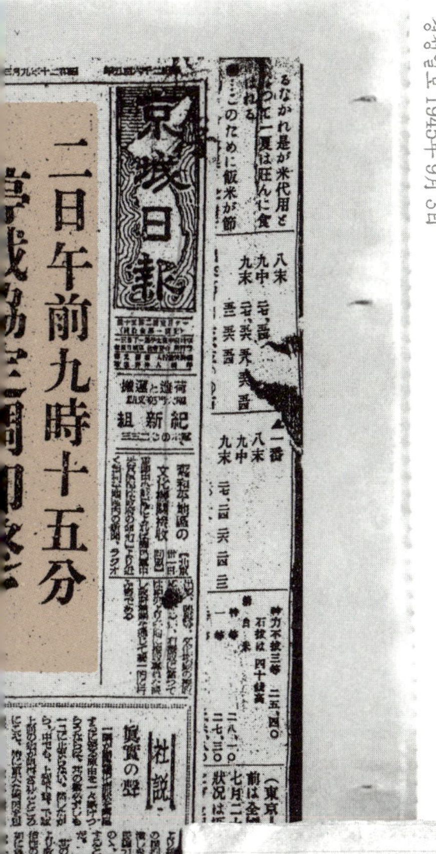
京城日報

二日午前九時十五分

경성일보 1945年 9月 3日

매일신보 1945年 9月 3日

每日新報

聯合軍占領地域分擔決定

朝鮮은美、蘇兩軍分擔

滿洲는蘇、佛印은英中兩軍

降伏文書內容全文

建國의礎石이되자

美軍、

引繼時

중국군 점령 지역 지나支那(만주를 제함) 대만과 북위 16도 이북의 불령佛領 인도 제도 매일 0903

[1]류큐 | [2]필리핀 | [3]오가사와라 | [4]미얀마 | [5]사할린

해설 협정 조인 자체야 국제법적 절차 문제이니 특기할 것은 없다. 주목할 것은 당시 발행되던 유일한 조선어 일간지 〈매일신보〉의 기사다. 바로 북위 38도선을 경계로 미군과 소련군이 분할 '점령'한다는 내용이다.

'남북 분단 결정'의 배경과 과정에 대해선 여러 가지 설이 있으나 미국의 제안에 소련이 응한 것은 분명하다. 소련의 남진南進 속도에 놀란 미국이 당시 전략적 고려 대상이 아니었던 한반도에서 한계선을 두려 했고, 소련은 추후 일본의 분할 점령을 기대해 이를 수락했다는 설명이 설득력 있다. 어찌 됐든 일제강점기 동안 독립을 염원해 온 조선 민중의 뜻과는 달리 강대국의 '줄긋기'로 민족 분단의 아픔을 겪어야 했다. 정작 패전국인 일본은 멀쩡했으니 정말 분통 터질 노릇이었다.

참고로 조인식을 보도한 〈경성일보〉의 제목에선 '항복'이란 표현이 보이지 않는다. 대신 '정전停戰'이라 썼다. 항복과 정전은 뜻이 다르다. 항복은 '적의 힘에 눌리어 굴복함'을 뜻하지만 정전은 '싸움을 멈춤'이란 뜻이니 말이다. 조선총독부의 기관지 노릇을 한 일어 신문인데다 일본 내각정보국이 8월 14일 내린 '대동아전쟁 종결 교섭에 따르는 여론 지도 방침'의 효과였다. 그 방침은 '전쟁 종결'의 경과를 설명하고 국민의 결속을 요망하는 방향으로 지면을 제작하라는 내용이었고, 신문은 이를 충실히 따랐던 것이다.

개전에서 종전까지

1945年 9月 7日 경성일보

특공 옥쇄 4600명

전사자 약 51만

개전에서 종전까지의 손해

정부는 5일 의회에서 '대동아전쟁 중 육해군 관계 소모표'를 참고자료로 하여 제출, 개전 이래 종전에 이르기까지의 전몰자 총수를 밝혔다.

이것에 의하면 육군 관계의 전사자 총 수 31만, 병사자 4만, 계 35만 명. 해군은 ㅁㅁㅁ을 합해서 8월 28일 현재의 전몰자 15만 7365명, 소재 불명자 1420명. 계 15만 8718명이 되며 육해군 합해 전사자 수는 51만으로 되었으나 그 다른 전상병자戰傷病者는 육군만으로 461만 6000명을 헤아리며 해군 측의 전병자를 더하면 그 수는 더 늘어난다.

더욱이 육군 관계 전사자 31만 중에서 약 6할 5분에 이르는 20만은 옥쇄한 자이고, 해군 관계 전사자 15만 8000명 중 2065명이 특공대로서 산화했다. 또 개전시 보유한 육군병력은 190만으로, 종전시에 병력은 약 550만이었다.

공폭 사상자 55만

원자폭탄으로도 19만여

해설 조선총독부의 기관지 〈경성일보〉는 해방 이후에도 일본인의 손으로 일본어 신문을 계속 발행했다. 이상한 노릇이었지만 10월 31일까지 그랬다. 이 기사는 히로히토의 '항복 방송' 후, 미군이 진주하기 전에 실린 것이다. 당시 이 신문이 조선에 있던 일본인들의 소식통이자 정신적 지주 역할을 했던 만큼 내용은 우리와 상관없는 재조선 일본인들을 위한 소식이다.

정부는 일본 내각이요, 51만의 전사자도 일본군이다(조선청년들이 흘린 피도 당연히 포함됐겠다). 당연히 미군이나 중국군 등 연합군의 피해는 계산하지 않았다. 전쟁 기간 중 한국과 중국, 동남아 각국의 민간인들이 일본군에 당한 인명 피해를 넣지 않은 것은 말할 것도 없다. 전쟁을 일으킨 가해자로서의 책임은 외면하고 자기네 피해만 강조하는 듯하다. 지금 와서 보면 원폭 투하의 피해 의식만 강조하거나 일본 지도층이 '대동아 공영권' 운운하며 아시아를 위해 싸웠다는 망언을 일삼을 싹이 일찍부터 보였던 것이다.

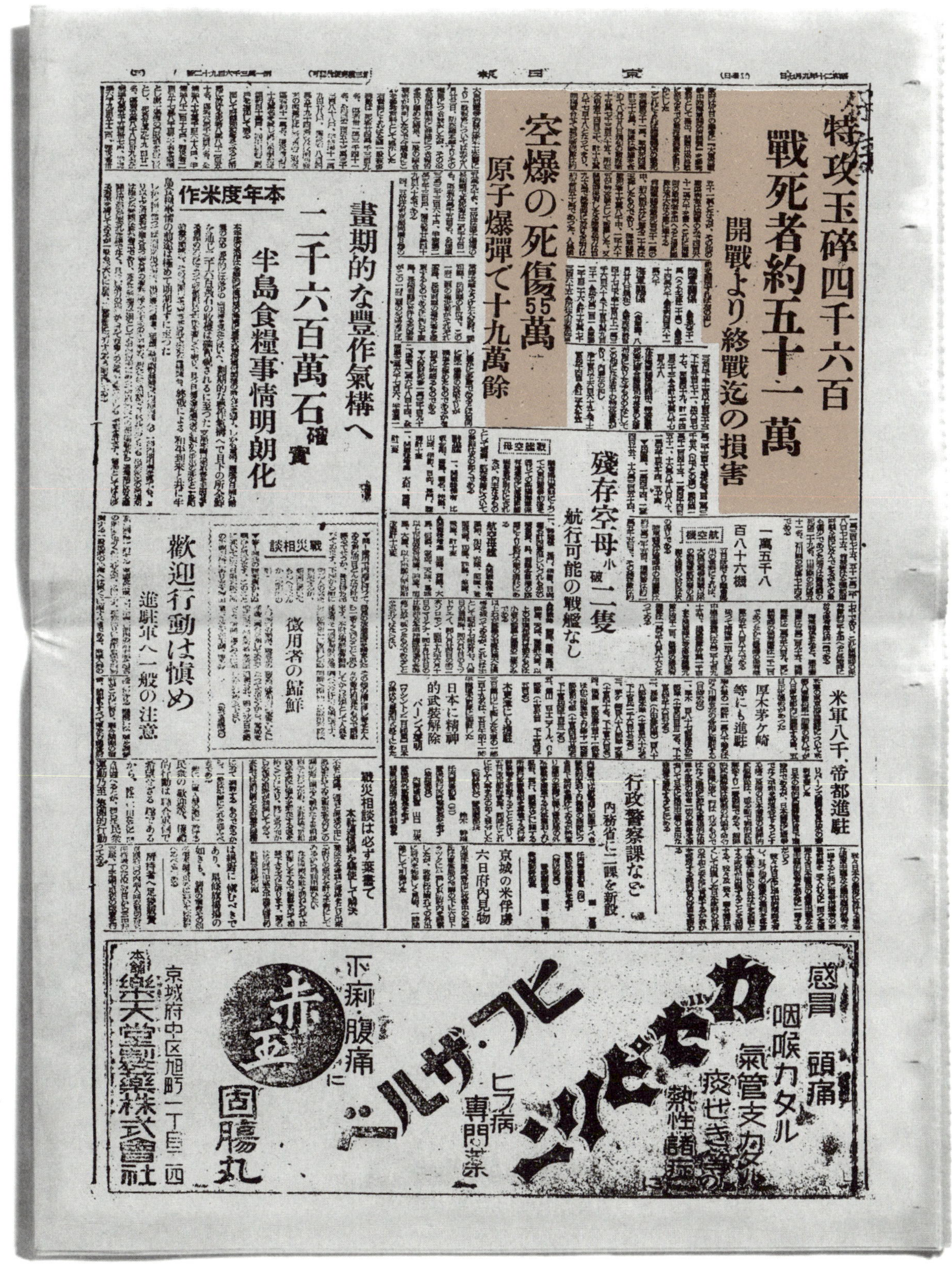

特攻玉砕四千六百
戰死者約五十一萬
開戰より終戰迄の損害

空爆の死傷55萬
原子爆彈で十九萬餘

殘存空母(小破)二隻
航行可能の戰艦なし

一萬五千八百八十六機

米軍八千、帝都進駐
厚木茅ケ崎等にも進駐

行政警察課など
內務省に二課を新設

日本に精神的武裝解除
バーンス聲明

本年度米作
畫期的な豊作氣構へ
二千六百萬石確實
半島食糧事情明朗化

戰災相談
徵用者の歸鮮

戰災相談は必ず要書で

歡迎行動は愼め
進駐軍へ一般の注意

종전협정 조인식

1945年 9月 10日 매일신보 호외
1945年 9月 11日 매일신보

종전협정 항복문서

장중 엄숙리에 조인

조선 3000만 동포 해방의 순간인 1945년 9월 9일 오후 4시- 이날 연합군과 일본 측과의 종전협정에 대한 항복문서의 역사적 조인식은 총독부 제1회의실에서 장중 엄숙히 거행되었다. 이 조인식에는 연합군 측의 태평양방면 제24군사령부관 하지 중장과 태평양방면 해군사령관 대표 킹 케드 중장, 이에 대하여 일본 측 조선군관구사령관 상월양부上月良夫 중장, 진해 경비부사령관 산구의삼랑山口儀三郎 중장, 조선총독 아부신행阿部信行 대장이 열석한 중 먼저 연합국 측 노엘 엣치 무어 중좌로부터 조인식 거행의 개회사가 있자 미국 측 장교의 안내로 상월, 아부, 산구 대표의 순서로 입장, 장내는 이 순간부터 긴장한 빛을 띠기 시작하였다.

이렇게 입장한 일본 측 대표는 잠시 부동자세로 지정한 의자 앞에 죽 늘어서자 그 건너편에는 연합국 측 대표 장교단 13명은 이미 착석, 이어서 무어 중좌의 지시에 의하여 일본 측 대표가 착석하고 나자 이어서 연합국 측 대표 하지 장군과 킹 케드 장군이 일동 기립의 호령에 의하여 정중한 보무로 입장하여 착석한 후 태평양방면 육군총사령관 막아사[1] 대장을 대신하여 "나는 오늘 남조선 지역에서 일본군의 항복을 받고자 조인을 시작하겠다" 하고 선언하자 연합군 측으로부터 미국문과 일본문으로 된 조인문서가 먼저 일본 측 대표에게 제출되었다.

이 조인서에 대하여 일본 측 상월 군사령관, 진해 사령관, 산구 중장, 아부 총독의 순서로 각각 서명을 하자 이에 이어 연합군 측 하지 장군과 킹 케드 장군이 또한 서명을 하고 별보와 같이 하지 장군으로부터 조선 동포에 대한 성명서를 낭독하고 식을 시작한 지 불과 20여 분 만에 역사적인 조인식은 끝이 났다.

이날 식장에는 연합군 측의 UPAP 통신 기자와 중국 측 기자 그리고 로이터 통신 외 각 신문기자 20여 명, 기타 연합국 측 영화회사의 카메라맨들은 이 3대 15의 조인식장을 필름에 집어넣기에 장내는 섬광으로 황홀하였고 다시 식장 북쪽 창 바깥으로 보이는 ㅁㅁ과 멀리 신추新秋의 창공 아래 홀연히 솟은 북악은 오늘의 해방 조선을 축복하는 듯 침중한 중에 축복의 빛을 띄운 것 같았으며 다시 이 조인식장의 상공으로는 군연합 측의 당당한 비행ㅁㅁㅁㅁ이 비거비래飛去飛來[2]하여 의미 깊은 조인식을 종료하는 데 대한 신기원을 이루었다. 1945 0910

역사적 조인식 사진

(9일부터 총독부 제1회의실) 전면을 향한 것이 연합군 대표, 돌아앉은 것이 일본 측 대표(상). 연합군 측에서 조선 측 유지有志 회견(하) 1945 0911

[1]맥아더 | [2]날아가고 날아옴

해설

1945년 9월 9일 이 땅에서 미국과 일본의 또 다른 '종전협정 조인식'이 있었다. 재조선 미국군사령관인 제24 군단장 존 R. 하지 중장과 마지막 조선총독 아베 노부유키阿部信行가 '종전협정 문서'에 서명했다. 이에 앞서 미국은 9월 2일 일본의 항복을 받은 후 조선 파병을 서둘렀다. 그리하여 하지 중장이 이끄는 미군이 9월 8일 제물포항(인천)을 통해 들어왔다. 그간 조선에선 많은 일이 있었다. 가장 두드러진 것이 일본의 매끄러운 철수 준비였다. 조선총독부는 80여만 명에 이르는 일본인들의 신변보호와 안전 귀환을 위해 송진우, 여운형과 접촉했다.

여운형은 정치 · 경제범의 즉각 석방, 3개월치 식량 보장 등을 조건으로 총독부의 제안을 수락하고 자신이 이끌던 건국동맹을 바탕으로 건국준비위원회(건준)를 만들었다. 건준은 '완전한 독립국가의 건설'을 목표로 치안대와 식량대책위원회를 만드는 등 나름대로 치안 유지권과 행정권 접수를 시작했다. 그러나 며칠 뒤 일제 조선총독부의 돌연한 거부와 우익 세력의 이탈로 순탄하지는 못했다.

게다가 미국은 9월 9일 태평양 방면 육군 총사령관 맥아더 대장이 발표한 첫 포고문에서 "조선 영토를 점령했다"고 못박으며 건준은 물론 상하이임시정부마저 하나의 정파로만 인정했다. 그러고는 조선총독부의 기구와 인력을 당분간 유지하다가 군정을 실시했다.

한편 8월 11일 웅기에 상륙한 소련군은 치스차코프 대장 명의의 포고문을 통해 '해방군'을 자처하며 직접 군정에 나서지 않고 공산주의자들을 통한 간접 통치 방식을 취해 대조를 이뤘다.

매일신보 호외 1945年 9月 10日

每日新報 號外

終戰協定降服文書 莊重嚴肅裡에 調印

降服調印全文

一九四五年九月九日午後四時 總督府第一會議室에서擧行된 聯合軍側과 日本軍과의 協定에依한 降服文書調印式席上에서公開된 降服文書의內容은다음과갓다

美國軍太平洋方面 最高司令官代理在朝鮮美國軍司令官에對한 朝鮮北緯三十八度以南의 地域에잇는 日本陸海空軍高級指揮官의降伏書正文

一、(一) 一九四五年九月二日大命及日本政府並大本營의 命에依하야 外務大臣重光葵天皇及日本政府를 代表하고 同樣으로 大命及日本政府並大本營의命에依하야 梅津美次郎大本營을 代表하야 各々降伏條約에調印하엿다

一、降伏條約의 要旨는左와如하다

(一) 小官等大命에依하야 天皇、日本政...

每日新報

THE MAI-IL SHIN BO. (THE KOREAN DAILY NEWS)

寫眞은 (上) 歷史的調印式(九日於總督府第一會議室)前面을 向한것이 聯合軍代表、돌아안즌것이 日本側代表 (下) 聯合軍側에서 朝鮮側有志會見

自主 過渡

매일신보 1945年 9月 11日

1883~1945

최초의 근대 신문부터 일제강점기의 신문까지

1. 한성순보漢城旬報 1883年 10月 31日~1884年 12月 6日

서울(당시 한성부)에서 창간된 한국 최초의 근대 신문이다. 1883년 박문국이 설치되면서 김윤식 · 김만식 등 개화파 세력과 후쿠자와福澤諭吉의 제자 이노우에井上角五郎가 참여해 10월, 순간旬刊(10일에 한 번씩 발행)으로 창간했다. 그 내용은 관보의 성격을 띠었지만 개화사상을 담는 데도 주력했다. 서양의 문물과 제도, 외국의 사정 · 지리 · 과학에 관한 기사들이 높은 비중을 차지하고 있었던 반면 제국주의 열강의 침략성에 대한 인식은 거의 없었다. 다만 청나라의 영향력은 줄이려 했다. 순한문으로 발행됨으로써 독자층이 주로 중앙과 지방 관리들과 한문을 해독할 수 있는 양반 계층에 한정되었다. 갑신정변 때의 화재로 박문국 건물이 소실되면서 결국 폐간되었다.

2. 독립신문 1896年 4月 7日~1899年 12月 4日

민간인이 구독료와 광고료 수입으로 운영한 최초의 민간 신문이다. 갑신정변으로 미국에 망명했던 서재필이 귀국하자 정부는 신문 창간에 필요한 경비 4400원을 지급했다. 국민을 계몽하겠다는 목적과 함께 1895년 2월부터 일본인이 발행하고 있던 〈한성신보漢城新報〉에 대항하겠다는 의도도 있었다. 창간 당시에는 격일간으로 주3회, 1898년 7월부터는 일간으로 발행되었다. 한글 전용으로 4면은 〈인디펜던트The Independent〉라는 제호의 영문판이었는데, 이듬해부터 영문판은 분리 발행되었다. 당시의 한국 사정을 한국인의 입장에서 세계에 널리 알리는 역할을 했다. 주요 독자층은 관료들과 지식인, 활동적인 개화파들이었지만, 어떤 마을에서는 신문 1부를 가지고 적어도 85명이 돌려가며 읽었을 정도로 인기가 있었다고 한다. 개화운동이 국민의 적극적인 호응을 얻어 대중운동으로 나아가는 중요한 계기를 마련해준 것으로 평가받고 있다.

3. 매일신문 1898年 4月 9日~1899年 4月 4日

배재학당 학생들이 펴내던 〈협성회회보〉의 후신으로, 최초의 일간신문이다. 사장은 양홍묵, 기자로 이승만 · 최정식 등이 있었다. 순한글체를 사용해 한글 신문 시대를 열었다. 판매가는 한 달에 엽葉 7돈, 발행 부수는 월 1000부 정도였다. 1898년 5월 16일자에 러시아와 프랑스가 대한제국 정부에 토지·관광의 이권을 요구한 외교문서를 폭로하는 등 당시 제국주의 국가들의 이권쟁탈을 강력하게 비판했다. 1898년 11월에는 독립협회 사건으로 경영진이 구속되는 어려움을 겪었다.

4. 제국신문帝國新聞 1898年 8月 10日~1910年 8月

창간 초기에는 〈뎨국신문〉이라는 국문 제호를 사용했으나 후에 〈帝國新聞〉으로 바꾸었다. 초대 주필은 이승만으로, 이 신문에 관계했던 지식인이 대부분 전현직 관리와 대한자강회나 대한협회 등에서 활동하던 이였다. 당시 일제의 내정간섭이 심해지자 이에 적극적으로 대처하지 못하는 무능한 정부와 관리를 날카롭게 비판하고, 일제의 어용단체인 일진회에 대해서도 크게 논박했다. 이렇게 민족지로서의 논조를 펼침에 따라 사전 검열로 기사가 삭제되는 경우가 빈번했다. 서민과 부녀자들을 대상으로 국민계몽을 내세우고 한글 전용을 고수했다.

5. 황성신문皇城新聞 1898年 9月 5日~1910年 9月 15日

주 2회 발행되던 〈대한황성신문〉을 인수하여 〈황성신문〉으로 제호를 바꿨다. 사장은 남궁억, 편집진은 박은식·장지연·신채호 등이었다. 일본과 러시아가 조선을 분할·점령하고자 논의했다는 내용을 다룬 1900년 8월 8일자 논설로 남궁억이 구속되었는데 이는 정치 문제로 법적 판결을 받은 최초의 필화 사건이었다. 1905년 을사조약이 체결되자 11월 20일자 사설란에 장지연이 '시일야방성대곡是日也放聲大哭'을 실어 정간을 당했다. 한일합병 이후 일제가 '대한'이나 '황성'과 같은 단어를 못 쓰게 하자 〈한성신문漢城新聞〉으로 제호를 바꾸었지만 곧 폐간되었다. 국한문 혼용 신문으로, 순한글을 사용한 〈제국신문〉과 함께 한말의 대표적인 민족지였다.

6. 대한매일신보大韓每日申報 1904年 7月 18日~1910年 8月 28日

〈런던 데일리 뉴스〉의 특파원인 베셀(한국 이름 배설裵說)이 취재하러 한국에 왔다가 양기탁과 만나 신문 창간을 계획했다. 발행 초기에는 발행인이 외국인이기 때문에 일제의 검열을 어느 정도 피할 수 있었으나 1908년 '신문지법'이 개정되어 탄압받기 시작했다. 중요 논설은 양기탁이 대부분 집필했지만, 박은식·신채호 등 애국지사들의 논설도 실었다. 국채보상운동에 참여해 애국운동에 앞장섰으며, 일본에 대한 직접적인 비판뿐 아니라 매국적인 친일 세력에 대한 비판도 서슴지 않았다. 그러다가 한일합병이 되면서 곧 종간했다. 창간 때는 한글과 영문 혼용이었지만 1905년 8월부터 국한문판과 영문판으로 나누었다. 독립된 영문판 제호는 〈The Korea Daily News〉. 1907년 5월에는 순한글판을 따로 창간하면서 한글판·국한문판·영문판 3가지를 발행했다. 이 신문들의 총 발행부수는 1만 부를 넘었다고 알려져 있다.

7. 공립신보共立新報 1905年 11月 22日~1909年 2月 10日

1905년 안창호를 중심으로 재미교포들이 조직한 한인공립협회의 기관지다. 창간 당시에는 활자를 갖추지 못해 직접 붓으로 쓴 순국문체를 석판 인쇄했다. 한 달에 두 번 발행했으며, 미국 본토 외에도 하와이에 1곳, 블라디보스토크에 4곳, 서울을 비롯한 전국에 32곳의 보급소를 두고 국내 독자들에게도 배포했다. 부수는 최고 5000부까지 늘어났다. 1909년 2월 공립협회가 국민회로 바뀌자 〈대동공보〉와 통합하여 〈신한민보〉로 이름을 바꾸었다.

8. 경성일보京城日報 1906年 9月~1945年 10月

1906년 9월 이토 히로부미가 〈한성신보〉와 〈대동신보〉를 합병하여 통감부 기관지로 창간, 1910년 한일합병 이후 조선총독부 체제로 바뀌면서 총독부 기관지로 바뀌었다. 초기에는 국한문판과 일본어판을 병행하였으나, 1907년 4월부터 국한문판을 폐지하였다. 〈조선일보〉와 〈동아일보〉 등 민간지에 비해 규모가 방대하고 영향력도 그만큼 컸던 만큼 일제강점기 동안 일본인을 포함한 친일파 인물들은 주로 〈경성일보〉를 구독했다고 한다. 태평양전쟁 종전 직후인 1945년 10월에 폐간되었다.

9. 경향신문 1906年 10月 9日~1910年 12月 30日

천주교에서 애국 계몽운동의 하나로 창간했으며, 발행인은 프랑스인 F. 드망주(한국 이름 안세화安世華). 외국인을 발행인으로 내세운 것은 당시 외국인의 치외법권적인 지위를 이용하여 통감부의 감시를 피하고자 한 때문이다. 문체는 순한글체였으며, 민족 자주를 내세우는 논조로 독자들에게 인기를 끌었다. 1910년 4월 22일자가 '신문지법'에 따라 발매금지와 압수를 당한 뒤 한일합병 때 폐간을 종용받았고, 그해 말 끝내 폐간되었다.

10. 국민보國民報 1907年 10月 17日~1945年 1月 31日

1913년 8월 호놀룰루에서 국민회國民會가 발행하던 〈신한국보新韓國報〉를 제호를 바꿔 발행한 신문이다. 〈신한국보〉의 전신은 1907년 10월 창간한 국민회 기관지인 〈한인합성신보韓人合成新報〉. 하와이에서 우리말로 발행된 신문 가운데 가장 오래되었으며, 조국과 재미 교포들의 소식을 상세히 알려 주는 한편 독립운동과 교민의 계몽 활동에 크게 공헌하였다. 그러나 제2차 세계대전의 발발로 하와이에서 영어 이외의 모든 외국어 신문의 발행이 금지되어 1941년 12월 폐간됐다. 그러다 1942년 1월~1944년 2월까지는 국민회와 이승만 계열의 동지회同志會가 합동으로 〈국민보-태평양주보〉로 고쳐서 다시 발행, 이후 다시 〈국민보〉로 복간하는 한편 영문 1면을 추가하였다. 이 영문면은 1945년 1월 31일까지 계속되었다.

11. 신한민보新韓民報 1909年 10月~현재

미국 샌프란시스코의 교민 단체인 대한국민회의 기관지다. 공립협회의 기관지인 〈공립신보〉와 대동보국회의 기관지인 〈대동공보〉를 통합하고 〈공립신보〉의 지령을 이어서 창간했다. 1~3면은 순국문판, 4면은 영문판으로 매주 발행하다가 3·1운동 때는 격일간으로 발행했다. 국내에도 배포되어 독자들에게 많은 영향을 주었으나, 일제에 의해 창간 다음 달 신문 압수를 당한 것을 시작으로 다음해까지 무려 54회 발매 금지와 압수를 당했다. 1922년 대한국민회가 분리되었을 때 4개월간 휴간했다가 8월 속간되어 지금까지 꾸준히 발행되고 있다.

12. 매일신보每日申報 1910年 8月 29日~1945年 11月 10日

대한제국 말기 조선총독부는 〈대한매일신보〉를 강제로 매수하여, 1910년 8월 28일까지 제호를 그대로 사용하다가 한일합병 다음날부터 '대한'이란 두 자를 떼어내고 〈매일신보〉로 바꾸었다. 합병 후 조선총독부는 한국어 〈매일신보〉, 일어 〈경성일보〉, 영어 〈서울 프레스The Seoul Press〉의 3개 언어 기관지를 내세웠고, 이들은 내선일체를 강조하면서 일제 침략 전쟁의 앞잡이 노릇에 적극 나섰다. 일제가 조선을 통치한 전 기간을 통틀어 중단되지 않고 발간된 유일한 한국어 신문이다.

13. 권업신문勸業新聞 1912年 5月 5日~1914年 8月 29日

러시아 당국의 인가를 받아 창립된 최초의 한인자치기관 권업회勸業會의 기관지로서, 블라디보스토크 신한촌에서 발행되었다. 주1회 순한글로 발간되었는데, 주필은 신채호, 이상설 등이었다. 당시 미국 샌프란시스코에서 간행된 〈신한민보新韓民報〉, 〈신한국보新韓國報〉와 함께 1910년대 해외 한인의 대표적인 항일 언론으로 이름을 떨쳤다. 1914년 제1차 세계대전이 발발하자 9월초 러시아 당국이 강제로 폐간시켰다.

14. 독립신문獨立新聞 1919年 8月 21日~1943年 7月 20日

대한민국임시정부가 상해 프랑스 조계에서 발행하던 기관지다. 창간 당시 제호는 〈獨立〉

이었는데 제22호부터 〈獨立新聞〉이라 고쳤고, 다시 1924년 1월부터 한글로 〈독립신문〉으로 바꿨다. 창간 당시에는 안창호, 이광수, 조동호가 주축이 되었으며, 박은식은 1925년부터 사장으로 일했다. 그해 11월까지 발행되다가 이후 임시정부가 충칭으로 옮겼을 때는 한문 편집으로 1943년 7월 20일까지 7호를 더 내보냈다.

15. 조선일보朝鮮日報 1920年 3月 5日~1940年 8月 11日, 1945年 11月 23日~현재

3·1운동 이듬해인 1920년 1월 조선총독부가 '문화 통치'의 하나로 발행을 허가한 이래 1940년 조선총독부의 민족말살정책으로 폐간되었다. 1920년대부터 1930년대 초반은 반일 논조의 기사로 인해 정간과 압수처분, 발매 금지나 기사 삭제 등의 곤욕을 치르면서 한때는 비타협적인 민족주의 성향을 띠기도 했다. 해마다 실시한 한글보급운동은 〈동아일보〉의 브 나로드 운동과 함께 문맹 퇴치와 농촌계몽을 선도한 대표적인 사회운동으로 꼽히고 있다.

16. 동아일보東亞日報 1920年 4月 1日~1940年 8月 11日, 1945年 12月 1日~현재

이른바 '문화 통치'의 일환으로 조선총독부가 발행을 허가한 3대 민간 신문 중에 하나다. 창간 당시 전국 412명 주주들에게서 주식을 공모하여 주식회사로 출발했다. 창간 당시 구독료는 3전(지금의 약 900원). 강제 폐간되기까지 수차례의 무기 정간과 검열과 압수 삭제 등의 수모를 겪기도 했다. 하지만 한때 친일 논조의 기사를 싣기도 하는 등 〈조선일보〉와 함께 1930년대 후반부의 친일 행적을 비판하는 논쟁이 제기되기도 했다. 하지만 당시 시대 상황에 의거, 민족지의 존속을 위해 일본에서 요구한 글을 단순 게재한 것으로 보는 시각도 있다.

17. 시대일보時代日報 1923年 3月 31日~1926年 8月

사장 겸 주간은 최남선, 정치부장은 안재홍, 사회부장은 염상섭이었다. 국한문 혼용체

를 사용했고, 당시의 여느 신문들과는 달리 1면에 정치 기사가 아닌 사회기사를 실었다. 초기 발행 부수가 2만 부에 이르러 당시 〈조선일보〉, 〈동아일보〉와 함께 3대 민간지 가운데 하나로 꼽히기도 했다. 하지만 경영난으로 인해 여러 차례 발행인이 바뀌다가 결국 폐간되었다.

18. 중외일보中外日報 1926年 11月 15日~1931年 6月 29日

〈시대일보〉의 후신이다. 〈동아일보〉와 〈조선일보〉의 편집국장을 지낸 이상협李相協이 1926년 9월 〈시대일보〉의 판권을 넘겨받았다. 당시 〈동아일보〉와 〈조선일보〉에 대항해 '가장 값싸고 가장 좋은 신문'을 내세웠다. 그러나 역시 이 시기의 여느 신문들처럼 언론 탄압을 받았으며, 고질적인 재정난으로 결국 폐간되었다.

19. 중앙일보中央日報/조선중앙일보朝鮮中央日報 1931年 11月 27日~1933年 3月 7日~1937年 11月 5日

〈중외일보〉의 후신이 〈중앙일보〉다. 창간 5개월 만에 자진 휴간했다가 이후 속간이 되었지만, 1933년 여운형呂運亨이 사장에 취임한 뒤 3월 7일 제호를 〈조선중앙일보〉로 바꾸었다. 1933년 7월에 자본금 30만 원으로 주식회사를 만들었다. 1936년에는 윤전기를 늘리고 최신식 비행기 3대를 구입해 우리나라 처음으로 백두산 사진과 탐험 비행 기록을 실었다. 1936년 8월 13일자 일장기 말소사건으로 인해 자진 휴간에 들어갔다가, 조선총독부가 사장 여운형에게 사임을 강요하여 1937년 11월 5일 발행 허가가 자연적으로 상실되어 폐간되었다.

20. 대공보大公報(충칭重慶판) 1902年 6月 17日~?

1949년 이전 중국의 대표적인 신문이었다. 1902년 톈진天津에서 창간되었으며 1936년 4월 상하이판上海版의 발간과 함께 전국적 범주의 신문으로 자리매김하였다. 그러나 중일전쟁의 발발 이후에는 한커우漢口와 충칭重慶·구이린桂林과 홍콩香港에서 발간되다가 모두 정간되고, 충칭판만이 〈대공보〉의 명맥을 유지하였다. 임시정부가 바로 항전시기 국민정부의 임시수도인 충칭에 있었기에 특히 임시정부와 한인사회·광복군 활동 등 일제하 한인독립운동과 관계되는 기사가 많이 실렸다. 홍콩판 〈대공보〉는 지금까지 계속 발행되고 있다.

참고문헌 (가나다 순)

《고쳐 쓴 한국근대사》, 강만길 지음, 창비, 2006

《고쳐 쓴 한국현대사》, 강만길 지음, 창비, 2006

《근현대 한국 탐사》, 권태억 외 엮음, 역사비평사, 1994

《뿌리 깊은 한국사 샘이 깊은 이야기 6》, 김태웅 지음, 솔, 2003

《뿌리 깊은 한국사 샘이 깊은 이야기 7》, 류승렬 지음, 솔, 2003

《사진과 그림으로 보는 한국의 역사 3》, 역사문제연구소 지음, 웅진지식하우스, 2008

《언론조선총독부》, 정진석 지음, 커뮤니케이션북스, 2005

《우리 역사 최전선》, 허동현 · 박노자 지음, 푸른역사, 2003

《일제하 민족언론사론》, 최민지 지음, 일월서각, 1984

《자료 한국근현대사입문》, 이종범 · 최원규 편, 혜안, 1995

《조선 왕조사 2》, 이성무 지음, 동방미디어, 1999

《천황과 도쿄대 1, 2》, 다치바나 다카시 지음, 이규원 옮김, 청어람미디어, 2008

《청소년을 위한 한국사 사전》, 이근호 편저, 청아출판사, 2007

《한국 근대사》, 야마베 겐따로 지음, 편집부 옮김, 까치, 1982

《한국 근대사 산책 1~10》, 강준만 지음, 인물과사상사, 2008

《한국 근 · 현대사》, 교과서포럼 지음, 기파랑, 2008

《함께 보는 한국근현대사》, 역사학연구소 지음, 서해문집, 2004

《호외, 백년의 기억들》, 정운현 지음, 삼인, 1997